개정판

외식사업 창업과 경영

Food Service Business Management

나영선

백산출판사

외식사업
창업과 경영
Foodservice

머리말

미래에도 지속적으로 발전할 가능성있는 산업은 정보산업과 서비스 산업이라고 한다. 서비스 산업중의 하나인 국내의 외식사업은 국가의 중추산업으로 성장하였으니 현재는 물론 미래의 각광받는 사업임에는 틀림없는 것 같다.

또한 맞벌이의 증가로 인한 소득증가와 여가시간의 증가는 관광과 외식의 증가로 이어지며, 관련사업의 수요는 더욱 증가할 수밖에 없다. 이에 걸맞게 외식사업체에 근무할 전문인력 양성 또한 비약적으로 증가하였다. 전문대학을 포함한 대학의 조리-외식-식품관련 학과 졸업생이 매년 5만여명씩 배출되고 있으니 외식산업 발전의 기반은 잘 갖춰져 있다고 할 수 있다.

어느 연구에 따르면 80%의 직장인이 퇴직 후에 외식사업을 희망하는 것으로 조사되었다고 한다. 그러나 그들은 외식사업이 만만하다고 생각하여 무작정 뛰어듦으로써 아주 쉽게 실패하고 있다. 밥장사 이제 그리 만만한 장사가 더 이상 아니니다. 외식사업 그리 만만한 장사가 아님에는 틀림없다.

따라서 외식사업 경영 경험과 컨설팅 경험이 있는 본 저자는 실패의 가능성을 미리 예지하여 방지하고 성공하는 번성점으로 가기위한 최소한의 학문적이고 실무적인 노-하우를 전달하고자 한다. 학생은 물론 신규 창업을 위한 기본 가이드부터 장기경영전략과 마케팅 전략 수립에 이르기까지 전문지식을 전달하고자 심혈을 기울였다. 물론 이 모든 것들을 이 책에 모두 표현하기란 그리 쉬운 일이 아니지만 독자 여러분들의 궁금증을 해소하는 길라잡이가 되기를 기대합니다.

저자

CONTENTS

제1장 외식산업의 개요

제2장 외국의 외식산업 발전과정

제3장 우리나라 외식산업의 성장과 발전

제4장 외식사업의 분류

제5장 외식산업의 경영형태

제6장 외식사업의 프랜차이즈

제7장 외식사업의 상권조사

제8장 외식사업의 창업

제9장 메뉴의 계획과 개발

제10장 외식사업 경영분석

제11장 외식기업의 마케팅전략

제12장 외식서비스 품질관리

제13장 외식사업경영의 인적 자원관리

제14장 외식기업의 식자재관리

제15장 식품위생 및 안전관리

제 1 장

외식산업의 개요

Foodservice

Chapter 1

본 저서에서 다루는 핵심내용, 즉 외식산업 또는 외식사업이라는 용어는 학계나 언론매체를 중심으로 활발하게 사용되고 있으나 한국의 산업을 분류한 한국표준산업 분류표나 식품위생법의 영업의 종류 또는 국세청의 표준소득률표, 그리고 관광진흥법의 편의시설업에도 이와 같은 용어는 나타나지 않고 있다.

1. 외식산업의 정의

1) 외식의 정의

외식산업의 경영일반에 대하여 알아보기 위해서는 외식, 산업, 외식산업 그리고 외식사업의 의미에 대하여 생각해 볼 필요가 있다. 외식(外食; eating out, dining out)을 「가정 밖에서 식사하는 일 또는 그 식사」 또는 「가정 밖에서 하는 식사」라고 사전에서는 설명하고 있다.

그러나 경제활동인구가 늘어나고 국민소득이 2만 불에 육박하면서 사회활동 또는 시간의 제약으로 가정이 아닌 밖에서 취식하는 기회가 확대되고 있으며, 주 5일 근무제의 확산으로 여가시간이 늘어나면서 외식활동이 일상생활의 한 부분으로 보편화되면서 외식에 대한 정의와 범위를 사전적 의미로 한정하는 데는 무리가 따를 수밖에 없다.

더구나 외식의 범위를 ① 사람마다 다르게 나타나는 다양한 형태의 식생활방식과 패턴, ② 산업의 발전과 사회구조의 변화에 따른 다양한 형태의 업종과 업태의 출현, ③ 소득, 성별, 직업, 지역, 문화적 환경, 라이프스타일, 연령 등의 차이에 따른 외식행태의 차이, ④ 다양하게 발전하는 음식의 공급방법과 유통구조의 변화 등으로 인하여 명확하게 한정하여 구분하기란 그리 쉽지 않다.

외식에 대한 정의는 학자마다 다양하다. 장소를 중심으로 「가정 밖의 식생활」이라고 단순하게 정의하거나, 또는 「식생활의 장소에 의한 구분으로 가정 내와 가정 외를 구별하여 전자를 내식이라 하고 후자를 외식」이라고 정의하기도 한다.

여기에 조리의 성격을 일부 포함시켜 「가정 밖에서 하는 식사 이외에 가정 내에서 하는 식사라도 외부에서 들여온 음식을 기본적인 맛의 변경이나 조리는 하지 않으면서 일부만 변형하거나 전혀 변화를 주지 않고 취식하는 경우도 외식」이라고 정의하는 학자도 있다.

외식과 내식의 구분이 모호해지면서 ① 패스트푸드의 햄버거, 치킨, 피자 또는 자장면을 포장(take out)하거나 택배 주문하여 가정 내에서 취식하는 경우를 외식의 내식화, ② 제과점의 샌드위치 재료, 김밥, 컵라면, 반찬류 등 가정 내의 식사를 식료품점에 의존하는 현상을 내식의 외식화라고 주장하는 학자도 있다.

또한 아래 표와 같이 조리의 주체에 따라 내식적(가정 내에서의 조리)이냐, 또는 외식적(가정 밖에서의 조리)이냐로, 또한 취식의 장소에 따라 내식(가정 내에서의 취식)과 외식(가정 밖에서의 취식)으로 하여 내식을 내식적 내식과 외식적 내식, 그리고 외식을 내식적 외식과 외식적 외식으로 구분하여 설명하기도 한다.

표 식생활의 구분

2분법	3분법	4 분 법		
내식	내식	내식적 내식	가정 내에서 조리한 음식을 가정 내에서 취식	
	중식	외식적 내식	가정 밖에서 조리한 음식을 가정 내에서 취식 ►외식의 내식화 – 포장, 택배로 가정 내에서 취식 ►내식의 외식화 – 가정 내의 식사를 식료품점에 의존	외식사업의 범위
외식		내식적 외식	가정 내에서 조리한 음식을 가정 밖에서 취식	
	외식	외식적 외식	가정 밖에서 조리한 음식을 가정 밖에서 취식	

그러나 혹자들은 식생활은 외식과 내식 외에 중간지대를 중식으로 표현하면서 내식적 내식을 내식, 외식적 외식을 외식, 중간지대의 외식적 내식과 내식적 외식을 합하여 중식이라고 주장하기도 한다. 진정한 내식은 4분법의 내식적 내식뿐이며, 나머지 세 가지 모두 외식산업에 직접적으로 의존하거나 영향을 미치기 때문에 외식의 범주에 포함시켜야 한다고 주장하는 학자도 있다.

상기표에 나타난 바와 같이 외식적 내식을 '외식의 내식화'와 '내식의 외식화'로 나누어 설명할 수 있다. '외식의 내식화'란 본래 외식이었던 것(외부에서 완성된 식단)이 가정 내에서 취식하는 형태로 변화되는 양상을 의미하며, 후라이치킨이나 자장면 또는 햄버거처럼 외식점포에서 취식할 수 있으나, 택배배달이나 포장(take-out)으로 가정 내로 음식을 가져와서 먹는 경우를 설명하고 있다.

그러나 '내식의 외식화'란 본래 내식이었던 것이 자꾸 외식 쪽으로 가려는 현상을 설명하는 것으로, 예를 들면 가정의 반찬이나 보조음식을 식품점이나 백화점의 반찬코너에서 사들고 집에 들어와 펼쳐 놓고 국과 밥을 곁들여 먹는 경우로 내식을 식료품점에 의존하는 현상을 설명하고 있다.

2) 외식산업의 정의

사전적 의미로 산업(産業; industry)은 「생산을 하는 사업, 즉 자연물에 사람의 힘을 가하여 그 이용가치를 창조하고, 또 이를 증대하기 위하여 그 형태를 변형하거나 이전시키는 경제적 행위」, 외식산업(外食産業)은 「밖에서 음식을 사 먹는 사람을 위한 서비스업을 통틀어 이르는 말」이라고 국어사전에 설명되어 있다.

2차세계대전의 승전국 미국은 전후 5~60년대에 비약적인 경제발전을 이룩하였으며, 소득증가와 함께 식생활의 변화를 수반하면서 'foodservice industry or dining-out industry'라는 용어로 외식산업이 발전하고 정착하였다. 그 이후 일본이 이 용어를 사용하는 과정에서 외식산업(外食産業)이라고 번역하여 「마스꼬미」라는 잡지(1970년대)에 사용되었으며, 1978년에 일본 정부의 공식문서인 경제백서에 사용되었다.

생계형 자영업 산업군으로 분류되어 중대기업의 투자를 제한해 왔던 국내의 외식산업이 1980년대 우루과이라운드협상에 따라 외국기업에 개방하기에 앞서 먼저 국내기업에 개방하였다. 그리고 '86 아시안 게임'과 '88 서울 올림픽 게임'에 대비하여 식당의 요리품질, 서비스, 위생 등의 질적 수준향상을 위한 정책에 의한 경쟁전략의 일환으로 해외의 외식업체들에게 국내시장을 개방함으로써 1980년대부터 외식산업이라는 용어가 국내에 유입되었다. 그 때까지 우리나라는 음식의 조리와 판매에 관련된 사업들은 밥장사, 물장사, 요식업, 식당업, 음식업 등으로 지칭해 왔었다. 국내의 외식산업은 최근 80만 개 업소에 육박하며, 연간 50조 원 정도의 시장으로 국가의 중요한 산업의 하나로 자리매김하였다(외식경제). 그러나 일부 대규모 기업형 외식업체를 제외하고 대부분은 아직까지 생계형의 소규모업소는 경영상의 어려움에 직면하고 있다.

외식산업의 본질은 「음식과 음료를 생산하여 소비자에게 제공하면서 이윤을 창출하고자 하는 외식사업체의 집합체」이다. 이러한 외식사업체는 한식, 중식, 일식, 양식, 패스트푸드, 아이스크림, 패밀리레스토랑, 호텔, 단체급식, 커피숍, 제과점, 카페 등 다양한 업종과 업태로 발전하면서 경영활동을 수행한다.

표 외식산업과 요식업의 차이

구분	외식산업(food service)	요식업(restaurant)
식자재	가공군을 많이 사용	1차상품군을 많이 사용
조리	기술과 기계(균질한 품질)	육감적 기능
경영방침	3S(speed, service, standard)	개성과 아이디어 중시
점 포	효율 중시	분위기 중시
교 육	메뉴얼 중시	경험 중시
상 권	대상권 전략	소상권 전략

자료 : 신한종합연구소(1988), 우리나라의 식문화와 외식산업의 전개방향, p. 23

따라서 외식산업은 「음식과 음료, 그리고 주류를 조리하거나 준비하여 상업적 또는 비상업적으로 불특정 다수에게 판매 및 서비스하는 모든 업소의 집합체」라고 정의할 수 있다.

미국의 경우 외식산업을 다음과 같이 정의하고 있다(나정기 1998).

① 「식음료산업은 '집을 떠난 사람들에게 음식과 음료를 판매하는 모든 업소'로 구성되어있다.」라고 식음료서비스산업을 설명하고 있다. 「The food and beverage service industry consists of every establishment that sells food and beverage to people outside their own homes」

② NRA(national restaurant association)는 「외식산업은 모든 식사와 음료 및 스낵을 가정 밖에서 준비하여 판매하는 사업의 집합이며, 포장판매도 포함한다.」 라고 정의하고 있다. 「The foodservice industry as encompassing all meals and snacks prepared outside the home. The definition therefore includes all take-out meals and beverages.」

2. 외식상품의 구성요소

외식상품은 실제적으로 어떻게 구성되고 있는지 정확히 파악하고 있어야 표적 고객에게 적합하게 소구할 수 있을 것이다. 일반적으로 외식상품은 음식과 주류를 포함한 음료를 의미하며 여기에는 제공하는 직원의 서비스 정도와 능력, 그리고 인테리어를 비롯한 시설과 기물의 수준, 그리고 이용에 편리한 정도와 가격 등을 상품의 품질을 결정하는 요인이 된다고 한다. 따라서 연구자에 따라 다르기는 하지만 여기서는 외식상품의 구성요소를 음식상품, 음료상품, 인적 서비스, 물적 서비스 그리고 편리한 정도 즉 편리성으로 나누어 설명하기로 한다.

1) 음식상품

(1) 주력메뉴와 부메뉴의 구성

메뉴품목의 수는 경영시스템구축에 매우 중요하다. 단품메뉴로 사업을 전개하는 경우는 예외로 하더라도 대부분 주력메뉴와 부메뉴로 구성하는 것이 경영상 유리하다. 주력메뉴의 품목을 결정할 때는 부메뉴와 공통 원부자재를 사용하고 조리방법 또한 공통된 조리방법으로 할 수 있도록 구성하는 것이 원자재의 활용측면과 조리와 서빙인력의 효율적인 활용측면에서 매우 유리하고 중요하다.

주메뉴와 부메뉴의 구성은 조리설비와 서빙기물의 활용측면, 점포매출, 관리비, 광열수도비 등 합리적인 경영에 직접적으로 영향을 미칠 수 밖에 없다. 또한 주력메뉴와 부메뉴가 어떻게 조합하여 객단가를 높일 수 있을 것인가를 고려하여 결정하여야 할 것이다.

(2) 음식의 분량과 서비스방법

음식의 1인분 분량은 판매되는 음식의 메뉴가 주식인지, 아니면 경식인지에 따라 결정해야 할 것이다. 물론 주식이라면 몇 그램(gram)으로 할 것인지, 또한 메뉴의 서비스방법은 어떻게 해야 할 것인지도 결정해야 한다.

양식 레스토랑처럼 고객이 바로 먹을 수 있도록 요리를 해줄 것인가, 아니면 한식의 갈비구이 전문식당처럼 서비스요원이 잘라 주는 등 고객의 편의를 위해 도와주는 방법으로 할 것인지, 포장(take-out)이라면 운전하면서 한 손으로 취식 가능하도록 할 것인지의 여부는 고객이 서비스수준을 선택하는 요인이 되므로 매우 중요하다.

2) 음료와 디저트 상품

(1) 알콜음료

알콜음료의 종류는 매우 다양하며 식사의 종류나 형태, 그리고 어떠한 동료와 함께 식사를 하는지에 따라 선택의 폭이 다양할 수밖에 없다. 또한 고객의 개인적 기호에 따라 선택은 달라질 수 있기 때문에 A 요리에는 B 알콜음료라는 식의 선입견에 의한 등식이나 확신을 갖을 필요가 없다. 가장 큰 오류를 범하는 사례로 '백색생선요리에는 백포도주가 잘 어울리고 붉은색 쇠고기 요리에는 적포도주가 잘 어울리다'라는 식의 등식은 금물이라는 것이다.

(2) 비알콜음료

비알콜음료에는 탄산음료와 무탄산음료와 같은 청량음료, 과즙과 야채즙 같은 주스류, 홍차와 녹차와 같은 차류, 커피와 코코아 등 기타 여러 종류의 음료가 있다. 이들 음료는 식사 중에 마시거나 아니면 식후 디저트용으로 개개인의 기호에 따라 마신다.

(3) 디저트

실제로 식사가 거의 끝나고 마지막에 입가심으로 먹는 디저트는 식사 후미에 매출액을 향상시키는 강력한 효자상품이다. 최근에는 소규모 점포에서조차도 매출향상을 위한 디저트의 도입을 적극 추진하는 경향을 보이고 있다. 디저트의 종류로는 미니 케이크, 아이스크림, 과일, 치즈, 초콜릿 제품이나 이것들을 조합한 메뉴가 주종을 이루며, 때로는 알콜음료나 비알콜음료가 디저트로 애용되기도 한다.

3) 인적 서비스

(1) 부대적 서비스

음식점에서 음식을 판매 또는 취식하는 데 직접적인 영향을 미치는, 즉 음식을 제공하기 위한 서비스를 부대적 서비스라고 한다. 웨이터나 웨이트리스의 서빙, 조리사나 바텐더에 의한 서비스, 스시뷔페의 컨베어벨트에 의한 서비스, 자판기를 조합한 오토 카페테리아(auto cafeteria) 식당, 배달요리나 출장요리서비스 등이 부대적 서비스에 해당된다.

(2) 독립적 서비스

음식점에서 음식과 직접 관련없이 독립적으로 이루어지는 제반 서비스, 즉 점포의 독자적인 서비스를 독립적 서비스라고 한다. 즉 유흥음식점에서 접객서비스를 하거나 여흥서비스를 하는 것과 같이 그 자체가 하나의 독립적인 상품으로 구성되어 판매되기도 한다. 또다른 사례로 음식을 판매하는 전시장의 전시회, 유흥주점에서 사회자가 나누는 만담, 바에서 바텐더와 나누는 대화, 유흥주점의 댄스를 위한 음악이나 댄서들의 댄스공연 등은 판매되는 음식보다 고객유인효과가 더 크고 중요하므로 이것들을 독립적 서비스에 해당한다고 볼 수 있다.

4) 물적 서비스

(1) 공간적 서비스(space service)

공간적 서비스란 음식을 먹는 장소에 부수적으로 설치된 부대설비에 의한 서비스를 의미한다. 음식점의 객석시설, 객실시설, 주차, 화장실, 계단의 시설, 간판, 냉난방 공조시설, 조명, 음악 등 각종 인테리어가 여기에 해당하며, 전반적으로 식당내부 또는 외부의 모든 시설이 포함된다. 식당에 설비된 작은 폭포나 어항 또는 각종 장식물들은 공간적 서비스를 위한 설비로 이해할 수 있다. 특히, 식당 밖의 테라스나 나무가 심어져 있는 옥상(식탁을 놓고 고객이 이용하도록 하거나 말거나 간에) 등 주변의 환경은 공간적 서비스라고 이해할 수 있다.

(2) 설비적 서비스(amusement service)

단란주점의 가라오케 음악설비와 같이 여흥이 주목적인 점포의 음악시설은 설비적 서비스이다. 또 다른 예를 들면 음악다방의 음향시설은 설비적 서비스이지만 레스토랑의 음향시설은 공간적 서비스에 해당된다.

5) 편리성

고객이 외식상품을 선택하는 중요한 요인 중에 하나가 편리성이다. 입지, 영업시간, 적정요금에 따른 이용가격의 합리성 등을 예로 들 수 있다.

(1) 입지에 따른 접근의 편리성

요즘처럼 시내교통상황이 어려울 때는 접근성을 거리개념이 아닌 접근가능시간 개념으로 인식하고 있다. 특별한 사유의 내적 동기가 있는 경우를 제외하고 대부분의 외식소비자는 접근이 편리한 인근의 식당을 이용하려고 할 것이다. 따라서 외식점포의 입지는 그만큼 중요할 수밖에 없다.

(2) 영업시간에 따른 이용상의 편리성

인접한 점포라고 할지라도 이용하려는 시간에 영업을 하지 않는다면 단순한 물리적 위치에 불과할 뿐이다. 이처럼 이용시간의 편리성을 활용한 영업전략이 심야영업이다. 영업시간대의 맹점은 오전, 조조, 심야, 아이돌타임(idole time)이 될 것이며, 만약 24시간 영업하는 경우라면 이러한 맹점을 최대한 활용하는 경우라고 할 것이다. 점포의 위치를 공간입지라고 한다면 영업시간은 시간입지라고 할 수 있다. 따라서 영업시간, 즉 개점시간과 폐점시간이 규칙적이어야 하며, 휴일도 요일에 따라 규칙적이어야 고객이 이용시간의 혼란을 피할 수 있다.

(3) 적정요금에 따른 이용가격의 합리성

음식점의 음식가격에는 단일품목의 가격만을 의미하기보다는 부수되는 제반 서비스와 음식물의 가격까지 포함하는 경우가 많다. 마찬가지로 서비스를 중심으로 운영하는 외식업체의 독립적 서비스요금에는 음식물 가격이 포함되어 있다. 이것은 일반 소매업에서 모든 상품에 개별가격을 제시하는 경우와는 구별된다고 할 수 있다. 메뉴를 주력상품으로 메뉴가격제도를 취하는 외식업체가 대부분이며, 부수적으로 시간대별 차등가격을 적용하는 점포도 있다.

또한 판매가격이란 원칙적으로 판매원가에 조리와 서비스에 수반되는 비용과 적정이윤을 합하여 결정하는 것이 일반적이다. 그러나 다른 한편으로 판매가격결정을 시장경쟁가격에 따라 결정할 수도 있다. 메뉴가격이 높으면 객단가가 높아질 것이라는 생각은 오류에 빠지기 쉬운 환상이며, 실제로 객단가는 메뉴가격이 아니라 고객의 지불능력에 의해 결정된다는 사실을 우리는 인식하여야 할 것이다.

고객은 원자재 원가율에 의해 가격을 지불하기보다는 자신의 필요성이나 판단에 의해 가격을 지불하기로 결심한다는 것이다. 다시 말해서 원가율이 '높다' 또는 '낮다'라고 하는 것은 경영자나 관리자의 운영상의 문제이지 고객의 상품선택과는 직접적인 관련이 없다고 말할 수 있다.

특별서비스요금은 메뉴요금 이외에 독립된 특별서비스에 부가되는 요금을 의미한다. 이러한 특별서비스는 고객이 선택할 수도 있으며, 경우에 따라 선택의 여지없이 일괄적으로 부가되는 경우도 있다. 특별서비스요금을 메뉴요금에 합산할 것인지 아니면 각각 세분화하여 부과할 것인지는 고객들의 성향이나 경영정책에 따라 달라질 수 있다.

3. 외식산업의 기능과 특성

1) 외식산업의 기능

외식산업의 기능은 본질적 기능과 부가적 기능으로 나누어 설명할 수 있다. 본질적 기능은 주거지, 근무지, 여행지 주변에 외식업소가 입지하여 위생적으로 안전하고 영양가치가 있는 식사를 원하는 자, 즉 외식소비자에게 음식과 음료를 제공함으로써 인간의 기본욕구인 생리적 욕구를 충족시켜 주는 기능이다.

부가적 기능은 유형상품인 요리와 음료 이외에 무형 상품인 서비스를 더하고 다양한 기물과 시설을 활용한 인테리어로 분위기를 연출하며, 식사와 관련된 각종 편익 및 정보를 제공함으로써 사회문화적, 감각적, 심리적 욕구를 충족시켜 주는 기능을 말한다.

외식산업의 기능은 영업의 형태나 외식목적에 따라 다르게 기대될 수 밖에 없다. 실제로 숙박시설 내의 외식업소와 학교집단급식소, 주류를 중심으로 하는 업소의 기능이 동일하다고 할 수는 없을 것이다.

또한 외식사업의 활동은 크세 3가지로 대별할 수 있는데, ① 식자재 조달 활동, ② 고객에게 제공할 음식의 조리활동, ③ 판매와 서비스활동 등이다.

2) 외식사업의 사업상의 특성

(1) 과도한 인적 의존성

외식사업은 다른 제조업과 달리 요리상품의 품질을 일정수준 이상으로 일정하게 유지하면서 동시에 제조기업처럼 조리부문의 기계화와 자동화 설비를 구축하는 데는 한계가 있을 수밖에 없다. 또한 고객에 대한 서비스척도에 따라 외식사업의 성패가 좌우되는 만큼 일정 수준 이상의 서비스품질을 유지하기 위해서는 대인서비스가 필수적이며, 이에 따라 서비스인원을 일정수준 이상 유지해야 하기 때문에 인적 의존성이 매우 높을 수밖에 없다. 따라서 노동생산성이나 1인당 매출액이 타 산업군에 비하여 현저하게 낮은 편이며, 동시에 매출액에서 차지하는 인건비 비율이 높기 때문에 경영상의 문제점으로 지적되고 있다.

서비스내용의 질적 저하와 저생산성은 이러한 인건비 문제에서 출발하고 있기 때문에 체인 외식업체들은 직무의 표준화에 의한 매뉴얼에 따라 저임금 노동자, 즉 신입사원이나 아르바이트 등을 단기간에 교육훈련시키는 시스템을 구축하여 고임금에 따른 경영상의 압박을 완화하는 동시에 표준 이상의 서비스수준을 유지하려는 적극적인 경영전략구축이 요구된다.

(2) 주문과 조리, 그리고 소비의 동시성

외식사업은 서비스산업의 특성인 생산과 소비의 동시성, 무형성, 대면성, 소멸성을 내포하고 있다. 전통적인 외식사업은 고객이 주문하면 조리를 하고, 만들어진 음식을 제공하면 즉시 소비한다. 이처럼 외식사업은 '주문 – 조리 – 제공 – 소비'의 일련의 과정이 한 장소에서 거의 동시에 일어나는 전형적인 수주형 영업이다. 따라서 수요예측이 어려울 뿐만 아니라, 판매에 장소적 · 시간적 제약이 따를 수밖에 없다.

외식사업은 일반 제조업의 상품과 달리 유통경로 없이 '극소량 – 현장주문 – 즉시조리 – 바로 소비'의 패턴을 유지하고 있다. 또한 아침, 점심, 저녁의 정확한 수요예측이 어렵고 주말과 공휴일, 그리고 평일의 시간대별로 내점객 수가 일정하지 않을 뿐만 아니라, 판매되지 않은 준비된 요리의 품질저하나 수량의 결손이 발생하기 쉽다.

한정된 시간에 대부분의 매출이 발생하며, 정확한 고객수요를 예측하거나 식자재의 적정 구입량을 결정하기가 어려우므로 이에 따라 발생하는 식자재비용이 증가한다. 또한 비수요 시간의 인력활용문제와 공간활용문제 등으로 인한 경영상의 애로, 즉 시간적 제약과 수요예측의 불확실성에 따른 경영손실이 발생할 가능성이 매우 높다.

(3) 다품종 소량생산

최근에는 단체급식이나 패스트푸드를 중심으로 단일메뉴 또는 단지 몇 개의 메뉴만을 판매하는 전문 외식사업체가 다수 출현하여 저가격, 빠른 서비스로 회전율을 높임으로써 경쟁력을 확보하려는 음식점들이 있지만, 대부분의 외식사업체는 고객의 다양한 기호에 부응하기 위하여 백화점식으로 다양한 여러 가지 메뉴를 제공하는 것이 현실이다. 메뉴의 다품종 소량생산은 여러 가지 식재료를 소량으로 구매해야 하기 때문에 단지 몇 가지 식재료를 대량으로 구매하는 경우에 비하여 식재료 원가율이 높게 나타날 수밖에 없다.

(4) 높은 입지 의존성

외식업은 입지사업이라고 할 만큼 입지의 중요성은 아무리 강조해도 지나치지 않다. 입지는 점포의 영업에 영향을 미치는 여러 가지 요인 중에 가장 큰 영향을 미치고 있다. 그만큼 외식사업은 다른 그 어떤 사업보다 입지의존성이 높으며, 도심의 번화가, 역세권, 빌딩주변, 교외의 대로변, 상가지역 등 인구밀집지역이나 다수의 행인통과지역이 우수한 입지로 열거되고 있다.

(5) 급격한 원자재가격의 변동

최근의 미국산 쇠고기 수입금지파동으로 돼지고기 값이 삼겹살 등 부위에 따라서 3배까지 치솟았다. 매출액에서 차지하는 식자재비율이 3~40%인 점을 감안하면 이러한 식자재 원가파동은 경영상의 압박으로 작용할 수밖에 없다. 하지만 운영자금의 회전속도는 타 산업에 비하여 매우 빠른 편이다.

(6) 신규진입이 용이

우리나라 외식점포의 약 70% 정도가 4명 이하의 소규모이며 영세성을 면치 못하고 있다. 물론 체인사업체를 비롯한 대규모 사업장도 있지만 타 사업에 비하여 사업의 규모가 작고 초기 투자비용이 적기 때문에 신규진입이 용이하다. 또한 사업의 실패비율이 높은 것이 현실이다.

(7) 높은 이직률

규모의 영세성으로 대부분 일용직이나 아르바이트를 고용하는 현실을 감안하면 고용상태가 불안하며, 타 직장 근무자들에 비하여 근무만족도가 상대적으로 매우 낮기 때문에 이직률이 높을 수밖에 없다.

그러나 대기업이 경영하는 호텔이나 대규모 프랜차이즈 외식사업장 근로자들의 임금과 근로조건 등 복리후생 등이 많이 개선됨에 따라 전문직종으로 인식하는 젊은 인력을 중심으로 외식기업체의 장기근무자가 점차적으로 증가하고 있다.

4. 외식사업 경영상 문제점

외식사업을 경영하면서 당장 발등에 떨어진 문제들만 해결하려는 경영과 발생가능한 요인들을 예의주시하며, 미연에 방지하려는 적극적인 경영과는 현격한 차이가 있을 수밖에 없다. 또한 어떠한 문제가 발생하면 근본적인 문제를 해결하려 하기보다 단지 드러나는 문제만 해결하려 한다면 재발하지 않는다는 보장이 없을 뿐만 아니라, 더 큰 화를 자초할 수도 있다.

성공적으로 경영하는 외식사업 경영자가 되려면 발생할지도 모르는 문제를 미리 예상하고 대비하여야 할 것이다. 경영자는 내부문제에 대한 정확한 예측과 경영에 영향을 미칠 수 있는 외부요인에 대한 연구와 대비는 만에 하나 발생할지도 모르는 크나큰 손실을 방지할 수 있으며, 경우에 따라서는 큰 수익을 안겨 줄 수도 있다.

1) 외식기업의 내부적인 문제점

대부분의 외식경영자들은 내부적 요인을 가볍게 인식하는 경향이 있다. 하나하나를 살펴보면 부수적이며, 경영에 그리 큰 영향을 미치지 않을 것처럼 인식되지만 실제로는 매우 중요하며, 경우에 따라서는 경영에 치명적인 영향을 미치기도 한다.

(1) 영업과 관련된 문제

- 매출의 현금수납이 높으므로 안전하게 관리해야 할 필요성이 있다.
- 주문기간에 의한 적정량의 식재료 주문과 입고된 식재료의 저장과 관리상의 문제
- 음료 및 주류의 주문과 저장 및 관리상의 문제
- 일정 서비스수준의 지속적인 유지문제

(2) 음식과 관련된 문제

- 재고 식재료의 품질저하와 부패로 인한 문제
- 잔반 등 음식물 쓰레기의 처리문제
- 음식품질의 일정한 수준유지문제

(3) 직원관리문제

- 성수기에 훈련된 관리자나 직원의 부족문제
- 비수기의 유휴노동력 관리문제
- 성수기의 아르바이트 채용과 교육상의 문제
- 직원들에 대한 적절한 임금과 복지혜택 등 처우개선문제

2) 외식기업 외부적인 환경요인

(1) 정치·법률적 외부환경

- 외식사업 경영에 영향을 미치는 과세정책의 변화, 즉 부가가치세율의 인상 등
- 쓰레기 처리, 특히 음식물 쓰레기 처리시설이나 방법
- 소방시설의 설치와 규제와 화재 및 가스사고 방지시설설치에 관한 법률규제
- 식품위생법률에 의한 각종규제

- 정부 정책변화에 따른 영향 – 심야영업 규제, 기업의 접대비에 관한 규제
- 성매매금지에 관한 법률에 의한 규제 등

(2) 경제적 환경요인

- 경기의 변동 – 장기 경기침체로 소비둔화
- 물가인상에 의한 소비둔화
- 식재료비, 수도광열비, 보험료, 전기료, 통신료 등의 인상에 의한 경영비용 상승
- 차입부채의 이자율 인상에 따른 비용증가

(3) 사회환경적 요인

- 주5일 근무로 인한 도심 오피스빌딩가의 외식소비기회 감소
- 인구의 집단이동이나 인구증가율 감소로 장기적 소비계층 인구의 감소
- 지역문화와 외식기업 간의 갈등
- 소비계층별 다양한 라이프 스타일에 따른 외식선택의 다양성
- 소비자의 여가시간증가로 장거리 여행기회의 증가

(4) 기타 환경적 요인

- 조리기구의 발달과 자동화 정도의 증가
- 각종 컴퓨터 시스템을 활용한 운용기기의 증가
- 소비자의 다양한 요리 기대수준의 변화

여성 반이 경제활동 - 올해 처음 50% 넘어

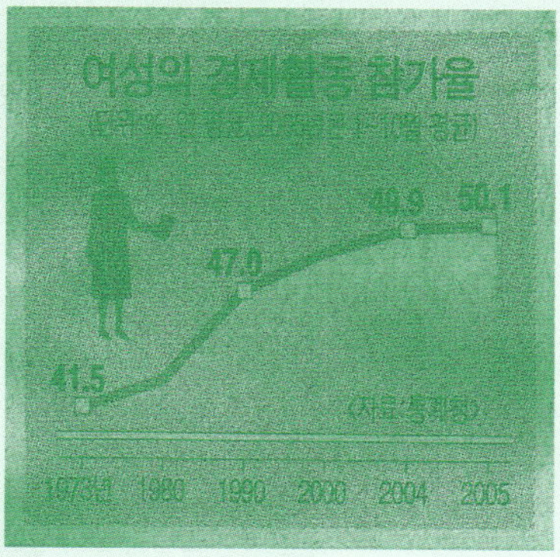

한국여성의 경제활동 참가율이 올해 처음으로 50%를 넘어설 전망이다. 맞벌이 부부가 늘어나고 남성가장의 조기퇴직, 자녀교육비 부담 등에 따라 중년층 여성취업도 늘고 있기 때문이다.

경제활동 참가율은 15세 이상 인구 중 일을 하고 있거나 일자리는 없지만 일할 의사가 있는 사람의 비율을 뜻한다. 통계청은 4일 올 들어 10월까지 여성의 경제활동 참가율이 50.1%로 집계됐으며, 올해 연간으로도 50%를 넘어설 것으로 예상된다고 밝혔다. 지난 1973년 40%를 넘어선 이후 32년 만이다.

통계청에 따르면 올해 1~10월 평균 여성 경제활동인구는 986만 명(취업자 951만 명 +실업자 35만 명)으로 일할 의사가 없는 여성 비(非)경제활동인구(전업주부 · 학생 등) 981만 명을 처음으로 넘어섰다.

그러나 우리나라 여성의 경제활동 참가율은 경제협력개발기구(OECD) 회원국 평균 59.5%(1999년 기준)에 비해 아직 낮은 수준이라고 최연옥 통계청 고용복지통계과장은 말했다. 또 여성근로자 10명 중 4명 꼴로 전체 근로자 평균임금의 3분의 2 이하를 받고 있어, 여성 저(低)임금현상도 여전한 것으로 조사됐다.

한국노동연구원에 따르면 올 8월 말 현재 저임금 근로자(평균임금의 3분의 2 이하를 받는 근로자)의 비중은 여성이 42.0%인 반면 남성 저임금 근로자는 15.8%였다.
-이진석 기자-

자료 : 조선일보

외식사업
창업과 경영
Foodservice

제 2 장

외국의 외식산업 발전과정

Foodservice

Chapter 2

지구의 지각을 연구하는 학자들은 약 45억 년 전쯤에 지구가 생성되었을 것이라고 추정하며, 인류학자들은 현생인류의 출현은 250만 년 전으로 추정하고 있다. 태고의 인류는 수렵이나 채취를 통하여 음식을 공동으로 취식하였으며, 전기 구석기시대 후반(10~40만 년 전)부터 불을 이용한 화식이 시작되면서 진정한 의미의 요리를 만들어 먹기 시작했을 것이라고 한다(구천서, 1995). 또한 4~1만 년 전쯤에 농경이 시작되면서 정착생활을 하였고 정착생활을 하면서 결핍물자를 구하기 위하여 정주지를 떠난 여행이 이작되었을 것이라고 많은 일류학자들은 추정하고 있다.

결핍물자의 조달이나 종교상의 이유 등으로 정주지를 떠난 여행객들에게 숙식을 제공하는 곳들이 생겨나면서 외식은 시작되었을 것이다. 시간이 흐름에 따라 발달한 사회문화는 종교의식, 각종 연회나 축제행사 때 여러 가지 요리를 만들어 참가자에게 제공하거나 판매하면서 초기의 외식산업은 비약적으로 발전하였다. 아울러 미식가들은 요리를 단순한 생존을 위한 식품이라기보다 요리를 예술의 경지로까지 승화시켰다.

1. 고대 외식산업의 발전과정

고대 여행객들에게 개인의 자택이 숙식의 장소로 제공되었으며, 따뜻한 식사나 포도주 또는 막걸리를 제공하는 기능은 차츰 주막이나 여인숙(Inn)으로 발전하면서 고대 외식산업의 한 축으로 자리잡아가게 되었다.

그 시절에는 함께 여행하였던 낙타나 말 등 가축과 함께 자기도 하는 등 위생개념을 갖는다거나 서비스 또는 요리의 품질에 대한 개념을 갖는다는 것은 상상도 할 수 없었다. 단지 추위나 비를 피하여 잠을 잘 수 있다거나 배불리 먹을 수만 있다면 그것으로 여행객들은 대만족하였을 것이다.

기원전 1만 년경에 덴마크에서 많은 사람들이 주방에서 조리하고 식사했던 증거가 있으며, 기원전 5천 년경의 스위스 호수에서 단체식사기록이 있고, 고대 이집트 무덤과 사원의 판화양각벽화에 상인들이 길거리나 시장에서 음식을 만들어 팔던 모습이 묘사되어 있다.

고대 중국인은 여행객이 길가의 여관을 이용하여 숙식을 해결하였으며, 도시의 식당에서 음식과 곡주를 판매하였다고 한다. 인도에서도 여관, 음식점, 여인숙들이 많아 이를 통제하는 법률이 제정되기도 하였다. 또한 파키스탄의 고대유적에서 대량으로 조리가 가능한 석조오븐이 발견되었다.

이집트의 동굴이나 피라미드 무덤에 벽화나 점토평판으로 그려진 제빵사와 요리사들의 작업 모습이 나타나 있다. 나일강 주변은 채소, 과일, 닭, 포도, 생선, 달걀 등 식재료가 풍부하였으며, 제과제빵이 유명하여 이집트의 제빵인들은 존경받았다고 한다.

페르시아는 화려한 연회와 축제로 유명하였으며, 아시리아의 사르도나풀루스(Sardonaplus) 왕은 요리경진대회를 개최하는 등 요리에 관심이 많았다고 한다. 또한 페르시아의 포도주와 전설적인 과일 마말레이드(marmalade)는 황금용기에 담아 축제 때 제공되었다.

성경에는 크르스(Xeres) 페르시아 왕이 180일 동안 연회를 베풀었으며, 솔로몬은 22,000 마리의 소를 잔치를 위하여 잡았고, 사르다나팔(Sardanapalus) 앗시리아 왕은 대연회와 요리경진대회를 자주 열었다고 기록되어 있다.

고대 그리스인들은 페르시아로부터 요리와 식사법을 배웠고, 보리 페스트, 보리죽, 보리빵이 기본 음식이었다고 하며, 하루 네 끼 식사를 먹었다고 한다. 당시에 유명한 조리장들은 요리의 도시로 유명한 시베리우스(Syberius) 출신이 많았다고 한다. 고대 그리스인들은 연회나 축제를 즐겼으며, 그리스는 좋은 음식과 풍요로운 삶의 상징이었다. 바카날(Bacchanal) 축제(술의 신 박카스(Bacchus)를 기념하는 축제)는 음식과 술, 그리고 환락의 행사로 전해지는 등 크고 작은 행사와 축제가 자주 베풀어지므로 조리사들은 사회적으로 존경받았으며, 독특한 조리법이 판권으로 보호되기도 하였다. 로마인들 역시 축제를 즐겼으며, 루쿨루스 황제의 사치는 극에 달하였다고 하며[1], 마크 안토니오는 크레오 파트라를 위해 성대한 연회를 준비하기도 하였다고 한다. 고대 로마의 작은 레스토랑 터버나(tavernas)에서 음식과 포도주를 판매하였으며, 음식점 운영에

1) 루쿨루스 황제의 이름에서 유래된 말로 사치스럽고 낭비적인 식사를 사리켜 루쿨란(lucullan)이라고도 하며, 고기를 부드럽게 하는 특별한 소스를 루쿨루스 소스(lucullus sauce)라고 한다.

관한 법을 제정하기도 하였다. 고대 폼페이 유적에서 조리기구를 사용하던 레스토랑 흔적이 발견되기도 하였다. 당시에 미식가였던 가비우스 아피시우스(Garvius Apicius)는 화려한 향연을 위해 자신의 모든 재산을 탕진했으며, 굶어 죽지 않기 위해 자살했다고 한다(최수근 1993).

2. 중세 외식산업의 발전과정

중세 암흑의 시대에는 로마제국의 멸망으로 사치스런 연회는 줄어들기 시작하였고, 수도원을 중심으로 요리가 발달하였으며, 호화스럽고 훌륭한 요리는 귀족들의 특권이었다. 귀족들은 연회에 곡예사, 마술사, 음유시인을 통하여 흥을 돋우었으며, 식탁에 차려진 음식을 손으로 먹었으며, 식전에 향수물에 씻은 손을 닦던 도구에서 현대의 넥타이가 유래되었다고 한다. 수도원 출신의 빵굽기, 포도주와 맥주 제조, 조리기술자들은 훗날 푸드서비스길드(food service guilds)를 조직했다. 'The Chaine de Rotissieres'는 오늘날의 미식가 단체와 같은 사람들의 모임으로 당시의 빵굽는 길드(Roasters Guilds)의 하나였다. 12세기 파리의 길드는 특정제품에 대한 독점 생산권이 있었으며, 당시의 조리장이 몇몇 조리사를 교육하는 도제수업을 수행하였다. 이 때, 정리된 조리표준과 기술들이 오늘날까지 전해 내려오고 있다.

모자는 계급을 의미하였는데, 작고 둥근 모자는 조리사, 높은 모자는 주방장, 둥글고 흰 모자는 도제, 검은 색의 모자는 귀족을 상징하였다고 한다. 특히, 검은 모자를 쓴 조리사는 동료에 의해 뽑힌 조리책임자라는 명예로움의 상징이었다고 한다.

3. 르네상스 시대의 요리문화

중세를 지나 문화의 부흥을 이룬 르네상스 시대에는 요리의 르네상스가 이탈리아에서 시작되었으며, 이러한 훌륭한 요리법은 프랑스로 전파되어 화려하고 호화로운 고급요리로 발전하였다.

1) 프랑스의 요리문화

단순하고 볼품없었던 프랑스 요리는 1533년 헨리 2세(Henry II)와 이탈리아 피렌체(플로렌스; Florence) 지방 메디치(Medici) 가문의 캐더린(Catherine)과 결혼할 때 등장했던 고급요리가 요즈음 우리가 일반적으로 이야기하는 프랑스 요리의 효시라고 한다.

예술을 애호하던 메디치가는 예술가를 자주 초대하여 음식과 술을 즐겼는데, 이러한 분위기에서 자란 캐더린은 결혼하면서 수석조리사를 프랑스로 데리고 왔으며, 아이스크림과 식탁에서 음식을 먹을 때 손 대신 포크와 스푼 사용하는 법을 전파하였다. 삼촌의 궁 안에서 호화로운 식사에 영향을 받은 헨리 4세는 왕위를 계승받은 이후에도 훌륭한 음식을 권장하였으며, 위대한 미식가로 알려져 있다.

부르봉 왕실의 루이 14세(1643~1715)는 조리학교를 건설하였으며, 소스의 사용이 조리기술의 가장 중요한 부분이라고 생각한 이 시기에 다양한 소스를 비롯한 많은 요리(Bechamel[2], Count Mornay[3], Count Soubisse[4])들이 개발되었다. 루이 15세(1715~1774)는 예술적인 요리, 즉 요리의 미적 감각을 좋아하였으며, 요리를 좋아하고 잘하던 여러 왕비들 중에 드봐리(Madame Du Barry)는 최고의 조리장에게 주어지는 상아로 만든 '코르동 블렝(Cordon Blen)'이라는 상을 받기도 하였다(신재영 · 박기용 1999). 이무렵 차, 커피, 코코아, 아이스크림 등이 유입되었으며, 샴페인의 개발(페리뇽; Dom Perigon)로 프랑스 요리의 가치를 증진시켰다. 또한 루이 14세 때 레스토랑이 등장(1760)하였다.

프랑스의 시민혁명(1789)으로 화려했던 부르봉 왕조는 몰락(1792)하고 공화정이 시작되면서 더 이상 화려한 왕실의 요리는 등장하지 않았으나, 요리를 사랑하는 미식가들[5]에 의하여 그 명성은 지금까지 전승되어 내려오고 있다. 몰락한 프랑스의 많은 귀족들이 조리사와 하인을 데리고 낙향하여 자신의 저택에서 음식을 조리하여 판매하고 숙식을 제

---

2) 하얀 소스(white sauce), 음식에 관심이 많던 귀족 Bechamel 백작의 이름을 딴 요리.
3) 베샤멜 소스에 그뤼에(gruyer) 치즈를 넣은 것
4) 베샤멜 소스에 다진 양파를 볶아 넣은 것
5) 미각의 철학(The Physiology of Taste)을 집필한 미식가이자 판사였던 브릴라 사라방(Brillatt Saravin), 최초의 미식잡지 편집인 그리몽(Grimond), 요리대사전(The Grand Dictionnaire de Cuisine)의 편집자 알렉산더 듀마(Alexander Dumas), 자신의 이름을 딴 스테이크가 있는 평민 샤또브리앙(Vicomte de Chateaubriand) 등이 그 시대의 미식가로 알려져 있다.

공하면서 오늘날의 유명한 호텔과 미식가들이 즐겨 찾는 유명한 레스토랑으로 발전하였다.

2) 이탈리아의 요리문화

이탈리아는 지중해에 길게 뻗어 있는 반도국가로 해안선이 길어 해산물이 풍부하고 건조하며, 일사량이 많으면서 강우량이 적절한 지중해성 기후로 인한 과일, 야채, 향료, 포도, 올리브 등이 풍부하다. 또한 지리적 여건으로 고대로마, 아라비아, 노르만의 영향을 받아 지역마다 독특한 요리가 발달하였다. 육류보다는 해산물 요리가 많으며, 프랑스는 버터를 많이 사용한다면 이탈리아는 올리브유를 요리에 주로 사용하며, 식탁에는 포도주가 반드시 등장한다.

이탈리아의 남부는 경질밀을 사용한 파스타(Pasta)와 나폴리의 피자(Pizza), 다양한 종류의 과일, 토마토를 이용한 요리와 송아지 요리가 발달하였다. 반면에 북부는 옥수수를 이용한 폴렌타(Polenta)와 쌀을 이용한 리조토(Risotto)가 유명하며, 포강에서 어획한 어물과 해산물, 그리고 갑각류를 비롯한 생선요리, 포도주와 바질 등의 향신료를 첨가한 육류요리, 토마토를 사용하지 않으면서도 민감하고 세심한 맛의 요리와 양고기 요리가 발달하였다. 마늘은 전반적으로 사용하지만 북부에서는 아주 적은 양만 사용한다.

3) 러시아의 요리문화

젊은 시절 프랑스 왕실에서 많은 세월을 보냈던 러시아의 피터 대제(1682~1725)는 프랑스인들의 다양하고 화려한 요리법을 체험하였으며, 훗날 러시아로 돌아와 황제가 된 후에 프랑스의 유명한 조리사들을 러시아로 불러 고급스럽고 맛있는 프랑스 요리를 러시아에 소개하도록 하였다. 그러나 러시아인들은 그들만의 독특한 식습관과 음식에 대한 철학이 있었기 때문에 프랑스와 차이가 있는 러시아만의 독특한 요리스타일과 식문화로 발전시켰다.

4) 영국의 요리문화

스페인의 필립 2세는 항상 화려한 고급스런 식탁을 즐겼으며, 그와 이혼하여 영국으로 되돌아온 영국인 왕비 메리(Mary)는, 헨리 8세(1509~1547) 때, 훌륭한 스페인 조리사를 데리고 돌아와 기존에 잘 발달된 영국의 전통요리에 스폰지 케이크 만드는 법 등 스페인 요리를 가미하기 시작하였다.

5) 독일의 요리문화

소시지, 가공육, 감자요리, 절인 양배추(sour crout), 돼지고기 요리들이 발달하였다.

4. 근대 프랑스의 요리문화

1) 요리의 황금시대

수프를 앙뜨레 요리보다 먼저 제공하는 순서를 정하는 등 오늘날의 코스 식사개념을 최초로 도입하고 콩소메(consomme) 수프를 개발하는 등 수많은 요리를 집대성하고 개발한 꺄렘(Marie Amtoine Careme, 1783~1833)은 요리의 황제로 추앙받고 있는 에스꼬피에(George Auguste Escoffier, 1847~1935))와 더불어 프랑스의 가장 유명한 조리사로 알려지고 있다.

꺄렘은 얼음조각과 양초조각을 활용하여 식탁의 분위기 연출을 시도하였으며, 수많은 제자들을 배출하였다. 그가 만든 웨딩 케이크 위의 장식용 과자는 나폴레옹 1세로부터 극찬을 받은 것으로 유명하다. 조리사이자 제과사였던 그를 알렉산더 1세는 '왕들의 조리사이자 조리사 중의 왕'이라고 하였다. 그는 여러 권의 요리책을 집필하여 요리의 발전에 크게 공헌하였으며, 오늘날 전통 프랑스 요리의 창시자로 추앙받고 있다.

꺄렘의 뒤를 이어 출현한 에스코피에는 프랑스 요리를 예술의 경지로 승화시켰다. 나폴레옹(1792~1814)의 러시아 침략전쟁이 알렉산더에 의하여 실패(1812)로 끝나자 유럽의 중심이 런던으로 이동하였으며, 그 무렵 에스코피에가 런던에서 일정기간 활동하고 있을 즈음에 영국의 왕 에드웨드 7세(1841~1910)는 "Mr. Rits가 가는 곳에 나도 간다"라고 표현할 정도로 리츠의 명성은 유명하였다고 한다.

에스코피에는 파리에서 리츠호텔의 창시자 리츠(Caesar Rits)를 만나 주방장으로 근무하면서 전성기를 맞게 된다. 이곳에서 리츠가 요리한 고급요리와 서비스는 유명하였다. 듀브아(Dubois)의 러시아식 음식 서비스방법을 도입하여 현재의 음식서브(serve)순서를 창안하였으며, 레스토랑의 운영과 관리를 효과적으로 하기 위하여 3장의 전표제[6]를 도입한 것도 에스코피에였다.

그의 저서 「요리의 지침(Le Guide Culinarie)」은 1,000여 페이지에 달하며, 10,000여 가지의 각종 요리법이 수록되어 있을 뿐만 아니라, 오늘날에도 조리사들의 바이블로 세계각국의 조리사들에 의해 널리 사랑받고 있다. 에스코피에는 현대 주방시스템의 창시자였다. 조리사는 항상 깨끗한 복장의 유니폼을 유지하도록 하는 동시에 조리사들에게 품위를 지키도록 하였으며, 레스토랑과 주방의 위생관리에 대한 지침도 만들었다.

2) 레스토랑의 출현

중세 이전 유럽의 고급요리는 일부 상류층을 상대로 번성하였으며, 일반시민들에게까지 보편화되지는 못하였다. 프랑스에 커피하우스가 1600년 경 등장하여 커피, 코코아, 포도주 등 간단한 음료와 술을 판매하기 시작함으로써 일반인들도 이용할 수 있는 기회가 조금이나마 주어지기 시작하였다.

길드의 상업적 지역관할 독점권이 인정되던 루이 15세(1715~

6) 한 장은 캐셔, 한 장은 주방, 다른 한 장은 접객원에게 돌아가도록 하고, 주문자와 고객의 성명을 적어 놓음으로써 고객이 재방문할 때 고품위 서비스에 활용함.

1774) 때 몽블랑게(Mon Boulanger)라는 사람이 자신의 집에서 양(羊)의 다리로 만든 영양수프를 '건강회복제(health restorers)'라는 이름으로 판매하기 시작하였으며, 이 장소를 '레스토랑(restorante)'이라고 불렀다.

그러나 길드 소속이 아니었던 몽블랑게는 길드에 의하여 상행위가 불법이라는 이의와 소송을 제기 당하였으나 결국 재판에서 승소하게 되었다. 그 후 몽블랑게는 판매하는 요리의 품목 수를 늘리는 등 사업에 큰 성공을 거두었다. 이러한 사건이 일어난 이후에 프랑스에는 이를 모방한 커피하우스와 레스토랑이 30여 년 동안 500개가 넘게 생겼다고 한다. 이로써 프랑스의 고급요리는 일반대중들이 쉽게 접근할 수 있는 계기가 되었으며, 현대적인 의미의 레스토랑이 출현하는 기원이 되었다.

3) 외식산업의 태동

귀족의 전유물이었던 프랑스의 호화스럽고 고급스러운 요리가 퇴장하고 대중을 위한 레스토랑이 출현하는 이즈음, 18세기 말에 시작된 거대한 산업혁명의 물결은 길드조직의 붕괴에도 영향을 미쳤다.

산업혁명의 결과 사업가, 상인, 제조업자, 금융업자 등 새로운 신흥계급이 등장하였으며, 경제적, 사회적 지배계급으로 등장한 그들은 부를 축적하면서 조리사를 고용하는 등 요리에 많은 관심을 가지기 시작하였으며, 예전에 귀족들이 그랬듯이 그들도 클럽에서 고급요리에 관심을 가지기 시작하였다.

뿐만 아니라, 중산층과 서민들까지 고급요리를 즐기고자 하였다. 또한 호화스런 호텔에서 고급요리를 제공하던 리츠와 에스코피에는 부부동반을 장려하였으며, 당시에 금기시하던 일요일 영업을 단행함으로써 가정의 귀부인들에게 고급요리를 외부에서 먹을 수 있는 기회를 제공하였다. 이때부터 외식이 대중화하기 시작하였다고 볼 수 있다.

5. 미국 외식산업의 성장과 발전

표 미국 외식산업의 발전과정

년대	성장단계	동향
1800	외식사업의 태동기 대규모 체인레스토랑 효시	얼음냉장고(1803), 가스스토브(1825), 식기세척기(860) 개발 최초의 레스토랑 Union Oyster House(1826)가 보스턴에 등장 델모니코(Delmonico's, 1827) 레스토랑, 후렛하베이(1876)-체인효시, Parker House(1855)-최초의 a la cart 메뉴 제공, 장 밥티스트의 '쥬리앙 레스토랑'에서 처음(1874) 'restaurant'이라는 용어 사용
1910	최초로 프랜차이징 시작	A & W(1919)-청량음료 'root beer'로 프랜차이징 시작
1920	외식사업의 과학적 관리 샌드위치 유행	스타후어(1920)-테이블 풀 서비스 레스토랑, Pig-Stand(1921)-최초의 drive in restaurant, White Castle - 햄버거 레스토랑 체인-저렴, 신속, 닭요리, 박리다매, ARA가 단체급식 서비스 시작(1926) J.R 톰슨(1926)사-self-service, central kitchen, 원가관리 도입-126개 레스토랑 운영, 쵸크풀오너사(1924)-스낵의 신속한 제공(원시적인 패스트푸드), Howard Johson(1925)사-고객 만족추구, 자동차시대에 맞춤 점포개발
1930	제공자 중심의 외식사업	생산자 중심의 외식사업 발전, 하워드존슨('35), 빅보이('36), 'Marriott'이 최초의 기내식 시작(1937).
1940	학교급식법 제정(1946) 단체급식 발전	2차대전 이후 - 핵가족화, 소득증대, 레저생활 촉진, 여성 사회진출 스카이쉐이프사-학교급식, 항공기내식 사업시작(1942), 던킨도너츠(1942) SAGA, ARA서비스-학교급식, 병원급식, 군대급식 확산, 1946년 학교급식법 제정, Big Boy(1940)-아이스크림, 커피숍 형태로 번성, 데일리퀸(1941)-도너츠.
1950	미국의 경제부흥기 관광산업과 외식의 성장기 Tak-out, QSC 강조 FF 프랜차이즈 본격도입기	McDonald(1955)-레이 크락(Ray Kroc)에 의하여 진출 KFC(Kentucky Fried Chicken, 1952), 피자헛(1953), 데니스(1953), 버거킹(1954)-햄버거, 도그하우스(1954)-햄버거, 웬디스(1959), 홀리데이인(1952)-핫도그, 아이호프(1958)-피자,
1960	프랜차이즈의 급속한 확산 다점포 전개, 대기업화 냉동식품확산, 성장기	KFC와 McDonald를 중심으로 프랜차이즈 확산, 이스터스테이크(1964)-roast beef sandwich, 필스베리 식품제조업체가 버거킹 인수, Restautant Business → Food Service Industry로 대치, Taco Bell(1962)-스테이크, Arby's(1968)-sesfood fry, Long John, Red Lobster 탄생
1970	외식산업시장의 확대 치열한 경쟁, 성숙기 마케팅의 시대 차별화 전략 인수합병이 치열	1, 2차 오일 쇼크 - 경영체질강화, 해외진출로 외식산업의 국제화, FF의 소형화와 대형화로 양극화, 미국 외식산업의 최대번영기 자금력을 바탕으로 인수합병이 치열, 드라이브 쓰루 유행
1980	미국경제의 침체 외식산업의 포화, 성장둔화 국제시장에 진출	외식기업의 포화상태, 성장률 둔화로 치열한 시장쟁탈전 외식업의 공업화, 자본집약화, 정보시스템의 적용, 세계시장으로 진출, 미식과 건강식의 욕구증대
1990	미국경제의 호황 4대산업으로 외식이 급부상 퓨전 레스토랑 등장	업종과 업태의 구분이 모호해지는 복합화 현상이 대두
2000	외식산업의 정체기 대량 개별화 현상 more for less 신드롬	개성과 라이프 스타일에 기인한 고감성 외식의 출현 품질과 서비스 측면의 극심한 약극화 초래

1) 1800년대 – 외식산업의 태동기

1800년대에는 얼음냉장고(1803)와 가스스토브(1825), 그리고 식기세척기(1860)가 개발되면서 외식산업 발전에 기여하였다. 미국 최초의 레스토랑은 1827년 Union Oyster House사가 보스턴에서 운영하였다고 알려지고 있다. 이어 1827년 등장한 델모니코(Delmonico's) 레스토랑은 9개의 레스토랑을 개점하였다. 또한 영국에서 이민 온 후렛하베이(Fred Harvey)가 1876년부터 65개의 체인 레스토랑과 60개의 다이닝카(dining car)를 운영하면서 대규모 체인레스토랑의 효시가 되었다.

1855년 'Parker House 레스토랑'에서 최초로 일품요리(a la cart) 메뉴를 제공함으로써 인기를 끌었다. 또한 'restaurant'이라는 용어는 종교문제로 망명(1874)한 장 밥티스트(Jane Baptiste Gilbert Paypalt)에 의하여 프랑스로부터 유입되었다. 그는 버섯요리와 퐁듀, 그리고 와인을 주요 메뉴로 하는 '쥬리앙 레스토랑(Zulien's Restaurant)'을 운영하였다.

2) 1910~1920년대 – 프랜차이징 시작, 샌드위치 유행

로리-알렌과 프랭크-라이트는 'A&W'라는 상호로 1919년에 풀뿌리로 만든 'root beer'라는 청량음료를 판매하는 프랜차이즈 사업을 시작하면서 최초로 외식산업에 프랜차이징 경영기법을 접목하게 되었다. Pig-Stand(1921)가 최초로 드라이브 인 레스토랑(drive in restaurant)을 개점한 이 시기에는 샌드위치가 대유행하였다. 화이트 캐슬(White Castle) 레스토랑은 빠르고 신속하게 먹을 수 있는 햄버거를 상품으로 대형화, 체인회된 패스트푸드 프랜차이즈 시스템을 예고하고 있었다. 이 체인은 저렴하고 신속한 서비스를 모토로 닭요리 메뉴와 박리다매의 경영전략으로 대 성공을 거두었다.

ARA가 단체급식 서비스를 시작(1926)하였으며, J. R 톰슨(1926)사는 셀프 서비스(self-service), 식자재의 중앙공급식 경영(central kitchen), 원가관리 제도를 도입하는 등 외식산업의 과학적 관리경영을 시도함으로써 점포를 126개로 확장하는 등 대성공을 거두었다. 쵸크풀

오너(1924)사는 스낵을 신속하게 제공하는 원시적 형태의 패스트푸드였으며, Howard Johson사는 고객의 정신적 만족까지 추구하는 운영전략으로 레스토랑을 경영하였다.

3) 1930~1940년대 – 단체급식 발달

'Marriott'이 최초로 기내식을 시작(1937)한 1930년대는 생산자 중심으로 외식산업이 발전하였다. 1942년에 스카이 쉐이프사는 학교급식, 항공기내식 사업을 시작하였으며, 이어서 SAGA와 ARA 서비스도 학교급식, 병원급식, 군대급식으로 사업영역을 확장하였다. 이처럼 각급학교를 중심으로 단체급식산업이 급속도로 팽창하자 1946년 학교급식법을 제정하면서 외식산업은 대 전환기를 맞게 된다.

2차세계대전이 종전하면서 미국경제의 활성화로 급격한 핵가족화, 가처분 잉여 소득증대, 여가시간의 증가로 레저생활촉진, 여성의 사회진출기회 확대 등의 사회적 변화를 맞게 된다. 또한 교통과 관광산업의 급속한 성장은 외식산업이 폭발적으로 성장할 수 있는 계기가 되었다. 이 시기에 'Big-Boy' 레스토랑은 커피숍 형태로 번성하였다.

4) 1950년대 – 프랜차이즈 본격도입

유사이래 미국경제가 최고의 호황을 누리던 시기였으며, 관광산업과 프랜차이징 시스템을 중심으로 외식산업이 본격적으로 발전한 시기였다.

햄버거 전문점 맥도널드사는 1955년 레이 크락(Ray Kroc)이 맥도널드 형제로부터 인수하여 QSC(quality, service, cleanliness)를 모토로 프랜차징 사업을 전개하면서 셀프서비스, 단순화, 표준화, 매뉴얼화로 대량생산 체제를 갖춤으로써 원가를 절감할 수 있었다. 이러한 경영기법을 계기로 외식산업 부문에서 세계 최대의 다국적 기업으로 성장할 수 있는 초석을 마련하였다.

이 시기에 샌드위치 전문 프랜차이즈 데니스(1953), 버거킹(1954), 웬디스(1959)가 출현하였고, 닭고기를 전문으로 하는 KFC(Kentucky Fried Chicken, 1952), 피자전문점의 피자헛(1953) 등이 출현함으로써 패스트푸드는 미국의 외식산업을 대표하는 업종으로 성장하였다.

5) 1960년대 – 프랜차이즈 확산

1960년대는 프랜차이즈 시스템이 KFC와 McDonald를 중심으로 급속하게 확산되는 시기로 다점포로 전개됨으로써 대기업으로 성장하였고 많은 외식 프랜차이즈 기업이 증권이장에 상장되었다. 한편, 부진을 면치 못하던 버거킹을 필스베리 식품제조업체가 인수하였고, Taco Bell, Arby's, Long John, Red Lobster 등이 새로이 탄생하였다.

또한 가공과 저장 및 유통기술의 발달로 가공식품과 냉동식품의 이용이 급속도로 확산되었다. 일반적으로 사용되어 왔던 식당업(Restautant Business)이라는 용어가 외식산업(Food Service Industry)이라는 용어로 대치됨으로써 산업의 영역에 자리잡았다. 미국 내에 프랜차이즈가 확산되던 이 시기에 많은 프랜차이즈 외식기업이 해외로 눈을 돌려 일본에 진출하기 시작하였다.

6) 1970년대 – 성숙기

미국의 1970년대는 외식산업의 성숙기라고 할 수 있다. 1, 2차 오일 쇼크의 영향으로 외식사업의 경영체질이 강화되었으며, 미국 외식산업의 최대 번영기를 맞이하였으나 한편으로는 FF의 소형화와 대형화로 양극화 현상이 나타기도 하는 등 도태와 성장이 공존하는 시기이기도 하였다. 국내의 외식산업시장은 확대되었으며, 국내에서 대성공을 거둔 맥도널드와 같은 기업을 중심으로 해외에 진출하여 외식사업체를 다국적 기업으로 크게 변모시켰다.

치열한 경쟁 속에서도 성숙기를 맞이한 미국의 외식산업은 마케팅활동의 차별화 전략이 대 성공을 거둔 결과였다. 성공한 기업의 자금력을 바탕으로 인수합병이 치열하였으며, 자동차 문화의 발달로 드라이브 쑤루 레스토랑(drive through restaurant)이 유행하기 시작한 때이기도 하다.

7) 1980년대 – 둔화기

1980년대는 미국의 장기 경기침체가 계속되었으며, 레이건 정부에서는 강력한 구조조정을 시도함으로써 경제체질을 개선하려고 노력하였다. 이미 외식산업은 포화상태였으며, 경제 성장률 둔화로 치열한 외식시장 쟁탈전이 벌어지는 외식산업의 성장둔화기이기도 했다. FF를 중심으로 이 시기에 개척한 한국의 외식시장개척도 이러한 국내사정과 무관하지 않다.

조리과정의 기계화와 자동화 설비가 도입되었으며, 지금까지 투자규모에 비하여 대규모 자본이 투입되는 집약적 산업형태로 변모하였으며, 각종 컴퓨터 기기를 관리와 운영에 접목하면서 정보시스템의 적용사례가 증가했다. 또한 소비자들은 미식과 건강식의 욕구가 증가하는 추세를 보였다.

8) 1990년대 – 재도약기

1990년대는 전례없는 미국경제의 대호황으로 외식산업의 재도약기를 맞이하였다. 소비자들의 외식기회는 폭발적으로 증가하였으며, 외식산업이 미국의 4대산업으로 부상할 만큼 거대산업으로 자리잡기 시작했다. 퓨전요리와 퓨전 레스토랑이 관심을 끌기 시작하였으며, 각국의 민속요리도 외식소비자와 미식가들의 인기를 끌기 시작하였다. 또한 업종과 업태의 구분이 모호해지는 복합화 현상이 대두되기 시작하였다.

9) 2000년대 – 정체기

2000년대는 이미 시장이 포화상태이기 때문에 성장이 정체하고 있는 것으로 보인다. 최근에 소비자들은 다양한 라이프스타일을 가지며, 다른 사람과 차별화된 개성을 표현하고자하는 추세이다. 다시 말해서 최근의 외식소비 패턴은 소비자의 대량개별화 현상이 뚜렷하기 때문에 그들의 소비취향을 만족시키기 위한 감성마케팅을 적용한 외식기업들이 다수 출현하고 있다.

외식업체별로 음식상품과 서비스품질의 차이가 극심하기 때문에 이에 따라 나타나는 결과도 성공과 실패로 극명하게 나타나고 있다. 또한 소비계층의 소득불균형과 양극화 현상에 기인하여 소비의 가격양극화 현상도 뚜렷하게 나타나고 있다. 또 한편으로는 테이크아웃, 옥외 레스토랑, 저렴한 선술집, 출장요리가 증가하는 추세에 있다.

6. 일본 외식산업의 성장과 발전

표 일본 외식산업의 발전과정

연 대	특 징
1960대 이전	► 우동(1660). ► 국수집-튀김집-장어요리집-(막부시대). ► 김밥 등 요식업 전개. ► 쇠고기덮밥집, 중화요리집 출현. ► 백화점에 식당가 등장, 레스토랑 출현. ► 로얄(1950)-공항에 고급레스토랑, 베이커리 출점.
1960년대	► 동경오림픽(1964)-외식산업의 태동기. ► 세이부백화점에 서구형 카페터리아 개점. ► 드라이브인 레스토랑이 교외에 입지. ► 자본자유화('69)-외국기업의 대거 국내진입. ► 초밥집, 요정 등 생업적이고 전통적인 음식점은 퇴조하고 서양식 요리, 중화요리, 찻집 등이 신장.
1970년대	► KFC, 맥도날드, 데니스, 웬디스, 미스터 도너츠, 던킨 도넛 - 미국계 프랜차이즈 일본내 상륙. ► 외식의 발전도약기- 센츄럴 키친, 매뉴얼화, 시스템화. ► 일본의 국내 외식기업으로 롯데리아가 햄버거 체인을 스카이락은 패밀리 레스토랑을 전개.
1980년대	► 외식산업의 안정성장기. ►장기 경기침체. ► 외식업에 대기업 참여, 프랜차이즈 가속화. ► 데니스, 스카이락 등 상장회사 속출, Red Lobster, stone crab, 시즐러, 배달을 전문으로 하는 도미노피자 신규진입.
1990년대 이후	► 외식산업의 침체회복기. ► 버블경제의 붕괴로 외식은 마이너스 성장. ► 가격의 대폭하락, 고감도 외식업 등장. ► 민속요리출점 및 해외진출. ► 불경기에 생존을 위한 경량 경영혁신.

1) 일본 요식업 시대(1960년대 이전)

1960년 이전에는 요식업 시대로 1660년에 우동을 판매하는 식당이 출현하였다. 막부시대에 국수집, 튀김집, 장어요리집 등이 생겨났으며, 그 이후에 김밥집이 출현하여 요식업이 전개되었다. 이어서 쇠고기덮밥집, 중화요리집이 출현하였고, 백화점에 식당가가 등장하였고, 레스토랑이 성업하였다. 1950년에 로얄은 공항에 고급레스토랑과 베이커리점을 출점하였다.

2) 일본 외식산업의 태동기(1960년대)

1964년의 동경올림픽은 일본경제를 비약적으로 발전시키는 계기가 되었으며, 소매업으로 분류되어 관심 밖이었던 외식산업이 식당업(restaurant business)이라는 용어에서 외식산업(food service industry)이라는 용어로 대치하여 사용하는 등 발전의 토대를 마련할 수 있었던 시기였다. 세이부 백화점에 처음으로 입지한 서구형 카페터리아 개점은 고객들에게 새로운 이미지로 긍정적인 영향을 미쳤으며, 운전자를 위한 드라이브인 레스토랑이 교외에 입지하는 등 변화의 조짐이 나타나고 있었다. 또한 1969년 자본자유화조치로 미국을 중심으로 한 외국의 외식기업이 대거 일본 내 시장에 진입할 수 있는 계기가 되었다. 이 시기에 초밥집, 요정 등 생업적이고 전통적인 음식점은 퇴조하고 서양식 요리, 중화요리, 찻집 등이 신장하였다.

3) 일본 외식산업의 발전과 도약기(1970년대)

1970년대는 전반기에 KFC, 맥도날드, 데니스, 웬디스, 미스터 도너츠, 던킨 도넛 등 패스트푸드와 도넛, 그리고 키친 전문점을 중심으로 미국계 프랜차이즈 외식사업체가 대거 일본시장에 상륙하여 대성공을 거둔 시기이다. 그래서 이 시기를 일본 외식산업의 발전기 또는 도약기라고 한다. 중앙공급시스템의 하나로 센츄럴 키친에 의한 중앙집중식 조리방법이 등장하였고, 서비스방법의 매뉴얼화와 시스템화로 외식사업

경영의 혁신을 가져왔으며, 시간제(part time) 고용으로 인건비 절감을 시도하였다. 또한 다점포화를 조기에 실현할 수 있는 프랜차이즈 기법을 도입하여 일본의 국내 자생외식기업으로 롯데리아가 햄버거 체인을, 스카이락(1970)은 패밀리 레스토랑을 전개하여 현재 대규모 체인기업으로 성장하였다.

4) 일본 외식산업의 안정성장기(1980년대)

70년대 후반기와 80년대 전반기에 들어와서 일본의 외식프랜차이즈는 패스트푸드를 중심으로 출점 수가 증가되고 확산속도가 빨라지는 도약성장기를 맞이하였다. 1980년대를 일본 외식산업의 안정성장기라고 하는 연유가 여기에 있는지도 모른다. 석유파동의 영향으로 장기 경기침체국면의 경제불황임에도 불구하고 대량판매와 저원가 실현 등으로 외식산업은 오히려 성장했다.

또한 GNP 1만 달러를 달성하여 선진국형 경제구조를 갖게 되면서 일본의 외식산업은 안정적으로 성장할 수 있었다. 대기업이 외식사업에 참여하고 FF를 중심으로 프랜차이즈 점포는 확산되었으며, 데니스, 스카이락 등 일본 국내 자생외식업체가 중심이 되어 증권시장에 상장되어 큰 관심을 받게 된다. 해물요리 전문점의 Red Lobster, stone crab, 스테이크 전문의 시즐러, 배달을 전문으로 하는 도미노피자가 일본 외식시장에 신규진입하여 성공을 거두는 등 일본의 외식산업은 안정적으로 성장하였다.

5) 일본 외식산업의 침체회복기(1990년대 이후)

90년대에 들어 일본 버블경제의 붕괴로 외식은 마이너스 성장을 유지하였으며, 그 결과 수많은 점포가 도산하였고 판매가격의 대폭하락이 뒤를 이어가고 있다. 그럼에도 불구하고 일본의 외식기업들은 고감도 외식업이 등장하고 민속요리가 출점하고 있으며, 해외로 진출하는 등 불경기에 생존을 위한 경량 경영혁신에 박차를 가하고 있다.

음식점 창업하려면 - 5박자 맞아야

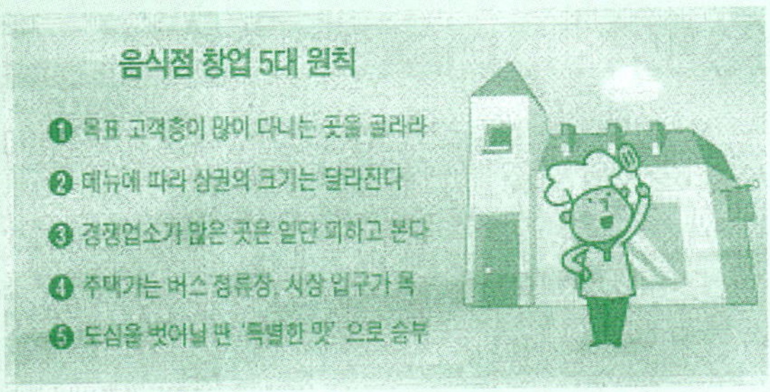

음식점을 창업하려는 분은 업종 · 입지 · 메뉴선택에 있어서 다섯 가지 원칙을 명심해야 한다.

1. 타깃고객층을 정한 다음, 목표고객의 유동인구가 많은 지역을 택해야 한다. 예컨대, 중산층을 타깃으로 하는 음식점은 대형 상권이라고 하더라도 서민층 유동인구가 많은 지역에는 어울리지 않는다. 반면, 소형 상권이라도 새벽녘까지 손님이 몰리는 지역은 소주 · 생맥주와 함께 먹을 수 있는 서민층 상대 음식점이 좋다. 또 요즘 한창 뜨는 '가격파괴' 음식점은 부촌(富村)에는 안 맞는다. 10, 20대 유동인구가 많아 구매력이 낮고 가격에 민감한 대학가, 혹은 지방 중소도시와 도심 외곽상권 등은 서민층 상대 박리다매형 메뉴가 승산이 있다.

2. 일반음식점이냐, 전문음식점이냐에 따라 타깃상권이 달라진다. 중국집 · 소형 한식점 · 분식점 등 특별한 노하우가 필요없는 일반음식점은 상권의 범위를 좁게 잡아야 한다. 메뉴특징이 없어 소비자가 일부러 멀리 있는 점포를 찾지 않기 때문이다.

반면, 패스트푸드점(대형), 전문한식점, 전문일식점 등은 상권의 범위를 넓게 잡아도 무방하다. 특히, 특이한 외국음식점을 취급하는 음식점들은 소비층이 얇고 구매간격이 길기 때문에 유동인구가 많은 중심상권에 있어야 성공 가능성이 높다.

3. 경쟁점포가 많은 지역은 일단 피하는 것이 좋다. 여기서 경쟁점포란 유사한 업종뿐만 아니라, 판매상품을 대체할 수 있는 업종까지 포함해 생각해야 한다. 단, 먹자골목과 같이 유사업종이 밀집돼 장사가 더 잘되는 지역도 있다는 점에 유의한다.

4. 주 5일 근무제가 본격화하면서 주택가 외 도심외곽상권이 유망상권으로 급부상하고 있다. 이들 상권은 점포비 등 투자비용과 월 임대료가 중심상권에 비해 비교적 저렴하기 때문에 잘만 고르면 적은 비용을 들여 고수입을 올릴 수 있다. 주택가 상권에서는 버스정류장 부근이나 재래시장 입구가 좋은 목이다.

5. 도심 외곽지역의 상권에서 창업하려면 평소 흔히 맛볼 수 없는 이른바 '맛집' 추구전략으로 접근해야 한다. 즉, 일부러 차를 몰고서라도 찾아올 수 있는 매력적인 메뉴를 갖추는 것이 성공요건이다. 대표적인 업종으로 가든형 고깃집, 오리구이, 장어구이, 간장게장, 보양식 전문점 등이 있다.

자료 : 조선경제

Food Service

외식사업
창업과 경영
Foodservice

제 3 장

우리나라 외식산업의 성장과 발전

Foodservice

Chapter

3

1. 우리나라 외식산업의 역사적 배경

사회구조가 발전하면서 물물교환을 목적으로 하는 시장은 자연발생적으로 생성되었으며, 객지에서 온 상인들과 물건을 교환하려는 사람들을 위해서 음식을 판매하는 업소가 자연스럽게 생겨난다. 우리나라의 고조선과 삼국시대에 주식과 부식의 분리형 식문화가 정착되었으며, 주식으로 쌀, 보리, 조 등이 애용되었고, 부식으로 장류, 무짠지, 장아찌, 생선포, 구이 등이 주류를 이루었다.

신라의 경주에 처음으로 시장이 490년에 설치되었고, 509년에는 동시, 695년에는 서시와 남시 등의 상설시장이 개설되었다고 삼국사기에 기록되어 있다. 우리나라 주막의 역사는 고려를 거쳐 조선시대와 지금까지도 그 명맥이 이어져 내려오고 있다. 물론, 조선시대 이전에는 음식은 물론 숙식을 겸하는 유생들이나 상인들이 이용하는 숙박시설이었으나 지금의 주막은 단순한 주점형태로 남아 있다. 또한 통일신라와 고려시대에는 숭불사상에 영향을 받아 육류요리보다는 다류, 한과류, 채소음식이 발달하였으며, 일상식과 다른 제례, 연회 등의 식문화가 발달하였다.

고려시대의 개성에 성례 · 악보 · 연륜 · 희빈 등의 이름을 가진 식당을 고려 성종 2년(983년)에 개설했다고 기록되어 있다. 그곳에서 선비들은 술을 마시고 풍류를 읊었을 것이며, 기록에 나타난 식당의 효시라고 할 수 있을 것이다. 또한 각 고을마다 하나씩 있었던 객사에 여행객이 유숙할 수 있었다. 주식도 팔고 숙박도 겸하는 상설식당을 1103년 개설하였으니, 이것이 훗날 물상객주와 보상객주로 발전하였다. 또한 사찰이 선비나 여행객 또는 상인들의 유숙장소로 이용되기도 하였다.

조선시대의 숭유억불정책으로 불교사찰은 산속으로 들어가게 되었으며, 선비들은 양반댁 사랑채에 유숙하였으며, 보부상이나 장사꾼들은 주막이나 목로점에 주로 유숙하였다. 조선시대의 공동체 의식과 대가족 제도는 식생활의 규범을 정착시키는 계기가 되었으며, 식탁에 김치가 가장 중요한 상용식품으로 자리 잡았다.

1397년에는 대량급식시설로 성균관에 양제(兩濟)를 설치하였다. 성균관의 명륜당 앞 좌우에 동제(東濟)가 있었는데, 식당은 사방이 간(軒)으로 이루어져 있었으며, 동간, 서간, 남간, 북간이라고 불렀다. 북간은 당상의 자리였고, 남간은 유생들의 자리였으며, 동간과 서간을 이어 200여 명의 유생들이 식사하는 식당으로 만들었다.

이렇듯 '식당(食堂)'이란 용어는 성균관 내의 양간을 식당이라고 하면서 유래된 것으로 볼 수 있다. 그러나 '음식점(飮食店)'이라는 용어는 언제부터 사용되었는지 불확실하며, 단지 근대화 과정에서 나타난 용어라고 추정할 따름이다. 따라서 문헌상 우리나라 음식업의 기원은 고려시대의 '주막(酒幕)'이 효시라고 할 수 있다.

2. 우리나라 외식산업 성장과 발전배경

우리나라 외식산업의 성장과 발전에 1960년대 이후의 경제개발계획에 의한 경제적인 성장과 소득수준의 향상이 가장 큰 영향을 미쳤다고 볼 수 있다. 20세기 이전은 물론 일제의 강점기와 6·25를 전후한 '60년대까지 주식과 부식이 충분하지 아니하였기 때문에 단지 생존을 위한 식사였다고 말할 수 있다. 물론, 전술한 바와 같이 일부의 식당이나 주막이 있어 여행객들에게 음식을 제공하는 곳이 있었다고 할지라도 식도락을 위한 외식수준에는 미치지 못하였다는 것이다.

경제개발의 성공으로 가처분 잉여소득이 증가하고 도시화로 인한 핵가족의 증가, 여성의 사회진출 확대로 인한 맞벌이 부부가 증가, 근로시간의 단축으로 인한 여가시간의 증가, 라이프 스타일의 다양화와 신세대 소비계층의 출현, 평균수명 연장으로 인한 노인 소비계층의 증가와 전후세대[7]에 의한 왕성한 소비력 등 사회문화적 변화는 외식산업을 발전시키는 견인차 역할을 톡톡히 해냈으며, 외식의 기회를 폭발적으로 증가시키는 요인이 되었다.

또한 생산기술의 발달은 식품의 가공과 제조 및 유통능력을 향상시켜 풍부한 식재료가 공급되었으며, 식품의 수출입이 확대되면서 우리의 식탁은 한층 풍요로워졌다. 해외여행의 자유화 조치로 국제간의 식문화 교류도 활발하게 이루어져서 다양한 외국의 요리문화를 접할 수 있는 기회가 확대되었다. 이것은 국내의 외식시장에 다양한 업종과 업태가 출현하는 요인이 되었다.

1) 사회적 요인

우리나라의 외식산업이 발전하게 된 사회적 요인은 다양하다. 이를 살펴보면 다음과 같다. ① 여성의 사회진출확대와 맞벌이 증가로 가계소득이 늘어나며, ② 생산기술의 향상으로 대량생산과 대중소비 즉 대중소비사회로 변화되었으며, ③ 라이프스타일과 가치관의 변화로 우선 먹고 즐기고 본다는 의식이 확산되었고, ④ 새로운 소비계층으로 아르바이트 수입 또는 부유한 부모로부터 외식소비력이 있는 신세대 출현, ⑤ 주 5일 근무제 확대실시로 근로시간의 단축과 외식 레저기회 확대, ⑥ 좋은 음식이 곧 보약이라는 의식동원의 건강식 욕구증대, ⑦ 평균수명 연장, ⑧ 핵가족화, ⑨ 소비패턴의 변화 등이다.

2) 경제적 요인

외식에 가장 큰 영향을 미친 요인이 바로 경제적 요인이라고 할 수 있다. 이를 살펴보면,

① 다양한 근로기회와 사업기회로 인한 가처분 잉여소득의 증가,
② 여행의 자유화와 글로벌 경제환경 입국 외래관광객의 증가로 국내 외식업체를 이용하는 기회의 증가,
③ 수출입의 자유화로 다양한 식품유입,
④ 시장개방과 대기업의 외식참여 등.

7) 1950~60년대 출생하여 현재 나이가 4~50대로 소득과 소비가 가장 두터운 계층

표 외식산업의 성장요인

요 인	특 성
사회적 요인	► 여성의 사회진출확대와 맞벌이 증가 ► 건강식 욕구증대 ► 대량생산 -대중소비사회 ► 소비패턴의 변화 ► 라이프스타일과 가치관의 변화 ► 핵가족화 ► 새로운 소비계층으로 신세대 출현 ► 평균수명연장 ► 근로시간의 단축으로 외식레저기회 확대
경제적 요인	► 가처분 잉여소득의 증가 ► 시장개방과 대기업의 외식참여 ► 글로벌 경제환경, 입국 외래관광객의 증가 ► 수출입의 자유화로 다양한 식품유입
문화적 요인	► 고객욕구의 다양화 ► 전통음식으로 회귀 ► 외국음식의 유입으로 식생활패턴의 변화 ► 외식종사자의 직업의식개선
기술적 요인	► 조리기기의 현대화, 과학화, 자동화 ► 인터넷환경 ► 정보화 기기의 보급과 확산 ► 식재료의 중앙공급시스템 ► 식자재 생산, 가공, 저장, 유통기술의 발달

자료 : 임붕영(2001), 외식산업개론, 형설출판사, p.19 참조로 재구성

3) 문화적 요인

직업과 생활환경이 상이한 소비자들의 기대욕구가 성별과 소득, 그리고 학력과 연령이 비슷하다고 하더라도 다양하게 나타나고 있다. 이것을 대량 개별화라고 한다. 즉, 이용고객의 수는 급격하게 증가하였으나 그들의 욕구가 극도로 세분화됨으로써 마치 각각의 개개인이 개별적인 소비취향이나 패턴을 갖는 것처럼 나타나는 현상을 말한다.

외국문화와 외래 식문화의 유입, 그리고 외국산 물품, 특히 식품과 농수산물의 대거유입으로 나타난 반작용이 우리의 전통을 수호하려는 반작용

으로 나타났다. "우리 것이 좋은 것이여!"라는 광고문구가 '신토불이(身土不二)' 신드롬과 함께 우리의 전통문화를 강조함으로써 전통음식이 우리 한국인에게 가장 적합한 음식이라는 이미지를 강조하는 결과로 나타났다.

또한 외환보유고의 증가로 해외여행을 자유화한 결과 매년 천만 명 이상이 해외여행을 다녀오고 있다.

그들은 방문지에서 그곳의 음식과 문화를 체험하게 되며, 차후에는 국내에서 그러한 종류의 음식을 취식할 기회를 찾게 된다.

그러한 결과는 동남아 여행이 급격하게 증가한 결과 국내에 태국식당, 베트남식당 등과 같은 동남아 요리 식당이 대거 출현한 예에서 찾아볼 수 있다.

또한 저렴한 가격으로 장소에 구애받지 않고 언제 어디서나 쉽게 먹을 수 있는 햄버거와 후라이치킨, 피자, 그리고 자장면 같은 외래요리문화는 식생활의 패턴에 많은 변화를 초래하고 있다. 식당에서 점심을 먹거나 도시락 대신 캠퍼스나 유원지에서 주문 배달하여 먹음으로써(휴대전화가 있으니 배달이 용이하다) 기존의 식사장소의 고정관념을 바꾸어 놓았다.

불과 80년대 초까지만 해도 외식산업하면 생소하였을 뿐만 아니라, 외식에 종사한다는 자체가 그리 떳떳하지는 못하였다. 그러나 지금은 수많은 대학생들이 각종 레스토랑에서 아르바이트로 근무하고 있을 뿐만 아니라, 4년제 대학졸업자, 심지어 석・박사학위소지자도 외식사업부문에 취업하려 하거나 근무 중에 있는 현실을 보면 격세지감이 아닐 수 없다.

이러한 직업의식의 변화는 '97년의 외환위기를 겪으면서 정년까지 근무할 수 있는 기회가 많다거나, 또는 퇴직 후에 직장에서 근무할 때 습득한 지식과 연계하여 자영업 창업이 용이한 외식산업부문으로 취업하기를 선호하기 때문이 아닌가 싶다.

게다가 메스컴이 외식종사자의 직업의식개선에 무시할 수 없는 영향을 미쳤다는 것은 주지의 사실이다. 연속극 대장금의 궁중요리, 비타민의 몸에 좋은 밥상, 그리고 각종 요리프로그램, 맛좋은 식당을 소개하는 각종 프로그램의 영향도 크게 작용했으며, 이러한 프로그램에 출연하는 요리사라든가 외식산업부문에 종사자가 마치 스타연예인이나 되는 것처럼 오버랩된 것 같다.

외식기업 종사자들의 직업의식개선을 실제로 각 외식기업의 근무조건의 개선, 즉 급여와 근로시간, 그리고 각종 복지혜택의 개선 등에서 연유된 측면도 있다. 더욱이 소비자들, 즉 국민들의 직업과 직업인에 대한 차별의식이 전에 비하여 많이 완화되었을 뿐만 아니라, 다양한 직업을 평등하게 인식하고 외식종사자에게 인격적으로 응대하면서 외식종사자의 근무의욕이 개선되었을 것이라고 본다. 물론, 아직도 개선의 여지가 남아 있으나 종사자들의 직업의식 개선은 장기근속으로 이어지고, 그 결과 경험과 노하우가 축적되고 생산성이 향상되므로 외식기업은 물론, 국가산업 발전에 기여하는 요인으로 작용하고 있다.

4) 기술적 요인

각종산업과 기술의 발달은 가열방법과 용기의 재질개발로 다양한 조리기기가 현대화, 과학화, 자동화됨으로써 짧은 시간에 고품질의 요리를 대량생산할 수 있는 시스템을 갖출 수 있으며, 인터넷과 무선통신기술의 발달은 오지의 외식산업체라 할지라도 시간과 장소, 그리고 거리에 구애받지 않고 소비자에게 판매 가능한 요리상품과 서비스정보를 제공함으로써 고객의 접근성을 개선했다.

점포 내의 관리를 위한 정보화 기기, 즉 컴퓨터 시스템의 보급과 확산은 관리를 용이하고 정확하게 할 수 있도록 했으며, 식재료의 중앙공급시스템은 구매비용과 인건비를 절감할 수 있도록 하여 경영체질개선에 도움을 주고 있다. 식자재의 생산, 가공, 저장, 유통기술의 발달은 식자재의 생산과 사이의 시간과 공간의 간격에 따른 품질저하와 가격상승의 문제점을 완화시켜주고 있다.

3. 우리나라 외식산업의 시대별 발전과정

1) 해방이전 – 가내주도형의 식생활

일제강점기의 식생활은 일제의 수탈로 궁핍과 식량의 절대부족과 빈곤으로 인한 식문화의 침체기였다. 그렇지만 전통음식 중심의 이문설렁탕(1907), 용금옥('30), 곰보추어탕('30), 한일관('34), 조선옥('37), 안동장('40) 등과 같은 식당이 있었으며, 대부분의 국민 식생활과 식습관은 가내주도형이었다. 주막, 목로, 전통음식점 형태로 발전하였으며, 1945년까지 서울의 음식점 수는 160여 개로 추정하고 있다.

2) 해방~1960년대 – 생리적 욕구충족형의 식생활

해방직후에 고려당('45), 남포면옥('48), 하동관('48), 뉴욕제과('67) 등 166개의 식당이 파악되었다. 6·25 직후에 국가경제가 매우 어렵고 절대식량과 물자가 부족하여 식량을 비롯한 많은 부분을 미국과 유엔의 원조에 의존하던 시대였으므로 여가나 문화의 개념은 거의 없었다. 또한 왕만두, 대포 막걸리, 곱빼기, 소주반병이나 잔술판매가 유행하던 이 시기의 식당은 배불리 먹음으로써 기본적 욕구를 충족시키는 데 만족하였으며, 그 이상도 이하도 아니었다.

국민소득이 100~210$에 지나지 않았으며, 국민소비지출에서 식료품비가 차지하는 비율, 즉 엥겔계수가 60%를 차지한 것으로 그 당시의 생활수준을 가늠할 수 있을 것이다. 지속적인 식량부족으로 기아와 영양실조를 면하기 어려웠기 때문에 분식장려운동과 식생활 개선문제가 부상하였다. 6·25 원조군과 휴전 후 주둔군의 영향으로 서구식 식문화가 대거 국내에 유입되었으며, 노점 및 행상과 소규모 식당이 증가하였다.

3) 1970년대 – 프랜차이즈 시스템의 도입

경제개발계획의 효과가 나타나 국민소득이 250~1,650$로 증가한 '70년대는 TV와 라디오, 그리고 영화 등이 대량보급되면서 여가, 오락, 교양에 관심을 나타내기 시작하였으며, 핵가족화와 식생활 수준의 향상, 그리고 급격한 도시화가 진행되었다. 이러한 영향으로 식생활이 향상되고 영세하지만 외식업체 수 또한 증가하였으며, 즐기기 위한 외식기회가 점진적으로 증가하였을 뿐만 아니라, 영양가와 맛을 추구하기 시작하는 등 소비패턴에 변화가 나타나기 시작하였다.

1971년에는 우리나라 최초로 체인 시스템을 적용한 신포우리만두('71)에 이어 림스키킨('75)과 가나안제과('75), 난다랑('79)이 출현하였다. 이어서 서구식 프랜차이즈 시스템을 도입한 일본의 롯데리아('79)가 국내에 진출하면서 외식산업발전의 새로운 장을 열었다. 흔히 이 시기를 가리켜 '외식프랜차이즈의 태동기'라고 하며, 외식사업의 해외브랜드도입의 효시라 한다.

4) 1980년대 – 패스트푸드와 해외브랜드 약진

국민소득이 1,600~4,100$로 증가하였으며, 오디오, 비디오, 컴퓨터, 자가용이 일반대중에게 대량으로 보급되면서 여가문화의 대중화, 다양화 시대가 개막되었다. 식생활에 대한 의식의 변화로 음식에 대한 가치관이 달라졌으며, 외식의 국제화, 레저화, 가공식품이용의 증가현상과 함께 문화생활의 외식비 지출비율이 급격하게 상승하였기 때문에 서구식 식생활, 건강식의 추구, 다이어트식 증가와 같은 제 현상은 필연이었는지도 모른다.

1980년대는 요식업이 외식산업이라는 용어로 정착되었으며, 외식산업이 적응하고 본격적으로 성장한 시기였다. 또한 '86 아시안 게임과 '88 서울 올림픽 게임, 그리고 UR의 영향에 의한 외자도입법의 개정(1984)은 국내의 중소기업과 대기업이 외식사업에 진출할 수 있는 기회를 제공하였으며, 동시에 해외외식기업이 국내에 진출할 수 있는 기회를 제공함으로써 국내 외식산업발전의 견인차 역할을 하였다.

영세업체와 중소기업 중심의 햄버거, 국수, 생맥주 프랜차이즈가 난립하였으나, 패밀리 레스토랑, 커피숍, 호프점, 베이커리, 양념치킨은 약진하였으며, FF를 중심으로 한 외국계 프랜차이즈는 확산되었다. 특히, 국내 자생 한식브랜드인 놀부보쌈('87)의 약진은 우리의 자부심인지도 모른다.

5) 1990년대 – 패밀리 레스토랑의 약진

1989년 해외여행 자유화 조치이후 국민여가생활은 크게 선진화되었다. 이 시기의 국민소득은 4,100~10,000$이었으며, 프랜차이즈의 급성장과 도태의 희비가 교차하는 시기였다. 맛과 서비스, 분위기 등 새로운 바람을 일으킨 외국브랜드 패밀리레스토랑이 국내의 대기업과 손잡고 국내에 대거진출하였으며, 이들의 약진은 외식산업발전의 전환기가 되었다.

그러나 '97년 외환위기로 인한 국내경제의 혼란과 경기침체는 외식산업이 핵폭탄을 맞은 거나 다름없었다. 다시 말해서 소비자들은 소비지출 가운데 우선 외식소비를 줄이려 하였기 때문에 외식의 동결이나 다름없었으며, 결과적으로 수많은 소규모의 외식업체가 도산하였으며, 그나마 명맥이라도 유지하면 다행이었다. 호텔의 식당과 대부분의 외식이 고전을 면치 못하는 가운데에서도 아웃백 스테이크, 베니건스, 이탈리아니스, TGI Friday, 그리고 토종 한식브랜드 놀부와 같은 몇몇 패밀리 레스토랑들은 두드러지게 약진하는 등 외식시장의 양극화 현상과 대형화 추세가 뚜렷하게 나타났다.

이 시기에는 다양한 업종과 업태가 출현하였으며, 학교급식의 확대로 단체급식시장이 급성장하였다. 또한 프랜차이즈의 신규진입이 러시를 이루는 동시에 수많은 업체가 도태하였다. 우리 토종 외식브랜드의 중국 등 해외진출이 두드러지게 증가한 시기이기도 하다.

6) 2000년대 – 외식시장의 세분화와 퓨전요리의 유행

GNP 20,000$이 예상되는 2000년대는 희망과 가능성의 시대로 건강에 관심이 많은 웰빙 음식을 추구하는 시대인 것 같다. 딱히 어느 나라 요리인지 모를 퓨전요리가 문화의 퓨전 바람을 타고 웰빙과 함께 국내 외식시장에 침투하고 있다. 2000년대의 국내 외식시장은 미국산 쇠고기 수입금지조치로 쇠고기는 물론 돼지고기와 닭고기 값이 가파르게 상승하고 있으며, 더구나 AI(조류독감)의 불안으로 가금류의 소비 또한 급감함으로써 외식사업은 한층 더 어려움에 직면하고 있다. 이러한 가운데 매출부진을 타개하기 위한 외식업체의 과당경쟁으로 전반적인 매출부진과 채산성이 악화되는 현상에 직면하고 있다. 이러한 가운데에서도 일부 대규모 투자 외식기업은 약진을 하고 있다. 하지만 대부분의 소규모 자영업은 고전을 면치 못하는 현실은 규모와 성장성, 가격, 설비투자, 그리고 요리상품과 서비스 등 전반적인 면에서 양극화 현상이 급격하게 초래되고 있다.

웰빙과 건강, 그리고 이국문화를 향유하려는 소비자의 관심은 외식패턴의 변화를 촉진하고 있다. 그러한 현상을 반영한 국내 외식산업은 기존의 서양식 중심에서 회전초밥, 생선과 해산물 중심의 스시뷔페, 상추 대신 넓게 편 떡으로 싸먹는 한식의 떡보쌈, 짬뽕과 자장을 동시에 제공하는 짬짜면 등 동양식으로부터 개발되고 발전된 새로운 형태의 외식 풍속도가 널리 인기를 더해 가고 있다. 이러한 패턴은 당분간 지속될 것으로 예측되며, 기존의 패스트푸드와 패밀리 레스토랑은 일부 퇴조할 것으로 예측된다. 동시에 해외시장 또한 웰빙현상은 널리 확산될 것으로 예측되고 있다.

그림 국내 식품접객업체수 현황

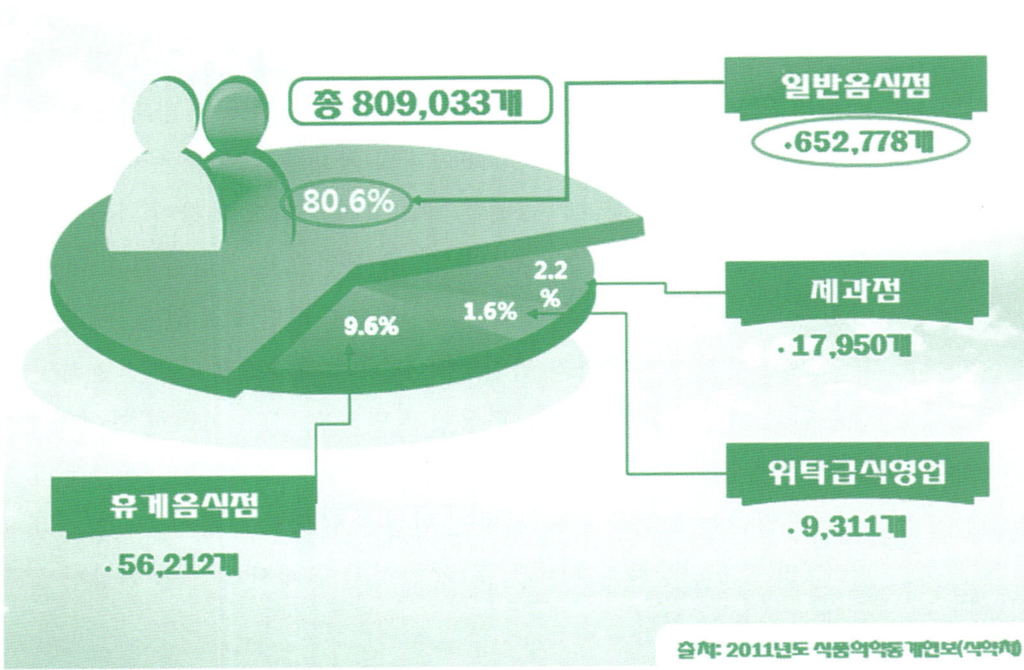

표 우리나라 외식산업의 발전 과정

연대	발전내용	주요외식업소
1960년대 이전	► 음식업의 태동기, 전통음식 중심 ► 경제적 빈곤기, 식량부족 ► 1945년도에 166개 점포 ► 식생활 및 식습관이 가내 주도형	이문설렁탕(1907), 용금옥('30), 곰보추어탕('30) 한일관('34), 조선옥('37), 안동장('40), 고려당('45), 남포면옥('48), 하동관('48)
1960년대	► **음식업의 침체기 및 여명기** ► 식생활의 궁핍, 밀가루 분식 장려 ► 식생활의 개선문제 부각 ► 서구음식문화 유입시작	뉴욕제과('67), 제과·제빵·제분업 중심의 개인업소 노상 잡상인 대거출현
1970년대	► **외식산업의 태동기, 영세개인업소** ► 분식 및 대중음식점의 발전 ► 한식 및 중식 위주 ► 해외브랜드 유입, 프랜차이즈 태동	신포우리만두('71) 림스치킨('75), 가나안제과('75), 난다랑('79), 롯데리아('79)
1980년대	► **외식산업 적응기** ► 요식업 → 외식산업 ► 프랜차이즈 시스템의 확산 ► 영세한 체인 난립(국수, 생맥주 등) ► 해외브랜드 유입 (FF 중심) ► 패밀리레스토랑, 커피숍, 호프 약진	아메리카나('80), 버거킹('80) 신라당('80), 미스터도넛('81), 원첼도넛('82), 장터국수('83), KFC('84), 투모루타이거('84), 베스킨라빈스('85), 피자헛('85), 맥도날드('86), 코코스('86), 만리장성('86), 데니스('87), 피자인('87), 놀부보쌈('87), 크라운베이커리('88), 시카고피자('88), 도토루('89), 도미노피자('89), 쟈뎅('89)
1990년대	► **외식산업의 정착과 성장, 그리고 정체** ► 중소, 대기업, 호텔의 외식산업진출 ► 시스템화, 대형화, 해외진출 ► 해외브랜드 도입쇄도, 경쟁심화 ► 다양항 업종과 업태의 출현 ► 단체급식시장의 부상 ► 프랜차이즈 업체의 성장과 도태	하디스('90), 라운드테이블피자('90), 하겐다즈('91), TGIF('91), 서브웨이('92), 판다로사('92), TCBY('93), 미스터피자('93), 파파이스('93), 시즐러('93), 스카이락('94), 체스터프라이드치킨('94), 쓰리프티('95), 케니로저스('94), 베니건스('95), 토니로마스('95), 마르쉐('96), 하드락카페('96), 스바로('96), 리틀시저스('96), 우노('97), 칠리스('97), 아웃백스테이크('97), 이탈리아니스('97), BBQ('95)
2000년대	► **경기침체로 소규묘 자영업 고전** ► 쇠고기 수입금지로 고기값 상승 ► 과다한 점포확대로 과당경쟁 ► 전반적으로 외식업 부진 ► 외식의 양극화(성장, 규모, 가격) ► 건강과 웰빙, 퓨전 외식문화 추구	► 토다이(해산물 중심의 스시뷔페) ► 바이킹스(해산물 뷔페) ► 노랑저고리 (한정식) ► 보리밥 전문점 ► 쌈밥, 사찰음식

자료 : 한국외식산업연구소(2000), 외식사업경영론, 백산출판사, p.36 참조로 재구성

4. 우리나라 외식산업의 현황

1) 한식시장

백화점식으로 많은 종류의 메뉴를 판매하던 한식당의 대명사 '대중식당'이 자취를 감추고 업종의 세분화가 급격하게 이루어졌다. 찜닭, 생선구이, 고기구이, 돼지갈비, 소갈비, 추어탕, 설렁탕, 춘천닭갈비, 함흥냉면, 평양냉면, 삼겹살, 부대찌개, 해물탕, 보쌈, 보리밥, 순두부, 낙지, 해산물, 조개구이, 한정식, 한과, 떡집, 쌈집 등 전문점 위주로 급격하게 일어난 한식업종의 세분화는 한국요리 발전에 기여한 바가 크다고 본다.

이러한 한식의 업종세분화로 전문점이 번성하는 결과는 기존의 구태의연한 맛과 조리법의 답습으로는 더 이상 소비자의 관심을 유지할 수 없기 때문에 나타난 현상이다. 소비자 기호의 변화와 다양한 욕구, 그리고 경영환경의 변화는 조리사와 경영자에게 변화를 요구하고 있다. 최근의 대중 한식요리는 LA가 더 발달했다라고 하는 전문가들이 많다. 그래서 한식의 벤치마킹은 LA에서 해야 한다고 그들은 주장한다.

교민이 많은 그 곳은 외식경쟁이 치열하며, 생존을 위한 요리개발과 서비스개발에 심혈을 기울이며, 잠깐의 무관심이나 나태는 곧바로 도산으로 이어지기 때문에 한시도 긴장을 늦출 수 없다고 한다. 그 곳의 잘나가는 한식당은 이미 세계시장에서 검증받은 것이나 다름없으며, 한식브랜드 다국적 외식기업을 해외시장에 진출하고자 한다면 반드시 벤치마킹해야 할 곳이라고 생각한다.

한식의 서비스방법 또한 기존의 뷔페식에서 코스 메뉴와 같이 순서에 따라 제공하기도 하며, 양식탁자에 테이블 크로스와 냅킨, 와인이 곁들여지기도 한다. 이러한 제공방법의 변화는 어쩌면 당연한 순리인지도 모른다. 대중한식의 발전이 단순한 요리의 변화를 넘어 식당 인테리어와 서비스방법의 변화를 모색하고 있는 긍정적인 현상이다. 이러한 변화에도 불구하고 매운맛과 구이요리가 한식의 중요한 요리 패턴임에는 틀림없다.

또한 프랜차이징을 통한 변화의 모색은 한식 외식기업이 대기업으로 성장할 수 있는 기회를 제공하고 있다. 놀부보쌈, 설악추어탕, 털보네순대, 마당골, 시골밥상. 솥뚜껑 삼겹살 등이 약진을 하고 있으며, 최근에 고기값 파동을 이슈로 대중의 인기를 등에 업고 등장한 저가 삼겹살 중심의 돈씨네, 모아돈 등이 있다. 이러한 토종 브랜드의 약진은 이제 세계시장으로 진출하려는 용트림을 시작한 것처럼 보인다. BBQ가 중국과 동남아 여러나라에 진출하는가 하면 놀부 또한 일본에 진출하여 선전하고 있다.

2) 단체급식시장

국내의 단체급식시장은 이미 학교, 병원, 관공서, 기업체를 중심으로 급격하게 확대되고 있다. 단체급식시장은 LG 아워홈, CJ 푸드시스템, 아라코, 에버랜드, 한화, 현대지네트, CM개발 등 대기업의 계열사를 중심으로 한 대규모 단체급식회사와 이조캐더링, 고은유통 등 중소기업형의 단체급식회사가 각축을 벌이고 있다. 그러나 단체급식은 아직도 80% 정도가 직영체제를 유지하고 있기 때문에 고부가가치 산업은 아니지만 진출 가능한 시장은 넓은 편이다. 또한 점포당 이익률은 3~5%로 낮은 편이나 본사의 대량구매와 분배를 통한 식재료 유통마진이 발생하기 때문에 수익률은 기대 이상이다. 위탁전문 단체급식사는 대량급식을 다점포에 전개하므로 식재료의 구매능력에 따라 6~70%를 차지하는 식재료 원가에 따른 이익률에 미치는 영향과 이익률이 판이하게 나르게 나타난다.

3) 패스트푸드

햄버거, 피자, 치킨, 샌드위치 중심의 패스트푸드 시장은 '86 아시안게임'과 '88 서울 올림픽'을 계기로 급성장하였으며, 1990년대에 들어서 포화상태에 이르렀고, 지금은 정체기에 접어들었다고 볼 수 있다. 햄버거 시장은 롯데리아, 맥도널드, 버거킹, 웬디스, 하디스 등 빅파이브가 장악하고 있다. 국내의 피자 시장은 피자 헛, 도미노 피자, 미스터 피자, 제시카 피짜리아, 라운드 테이블 피자 등의 해외 브랜드와 피자 뻬아띠,

피자 몰 등 국내브랜드가 선두그룹을 유지하며 군소 또는 독립 외식점포가 추격하는 양상을 띠고 있다. 특히, 택배피자시장은 소규모로 독립경영하는 점포가 경쟁력이 있으나 최근에는 경쟁의 심화로 가격할인 등 파격적인 경영전략으로 대형 점포들이 고전을 면치 못하고 있다.

치킨시장은 해외브랜드 KFC와 파파이스, 그리고 국내브랜드로 비비큐, 림스치킨, 맥켄치킨, 동키치킨, 멕시칸치킨, 페리카나, 처갓집양념통닭 등이 활약하고 있다. 치킨은 햄버거나 피자에 비교하여 국내브랜드가 약진하고 있다.

4) 패밀리 레스토랑

외식산업 선진화의 상징이라고 할 수 있는 패밀리 레스토랑은 90년대에 약진하였다. 최근에는 아웃백 스테이크의 소비자 인지도와 시장점유율이 가장 높게 나타나고 있으며, TGI와 베니건스, 마르쉐 또한 안정적인 성장추세를 유지하고 있다. 이 외에도 토니로마스, 까르네스테이션, 스카이락, 토마토 & 오니온, 이탈리아니스, 프로방스, VIPS, 정글짐 등이 선전하고 있다.

5) HMR

HMR(home meal replacement)은 가정식과 외식의 중간 형태로 서비스 정도는 낮으나 가격이 비교적 저렴하며, 시간절약을 할 수 있다는 편리성 때문에 소비자의 관심을 끌고 있다. 수퍼마켓이나 편의점, 백화점의 냉동식품, 택배, 테이크아웃 등으로 대표되는 HMR은 강력한 레스토랑의 경쟁자로 부상하고 있으며, 수퍼마켓의 식품매출을 증가시킬 수 있는 영역이다. 또한 간편하게 포장된 단품요리(어묵, 김밥, 냉동피자, 냉동만두, 삼각김밥, 반찬류 등)를 판매하는 편의점은 24시간 영업하는 특성과 가격경쟁력, 접근상의 장점으로 인하여 HMR 고객의 사랑을 받고 있다.

6) 휴게음식점(아이스크림, 베이커리, 커피전문점)

베스킨 라빈스와 하겐다즈, 데어리퀸 등의 아이스크림과 요구르트 시장은 소비자의 소득증가로 그 인기를 더해 가고 있다. 또한 소비자의 웰빙욕구와 건강에 대한 관심증가로 영국의 그린 아이스크림 전문의 맥킨즈, 이탈리아 아이스크림의 빠라쪼 델 쁘레또가 시장에 진출하였다.

베이커리시장은 고려당, 뉴욕제과, 파리크라상, 크라운 베이커리, 뚜레쥬르 등 국내 브랜드와 비어드 파파, 오 봉 팽, 베이글, 스트리트 카페 등 외국브랜드, 그리고 신라호텔로부터 신라당, 조선호텔의 데이앤데이, 롯데의 브랑제리, 샤니의 따삐오 등이 각축을 벌이고 있다.

표 식품위생법에 의한 식품접객업소의 신규 및 폐업 현황표

분류	업종별											
	휴게음식점		일반음식점		단란주점		유흥주점		집단급식소		전체	
연도/월	신규	폐업	신규	폐업	신규	폐업	신규	폐업	신규	폐업	신규	폐업
2002년	9,660	8,945	72,686	48,422	1,015	1,266	3,302	691	1,992	253	88,655	59,577
2003년	9,848	8,625	69,231	49,243	848	1,031	2,678	903	2,099	415	84,704	60,217
2004년	10,188	8,900	62,004	52,851	684	993	1,739	1,163	2,443	405	77,058	64,312
총계	29,696	26,470	203,921	150,516	2,547	3,290	7,719	2,757	,6534	1,073	250,417	184,106

그림 외식사업의 정체

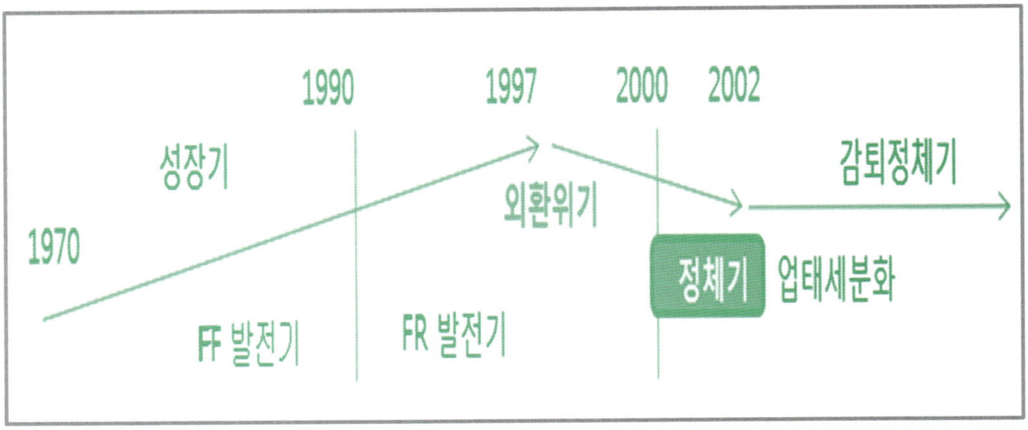
1990
1997
2000
2002
성장기
감퇴정체기
외환위기
1970
정체기
업태세분화
FF 발전기
FR 발전기

강남역 상권, 창업기회 '그래도 1순위'

서울 5대 상권 밀집도 분석

강남역	신변잡화·의류 등 모든 업종 유망
잠실역	양식·한식·중식 등 음식점 '해 볼 만'
동대문	한식집 적고 의류점포도 '가능성'
영등포역	노래방 '과밀' … 옷 가게도 '위험수위'
신촌	중식당, 상대적 성공 가능성 높아

소상공인 지원센터

• 서울의 5대 상권지역에서 창업을 하려면 일단 거점은 강남역 상권이 다른 곳에 비해 나은 것으로 평가됐다. 음식점을 낸다면 잠실근처에선 양식·중식 등이, 동대문 상권에선 한식집이 상대적으로 유리한 것으로 조사됐다. 영등포역상권이나 신촌상권은 대부분의 업종에서 신규진입메리트가 떨어지는 것으로 나타났다.

이는 중소기업 산하 소상공인지원센터가 홈페이지(www.sbdc.or.kr)에 공개하고 있는 상권분석시스템 중 하나인 'I-GIS상권분석시스템'에 나타난 결과다. 밀집도 지수는 평균 100을 기준으로 수치가 높아질수록 창업 메리트가 떨어지고, 수치가 낮을수록 메리트가 높다는 것을 의미한다. 중기청은 현재 3개의 상권분석시스템을 공개하고 있다. 김일호 중기청 소상공인 지원팀장은 "창업 준비생들은 3개 시스템을 적절이 활용해 기초정보를 파악한 뒤 발품을 팔고 컨설팅을 받으면 창업에 상당한 도움을 받을 수 있을 것"이라고 말했다. 다음은 센터가 내놓은 서울 지역 5대상권의 밀집도 정보다.

서울지역 주요 상권의 업종별 밀집도 현황

구분	신변잡화	의류	술집	노래방	양식	한식	일식	중식
강남역	63	63	83	63	73	63	79.9	79.5
잠실역	108	104.1	98.2	127.8	76.7	83.2	97.1	79.7
동대문	119.3	89.9	88.6	115.1	97.7	88.7	96	93.9
영등포역	102	128	83.1	135.9	103.6	95.9	89.5	103
신촌	99.1	102.1	99.6	106.2	91.4	93.3	90.6	83.6

※밀집도 100은 서울 평균업종 밀집도, ※매우 밀집(130 이상), 다소 밀집(130~110), 적정(110~90), 과소(90~70), 매우 과소(70 이하)
자료 : 소상공인지원센터, I-GIS 상권분석 시스템

• 강남역 상권 '뭘 해도 좋아'

강남역상권의 밀집도는 대부분의 업종에서 기준치 100을 훨씬 밑돌았다. 신변잡화, 의류, 노래방, 한식당 등의 지수가 모두 63에 불과했으며, 다른 자영업도 73~83에 그쳤다.

밀집도는 90 아래면 신규진입메리트가 있는 것이며, 70 아래면 상당히 높다는 의미다. I-GIS상권분석시스템을 개발한 아이디어스코리아의 황덕영 이사는 "밀집도는 현재 영업 중인 점포 수뿐 아니라, 점포별 AONFDOR을 감안해 작성된 것"이라며 "강남역상권이 점포 수가 적은 것은 아니지만 매출액이 상대적으로 높아 아직까지 자영업 진출 기회가 남아 있는 것으로 분석됐다."고 말했다.

• 잠실역상권 '음식점 창업기회 커'

이곳에선 신변잡화, 의류, 술집 등의 밀집도가 98.2~108로 나타났다. 새로 진입해서 실패할 확률이 높지 않지만 성공할 가능성도 크지 않다는 얘기다. 노래방은 진입위험이 꽤 있는 것으로 평가되고 있다. 노래방의 밀집도는 127.8로 최고 밀집도 구간인 130 이상에 근접하고 있다. 반면, 양식·한식·중식 등은 성공 가능성이 높은 편이다. 이 업종의 밀집도가 76.7~83.2로 낮아 초반만 고생하면 곧 정착할 수 있는 것으로 진단된다. 음식점 중 일식집은 밀집도가 97.1로 높아 매력도가 다른 '먹거리 장사'에 비해 떨어진다.

• 동대문상권 '한식집은 고려할 만'

신변잡화나 노래방은 상당한 포화상태에 진입한 상태다. 밀집도가 110을 모두 넘는다. 옷장사는 그럭저럭 새로 창업해도 큰 무리가 없는 것으로 평가됐다.

의류상가가 이미 많지만 이 때문에 이곳을 찾는 손님들이 많다는 분석이다. 동대문 소매상권에서 상대적으로 성공 가능성이 높아 업종은 한식집뿐이었다. 중저가 의류를 찾는 손님들이 간편하게 먹을 수 있는 곳을 많이 찾고 있기 때문으로 보이다. 하지만 양식·일식·중식 등의 업종은 모두 밀집도가 '평균' 수준으로 나왔다.

• 영등포역 '노래방 옷가게 피해야'

이 지역은 과거에 비해 시장으로서의 매력이 상당히 떨어진 것으로 파악됐다. 업종별 밀집도가 90을 크게 밑도는 업종이 없다.

최근 상권이 송파, 분당, 판교 등 동남쪽으로 뻗어 나가고 있는 데 따른 여파라고 전문가들은 보고 있다. 영등포역상권 중 특히 노래방의 밀집도는 135.9에 달해 서울 시내 5대 주요상권의 주요업종 중 가장 높았다. 의류점포 역시 128에 이르다.

• 신촌상권 '대체로 고만고만'

연세대 등 주변에 대학교가 있고 유동인구도 많지만 밀집도를 보면 대단한 메리트는 없다. 의류, 잡화, 음식점 등 대부분 업종의 밀집도가 90~100의 중간권역에 포진해 잇다. 다만, 중식당은 밀집도가 83.6으로 낮아 다른 업종에 비해 상대적으로 성공 가능성이 높은 것으로 나타났다. -박준동 기자-

자료 : 한국경제

Food Service

제 4 장

외식사업의 분류

Foodservice

Chapter

4

1. 외식사업의 분류기준

1) 업종과 업태에 의한 외식사업의 분류

식당을 창업하기 위해서는 경영하고자 하는 레스토랑의 컨셉을 설정하여야 하는데, 업종과 업태의 결정이 가장 중요하다.

표 업종과 업태

구분	업종(type of business)	업태(type of service)
기 준	메뉴의 종류에 따른 분류	서비스형태에 따른 분류
	어떤 종류의 요리를 먹을 것인가?	음식을 어떠한 품질, 어느 수준의 가격, 어떠한 분위기 등에서 제공할 것인가?
사 례	한식당, 중식당, 일식당, 양식당 등	패스트푸드, 패밀리레스토랑, 캐주얼 다이닝, 파인 다이닝

업종(type of business)이란 알기 쉽게 표현해서 판매하는 메뉴의 종류에 따라 단순하게 레스토랑을 구분하는 방법이다. 업종은 '우리가 어떤 종류의 요리를 먹을 것인가?'와 같이 판매할 음식의 종류, 즉 메뉴에 따른 1차적인 구분이며, 한식당, 중식당, 일식당, 양식당 등으로 구분된다고 할 수 있다. 하지만 업태(type of service)는 외식업체를 판매하는 메뉴의 제공형태, 즉 서비스형태에 따라 구분하는 방법이다. 업태는 '음식을 어떠한 품질, 어느 수준의 가격, 어떠한 분위기 등에서 제공할 것인가?'와 같이 접객서비스방법에 따른 분류로 패스트푸드, 패밀리레스토랑, 캐주얼 다이닝, 파인 다이닝 등으로 구분된다.

표 업종과 업태에따른 분류

업태 \ 업종	한 식	중 식	일 식	양 식
파인 다이닝	특급호텔 한식당 용수산	만리장성 특급호텔 중식당	광스시 호텔 일식당	호텔 양식당, 이탈리아니스
캐주얼 다이닝	배나무골 오리 석파랑	고급 중식당	부산횟집, 묵호집	베니건스, 프로방스, TGI Fridays, 토니로마스, 아웃백
패밀리 레스토랑	놀부보쌈 삼원가든	일반 중식당	기소야	코코스, 스카이락,
패스트푸드	한식 비빔밥 분식점	자장면 체인점 탕수육 체인점	회전초밥 다림방	롯데리아, BBQ, 버거킹, 피자헛, KFC, 파파이스

외식소비자는 외식의 필요성과 이용동기에 따라 업태를 선택하기 때문에 외식사업체는 고객의 욕구와 외식동기 등을 탐색하여 음식과 서비스 등 외식사업의 컨셉을 설계하여야 한다. 업태(type of service)의 이미지는 메뉴상품, 가격수준, 판촉활동 등 정보제공에 따른 지각. 점포 활성화 정도, 인적 서비스, 물적 서비스 등의 영향을 받아 소비자에게 전달된다. 이처럼 다양한 이미지를 가진 업태는 동일한 업종이더라도 각기 다른 개성과 특징을 가진 레스토랑이 존재한다는 것을 의미한다.

지금까지 우리나라의 외식업태는 기존의 한식・양식・일식・중식 등 4대 업종을 중심으로 분화되어 왔다. 한식의 업태분화는 국수・족발・해물탕・양념치킨・김밥・칼국수・보쌈・닭갈비・삼겹살・고급한식점 등으로 세분화가 이루어졌다. 한편, 양식의 업태 분화는 패스트푸드(햄버거, 치킨, 피자)・퀵 캐주얼・패스트 캐주얼(델리샌드, 베이커리카페, HMR)・패밀리 레스토랑・캐주얼 다이닝・파인 다이닝・퀵서비스・그릴・뷔페 등으로 세분화가 이루어졌다.

표 업태에 따른 서비스수준

	서비스방법	판매주류	주문 후 제공시간	식사시간
파인 다이닝	고급 풀 서비스	고급 와인과 주류	15~30분	2시간 이상
캐주얼 다이닝	풀 서비스	다양한 주류 판매	10~15분	1시간 30분 내외
패밀리 레스토랑	제한된 풀 서비스	한정적 판매	5~10분	1시간 내외
패스트푸드 퀵서비스	셀프 서비스	판매하지 않음	1~2분	10분 내외

FF는 셀프서비스이므로 경영자의 인건비에 대한 부담이 적고 가격이 저렴하며, 주류를 판매하지 않는다. 또한 1~2분 이내에 주문한 요리가 제공되며, 식사시간이 10분 내외로 짧기 때문에 좌석회전율이 매우 높다. 패밀리 레스토랑은 한정적인 풀 서비스를 제공하며, 주류는 한정적으로 판매한다. 주문한 요리는 5~10분에 제공되며, 1시간 내외의 식사시간을 갖는다. 캐주얼 다이닝은 풀 서비스를 제공하며, 다양한 주류를 판매한다. 요리는 주문 후 10~15분 내외에 제공되며, 1시간 30분 내외의 식사시간을 갖는다. 호텔 레스토랑과 같은 파인 다이닝은 고급 풀 서비스를 제공하며, 다양한 고급와인과 다양한 고급주류를 판매한다. 주문한 요리는 15~30분 내외에 제공되며, 2시간 이상의 식사시간을 갖는다.

2) 서비스방법에 의한 분류

(1) 테이블 서비스 레스토랑

테이블 서비스 레스토랑(table service restaurant)은 고객이 식탁에 착석하여 메뉴를 살펴보고 서비스 직원에게 주문하면 이를 순서에 따라 테이블에 제공하는 풀 서비스(full service) 형태의 레스토랑이다. 대체적으로 음식의 질이 높고 서비스수준이 높아 고객이 느끼는 분위기가 좋기 때문에 고객의 심리적 만족도가 높다. 반면에 고품질 요리와 서비스를 제공하기 위한 인건비와 식재료비 압력이 가중되기 때문에 식사가격이 높을 수밖에 없으며, 시간이 많이 소요되므로 테이블 회전율이 낮다. 파인 다이닝, 캐주얼 다이닝, 패밀리 레스토랑이 등이 제공하는 서비스형태이다.

(2) 카운터 서비스 레스토랑

카운터 서비스 레스토랑(counter service restaurant)은 조리사의 조리장면을 고객에게 개방하는 형태이며, 조리사들이 고객과 마주하는 카운터 테이블에서 직접 조리하여 고객에게 제공하는 형태의 레스토랑이다. 고객이 직접 보는 앞에서 조리를 하기 때문에 조리사들이 요리하는 모습이 고객에게는 하나의 엔터테인먼트가 될 수 있으며, 요리상품에 대한 신뢰도가 높게 나타난다.

고급 일식당의 스시카운터, 특급호텔의 뷔페 레스토랑, 마르쉐, 하절기에 호텔의 야외 바비큐처럼 요리를 고객의 면전에서 직접 만들어 주는 경우가 이에 해당한다.

(3) 셀프 서비스 레스토랑

셀프 서비스 레스토랑(self service restaurant)은 FF 레스토랑처럼 고객이 직접 카운터에서 주문하고 음식도 날라 먹으며, 동시에 잔반을 처리하고 식기도 치워 주는 레스토랑 서비스 형태를 말한다. 패스트푸드, 푸드 코트, 직원식당과 같이 음식이나 서비스의 질이나 분위기보다는 식사시간이나 음식가격을 중시하는 레스토랑이다.

메뉴의 종류가 한정되어 있고, 서비스 직원에 대한 인건비 절감부문을 판매가격에 반영할 수 있기 때문에 가격이 저렴하다는 장점이 있다. 또한 간편한 메뉴와 짧은 식사시간으로 좌석회전율이 매우 높은 장점이 있다.

3) 명칭에 의한 분류

(1) 그릴

그릴(grill)은 대체적으로 스테이크를 주메뉴로 판매하는 레스토랑으로 일품요리(á la cart) 또는 세트 메뉴(set menu)를 판매한다. 대체적으로 다양한 메뉴와 주류를 판매하며, 객단가가 높다.

(2) 다이닝 룸

다이닝 룸(dining room)은 대체적으로 점심과 저녁 식사를 제공하는 고급레스토랑으로 정식요리(table d'hôte)를 제공한다. 또한 다양한 메뉴와 주류를 판매하며, 객단가가 높다.

(3) 델리카테슨

델리카테슨(delicatessen)은 햄 · 치즈 · 소시지 · 셀러드 · 샌드위치 · 빵 · 과자류를 판매하는 레스토랑으로 즉석에서 고객의 취향에 적합한 샌드위치를 만들어 먹을 수도 있다. 대체로 호텔의 로비나 도심의 통행자가 많은 위치에 입지한다.

(4) 드라이브 쓰루

드라이브 쓰루 레스토랑(drive through restaurant)은 자동차가 진입하기에 용이한 도로변에 입지하며, 고객이 차에서 내지리 않고 차에 앉은 채로 주문하고 요금을 지불하며 음식을 받아 가기에 편리하게 시설이 되어 있다.

운전자 또는 동승자는 이동하면서 바로 만든 음식으로 식사할 수 있으며, 저렴하고 시간이 절약되기 때문에 자동차로 이동하는 바쁜 사람들이 주로 이용한다. 주요메뉴는 햄버거, 치킨, 피자 등 패스트푸드가 주류를 이루고 있다.

(5) 카페테리아

카페테리아(cafeteria)는 셀프서비스방식의 레스토랑으로 진열되어 있는 요리를 고르고 이에 해당하는 가격을 지불하고 고객이 직접 음식을 날라 먹는 일종의 오픈 뷔페 형태이다. 그러나 요즘에는 보다 확장된 의미로 일반적인 레스토랑에 카페테리아라는 명칭을 붙이기도 한다.

(6) 커피숍

커피숍(coffee shop)은 사람들의 왕래가 많은 곳에 음료와 간단한 간식수준의 식사를 할 수 있는 음식을 판매하는 곳이다. 미국이나 유럽에서는 일반 레스토랑을 일컫는 의미로 사용되지만 우리나라에서는 다방과 비슷한 의미로 이해하고 있다. 그러나 국내 특급호텔의 커피숍은 고급식사를 제공하는 곳이 대부분이다.

(7) 테마 레스토랑

테마 레스토랑(theme restaurant)은 교도소, 교실, 허브, 바다, 사냥, 기차, 항공기, 버스, 또는 특정지역이나 특정시대의 문화 등과 같은 독특하고 특징이 있는 테마를 설정하여 시설이 설계되고 실내가 장식된 레스토랑으로 테마에 적합한 요리가 제공된다.

(8) 패밀리 레스토랑

패밀리 레스토랑(Family restaurant)은 가족이나 직장동료 등 남녀노소 누구나 편안하고 부담없이 식사를 할 수 있는 대중적인 레스토랑이다. 테이블 서비스형태로 정중한 서비스가 제공되며, 중간정도의 가격에 다양한 엔터테인먼트가 제공되기도 한다.

(9) 푸드 코트

푸드 코트(food court)는 일정한 장소의 테이블과 좌석을 공동으로 사용하며, 다양한 업종과 업태의 요리를 선택할 수 있는 레스토랑이다. 백화점이나 쇼핑센터의 식당가에 주로 입점하여 운영하며, 호텔에 입점한 경우도 있다. 고객에게는 가격이 저렴하며, 선택의 폭이 넓다는 장점이 있다. 대체적으로 카운터 서비스의 셀프 서비스형태로 운영되고 있다.

(10) 다이닝 카

다이닝 카(dining car)는 열차의 식당 칸에서 운영하는 식당이다. 간단한 음료와 식사를 할 수 있다.

4) 그 외의 분류기준

(1) 시장지향적·비용지향적

① 시장지향적 외식사업

시장지향적 외식사업은 비용을 줄이기보다는 수익확대를 통해서 이익을 극대화시켜야 하는 외식사업이다. 호텔의 레스토랑 이외에 일반적으로 운영되는 영리를 목적으로 하는 레스토랑이 해당된다. 임대료나 보험료, 그리고 감가상각비와 같은 많은 고정비는 영업의 성과와 관계없이 일정하게 들어가며, 수익은 경영능력과 노력의 여하에 따라 달라지기 때문에 사업의 이익을 극대화시키기 위해서는 비용의 지출을 줄이기보다는 매출액을 높이는 데 치중하여야 한다.

즉, 시장의 고객이 어느 정도 이용해 주느냐에 따라 성패가 좌우되기 때문에 매출증대를 통한 수익창출에 역점을 두는 레스토랑이다. 고객의 수요가 불안정하며, 경쟁관계나 판매촉진 방법에 따라 가격변동에 영향을 미칠 수 있다.

② 비용지향적 외식사업

비용지향적 외식사업은 시장지향적 외식사업과는 반대로 단체급식과 같이 수익이 일정하기 때문에 비용절감을 통해서 이익을 극대화시켜야 하는 외식사업이다. 비교적 수요시장이 고정되어 있으며, 구매가격과 판매가격의 변동폭이 미미하고, 고정비는 매우 낮기 때문에 전기, 수도, 가스, 식재료비 등 변동비의 지출이 더 많은 경우에 해당한다.

(2) 상업적·비상업적 외식사업

외식사업의 목적이 영리추구이면 상업적 목적의 외식사업이다. 그러나 국가나 공공기관 또는 단체로부터 보조금을 받아 운영하거나 기업이나 조직의 직원들을 위한 복리후생 차원에서 비영리로 운영되는 외식사업은 비상업적 외식사업으로 분류한다.

(3) 판매시장의 형태에 따라

판매시장의 형태가 제한적이냐 일반적이냐에 따라 외식사업을 구분하는 방법이다. 제한적 시장은 선박이나 항공기 또는 특정건물이나 시설로 판매시장이 제한된 경우를 말한다. 그러나 개방적 시장은 언제라도 접근이 가능한 불특정 다수에게 널리 사업시장의 이용범위가 개방되어 있는 경우를 의미한다.

(4) 외식사업의 목적

외식사업이 주요 목적인 활동인지, 아니면 부차적 목적의 활동인지에 따라 구분하는 방법이다. 일반적인 외식사업체는 외식사업 자체가 가장 중요한 경영활동이다. 그러나 병원, 학교, 철도나 선박에서 음식을 제공하는 활동은 부차적인 서비스 활동의 일환에 불과하다.

2. 우리나라의 외식산업 분류

1) 표준산업분류에 의한 외식산업의 분류

통계청이 우리나라 산업에 관련된 통계작성을 목적으로 산업활동의 동질성을 기준으로 모든 산업활동을 체계적으로 유형화하여 분류하여 발표한 것이 한국표준산업분류이다. 한국표준산업분류 가운데 외식산업과 관련 있는 부분은 소분류(552)상의 음식점업 (Restaurants, Bars and Canteens)이다. 즉, 한국표준산업분류표의 외식산업은 대분류에 '도소매 및 음식숙박업'으로 분류되어 있으며, 중분류에는 '음식 및 숙박업 (hotel and restaurant)'으로 분류되어 있다. 또한 소분류에 '음식점업'으로 분류되어 있으며, 세분류에'식당업, 주점업, 다과점업'으로 분류되어 있다. 세분류의 하위분류, 즉 세세분류는 다음과 같이 17가지 산업으로 한국표준산업분류표에 분류되어 있다.

(1) 식당업(Restaurants)

① 한식점업(Korean style restaurant)
② 중국음식점업(Chinese style restaurant)
③ 일본음식점업(Japaneses style restaurant)
④ 서양음식점업(Western style restaurant)
⑤ 음식출장조달업(Catering of food)
⑥ 자급식음식점업(Self-supply restaurant)
⑦ 간이체인음식점(Chain lunch room restaurant)
⑧ 달리 분류되지 않는 식당업(Restaurant n.e.c.)

(2) 주점업(Drinking place)

① 일반유흥주점업(General amusement drinking place)
② 무도유흥주점업(Amusement drinking-dancing place)
③ 한국식유흥주점업(Amusement drinking place-Korean style)
④ 극장식 주점업(Amusement drinking place-stage)
⑤ 외국인전용 유흥주점업(Amusement drinking place only foreigner)
⑥ 달리 분류되지 않는 주점업(Drinking place n.e.c)

(3) 다과점업(Tearoom and bakery stores)

① 제과점업(Bakery stores)
② 다방업(Tea room)
③ 달리 분류되지 않는 다과점업(Tearoom and bakery stores n.e.c.)

(4) 음식점업에 분류되지 않는 경우

다음과 같은 경우는 한국표준산업분류에서 음식점업으로 분류되지 않고 있다.

① 자동판매기로 판매하는 경우(5259)
② 숙박업에 결합되어 따로 식당으로 운영하지 않는 식사제공활동(5510)
③ 철도운수업체에 통합운영하는 식당차의 운영(6010)
④ 조리사만을 공급하는 경우(7491)

표 한국 표준산업분류표의 음식점업

분류					항목명
대	중	소	세	세세	
5	5	2			음식점업(Restaurants, Bars and Canteens)
도소매 및 음식·숙박업	음식 및 숙박업	음식점업	5521		**식당업(Restaurants)**
				55211	한식점업(Korean style restaurant)
				55212	중국음식점업(Chinese style restaurant)
				55213	일본음식점업(Japaneses style restaurant)
				55214	서양음식점업(Western style restaurant)
				55215	음식출장조달업(Catering of food)
				55216	자급식 음식점업(Self-supply restaurant)
				55217	간이체인음식점(Chain lunch room restaurant)
				55219	달리 분류되지 않는 식당업(Restaurant n.e.c.)
			5522		**주점업(Drinking place)**
				55221	일반유흥주점업(General amusement drinking place)
				55222	무도유흥주점업(Amusement drinking-dancing place)
				55223	한국식 유흥주점업(Amusement drinking place-Korean style)
				55224	극장식 주점업(Amusement drinking place-stage)
				55225	외국인전용 유흥주점업(Amusement drinking place only foreigner)
				55229	달리 분류되지 않는 주점업(Drinking place n.e.c)
			5523		**다과점업(Tearoom and bakery stores)**
				55231	제과점업(Bakery stores)
				55232	다방업(Tea room)
				55239	달리 분류되지 않는 다과점업(Tearoom and bakery stores n.e.c.)
기타		**음식점업으로 분류되지 않는 경우**			
					① 자동판매기로 판매하는 경우(5259)
					② 숙박업에 결합되어 따로 식당으로 운영하지 않는 식사제공활동(5510)
					③ 철도운수업체에 통합운영하는 식당차의 운영(6010)
					④ 조리사만을 공급하는 경우(7491)

자료 : 통계청

2) 식품위생법상의 영업종류에 의한 분류

식품위생법상의 외식산업은 '식품접객업'이라 칭하여 제21조제2항에 영업의 세부종류가 규정되어 있다. 식품접객업을 음식점영업(휴게음식점영업, 일반음식점영업)과 주점영업(단란주점영업, 유흥주점영업)으로 분류하여 규정하고 있다.

(1) 음식점영업

① 휴게음식점영업

음료와 음식을 조리하여 판매하는 영업으로 음주행위가 허용되지 아니하는 음식점이다. 주로 다류를 조리판매하는 다방, 주로 빵과 떡, 과자류, 아이스크림류를 제조판매하는 제과점형태의 영업을 포함한다. 다만 수퍼마켓, 편의점, 휴게소 등 음식류를 판매하는 장소에서 1회용 용기에 뜨거운 물을 부어 다류나 음식류를 판매하는 경우는 포함되지 않는다.

② 일반음식점영업

음료와 음식을 조리하여 판매하는 음식점영업으로, 부수적으로 주류의 판매 및 음주행위가 허용된다.

③ 단체급식

병원, 관공서, 사기업체, 학교, 유아원, 등에서 상시 50인 이상 식사를 제공하는 식품접객업소로 조리사와 영양사를 의무적으로 고용해야 한다.

(2) 주점영업

① 단란주점영업

음료와 음식을 조리하여 판매하는 영업으로 손님의 음주와 노래를 부르는 행위가 허용되는 영업이다.

② 유흥주점영업

음료와 음식을 조리하여 판매하고 주류의 판매와 음주행위가 허용되는 영업이다. 손님이 노래를 부르거나 춤을 출 수 있으며, 유흥시설을 설치할 수 있고 유흥종사자를 둘 수 있다. 이 때, 유흥시설이란 유흥종사자 또는 손님의 노래와 춤, 만담, 곡예 등 유흥을 위하여 설치한 무대장치, 무도장, 조명시설, 음향시설을 말한다. 다만, 단란주점에서는 손님이 노래를 할 수 있도록 설치한 보건복지부령이 정하는 음향 및 반주시설은 제외한다.

또한 유흥종사자의 범위는 다음과 같다.

► 유흥접객원(손님과 함께 술을 마시며 노래 또는 춤으로 손님의 유흥을 돋우는 자) ► 댄서 ► 가수와 악기를 다루는 자(일반음식점에서 안락한 분위기 제공을 위하여 노래를 부르거나 악기를 연주하는 자 및 단란주점에서 노래를 반주하기 위하여 악기를 연주하는 1인은 제외한다.) ► 무용을 하는 자 ► 만담 및 곡예를 하는 자 ► 유흥사회자.

표 식품위생법상의 식품접객업 분류

분 류		영 업 내 용
음식점 영업	휴게음식점	음료와 음식을 조리·판매하는 영업으로 음주행위가 허용되지 아니하는 음식점. 주로 다류를 조리 판매하는 다방, 주로 빵과 떡, 과자류, 아이스크림류를 제조·판매하는 제과점 형태의 영업을 포함한다. 다만, 수퍼마켓, 편의점, 휴게소 등 음식류를 판매하는 장소에서 1회용 용기에 뜨거운 물을 부어 다류나 음식류를 판매하는 경우는 포함되지 않는다.
	일반음식점	음료와 음식을 조리·판매하는 음식점영업으로 부수적으로 주류의 판매 및 음주행위가 허용된다.
	단체급식	병원, 관공서, 사기업체, 학교, 유아원, 등에서 상시 50인 이상 식사를 제공하는 식품접객업소로 조리사와 영양사를 의무적으로 고용해야 한다.
주점 영업	단란주점	음료와 음식을 조리·판매하는 영업으로 손님의 음주와 노래를 부르는 행위가 허용되는 영업.
	유흥주점	음료와 음식을 조리·판매, 음주행위가 허용되는 영업. 손님이 노래를 부르거나 춤을 출 수 있으며, 유흥시설을 설치할 수 있고 유흥종사자를 둘 수 있다.

3) 표준소득률표상의 분류

국세청이 세원을 합리적으로 관리하기 위한 목적으로 모든 영업을 분류하고, 그에 따라 차등적으로 과세비율을 정하고 있다. 외식산업과 관련하여 음식점업(5521), 주점업(5522), 다과점업(5523), 기타 판매 및 음식점(553)으로 분류되어 있다.

(1) 음식점업(5521)

① 한식점업(552101)

일반한식

② 중국음식점업(552102)

일반중국음식

③ 일본음식점업(552103)

일반일본음식 - 독립된 객실 없이 일식, 생선회, 우동 등을 판매하는 소규모업소,

④ 서양음식점업(552104)

일반서양음식(한식뷔페포함) - 경양식, 식대 15,000원 이상을 받은 적이 없는 뷔페식당.

⑤ 음식출장조달업(552105)

연회장 등과 같은 특정장소에 출장하여 고객이 주문한 음식을 소비자를 대상으로 직접 조리 및 제공.

⑥ 고급음식점(552106)

가)다음 각 호에 하나라도 해당되는 업소로, 연 수익이 1억 이상인 업소・다만 세무서장이 고급음식점에 해당되지 아니한다고 판단되어

공평과세위원회의 심의를 거친 업소는 이에 해당되지 않는다.

- 다음 각 호 : ㉮ 인공폭포, 연못, 분수대, 물레방아 등을 고급부대시설을 갖춘 업소, ㉯ 주차장을 포함한 대지면적이 건물 바닥 면적의 3배 이상인 업소(읍・면지역 제외), ㉰ 영업장 건물면적이 700㎡ 이상인 업소, ㉱ 조리사를 제외한 종사자가 8명 이상인 업소.
- 소갈비, 로스구이, 장어구이, 양구이를 전문으로 하는 한식점. 다만, 당해 전문음식점 이외의 다른 음식을 함께 취급하는 경우에 전체 수입금액 중에서 그 전문음식판매금액이 60% 이상인 업소.
- 한정식 제공식당으로 독립된 객실을 갖추고 점심 1인당 식대를 20,000원 이상 받은 적이 있는 업소.

나) 관광호텔 구내음식점.

다) 자장면을 4.000원 이상 받은 적이 있는 업소.

⑦ 프랜차이즈음식점, 체인화음식점(552107)

피자, 햄버거, 닭튀김, 간이양식 등 체인화된 음식을 취급하는 업소. 단, 사업자가 직접 조리하여 제공하는 소규모업소는 제외.

⑧ 기타 음식점・편의방(552108)

가) 구내식당, 스낵, 분식집, 튀김집, 만두집, 기타 소규모 간이음식점, 자급식 음식점.

나) 한국음식점, 중국음식점, 일본음식점, 서양음식점 중 다음 각 호에 해당하는 업소 : ㉮ 객실이 없는 업소, ㉯ 홀에 종사하는 종업원이 없는 업소, ㉰ 고객이 직접 자급하는 업소.

다) 편의방 - 휴식하며 대화할 수 있는 공간을 만들어 놓고 주류, 안주, 음료 등을 셀프 서비스형태로 24시간 판매하는 업소.

표 음식점업의 표준소득률표상의 분류(1)

종 목		적용범위 및 가준
세분류	세세분류	
음식점업 5521	552101 한식점업	일반한식
	552102 중국음식점업	일반중국음식
	552103 일본음식점업	일반일본음식 - 독립된 객실 없이 일식, 생선회, 우동 등을 판매하는 소규모 업소.
	552104 서양음식점업	일반서양음식(한식뷔페포함) - 경양식, 식대 15,000원 이상을 받은 적이 없는 뷔페식당
	552105 음식출장조달업	연회장 등과 같은 특정장소에 출장하여 고객이 주문한 음식을 소비자를 대상으로 직접 조리 및 제공.
	552106 고급음식점	1. 다음 각 호에 하나라도 해당되는 업소로 연 수익이 1억 이상인 업소. 다만, 세무서장이 고급음식점에 해당되지 아니한다고 판단하여 공평과세위원회의 심의를 거친 업소는 제외. 가. 다음 각 호. ① 인공폭포, 연못, 분수대, 물레방아 등 고급부대시설을 갖춘 업소. ② 주차장을 포함한 대지면적이 건물 바닥 면적의 3배 이상인 업소(읍·면 지역 제외) ③ 영업장 건물면적이 700㎡ 이상인 업소 ④ 조리사를 제외한 종사자가 8명 이상인 업소. 나. 소갈비, 로스구이, 장어구이, 양구이를 전문으로 하는 한식점 다만 당해 전문음식점 이외의 다른 음식을 함께 취급하는 경우에 전체 수입금액 중에서 그 전문 음식 판매금액이 60% 이상인 업소. 다. 한정식 제공식당으로 독립된 객실을 갖추고 점심 1인당 식대를 20,000원 이상 받은 적이 있는 업소. 2. 관광호텔 구내음식점. 3. 자장면을 4.000원 이상 받은 적이 있는 업소.
	552107 프랜차이즈음식점, 체인화 음식점	피자, 햄버거, 닭튀김, 간이양식 등 체인화된 음식을 취급하는 업소. 단, 사업자가 직접 조리하여 제공하는 소규모업소는 제외.
	552108 기타 음식점 편의방	1. 구내식당, 스낵, 분식집, 튀김집, 만두집, 기타 소규모 간이음식점, 자급식 음식점. 2. 한국음식점, 중국음식점, 일본음식점, 서양음식점 중 다음 각 호에 해당하는 업소. ① 객실이 없는 업소. ② 홀에 종사하는 종업원이 없는 업소. ③ 고객이 직접 자급하는 업소. 3. 편의방 - 휴식하며 대화할 수 있는 공간을 만들어 놓고 주류, 안주, 음료 등을 셀프 서비스 형태로 24시간 판매하는 업.

(2) 주점업(5522)

① 룸살롱(552201)

독립된 객실에서 고급양주와 안주를 제공하고 접객원이 유흥케 하는 고급주점.

② 바(552202)

㉮ 바 : 식품위생법 시행령의 유흥종사자가 있는 서양식 주점으로 살롱이 아닌 곳.

㉯ 비어홀 : 주로 맥주를 판매하는 주점으로 유흥종사자가 있는 곳.

㉰ 극장식 식당 : 유흥종사자를 두고 주류와 음식물을 제공하며, 노래 연주 및 춤 등을 감상할 수 있는 음식점.

㉱ 기타 서양식 주점 : 독립된 객실과 접객원이 없이 주류와 안주 등을 제공하는 카페 등의 서양식 주점.

㉲ 카페, 바, 비어홀 등의 명칭으로 독립된 객실과 접객원을 둔 사실상의 룸살롱은 룸살롱으로 적용.

㉳ 스탠드 바 : 특별소비세 시행령에 의한 과세유흥장소에 해당되는 바.

③ 캬바레(552203)

캬바레, 나이트클럽, 디스코클럽, 고고클럽.

④ 관광음식점(552204)

관광음식점, 관광진흥법상의 외국인 전용 유흥음식점.

⑤ 호프전문점, 소주방(552205)

호프전문점, 소주방.

⑥ 요정/준요정(552206) :

㉮ 요정 : 독립된 객실에서 주류와 안주를 제공하고 유흥접객하는 유흥음식점.

㉯ 준요정 : 유흥음식점 허가를 받지 아니한 자가 요정과 유사한 영업을 하는 자.

⑦ 단란주점(552207)

식품위생법상의 단란주점으로 독립된 객실에서 유흥종사자를 두고 사실상 룸살롱 영업을 하면 룸살롱으로 적용.

⑧ 기타 주점(552209)

간이주점 : 대포집, 선술집, 기타 간이 생맥주 등 달리 분류되지 아니하는 주점.

표 음식점업의 표준소득률표상의 분류(2)

종 목		적용범위 및 가준
세분류	세세분류	
주점업 5522	552201 룸살롱	독립된 객실에서 고급양주와 안주를 제공하고 접객원이 유흥케 하는 고급주점
	552202 바	1. 바 : 식품위생법 시행령의 유흥종사자가 있는 서양식 주점으로 살롱이 아닌 곳 2. 스탠드 바 : 특별소비세 시행령에 의한 과세유흥장소에 해당되는 바 3. 비어홀 : 주로 맥주를 판매하는 주점으로 유흥종사자가 있는 곳 4. 극장식 식당 : 유흥종사자를 두고 주류와 음식물을 제공하며, 노래・연주 및 춤 등을 감상할 수 있는 음식점 5. 기타 서양식 주점 : 독립된 객실과 접객원이 없이 주류와 안주 등을 제공하는 카페 등의 서양식 주점 6. 카페, 바, 비어홀 등의 명칭으로 독립된 객실과 접객원을 둔 사실상의 룸살롱은 룸살롱으로 적용
	552203 캬바레	・캬바레, 나이트클럽, 디스코클럽, 고고클럽
	552204 관광음식점	・관광음식점, 관광진흥법상의 외국인전용 유흥음식점
	552205 호프전문점 소주방	・호프전문점, 소주방
	552206 요정/준요정	1. 요정 : 독립된 객실에서 주류와 안주를 제공하고 유흥접객하는 유흥음식점 2. 준요정 : 유흥음식점 허가를 받지 아니한 자가 요정과 유사한 영업을 하는 자
	552207 단란주점	・단란주점 : 식품위생법상의 단란주점으로 독립된 객실에서 유흥종사자를 두고 사실상 룸살롱 영업을 하면 룸살롱으로 적용
	552209 기타 주점	・간이주점 : 대포집, 선술집, 기타 간이 생맥주 등 달리 분류되지 아니하는 주점

(3) 다과점업(5523)

① 제과점(552301)

빵, 과자 등을 직접 조리하거나 고급업체로부터 대리점 형태로 공급받아 판매하는 곳

② 다방(일반), 인삼찻집(552302)

인삼찻집 - 잣죽, 깨죽 등 죽류와 인삼차, 쌍화차 등 차류를 조리하여 판매하는 업소(다방, 제과점 제외).

③ 고급다방(552303)

커피전문점이나 호텔의 커피숍.

④ 고속도로휴게소(552304)

국도・공항・고속도로의 휴게소, 유원지의 음식점, 다방, 과자점의 복합적인 형태.

⑤ 간이양식, 특수음식점(552305)

㉮ 간이양식 : 휴게실 등과 같이 접객시설을 갖추고 햄버거, 도너츠, 닭튀김, 음료 등을 제공하는 업소.

㉯ 특수 음식점 : 흑염소, 개소주, 뱀탕, 도룡탕 등을 판매하는 업소.

(4) 기타 판매 및 음식점(553) : 부정외래품(553000) - 부정양주, 기타

① 부정양주

수사기관, 국세청, 관세청 등 관계기관에 적발된 부정양주판매업자(조서에 의거 적용).

② 기타 부정외래품 취급자.

표 음식점업의 표준소득률표상의 분류(3)

종 목		적용범위 및 가준
세분류	세세분류	
5523 다과점업	552301 제과점	· 빵, 과자 등을 직접 조리하거나 고급업체로부터 대리점 형태로 공급받아 판매하는 곳
	552302 다방(일반) 인삼찻집	· 인삼찻집 - 잣죽, 깨죽 등 죽류와 인삼차, 쌍화차 등 차류를 조리하여 판매하는 업소(다방, 제과점 제외)
	552303 고급다방	· 커피전문점이나 호텔의 커피숍
	552304 고속도로휴게소	· 고속도로휴게소 - 국도, 공항, 고속도로의 휴게소, 유원지의 음식점, 다방, 과자점의 복합적인 형태
	552305 간이양식 특수음식점	· 간이양식 - 휴게실 등과 같이 접객시설을 갖추고 햄버거, 도너츠, 닭튀김, 음료 등을 제공하는 업소 · 특수음식점 - 흑염소, 개소주, 뱀탕, 도룡탕
553 기타판매 및음식점	553000 부정외래품 부정양주/기타	· 부정양주 - 수사기관, 국세청, 관세청 등 관계기관에 적발된 부정양주판매업자(조서에 의거 적용) · 기타 부정 외래품 취급자

4) 관광법상의 분류

관광진흥법 제2장 제3조(관광사업의 종류)에 여행업, 관광숙박업, 관광객이용시설업, 국제회의업, 카지노업, 유흥시설업, 관광편의시설업 등을 관광사업으로 규정하고 있다. 이와 관련하여 대통령령에 관광유흥음식점, 관광식당업, 시내순환관광업, 관광사진업, 여객자동차터미널시설업, 관광토속주판매업 등을 관광편의시설업으로 규정하고 있다.

관광진흥법 시행규칙 제14조에 「관광편의시설업 지정기준」이 규정되어 있다. 다만, 해당업소의 심의지정은 시도관광협회가 문화관광부장관의 위임을 받아 수행하고 있다.

(1) 관광유흥음식점업

① 한국음식점

㉮ 건물은 연면적이 특별시의 경우에는 330제곱미터 이상이어야 하며, 기타 지역은 200제곱미터 이상으로 한국적 분위기를 풍기는 아담하고 우아한 건물이어야 한다.

㉯ 관광객의 수용에 적합한 다양한 규모의 방을 두고 실내는 고유의 한국적 분위기를 풍길 수 있도록 서화·문갑·병풍 및 나전칠기 등으로 장식하야야 한다.

㉰ 완전방음장치를 하여야 한다.

②관광극장식당업

㉮ 건물 연면적은 1,000제곱미터 이상으로, 홀 면적은 500제곱미터 이상이어야 한다.

㉯ 관광객에게 민속과 가무를 감상하게 할 수 있도록 특수조명장치 및 배경을 설치한 100제곱미터 이상의 무대가 있어야 한다.

㉰ 완전방음장치를 하여야 한다.

(2) 외국인전용 유흥음식점

① 홀 면적이 60제곱미터 이상이어야 한다.

② 홀에는 무도를 하거나 즐길 수 있는 일정한 면적의 무도장을 설치하고, 특수조명시설 및 방음장치를 하여야 한다.

(3) 관광식당업

① 한국전통음식을 제공하는 경우에는 국가기술자격법에 의한 해당 조리사 자격증 소지자를 두어야 한다.

② 특정 외국의 전문음식을 제공하는 경우에는 다음의 요건 중 1개 이상을 갖춘 자를 두어야 한다.

· 당해 외국에서 전문조리사 자격을 취득한 자.

- 국가기술자격법에 의한 해당 조리사 자격증 소지자로서 동종분야에서의 조리경력이 3년 이상인 자.
- 당해 외국에서 6월 이상의 조리교육을 이수한 자. 다만, 패스트푸드점의 경우에는 당해 외국에서 2주 이상 조리교육을 받은 자로서 조리경력이 6월 이상인 자.

(4) 관광토속주판매업

외국어 안내서비스가 가능한 체제를 갖출 것.

표　관광편의시설업 지정기준

업 종		지 정 기 준
관광유흥음식점업	한국음식점	(1) 건물은 연면적이 특별시의 경우에는 330제곱미터 이상, 기타 지역은 200제곱미터 이상으로 한국적 분위기를 풍기는 아담하고 우아한 건물일 것. (2) 관광객의 수용에 적합한 다양한 규모의 방을 두고 실내는 고유의 한국적 분위기를 풍길 수 있도록 서화·문갑·병풍 및 나전칠기 등으로 장식할 것. (3) 완전방음장치를 할 것.
	관광극장식당업	(1) 건물 연면적은 1,000제곱미터 이상으로, 홀 면적은 500제곱미터 이상으로 할 것. (2) 관광객에게 민속과 가무를 감상하게 할 수 있도록 특수조명장치 및 배경을 설치한 100제곱미터 이상의 무대가 있을 것. (3) 완전방음장치를 할 것.
외국인전용유흥음식점		(1) 홀 면적이 60제곱미터 이상일 것. (2) 홀에는 무도를 하거나 즐길 수 있는 일정한 면적의 무도장을 설치하고, 특수조명시설 및 방음장치를 할 것.
관광식당업		(1) 한국전통음식을 제공하는 경우에는 국가기술자격법에 의한 해당 조리사 자격증 소지자를 둘 것. (2) 특정 외국의 전문음식을 제공하는 경우에는 다음의 요건 중 1개 이상의 요건을 갖춘 자를 둘 것. (가) 당해 외국에서 전문조리사 자격을 취득한 자. (나) 국가기술자격법에 의한 해당 조리사 자격증 소지자로서 동종분야에서의 조리경력이 3년 이상인 자. (다) 당해 외국에서 6월 이상의 조리교육을 이수한 자. 다만, 패스트푸드점의 경우에는 당해 외국에서 2주 이상 조리교육을 받은 자로서 조리경력이 6월 이상인 자.
관광토속주판매업		외국어 안내서비스가 가능한 체제를 갖출 것.

자료 : 관광진흥법 시행규칙 제14조

5) 모범음식점

구청장(시장, 군수)과 음식문화개선운동추진위원회의 심의를 거처 지정되는 모범음식점은 위생관리가 우수한 일반음식점 중에서 선정된다. 모범음식점 제도는 지역 내 일반음식점의 위생관리상태를 개선하고 서비스 수준을 향상시키기 위한 목적으로 시행되며, 지정 후에라도 기준에 미달되거나 영업정지 이상의 행정처분을 받게 되면 취소될 수 있다. 모범음식점에 주어지는 혜택으로 운영자금과 시설개선자금의 융자, 안내홍보책자의 발간 및 배부, 상하수도료감면 및 세제감면 등의 지원을 받는다.

6) 향토음식점

구청장(시장, 군수)이 지정하는 모범음식점은 5년 이상 상호를 변경하지 않고 향토음식점을 전문적으로 운영하는 일반음식점 중에서 심의하여 선정하며, 모범음식점과 유사한 혜택을 주고 있다.

3. 미국의 외식산업 분류

미국의 외식산업을 분류하는 방법도 관계기관이나 연구자에 따라 의견을 달리하고 있다. 따라서 여기서는 먼저 미국레스토랑협회(NRA)의 분류에 대해서 알아보고, 이어서 미국의 표준산업분류표에 의한 분류를 중심으로 알아보고자 한다.

1) 미국레스토랑협회(NRA)의 외식산업분류

미국레스토랑협회(NRA)의 외식산업을 ⓐ 불특정 다수를 대상으로 영업하는 영리목적의 상업적인 외식사업(Commercial Restaurant Service), ⓑ 기업이나 공공기관 같은 특정집단을 대상으로 영리 또는 비영리로 영업하는 단체급식 외식사업(Institution Restaurant Service), 그리고 ⓒ 군대급식사업(Military Restaurant Service)으로 분류하고 있다.

(1) 상업적인 외식사업(Commercial Restaurant Service)

영리를 목적으로 외식사업 경영활동을 하는 모든 외식사업장이 포함된다.

① 일반적인 외식사업(eating place)
일반적으로 레스토랑이라고 하는 외식사업체로 체인 또는 단독경영 형태로 운영되고 있으며, 불특정 다수가 영업의 대상이다. 가격이 비싸고 서비스 수준이 높은 풀 서비스 레스토랑(full service restaurants), 패스트푸드(fast-food)와 같이 제공되는 메뉴나 서비스가 제한적으로 제공되며, 가격은 비교적 저렴한 한정적 서비스 레스토랑(limited-service restaurants), 상업적인 카페테리아(commercial cafeterias), 아이스크림(ice cream) 등 냉동 커스터드 전문점(ice cream frozen custard stands), 바와 선술집(bars and taverns) 등이 여기에 해당된다.

② 계약외식사업(food contractors)
일정한 계약에 의하여 기업이나 공공기관과 같은 특정장소에서 영리를 목적으로 영업활동을 수행하는 외식사업체를 말한다. 영업의 형태는 앞에 언급한 일반적인 외식사업(eating place)과 동일하지만 영업의 대상이 특정지역에 한정적일 수밖에 없다.

③ 숙박외식사업(lodging place)
호텔이나 모텔 등 숙박업소서에 객실 이외에 부수적으로 운영되는 식음료 서비스 영업으로 커피숍, 연회장, 고급레스토랑, 카페터리아, 바 등과 같은 영리목적의 영업장을 말한다.

(2) 단체급식 외식사업(Institution Restaurant Service)

단체급식사업은 비영리 외식사업으로 특정장소에서 제한적으로 운영되는 급식시설을 말한다. 기업체가 직원을 위하여 운영하는 직원 레스토랑(employee restaurant services), 초・중・고・대학 등 각급학교의 학생들을 위한 급식, 병원(hospitals), 양로원, 고아원, 스포츠클럽, 레크레이션 캠프, 지역공동체센터(community centers), 종교시설 등의 복리증진과 업무효율을 위해 운영되는 비영리 외식사업이 해당된다.

(3) 군대급식사업(Military Restaurant Service)

비영리목적의 군대급식은 취사를 담당하는 병사가 담당하기도 하지만 외부용역으로 급식을 처리하기도 한다. 군대의 급식시설은 셀프 서비스로 제공되는 카페테리아부터 고급레스토랑까지 다양하며, 연회나 파티를 할 수 있는 시설도 있으며, 유흥과 오락을 즐길 수 있는 다양한 형태의 크고 작은 레스토랑이 있다.

표 미국레스토랑협회(NRA)의 외식산업분류

구분	내용
상업적인 외식사업 (Commercial Restaurant Service)	**일반적인 외식사업(eating place)**
	· 풀 서비스 레스토랑(full service restaurants) · 한정적 서비스 레스토랑(limited-service(fast-food) restaurants) · 상업적 카페테리아(commercial cafeterias) · 아이스크림, 프로즌 커스터드 전문점(ice cream, frozen custard stands) · 바와 선술집(bars and taverns)
	계약 외식사업(food contractors)
	· 풀 서비스 레스토랑(full service restaurants) · 한정적 서비스 레스토랑(limited-service(fast-food) restaurants) · 상업적 카페테리아(commercial cafeterias) · 아이스크림, 프로즌 커스터드 전문점(ice cream,frozen custard stands) · 바와 선술집(bars and taverns)
	숙박외식사업(lodging place)
	· 호텔 레스토랑(hotel restaurants) · 모터-호텔 레스토랑(motor-hotel restaurants) · 모텔 레스토랑(motel restaurants)
단체 급식사업 (Institution Restaurant Service)	· 직원 레스토랑(employee restaurant services) · 공립·지방 초·중등학교(public & parochial elementary, secondary schools) · 대학·대학교(colleges & universities) · 교통(transportation) · 병원(hospitals) · 양로원, 고아원, 정신·신체장애자(nursing homes, homes for aged, blind, orphans, mentally & physically disabled) · 클럽, 스포츠·레크레이션 캠프(clubs, sporting & recreational camps) · 지역공동체센터(community centers)
군대급식사업 (Military Restaurant Service)	· 장교·하사관클럽(officers & non-commissioned officers clubs) · 일반군인급식(food service-military exchanges)

자료: Restaurant USA, National Restaurant Association F7, Dec. 1997(박기용(2004), 외식산업경영학, 대왕사 p.103에서 재인용) ; 한국외식산업연구소(2000), 외식사업경영론, 백산출판사, p.28. NRA(1993) Donald E. Lundberg, The Hotel & Restaurant Business, 6th ed, Van Nostrand Reinhold, p.220(임붕영(2001) 외식산업경영론, 형설출판사, p.7에서 재인용)

2) 미국의 표준산업분류표에 의한 분류

미국의 표준산업분류상의 외식산업은 소매업에 포함되어 있다. 소매업은 분류번호 52~59에 해당되며, 소매업은 개인이나 가정에서 소비하는 상품을 판매하거나 이와 관련된 서비스를 제공하는 업종이다. 미국 상무성이 실시하는 센서스의 기준이 되는 소매업의 분류는 다음 표와 같다.

표 미국의 표준산업분류표에 의한 소매업의 분류

표준산업분류	업 종
52	· 건자재 딜러(건설자재 딜러, 이동식 주택 딜러 등)
53	· 종합소매점(백화점, 다품종점)
54	· 식료품점(잡화점, 육류/생선시장, 과일/야채시장, 낙농제품점, 베이커리 등)
55	· 자동차 딜러(신차/중고차 딜러, 타이어/배터리/카 악세서리 딜러 등)
56	· 의류 및 악세서리점(신사의류/악세서리점, 숙녀의류점, 유아/아동 의류점 등
57	· 가구/가정용품점(가구점, 가정용품점, 가전점, 악기점 등)
58	· 식음료점(eating and drinking places), (레스토랑, 카페테리아, 휴게소 등)
59	· 약품점/기타 점포(drug stores/all other stores)(약품점, 재고품점, 서점, 문구점, 애완용품점 등)

자료: 상공회의소(1995), 미국의 유통산업, p.71(나정기(1998), 외식산업의 이해, 백산출판사, p.87에서 재인용)을 참조로 재구성.

4. 일본의 외식산업분류

일본의 식생활은 가정 내 식생활과 가정 외 식생활, 즉 외식산업으로 분류하고 외식산업을 다시 음식중심의 급식주체와 음료주체, 그리고 요리품 소매업으로 분류하고 있다.

영업급식은 ① 레스토랑, 식당, 국수점, 우동점, 초밥점 등이 포함된 일반식당과 ② 열차식당과 기내식이 포함된 특수형태, 그리고 ③숙박시설에 포함된 영업급식으로 분류하고 있다. 또한 집단급식은 학교, 사업소, 병원, 사회복지시설의 사업장을 포함한다. 음료주체는 ① 다방과 맥주홀, ② 요정과 바 등으로 분류하고 있다.

표 일본 외식산업의 분류

<table>
<tr><td rowspan="8">식생활</td><td rowspan="7">가정 외 식생활
(외식산업)</td><td rowspan="4">음식</td><td rowspan="3">영업급식</td><td>일반식당</td><td>레스토랑 · 식당
국수 · 우동점
초밥점
기타 외식업소</td></tr>
<tr><td>특수형태</td><td>열차식당
기내식</td></tr>
<tr><td>숙박시설</td><td></td></tr>
<tr><td>집단급식</td><td colspan="2">학 교
사업소
병 원
사회복지시설</td></tr>
<tr><td rowspan="2">음료</td><td>다방, 맥주홀 등</td><td colspan="2">다방
맥주홀</td></tr>
<tr><td>요정 · 바 등</td><td colspan="2">요정
바, 캬바레, 나이트클럽</td></tr>
<tr><td>요리품소매업</td><td colspan="3">택배
포장
도시락</td></tr>
<tr><td colspan="5">가정 내 식생활</td></tr>
</table>

또한 일본의 외식산업을 업종별로 ① 식당 레스토랑, ② 일본요리점, ③ 서양요리점, ④ 중화요리점 및 기타 동양요리점, ⑤ 소바(국수)점과 우동점, ⑥ 요정, ⑦ 바와 캬바레 그리고 나이트클럽, ⑧ 즈방과 비어홀, ⑨ 기샤땡(끽다점, 喫茶店), ⑩ 기타 음식점 등으로 분류하고 있다.

표 일본 외식산업의 업종별 분류

분 야	정 의	구체적인 예
1. 식당·레스토랑	주식을 바로 먹을 수 있도록 대중에게 판매하는 영업소로 취식장소를 공여한다(서양요리점, 일식 및 중화요리점은 제외한다).	식당, 대중식당, 기호음식점, 미반식당
2. 일본요리점	특정한 일본요리(초밥 제외), 소바(국수) 유흥음식(예 : 요정 등)을 제공하는 영업소	덴뿌라, 장어, 산천어, 청진(육식이 아닌 주로 채식을 제공하는 점포) 돌솥밥, 주먹밥, 다채옥
3. 서양요리점	주로 서양요리를 제공하는 영업소	그릴, 레스토랑, 러시아·이탈리아·프랑스 등 서양요리집
4. 중화요리점 기타 동양요리점	중화요리 및 동양제국의 민속요리를 제공하는 영업소	중화요리, 상해·북경·대만·사천요리, 한국요리, 중화국수, 만두집 등
5. 소바(국수), 우동점	일본식 국수, 우동을 제공하는 영업소	소바(국수)집, 우동집
6. 요정	주로 일본요리를 제공·접대하는 고객에게 유흥음식을 제공하는 점포	요정 등, 할팽점, 기생집(게이샤)
7. 바, 캬바레, 나이트클럽	주로 서양식 요리를 제공하며, 고객에게 유흥음식을 제공하는 점포	가페, 사롱, 캬바레, 나이트클럽, 바, 스낵바
8. 즈방, 비어홀	대중적 설비를 갖추고 주로 주류 내지 요리를 제공하는 영업소	대중주장, 새구이집(조류구이집), 오뎅집, 주방, 비어홀
9. 기샤땡(끽다점喫茶店)	주로 coffee, 홍차, 청량음료, 내지 간단한 식사를 제공하는 영업소	끽다점, Fruit Bar, 음악다실, 순기샤, 스낵
10. 기타 음식점	주로 대폭, 금천소 우뭇가사리, 된장분, 갈차 등, 분류되지 않은 식료품을 제공하는 영업소	휴식소, 대복실, 빙수옥, 감주옥, drive in 기호식당

자료 : 한국음식업중앙회(1995), 한국외식산업연감, p.218

5. 영국의 외식산업분류

영국의 표준산업분류표상의 외식산업은 대분류는 서비스(division 6), 중분류는 호텔 케이터링으로 분류(division 66)되어 있으며, 여기에 다수의 외식산업 관련업종이 산포되어 있다.

표 영국 표준산업분류표에 따른 외식산업의 분류

분류번호			적용 및 범위
66			Hotel and Catering
	661		Restaurant, Snack bars, Cafes and other eating places
		6611	Eating places supplying food for consumption on the premises
		6612	Take-away food shops
	662	6620	Public houses and bars
	663	6630	Night clubs and licensed clubs
	664	6640	Canteens and messes
	665	6650	Hotel trade
	667	6670	Other tourist or short-stay accommodation

자료 : Bernard Davis and Sally Stone(1985), Food and Beverage Management, Heinemann(London), p.2; Dennis R. Lillicrap and John A. Cousins(1990), Food and Bever Service, Hodder & Stoughton, p.3

영국의 외식산업은 다음과 같은 몇 가지 차이에 따라 분류하고 있다.

ⓐ 사업의 목적이 영리냐 아니면 국가나 공공단체로부터 보조금을 받아 비영리로 운영하느냐?

ⓑ 판매시장이 불특정 다수를 대상으로 하는냐 아니면 특정기관이나 제

한된 구역 이내에서 한정된 영업활동을 하느냐?

ⓒ 외식의 제공업무가 일반 레스토랑의 경우처럼 주된 활동이냐 아니면 병원이나 학교급식같이 부대시설로서 부속된 부차적인 업무냐?

ⓓ 소유형태가 공공이냐 아니면 사유냐?

또한 영국에서는 다음 표에 나타난 바와 같이 외식산업을 영리를 목적으로 하는 상업적 외식산업과 보조를 받아 운영하는 부대 또는 복리적 외식산업으로 분류하고 있다. 상업적 외식산업은 다시 불특정 다수를 대상으로 하는 일반시장과 제한된 시장에서 영업활동을 하는 외식산업으로 분류된다. 또한 복리적 외식사업은 직원에게 급식하는 형태와 직원이 아닌 병원의 환자나 교도소, 군대, 학교급식 등의 단체급식으로 분류하고 있다.

표 영국의 외식산업분류

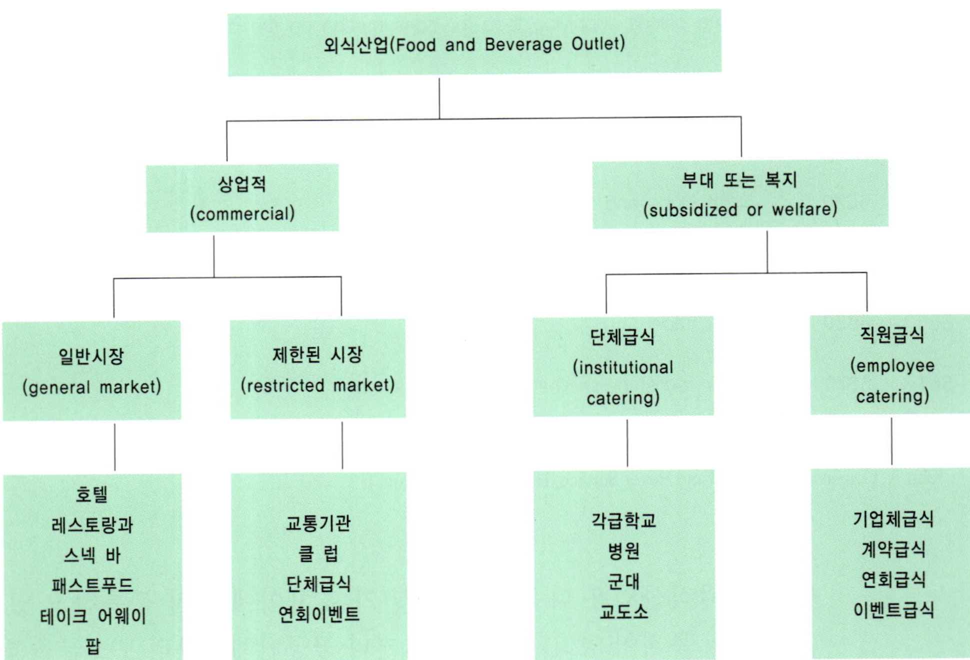

자료 : Benard Davis, Andrew Lockwood, Sally Stone(1998), Food and Beverage Management(BH), p.5; Bernard Davis and Sally Stone(1985), Food and Beverage Management, Heinemann(London), p.4.

서울 서초 '먹는 장사' 1번지 - 대한민국 황금권 [1]음식업

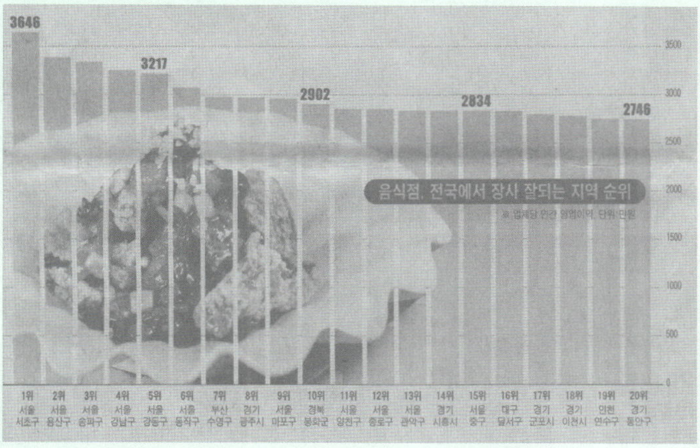

음식업은 창업수요가 많은 자영업종으로, 현재 60여 만 개(한국음식업중앙회 통계)의 음식점이 난립해 있다. 인구 70명당 음식점 1개 꼴이다. 전문가들은 음식점 수가 너무 많아 공멸(共滅) 구도에 놓여 있다고 분석한다. 음식업중앙회에 따르면 실제로 갓 창업한 음식점이 1년 이후에도 살아남을 확률을 10%에 불과하다.

음식점을 창업해 생존확률을 최대한 높이려면? 창업컨설팅업체 에프시 창업코리아의 강병오 사장은 "정확한 상권(商圈) 분석이 가장 중요하다"고 말한다. 수요가 있는 곳, 유동인구가 많은 곳, 동종(同種) 업체들이 과밀하지 않은 곳 등을 잘 선별해야 한다는 것이다. 이런 관점에서 전국 245개 시 · 군 · 구 중 음식점을 창업하기에 가장 유망한 지역은 어디일까? 서강대 남주하 교수팀의 분석을 토대로 조선일보가 만든 '자영업 창업지도'를 보면 서울 서초구가 음식점 창업환경 1위인 것으로 나타났다.

• 전국 1위 서초구

서초구는 일반음식점업 업체 수(2046개)는 전국 42위 수준이지만 영업이익(이하 업체당)은 746억 원으로 6위를 차지, 업체당 영업이익(3646만 원)이 전국에서 가장 많았다. 영업이익 2위는 용산구(3387만 원), 3위는 송파구(3336만 원)로 1~3위를 모두 서울이 차지했다.

서울 서초구가 음식점 영업이익 1위를 차지한 요인으로 전문가들은 ▲강남역 4거리, 교대역 일대 법조타운, 반포 고속버스터미널 등 교통요충지와 관공서가 많아 유동인구가 많은 점 ▲서울 시내 25개 자치구 중 포장마차가 없는 유일한 구(區)인 점, ▲타 지역에 비해 대형업소가 많은 점 등을 꼽았다.

서초구청 정영구 위생팀장은 "구청에서 1990년대 말부터 1000여 개의 불법영업 포장마차를 없앤 것이 음식점수익에 크게 기여하고 있다"고 말했다. 한국음식업중앙회 서초지회 임영균 사무국장은 "서초구의 경우, 타지역보다 '묻지마 창업'이 적고, 제 살 깎아 먹기식 과당경쟁이 덜한 점이 긍정적으로 작용한 것 같다"고 말했다.

• 비수도권 1위 부산 수영

서울 지역이 음식점 영업이익 1~6위를 싹쓸이한 가운데 수도권 밖에서는 부산 수영구(업체당 영업이익 2975만 원)가 전국 7위를 차지했다. 이는 수영구 내 '민락동 회센터' 덕분인 것으로 부석된다. 부산 광안리 해수욕장 해변에 자리잡은 민락동 회센터에는 300여 개의 횟집이 밀집해 성업 중이다.

한국음식업중앙회 수영지회 김성환 사무국장은 "횟집은 고객 1인당 매출액이 2만 원 이상 되기 때문에 타 지역보다 영업이익이 크게 나온 것 같다"고 말했다. 경북 봉화군의 경우, 지방 소도시임에도 전국 10위(2834만 원)를 차지해 눈길을 끈다. 봉화군 소재 음식점의 영업이익은 서울 중구(2384만 원)보다 더 많다. 봉화군의 음식점 주인들은 환경이 좋아서라기보다 수요창출을 위한 피나는 노력 덕이라고 설명하고 있다.

봉화군은 1990년대 말부터 송이축제 · 은어축제 · 돼지숯불축제 등 각종 음식이벤트를 잇달아 개발, 외부관광객을 유인해 음식점 매출실적을 크게 올려놓았다. 한국음식업중앙회 양진선 봉화군 지회장은 "음식축제이벤트가 활성화되면서 군내 음식점들이 장사가 잘돼 시설확장붐이 일었고, 대형식당도 2~3개 더 생겼다"고 말했다. -김흥수 기자-

자료 : 조선경제

Food Service

"세상은 노력하는 만큼 열리죠" 아웃백 스테이크 충무로점 김태옥 점주

독일의 철학자 칸트는 인간행복의 조건으로 '첫째 어떤 일을 할 것, 둘째 어떤 사람을 사랑할 것, 셋째 어떤 일에 희망을 가질 것'이라고 했다. 굳이 칸트의 말을 빌리지 않더라도 요즘 젊은이들에게 '일(직업)'은 행복의 조건이기 이전에 생존과 삶을 영위하는 필수조건이다.

끝없이 치솟는 청년실업률에서 보듯 대학과 고교문을 나설 많은 젊은이들에게 직장잡기란 '하늘의 별따기'에 비유될 만큼 지난한 일이기도 하다. 하지만 자신이 하기에 따라서는 꼭 '지난한' 일이 아닐 수도 있고, 그 별을 따낼 수도 있지 않을까.

국내 최대의 패밀리 레스토랑 아웃백 스테이크 충무로점 점주인 김태옥씨(30)는 성실 하나로 하늘의 별을 따낸 아름다운 청년이다. "대학 4년 때여서 용돈 마련보다는 전공에 대한 경험을 쌓고 싶었습니다. 다른 것은 생각하지 않았습니다. 그저 열심히, 최선을 다해 정성을 다해 하자는 생각밖에요." 김씨 역시 세종대 관광경영과 4년으로 졸업을 앞둔 2000년에 '실업공포'라는 세파로부터 자유스러울 수 없었다. 대학 4년이면 제대로 된 직장을 구하기 위해 열심일 시기. 그렇지만 직장잡기는 힘들었고 아웃백에 발을 들여놓은 것도 이런 이유였다. 하지만 여느 사람들과 달리 그는 '알바'를 알바로만 여기지 않았다.

"홍대점에서 접시닦기부터 시작했습니다. 뭐 대단하지 않아요. 그냥 온 정성을 다 기울인 게 조금 다르다면 다를까요." 다른 사람과 다를 게 없다고 겸손하게 말하지만 물기 한 방울 없이 깨끗이 닦아 가지런히 정리해 놓은 접시에는 그의 남다른 열정과 헌신, 애착이 묻어나지 않았을까. 게다가 알바이지만 직장인으로서 당연히 해야 할 일이라고 말하는 그는 3시간이 넘는 출퇴근 시간을 이용, 매장·메뉴 교육내용 등을 달달 외웠다.

여기에 늘 다른 알바생보다 한 시간 먼저 출근했고, 맨 마지막에 가게 문을 닫았다. 또 주말이면 도서관을 찾아 회계를 익히며 매장의 손익계산서를 혼자 만들 수 있을 정도로 자신을 채찍질했다. 낭중지추(囊中之錐), 주머니 속 송곳은 언제든 뚫고 나오게 마련. 그의 이런 접시닦기 정성과 성실함이 지배인의 눈에 띄기 시작했고, 그를 죽 눈여겨본 회사로부터 정식입사를 제의받았다. 이후 2002년 삼성점 매니저가 됐고, 2003년 푸드 테크니션을 거쳐 드디어 충무로점 점주가 됐다. 세계적인 기업인 아웃백에서도 드문 그야말로 초고속승진을 이룬 셈이다.

"무엇보다 아웃백의 독특한 경영방식이 오늘의 저를 만들었죠. 학력, 외모를 배제한 순수한 능력위주로 승진이 이뤄지기 때문에 누구든 마음만 먹으면 꿈을 이룰 수 있는 바탕이 깔려 있는 곳입니다." 실제 이곳에는 점장의 경우, 1억 원이 넘는 연봉을 받는 사람도 많다는 게 그의 귀띔이다. 그러면서 그는 취업난을 극복하고 꿈을 이루는 방법은 다양하다며, 꼭 처음부터 제대로 된 직장을 잡을 필요가 있느냐고 반문했다.

"선택의 기준과 취업방법을 다양하게 가져야 한다"고 말하는 그는 '이 회사가 아니면 안 돼'라는 독불장군식의 취업방식은 오히려 어려움을 가중시킬 뿐"이라면서 "조금만 눈높이를 낮추면 많은 곳이 눈에 들어올 것"이라고 말했다. 그러나 그 어느 곳에서 일하든 '성실'과 '최선을 다하는 마음의 자세'를 잃어서는 안 된다고 강조했다.

여기에 일하는 직장에 대한 자부심이 곁들여진다면 "이보다 좋을 수 없겠죠"라고 말했다. 실제 그의 와이셔츠는 모두 '아웃백 상표 문양'으로 새겨져 있다. "친구 결혼식에 와이셔츠를 입고 갔다가 핀잔도 적지 않게 들었다"면서도 싫지 않은 표정이다. "직장이나 학교나 고급브랜드로만 우르르 몰리면 서로서로가 더 힘들어집니다. 자신의 인생을 바꿔주는 것은 삼성이나 현대라는 브랜드가 아닙니다. 생각이죠. 생각의 1%만 바꿔 보십시오. 인생이 100% 달라집니다." 〈글 김윤숙 · 사진 김정근 기자 yskim@kyunghyang. com〉

자료 : ⓒ 경향신문 & 미디어칸(www. khan. co. kr) ;
http://news. medi. daum. net/edition/people/200602/03/khan/v11585960. html?_right_HAPPY=R1

Food Service

제 5 장

외식산업의 경영형태

Foodservice

Chapter 5

기업의 존재이유와 목표는 이윤추구에 있다. 따라서 기업은 교환을 전제로 재화(goods)와 용역(service)을 생산하여 소비자에게 공급함으로써 이윤을 추구하는 시스템이다. 산업발전 초기단계의 소유자가 직접 경영하던 개인기업은 경제규모가 확대되면서 자금, 신용, 인적 자원 등에 한계를 실감하게 된다.

현대 자본주의 기업의 근간을 이루는 주식회사는 이러한 문제점을 극복하였을 뿐만 아니라, 다수의 출자자를 통하여 거액의 자금조달이 가능해지면서 자본의 소유와 경영이 분리되고 전문경영인이 등장하는 등 현대의 기업은 다양한 형태로 발전하고 있다.

전통적으로 소매업으로 분류되는 외식산업의 경영형태는 독립경영, 체인경영, 위탁경영으로 구분되며, 가장 활발한 경영형태는 체인경영의 한 부류인 프랜차이즈형태가 가장 활발하게 전개되고 있다.

일반적으로 업종과 업태가 다양한 대부분의 레스토랑은 규모가 작고 영세하여 조직이나 경영형태를 논한다는 자체가 무의미하다고 볼 수 있다. 즉 개인이 투자하고 독립적으로 운영하는 생업형의 식당인 경우에 부부가 조직의 구성원이 되어 둘 중 하나는 주방장 다른 한편은 서빙을 담당하는 동시에 식당의 운영과 관련된 모든 일들을 둘이서 꾸려 나가는 점포에서 경영형태나 조직을 논하고자 하는 것은 아니다.

그러나 규모가 커지면서 여러 명의 직원을 고용하거나 다점포로 운영되거나 법인화되거나 소유자가 직접 경영하지 아니하고 전문경영인에게 경영을 위탁하는 경우에 레스토랑의 경영조직은 복잡해질 수밖에 없다. 본 장에서는 이처럼 복잡 다양한 외식산업의 경영형태에 대하여 알아보고자 한다.

외식기업의 점포운영형태는 독립경영, 체인경영, 위탁경영으로 대별할 수 있다. 이러한 운영형태는 외식기업이 추구하는 기본컨셉에 의하여 결정된다. 따라서 외식기업은 창립초기부터 지향할 명확한 컵셉의 정립이 필요하며, 정립된 컨셉은 외식기업의 경영전략을 수립하고 이행하는 단초가 된다.

1. 독립경영(independent management)

외식사업경영의 형태	
독립경영	
체인경영	직영체인 자율체인 프랜차이즈
위탁경영	

독립경영(independent management)이란 법률상의 개인기업이거나 혹은 법인기업(주식회사, 합자회사, 합명회사 등)일지라도 체인 또는 위탁경영방식을 채택하지 아니하고 자신의 지식과 능력으로 외식업소를 직접 단독으로 경영하는 직영방식을 말한다. 자기자본으로 투자하고 자기회사직원으로 하여금 영업을 하게 하므로 영업에 따른 이익이나 손실은 모두 독립직영기업에 귀속된다.

여러 개 점포를 운영하더라도 메뉴, 가격, 서비스방법, 구매시스템, 판매촉진 등이 서로 다르게 독립적으로 이루어지는 방식으로 통일성과 획일성을 추구하는 체인(chain)과는 구별된다.

규모가 작고 영세한 대부분의 우리나라 외식업소는 독립경영방식으로 운영되고 있다. 독립경영 외식사업은 규모가 작기 때문에 신규진입과 운영이 용이하고 경영과정에서 독창적 창의능력을 충분하게 발휘할 수 있으며, 시장동향과 환경변화에 민첩하게 대응할 수 있는 장점이 있는 반면에 자본과 요리기술, 그리고 서비스능력 등 운영의 노하우에는 한계가 있을 수밖에 없다.

자기자본으로 건설한 점포에 자사사원에 의하여 운영되므로 본부의 지시나 방침이 본부의 의도대로 실행되며, 광고선전이나 판촉활동 등도 본부의 결정된 방침에 따라 일사불란하게 진행된다. 또한 자사의 영업비밀이나 노하우의 유출을 방지할 수 있다.

그러나 최근의 외식시장에서 외식기업들은 시장점유율 확대를 통한 기업의 능력과 시장확보의 우위성을 통하여 자사상품의 우월성을 소비자에게 소구하려 하고 있다. 이러한 경쟁 심화 시대에 다점포화로 시장점유율을 제고하기 위하여 직영으로 점포망확대를 기하려 한다면 막대한 자금압박과 재무적 위험부담이 뒤따른다. 이러한 위험요소를 제거하면서 점포망을 확대하는 방법이 체인이나 프랜차이즈 등 가맹점 등의 출점과 병행하여 직영점을 운영하는 전략이 필요하다.

2. 체인경영(chain management)

체인경영(chain management)은 영세한 소규모의 단독경영점포의 한계를 극복하고 효과적인 소매상으로 성장한 연쇄점 형태가 체인점의 시작이었다. 외식체인은 적어도 2개 이상의 레스토랑이 동일한 컨셉으로 서로 다른 장소에서 운영되고 있어야 한다.

외식상품의 특성인 상품의 이동거리와 저장기간의 한계, 그리고 확보가능상권의 한계가 있기 때문에 단일점포의 규모에는 한계가 따를 수밖에 없다. 따라서 단일점포를 통하여 규모의 경제를 이루는 데는 제한적일 수밖에 없기 때문에 체인경영을 통하여 본부의 경영전략을 다점포에 동시적용함으로써 비용효율을 달성하고 규모의 경제를 실현할 수 있다.

레스토랑이 독립경영체제가 아니라 체인형태를 선호하는 이유는,

① 판매영업활동의 효율을 극대화하고,

② 중앙본부에서 대량집중조달로 유리한 가격에 판매할 상품을 조달할 수 있으며,

③ 점포설계와 설비상의 정보와 비용이 유리하고,

④ 판매방법의 단순화·전문화와 표준화로 효과적인 판매가 가능하고,

⑤ 요리와 서비스개발비용이 저렴하고 교육이 용이하며,

⑥ 규모의 경제(economies of scale)실현으로 비용을 절감함으로써 이익을 극대화할 수 있기 때문이다.

체인점은 일반적으로 직영체인형태의 회사체인(corporate chain)과 자율체인형태의 임의체인(voluntary chain)으로 구별된다.

1) 직영체인

직영체인(regular chain)이란 본사가 직접 투자하고 경영하기 때문에 체인점에 매니저 등 직원을 파견하여 운영을 하는 형태를 말한다. 회사체인은 본사의 직접경영으로 자본의 동질성, 영업의 공통성, 관리의 통일성을 이룩하여 대규모 경영의 장점과 소규모 경영의 장점을 동시에 결합하고 보완한 형태이다.

일반적으로 직영체인점이 다른 형태의 경영점포보다는 높은 경영효율성을 나타내지만, 때로는 직원들의 주인의식결여로 능동적인 노력을 게을리하고 최소한의 의무만 이행하기 때문에 효율이 낮은 경우가 종종 있다.

(1) 직영체인의 장점

① 본사의 직원이 직영점포에 파견되므로 본사의 경영방침이 그대로 적용될 수 있으며,
② 상품과 서비스의 품질을 본사직원이 직접 관리하기 때문에 표준 이상으로 유지할 수 있으며,
③ 이러한 결과로 브랜드 이미지를 제고할 수 있으며,
④ 본사의 수익향상에 기여하고
⑤ 가맹점 직원의 현장실습 교육장소로 활용하는 등의 장점이 있다.

(2) 직영체인의 단점

① 본사의 직영점포 개설비용의 직접 투자에 따른 재무상의 위험이 증가하고
② 자본과 인력의 제한에 따른 체인전개속도가 느릴 수 밖에 없다.

2) 자율체인

자율체인(voluntary chain)이란 일종의 협동체인으로 임의체인이라고도 하며, 상호나 상표를 통일하고 있다. 판매촉진를 위한 광고 및 홍

보, 그리고 판촉활동비용은 공동부담하며, 이미지통일을 위한 CI작업의 일환으로 인테리어와 간판을 일치시킨다.

각각의 소매점이 경영상의 독립성과 자율성은 유지하면서 구매와 판매촉진활동을 공동으로 추진함으로써 규모의 경제에 따른 이익을 실현하고 분업의 효율성을 기대하며, 효과적인 판매를 목적으로 결합한 체인형태의 하나로 발전하였다.

또한 가맹비를 비롯한 보증금과 로열티 지급이 없기 때문에 창업비용이 저렴한 장점이 있다. 원재료와 상품의 대량공동구매로 유리한 입장에서 대기업과 생산제품의 구매교섭을 할 수 있다. 따라서 소규모 독립경영점포에 비하여 판매상품가격의 경쟁우위를 확보할 수 있다.

그러나 자율체인 형태로는 요리상품의 맛과 외식서비스품질을 동질하게 유지할 수 없기 때문에 자율체인으로 운영되는 외식업체는 거의 없다. 실제로 자율체인 브랜드는 별다른 상품과 서비스관리에 대한 노하우 없이도 판매위주로 운영할 수 있는 업종에 적합한 경영형태이다. 브랜드 인지도에 따라 소비에 영향을 크게 받기 때문에 본부의 상품과 서비스 이미지관리가 엄격한 프랜차이즈보다 느슨한 것이 현실이다.

3) 프랜차이즈

프랜차이즈(franchise business system)는 체인의 독특한 형태이며, 외식산업에 다수 적용되고 있으므로 다음 장에서 구체적으로 알아보기로 한다.

3. 위탁경영

위탁경영(management contract)이란 경영계약이라고도 하며, 제3자에게 경영에 관한 권리의 일부 또는 전부를 일정기간 양도하여 경영하는 방식이다. 이 때, 위탁자는 소유주로서 일종의 자본회사(owner)이며, 수탁자는 외식경영에 관한 능력이 있는 전문경영회사(management company)라고 할 수 있다.

위탁회사는 토지나 건물 등을 출자하여 외식업체를 설립하여 소유하며, 수탁회사는 이를 위탁받아 독자적인 자율성으로 운영하며 그 대가로 일정액의 경영수수료(Management fee)를 받는 형태이다. 수탁회사는 자산관리를 제외한 인사, 구매, 회계 등 영업 일체에 관한 모든 권리를 소유주(위탁자)로부터 위임받아 최고 경영관리책임자를 비롯한 필요한 매니저들을 본부에서 파견하여, 수탁회사의 책임하에 강력한 지휘 및 통제권한으로 경영권을 행사할 수 있다.

위탁경영의 계약조건에 따라 차이가 나기는 하지만 건물, 인테리어, 설비, 비품 또는 매니저의 인건비도 위탁자의 부담이 되기도 한다. 소유와 경영이 완전히 분리된 형태로 수탁자는 법적으로 소유주에게 고용되어 외식업소를 경영하는 대리인의 입장이기 때문에 중대한 고의성이 있는 경우를 제외하고 경영과정에서 발생하는 모든 문제는 소유자가 책임진다. 따라서 경영과 관련하여 발생되는 모든 조세공과금이나 인건비, 경영판단실수로 인한 재무적 손실, 법적 소송 등이 야기되어 발생하는 모든 비용은 궁극적으로 위탁자가 지게 된다.

1) 소유자(위탁회사)의 입장

① 외식경영능력이 있는 업체의 모든 경험과 시스템을 공유할 수 있다.
② 계약이 만료되기 전까지는 경영에 직접 참여할 수 없으며, 일정기간 단위로 재무보고만 받을 뿐이다.
③ 수탁회사의 경영부진으로 손해를 보더라도 파견경영자의 인건비를 비롯한 총매출액의 일정비율 등 경영수수료(management fee)를 지불해야 하는 부담이 뒤따른다.

2) 경영자(수탁회사)의 입장

① 위탁경영수익이 프랜차이즈계약으로 인한 수익보다 높다.
② 경영수수료는 총매출액의 일정비율, 성과급 등으로 정할 수 있다.
③ 대부분 직접 투자하지 않으며, 투자하더라도 적은 비율이기 때문에 재무적 위험부담이 상대적으로 낮다.

④ 파견된 매니저나 직원에 의하여 영업, 인사, 구매, 판매 등의 권한을 완전장악하여 본사의 경영방침을 그대로 적용하기 때문에 상표나 브랜드 이미지 손상위험이 거의 없다.
⑤ 경영권이 없는 소유주의 감시가 심하기 때문에 미미한 경영실수라도 항의가 빈번하고 때로는 경영활동이 중단되거나 심한 경우에는 법적 분쟁에 휘말리기도 한다.
⑥ 경영자금은 소유주로부터 조달되기 때문에 소신 있는 경영활동에 제약을 받을 수 있다.

4. 기업의 법적 형태

1) 개인사업자

개인기업은 단독으로 출자하고 지배하며, 경영상의 모든 위험과 손실을 부담하는 동시에 이윤을 독자적으로 향유한다.

〈장점〉

① 사업이윤을 개인이 독점할 수 있다.
② 비교적 규모가 작기 때문에 소자본 창업이 용이하다.
③ 신속한 의사결정으로 사업정책의 수립과 집행 및 변경이 용이하다.
④ 사업이윤에 대한 세금을 개인의 소득세로 납부한다.
⑤ 경영방침, 제조방법, 영업전략, 판매정책 등 경영상의 비밀유지가 용이하다.
⑥ 동일한 규모의 법인기업보다 개인의 신용상태가 높게 나타난다.

〈단점〉

① 경영상의 부채나 손실에 대하여 무한책임을 진다.
② 개인기업과 개인기업주는 불가분의 관계가 있으므로 기업주가 지속적으로 경영이 불가능할 때에 경영의 영속성이 결여되기 쉽다.
③ 자본의 조달능력에 한계가 있다.
④ 개인의 경영능력에는 한계가 있을 수밖에 없다.

표	개인기업의 설립절차

인·허가 취득
(관할 시·군·구) ⇒ 사업자 등록
(관할 세무서) ⇒ 사업개시

2) 법인기업

일반적으로 법인기업이라 하면 주식회사, 합자회사, 합명회사, 유한회사와 같이 상업적인 주체로 활동할 수 있는 권리와 의무 및 권력이 법적으로 부여된 법인격의 실체를 의미한다. 정관을 작성하여 법원에 설립등기를 함으로써 그 실체를 인정받는다. 법인은 재산의 소유와 처분 등 재산상의 활동뿐만 아니라, 모든 법적 활동을 향유할 수 있는 대신 그 책임을 진다.

(1) 합명회사

2명 이상의 공동출자자가 회사의 채무에 대하여 무한책임을 지며, 공동으로 작성한 정관을 법원에 등기함으로써 설립된다. 소유와 경영이 분리되지 못하며, 우리나라와 일본은 법인으로 취급되고 있으나, 독일, 영국, 미국에서는 법인이 아닌 공동개인기업으로 분류하고 있다.

(2) 합자회사

1인 이상의 무한책임사원과 1인 이상의 유한책임사원으로 조직되는 기업의 형태이다. 유한책임사원은 출자금액 한도에서 책임을 지지만 무한책임사원은 연대하여 무한 책임을 진다. 무한책임사원이 경영권을 가지며, 이윤은 유한책임사원과 공동으로 동일하게 분배한다.

(3) 유한회사

50인 이내의 출자자 전원이 유한책임을 지는 회사를 말한다. 경영자는 사원총회에서 선임되고, 이사는 사원이 아니어도 된다. 지분의 양도는 총회의 의결이 있어야 하며, 주권을 일반에 발행할 수 없으며 1 좌마

다 1 의결권이 있다. 총 자본금은 1000만 원 이상이어야 하며, 1좌는 5,000원 이상으로 균일하여야 한다.

(4) 주식회사

액면가 500원 이상의 주식을 다수인에게 증권으로 발행하여 자본금을 조달하므로 자본의 조달이 용이하다. 주식의 소유자를 주주라 하고 1주는 1 의결권이 있으며, 주주종회에서 선임된 이사와 대표이사는 경영권을 가지며, 대표이사와 이사는 기업채무에 대하여 무한책임을 지지만 경영권이 없는 일반출자자는 출자한 금액에 국한하여 유한책임을 진다. 주식회사의 목적과 운영방법, 자본금의 한계, 주식발행의 방법, 이사의 선임방법과 수 등은 법원에 등기되는 정관에 따르며, 주주총회에서 정관을 변경할 수 있다.

〈주식회사의 장점〉

소유(출자자)의 유고나 변동이 있더라도 전문경영인에 의하여 영속적으로 기업을 운영할 수 있다. 주권으로 인정되는 기업의 소유권은 언제나 누구에게나 매도할 수 있다는 점에서 기업소유의 유동성이 있다. 또한 추가주식이나 사채발행이 용이하므로 기업확장이 용이하다.

〈주식회사의 단점〉

이와는 반대로 주식회사의 단점은 창업비용이 많이 든다. 또한 손익계산서와 대차대조표 등 재무제표를 공지하는 등 법적 제약이 많이 따른다. 소유가 분산되어 있으므로 개인기업에 비하여 주주의 관심이 결여되기 쉬울 뿐만 아니라, 영업비밀을 유지하기 어렵다. 또한 경영비용을 제외하고 남은 이윤에 대하여 개인사업자의 소득세에 해당하는 법인세를 납부한 후에 사내유보금을 제외한 주주배당금에 대하여 주주개인별 소득세를 다시 부과한다는 점에서 이중납세논란의 여지가 있다.

3) 기타 법인

그 외에 영농법인, 학교법인, 재단법인, 병원법인, 사단법인, 종교법인, 복지법인 등 다양한 형태의 법인들이 있으며, 이들은 자연인과 동일한 독립된 법적인 인격체로 책임과 권한을 법적으로 부여받으며 재산의 소유와 처분 등 상법상의 거래를 할 수 있으며, 각종법률에 의한 제재와 처벌도 받을 수 있다.

표 법인기업의 형태별 비교

회 사		주식회사	유한회사	합자회사	합명회사
성격	적정규모	중·대규모의 기업	중소기업	가족기업	가족기업
	법적 근거	상 법	상 법	상 법	상 법
	성 격	물적 회사	준물적 회사	준인적 회사	인적 회사
	사원의 책임	유한책임	유한책임	유한 + 무한	무한책임
설립	발기인 수	7인 이상	2~50인	2인 이상	2인 이상
	출자의 종류	금전 또는 현물 (주식)	금전 또는 현물 (지분)	►유한책임사원:금전, 현물(지분) ►무한책임사원:현물, 노무, 신용(지분)	금전, 현물, 노무, 신용(지분)
	출자단위	►1주-5,000원 이상 ►자본금-5,000만 원 이상	►1좌-1,000원 이상 ►자본금-1,000만 원 이상	►출자한도 없음 ►등기시 정관에 명시	►출자한도 없음 ►등기시 정관에 명시
	출자방법	발행예정주식의 1/4 이상	일시 전액	분할납입시 정관에 명시	분할납입시 정관에 명시
	정관인증	법원인증필요	법원인증필요	불 필 요	불 필 요
	창립총회	►발기설립-불필요 ►모집설립-필요	정관에 명시	불 필 요	불 필 요
	관선검사인 선임	►발기설립-필요 ►모집설립-불필요 ►변태설립-필요	불 필 요	불 필 요	불 필 요
	의결기관	주주총회 (1주 1 의결권)	사원총회 (1좌 1 의결권)	무한책임사원의 동의	무한책임사원의 동의
	대표기관	대표이사	대표이사	업무집행사원	업무집행사원
	업무집행기관	이사회(3명 이상의 이사)	이사회(1명 이상의 이사)	무한책임사원	전사원의 동의필요
	감사기관	감사(1명 이상)	임의기관	임의기관	임의기관
기타	주주와 사원의 이동	자유롭게 이동가능(정관에 양도제한 가능)	사원의 양도시 총회 심의의결필요	무한책임사원 동의필요	전사원의 동의필요
	조직변경	유한회사로 변경가능	주식회사로 변경가능	합명회사로 변경가능	합자회사로 변경가능
	합 병	주주총회의결로 가능	유한회사나 주식회사와 합병가능	전사원의 동의필요	전사원의 동의필요

부자와 노는 사람이 부자된다

'한동철(서울여대 경영학과 교수, dchan@swu. ac. kr)의 부자 이야기'에 나오는 이야기. "부자에게 팔면 부자 된다." 미국의 부자들을 상대로 장사하는 분들은 몇 년 열심히 하면 자신들이 전부 천만장자(현찰 100억 원 이상 소유자)가 되었다. 롤스로이스를 열심히 판 대가로 수십 억 원짜리 대저택을 구입하고, 뉴욕의 부잣집 자녀들에게 후계자 양성교육을 시킨 사람이 몇 년 후 아시아 주식시장에 수백 억 원을 투자할 정도가 된다.

부자가 소유한 유전이 불났을 때 몇 번 불을 끈 전직 소방관 출신이 튀니지 여행을 수억 원을 들여 할 정도가 되었다. 미국에서 부자 되는 방법 중 가장 손쉬우면서도 많은 사람이 간과하고 있는 것이 바로 "부자에게 파는 것"이다. 필자가 1986년 미국 조지아 대학 마케팅 박사과정에 한국인으로는 처음 입학했을 때다. 이곳에서 만난 교수 중 한 분이 스탠리 박사(우리나라에 번역된 『이웃집 백만장자』와 『부자의 지갑을 열어라』의 저자이고 미국의 부자마케팅 1인자)다. "한국에서는 누가 부자냐?"라고 질문했다. 나는 "정치인입니다" 하고 대답하였다.

"부자들을 상대로 장사하는 사람들은 많으냐?"라는 계속되는 질문에 "별로 없다"고 했다. 스탠리 박사는 미국에서 부자를 상대로 물건을 팔아 부자 된 사람이 수만 명이 넘는다고 필자에게 강조했다. 그 역시 87년 학교를 떠나 부자마케팅 자문을 하면서 본인 자신이 부자가 되었다. "교수님, 이번에 100억 원 끌어왔습니다." 어느 보험회사의 유명한 분은 어느 부자의 돈을 끌어다 자기가 소속된 보험회사에 입금시킨 대가로 자신의 연봉도 10억 원을 넘겼다.

4000만 원짜리 이탈리아제 수제가구를 많이 판 분은 1억 원 이상의 수입자동차를 집에 3대나 가지고 있다. 방배동 부잣집 사모님들이 자주 가는 고급의상실(수백만 원짜리 디자이너 브랜드를 판매하는)의 주인은 자녀에게 플루트를 가르치고, 남편과 프랑스의 동굴(한 번에 일인당 1400만 원짜리) 여행을 심심하면 다녀온다. 2000년 들어 "부자에게 팔아야 돈이 된다"는 것을 깨닫기 시작한 많은 기업체가 부자마케팅에 나서고 있다.

30대 재벌그룹의 신규사업은 70% 이상이 전부 '부자'에게 초점을 맞추고 있다. 중산층은 깨졌고, 돈은 부자만 가지고 있다.

이것을 늦게나마 인식한 재벌그룹이 자동차를 수입하고, 프랑스제 명품을 들여오고 있다. 휴대전화도 수백만 원짜리를 준비하고 있고, 가구도 1억 원짜리 이상을 개발하고 있으며, 침구도, 도자기도, 자동차도 전부 고급고객(부자)을 타게팅하고 있다. 부자세일즈맨들은 일반세일즈맨들보다 매출액도 수십 배에 이르고, 순수입이 적어도 20배는 넘는다. 국내 모 보험사의 세일즈맨이 수만 명인데, 이 중에서 연봉 5000만 원에서 10억 원 정도를 받는 사람은 1500명에 불과하다. 그런데 이 보험회사는 전 소속원에게 부자세일즈기법을 교육하고 있고, 모증권사는 80개 전체 지점을 몇 년 내에 부자창구로 전환할 예정이다.

한 끼에 1백만 원짜리 식단이나 한 잔에 100만 원이 넘는 양주를 팔아야 부자가 된다. 한 번에 수천 만 원을 입금하는 종신보험을 팔아야 부자가 된다. 18억 원짜리 그림 같은 빌라를 팔고, 600g이 채 안 되는 수백만 원짜리 양복을 팔아야 부자가 된다. 부자가 되고 싶으면 2000원짜리 해장국을 팔지 말고, 2000만 원짜리 금괴를 팔아라. 수천 원짜리 중국제 팬티를 팔지 말고, 50만 원짜리 실크팬티를 팔아라. 몇만 원짜리 이불을 팔지 말고, 수맥검사를 한 후에 이부자리를 펴는 법까지 가르쳐 주는 고급 남성용 이불(비아그라보다 낫다고 소문난)을 팔아라. 부자와 놀면 자신도 부자가 된다.

이코노미스트

자료 : http://www.joins.com/magazine/200511/16/2005111615055091011k000k200k201.html

Food Service

외식사업
창업과 경영
Foodservice

제 6 장

외식사업의 프랜차이즈

Foodservice

Chapter

6

1. 프랜차이징의 개념과 정의

> 프랜차이즈(franchaise business system)의 경영구조는 체인의 독특한 형태로 소매유통경로의 한 부류라고 설명할 수 있다.

프랜차이즈란 용어의 어원은 고대 프랑스어의 'francer(자유로운, ~에서 면제된, ~에 구애받지 않은, ~이 없는)'에서 출발하였으며, '노예상태로부터의 해방'을 의미한다.

그러다가 중세에는 카톨릭 교회로부터 관할권을 부여받은 중세봉건영주의 소작농 관리와 수세권의 특권을 기사나 집사가 대행하면서부터 '타인에게 부여된 특권'으로서, '그 누구도 권리를 대신하거나 빼앗아갈 수 없는 특정지역에서의 배타적 독점권'이며, 수세의 일정지분은 자신들의 수입으로 하고 다른 일정지분은 교황청에 납부한 데에서 유래한 것으로 연구자들은 추정하고 있다.

이러한 본질적인 역사적 의미가 현대적 의미의 프랜차이즈 개념으로 발전하였다. 미국의 프랜차이즈 개념은 19세기 중반에 영국으로부터 도입되었다고 한다.

현대적 의미의 프랜차이징(franchising)은 프랜차이즈 시스템(franchise system), 프랜차이즈 계약(franchise contract), 프랜차이즈 체인(franchise chain) 등으로 다양하게 불려지고 있으며, 마케팅 유통계열화 과정에 나타난 계약형 수직적 마케팅 시스템(contractual vertical marketing system)에 속하는 유통방식의 한 유형이다.

프랜차이즈 시스템의 개념은 「프랜차이즈 본부(franchiser)가 계약에 의하여 가맹점(franchisee)에게 일정기간 동안 특정지역 내에서 자신들의 브랜드, 로고, 상호, 노하우, 사업 운영방식 등을 사용하여 제품이나 서비스를 판매할 수 있는 포괄적 의미의 권한을 부여하여 경영을 허가하는 것」이며, 이에 대한 대가로 가맹점은 초기가입비와 보증금, 매출에 대한 일정비율의 로얄티(royalty) 등을 본부에 지급해야 한다.

다시 말해서 프랜차이즈 시스템은 특정지역 내에서 일정기간 동안 본사가 가맹점에게 계약에 규정된 방법대로 사업을 할 수 있는 권한을 허가해 주는 마케팅 혹은 분배의 형태로서, 본부는 가맹점에게 제품을 판매하거나, 설비를 판매하거나 대여하며, 혹은 토지나 건물 등을 대여하기도 한다.

프랜차이징은 가맹점(franchisee)의 제한된 자본으로 기업의 지식, 이미지, 경험, 마케팅 기술, 상품화 정보, 서비스기법 등을 본부(franchiser)로부터 제공받을 수 있는 일종의 수직계약시스템이며, 서비스산업의 가장 일반적인 소매유통경로의 한 형태이다.

표 프랜차이즈 조직의 운영구조

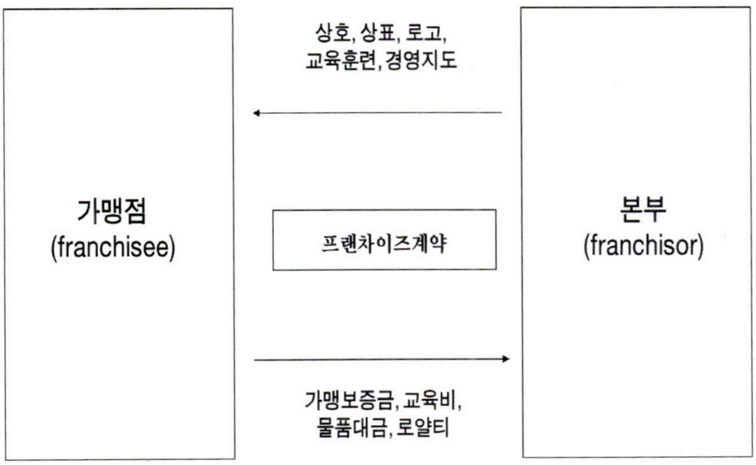

자료 : 이성근, 배수현(1996), 새유통관리론, 무역경영사, p.418

미국의 프랜차이징은 날로 발전하여 1990년 중반에 전체 소매매출의 40%를 상회하였으며, 레스토랑, 호텔 등 특정산업에 국한되었던 데 반하여 최근에는 건강관련 산업, 편의점, 비디오 대여점, 서점, 학원, 자동차 정비업소, 금융서비스, 컴퓨터 판매 및 AS, 옷가게 등 각종 서비스 관련산업으로 확대되고 있다.

국내의 프랜차이징은 1977년 림스치킨이 튀김통닭을 최초로 프랜차이즈 형식으로 도입하여 개점하였으나 현대적 의미의 프랜차이즈 시스템은 커피전문점 난다랑에 이어 1979년 일본의 롯데리아와 합작한 국내 롯데리아가 개점한 이후라고 할 수 있다. 이어서 KFC(1984), 웬디스(1984), 피자헛(1984), 맥도널드(1986), 그리고 피자인(1987) 등 주로 미국계 프랜차이즈의 국내진입 러시가 이루어졌다. 이들 브랜드들은 인지도, 젊은 층의 감각에 맞는 서구식 실내장식, 선진 외식관리기법, 그리고 깨끗한 분위기와 친절한 응대태도 등을 기반으로 빠르게 시장을 넓혀 가고 있다. 최근 국내에서 활동하는 프랜차이즈는 1,500여 개 가량 되는 것으로 집계되고 있으며, 이 중 100여 개는 외국업체들이다. 종류별로 보면 외식업이 686개 업체, 서비스업이 498개, 그리고 소매업이 282개 업체로 나타나고 있다.

표 세계 10대 외식프랜차이즈 외식업체

순위	업 체 명	업 종	가맹점수(1997)
1	맥도날드(McDonald's)	햄버거	15,394
2	버거킹(Burger King)	햄버거	8,422
3	요겐푸르츠(Yogen Fruz)	냉동 요구르트	3,656
4	서브웨이(Subway)	샌드위치	12,914
5	세븐 일레븐(7-Eleven)	편의점	13,819
6	배스킨 라빈스(Baskin-Robbins)	아이스크림	4,425
7	지앤시 프랜차이징(GNC Franchising)	건강식품	1,261
8	데어리 퀸(Dairy Queen)	아이스크림	5,722
9	메일 박스(Mail Box Etc)	사서함 서비스	3,414
10	타코벨(Taco Bell)	멕시코 음식	2,563

자료 : 주간조선. 1998. 6. 4

2. 본부와 가맹점 간의 상호보완적 이점

기본적으로 본부가 가맹점보다는 우월한 지위에 있다고 하지만 실제로는 상호간에 보완적 이해 당사자이므로 영향을 주고받을 수밖에 없다. 또한 레스토랑 인테리어의 분위기와 장식, 메뉴, 서비스 등은 본부로 집권화를 촉진하는 유인수단이 되며, 고객정보 수집활동이나 지역광고와 판매촉진활동과정의 융통성은 가맹점의 분권화 유인수단이 될 수 있어 상호보완적이라 할 수 있다. 본부와 가맹점 간의 이러한 상호보완적 프랜차이징 시스템은 마케팅 믹스의 모든 변수에 영향을 미치게 된다.

1) 용이한 시장접근성

프랜차이즈 시스템을 통한 고객의 점포 접근이 용이한 지역시장침투는 다른 어떠한 수직적 마케팅 시스템보다도 신속하며, 본부의 대표성을 고객에게 인지시킬 수 있으므로 가맹점은 시장(고객)접근이 용이하다고 볼 수 있다.

2) 고객지향적 제품과 서비스

가맹점은 상품과 서비스에 대한 경쟁력 있는 마케팅 정보망의 역할을 한다. 즉, 본사의 시장추이분석을 위한 정보수집과 접근에 가맹점 활용이 용이하다는 것이다. 따라서 본부는 참신한 아이디어와 정보로 경쟁력 있는 고객지향적 서비스와 제품을 개발하여 적기에 가맹점에 제공할 수 있는 이점이 있다.

3) 마케팅전략수립의 이점

프랜차이즈 시스템은 전국적 광고의 대규모 자금소요에도 가맹점의 공동부담으로 조달이 용이하다. 각각의 지역마다 가맹점포가 있으므로 지역의 경쟁환경 상황분석이 용이하며, 지역의 제도 및 고객의 욕구변화에 따른 마케팅전략의 수정과 가맹점의 점포운영에 가장 적절한 마케팅전략 수립의 이점이 있다.

4) 일관성 있는 고객인지가격

개개의 가맹점이 고객에게 가격정보제공을 위한 노력을 하지 않더라도 고객들은 이미 다른 가맹점을 통하여 인지하고 있을 것이다. 따라서 프랜차이즈 시스템은 고객들이 동일가맹점을 이용할 때에 가격으로 인한 고민을 덜어 줄 수 있다.

3. 프랜차이징의 발전단계

프랜차이즈 시스템의 발전은 태동기, 유아기, 성장기, 결빙기, 그리고 신발전기 등의 5단계로 구분해 볼 수 있다(이종호.신종국 2004, Danald W. Hackett 1977),

1) 태동기(1865~1919)

프랜차이즈 시스템의 개념이 독일과 미국의 양조업자와 주점소유자간의 독점판매계약이 체결되었던 것이 경제분야에 적용된 최초의 프랜차이징 형태였다.

2) 유아기(1920~1949)

프랜차이징은 산업혁명 이후 자동차와 음료의 유통에도 적용되기 시작하였다. 또한 산업 강대국들의 음료와 패스트푸드에 프랜차이즈 시스템을 적용하여 국내시장확대와 북미, 호주, 인도 등의 국제시장확대에 활용하였다. 또한 잡화와 하드웨어 산업에도 프랜차이즈 개념이 도입되어 프랜차이즈라는 용어가 널리 통용되기 시작하였다.

3) 성장기(1950~1964)

2차대전 이후 급속한 산업발달은 다양한 업종의 산업군을 형성하였으며, 숙박업(Holiday Inn)과 패스트푸드(맥도날드)를 중심으로 프랜차이즈 시스템이 급속도로 성장하였다.

4) 결빙기(1965~1969)

미국의 프랜차이즈 중심의 증권이장이 붕괴되는 등 급성장 결과 드러난 부정적 측면으로 인해 소송제기와 재평가 등의 자숙의 시기로 성장에 제동이 걸렸다. 프랜차이즈 모집광고와 계약내용의 완전공시화가 논의되었던 시기로 의회의 청문회도 열렸다.

5) 신발전기(1970년 이후)

결빙기의 객관적 검토를 계기로 안정된 기반 위에 새로운 업종과 대기업에도 프랜차이징이 확산되는 등 괄목할 만한 발전을 이루고 있다.

4. 프랜차이징의 유형

1) 기본적인 프랜차이징 유형

(1) **단순 재판매프랜차이즈**(straight product distribution franchise)

자동차딜러와 같이 제조업자의 공급제품을 단순판매만 하기 때문에 재판매기능 이외에 마케팅 믹스의 변경기회가 거의 없다.

(2) **재품-보증프랜차이즈**(product-license franchise)

대부분의 패스트푸드 프랜차이즈와 같이 원료나 재료의 혼합비율, 원재료 공급자 지정, 제품포장판매 등에 관하여 가맹점의 이행약속이 요구되어지며, 본사의 이미지나 전통유지가 마케팅전략의 중요한 부분을 차지하는 형태이다.

(3) **사업명프랜차이즈**(trade name franchise)

사업명의만 빌려 주고 프랜차이즈 피만 징수하는 형태로 가맹점에 대한 본부의 통제는 거의 없으며, 가맹점 자신의 시장 환경에 적합한 상품개발과 고객지향적 마케팅전략을 펼칠 수 있다. 예를 들면, 세계적인 체인호텔의 점포들은 모 기업의 사업자명은 공유하지만 각각의 관광지나 휴양지에 적합한 객실상품, 요리와 음료상품을 개발하여 차별화된 시장에 접근하고 있다.

표 프랜차이즈 시스템의 기본적인 유형 사례

유형	시 스 템	본 부	가 맹 점	업 종	미국의 사례
1	제조업자-소매상	제 조 업 자	소 매 상	자동차 석유판매	GM, 포드, 텍사
2	제조업자-도매상	제 조 업 자	도 매 상	음료업계	펩시콜라 코카콜라
3	도매상-소매상	도 매 상	소 매 상	제약, 잡화, 자동차정비	스포츠용품 Hardware체인
4	상표허가자-소매상	제조업자도 아니고 도매상도 아닌 본부	소 매 상	레스토랑, 자동차, 트럭 대여	Holiday Inn McDonald's 헤르쯔 렌트카

자료 : 이종호.신종국(2004), 유통관리, 법문사, p.258

2) 새로운 개념의 프랜차이즈 시스템

(1) **전환프랜차이징**(conversion franchising)

일반적인 프랜차이즈는 본사가 가맹점을 모집하는 데 반하여, 전환프랜차이징은 기존의 비프랜차이즈 소매상, 특히 숙박업에서 나타나는 현상으로, 회사명이나 상표가 본사로 양도되어 프랜차이즈로 전환하는 형태로, 본사의 입지가 약하기 때문에 이를 강화하기 위하여 소규모 체인을 다수 확보하여 자산으로 전환하려는 경향이 있다.

(2) 다개념프랜차이징(multiple-concept franchising)

Pepsico는 베이커리 체인 "La Petite Boulangeric"를 개발하여 성공적인 가맹점은 Taco Bell(멕시코 음식프랜차이즈)의 가맹점이 될 수 있는 기회를 추가적으로 제공하여, 지속적으로 성장할 수 있는 기회를 제공함으로써 활기차게 프랜차이즈 시스템으로 운영하고 있다.

3) 파생된 프랜차이징의 다양한 유형

어떠한 유통경로의 구성원도 프랜차이즈 본부(franchisor)의 역할을 수행할 수 있고, 이에 따라 프랜차이징의 다양한 형태가 파생되고 있다(이명식 2001, 안광호 외 1996).

(1) 지역프랜차이즈(territorial franchise)

시, 도, 국가 등을 단위로 프랜차이즈 권한을 부여받은 기관은 자기영역 내에서 가맹점의 설립, 교육 등의 책임을 지며, 이들로부터 각종수익을 취득한다.

(2) 운영프랜차이즈(operating franchise)

개별적인 독립가맹점이 자신의 프랜차이즈를 운영하는 가장 일반적인 형태이다. 가맹점은 본부 또는 그 지역프랜차이즈 권리를 가진 기관과 계약을 맺는다.

(3) 이동프랜차이즈(mobile franchise)

자동차 등의 이동성 도구를 통해 특정제품을 판매하는 프랜차이즈 시스템을 말한다.

(4) 총판매점(distributorship)

다양한 제품의 독점판매권을 가지며, 자체적으로 가맹점을 모집할 수도 있다. 대체로 총판권을 가진 기관은 지역적 배타성을 갖는다.

(5) 공동소유(co-ownership)

본부와 가맹점이 공동으로 투자하고 소유한다.

(6) 공동관리(co-management)

본부가 투자의 대부분에 참여하며, 경영에도 참여하여 이윤을 나누는 형태이다.

(7) 제조프랜차이징(manufacturing franchising)

가맹점이 생산기술까지 전수받음으로써 생산과 판매기능을 수행하는 형태이다.

(8) 서비스 프랜차이징(service franchising)

본부가 가맹점에 전문적 서비스에 대한 표준화된 기법을 제공하는 형태이다.

(9) 라이센싱 프랜차이즈(licensing franchise)

가맹점에 상호나 경영기법을 사용할 수 있는 권리를 부여하는 제도이다.

(10) 임대프랜차이즈(leasing franchise)

본부가 소유하고 있는 토지, 건물, 설비 등을 가맹점에 임대해 주는 형태이다.

5. 외식사업 프랜차이즈계약

1) 외식사업 프랜차이즈 시스템의 계약

① 프랜차이즈 시스템은 계약을 기초로 한다. 대부분의 가맹계약은 양자가 협의해서 체결하는 것이 아니라 본부(franchisor)가 계약내용을 미리 정하고 이에 동의하는 자와 계약하게 된다(나정기, 1998).

② 계약의 기본적인 내용은 본부와 가맹점 상호간의 권리와 의무로 구성되어 있다.

③ 본부는 가맹점에 대하여 상호와 상표, 로고 등의 사용을 허용하고 경영과 판매에 대한 노하우를 제공하고 지도하며, 가맹점은 사업수행에 필요한 자금을 투자하고 본부의 지도아래 사업을 수행한다.

④ 프랜차이즈계약시 명확히 해야 할 기본적인 내용은 다음과 같다.

㉠ 계약당사자의 인적 사항

㉡ 상표, 상호 사용의 허용, Know-how 제공에 따른 대가지불방법

㉢ 독점지역의 한계를 설정하고, 입지선정의 방법과 주체

㉣ 인테리어의 방법

⑤ 해약의 방법과 조건

⑥ 상품공급조건과 방법 및 대금의 지불조건과 방법

⑦ 가맹점 직원의 교육조건과 비용처리 방법 등

⑤ 프랜차이징은 본부와 가맹점이 상호 간의 약점을 계약을 통하여 보완하고 강화시켜 상호효율성 증대에 따른 이익을 극대화시키는 계약형의 유통시스템이다. 따라서 본부와 가맹점은 상호 간에 상대방의 이익을 보장한다는 측면에서 계약서에 명시된 약속을 성실하게 이행해야 할 의무가 있다.

2) 점포 실내외 인테리어의 통일

가맹점은 본부의 요구에 따라 실내외 배치와 도면설계 등 인테리어를

할 의무가 있다. 실내외인테리어는 상표와 체인을 상징하며, 취급상품과 서비스 등에 대한 이미지로 소비자에게 인지되므로 본부의 요구에 따라 일관성 있는 통일성을 유지하여야 할 것이다. 아울러 레이아웃도 경영의 효율성 측면에서 매우 중요한 요소이므로 경험과 노하우가 축적된 본부의 시방서에 따라야 하며, 정기적으로 실내인테리어를 개・보수하여야 한다. 오래 된 가맹점의 인테리어 개・보수를 촉진하기 위하여 KFC는 가맹점이 개・보수하면 일정액을 본부가 지원해 주는 정책을 유지하고 있다.

3) 가맹점의 설비투자와 본부의 자재공급

본부는 가맹점의 신설, 개조, 내・외장레이아웃의 설계, 상품재고투자 등을 위한 최저투자액에 대하여 구체적인 조건과 내용을 미리 정해 두어야 한다. 가맹점의 내・외장용 자재, 내부설비, 도구, 유니폼, 기물, 기타 비품 등을 본부가 유상 또는 무상으로 공급하거나 또는 리스하는 조건 등도 미리 정하여야 한다.

4) 가입비와 로열티 및 기타 수수료

가맹점이 본부에 지불하는 가입비, 보증금, 연회비(로열티), 상품공급에 대한 수수료, 운송비 등 기타 비용에 관한 가맹점의 의무를 규정한다. 가입비는 계약당시에 지불하며, 상표와 상호 및 로고의 사용권, 개점전의 교육비, 경영매뉴얼의 사용료, 점포의 입지조사, 인테리어 디자인 등에 대한 대가가 포함된다. 계약 후 정기적으로 지불되는 로열티는 본부가 가맹점에 대하여 지속적으로 제공하는 경영지도에 대한 보수이며, 매출액 대비 정률제와 또는 정액요금의 두 방식이 있고 최저와 최고요금을 정해 두기도 한다.

5) 자금조달조건과 보험가입의무

가맹점이 본부로부터 융자를 받거나 또는 보증 등의 지원을 받을 경우에는 그에 관한 구체적인 조건과 내용을 계약서에 명시해야 한다. 또한 만약에 발생할지도 모르는 영업상의 사고에 대비한 최소한의 보험가입은 본부와 가맹점의 재산상의 손실을 보전해 줄 수 있다.

6) 본부의 가맹점 교육훈련의무

가맹점은 본부의 인사정책, 종업원교육, 임금정책, 상여금 규정 등을 수용해야 한다. 또한 개점전후에 실시하는 가맹점의 교육, 훈련, 연수 등에 관하여 그 기간, 유상·무상의 구별, 기타 구체적인 방법과 조건에 대하여 규정하여야 한다. 개점 전의 사전교육에는 점포의 배치, 판매방법, 본부와 가맹점 사이의 조직원리 등으로 구성되고, 가맹 후의 교육에는 고객응대와 관리, 매장관리, 상품관리, 판매교육, 점포의 운영, 조리법, 서비스방법 등에 대한 실질적이고 구체적인 영업방법과 내용으로 구성된다.

7) 판매촉진과 선전광고

체인본부는 특정 가맹점 또는 체인 전체를 위한 판매촉진활동과 광고를 할 의무가 있으며, 계약서에 그 구체적인 방법과 가맹점의 비용부담방법과 협력의무 등에 관한 내용을 포함하여야 한다. 또한 가맹점이 독자적으로 지역광고를 하는 경우에는 대개 본부의 승인을 얻어야 하는데, 메시지전달의 일관성과 획일적인 기업과 제품의 이미지를 유지하기 위한 것이다.

8) 회계지도와 보고

가맹점은 본부의 표준회계시스템에 따라 운영하여야 한다. 또한 가맹점은 정기적으로 본부에 회계보고서를 제출하여야 하며, 필요할 때에는 본부의 회계감사를 받아야 하는데, 이를 통하여 체인본부는 가맹점의 영업실적을 파악하고 로열티계산을 확인한다.

그러나 소규모 가맹점은 회계전담직원을 고용하기가 어렵다. 따라서 본부는 가맹점의 경리기장에 관한 혼란을 방지하고 통일된 회계시스템을 확립하기 위하여 가맹점의 회계 및 세무 등에 대한 방법과 내용을 구체적으로 명시해 주고, 필요하면 그에 관한 상담과 교육을 실시함으로써 가맹점이 안심하고 영업을 할 수 있도록 해주어야 한다. 예컨대, 본부의 회계전산시스템에 가맹점의 회계관리컴퓨터를 랜(Lan)으로 연결하여, 가맹점 회계사무를 처리할 수 있도록 할 수 있으며, 이를 통하여 가맹점의 식자재 등 기타 비품을 효율적으로 재고관리할 수 있도록 하는 것도 하나의 좋은 방법이 될 수 있다.

9) 매뉴얼의 제공과 영업시간

체인본부는 가맹점의 운영에 관한 구체적인 노하우와 경영지도가 담긴 매뉴얼을 작성하여 제공해야 하며, 가맹점은 본부가 요구하는 개점, 폐점, 최소 영업시간 등의 요구를 수용하여야 한다.

10) 본부가 제시하는 정책규정 등의 준수의무

체인본부가 가맹점에 요구하는 점포경영에 관한 정책과 규정 및 기타 운영방침의 준수의무를 다하도록 하는 구체적인 내용을 계약서에 명시하여야 한다. 체인본부는 소비자에게 공급하는 상품의 품질과 서비스의 기준, 최고가격이나 최저가격 등에 관한 구체적인 방침을 가맹점에 제시하고 이를 준수하도록 함으로써, 상표에 대한 명성과 고객의 신뢰를 유지시켜 나가야 한다. 가맹점은 본부의 부정기적인 실사에 응해야 하며, 본부의 감독관은 가맹점이 표준경영지침을 준수하는지의 여부를 조사할 수 있다.

11) 상품의 공급과 대금의 결제

본부는 지속적으로 가맹점에 식자재와 비품 등의 물품을 공급해야 하며, 그 상품의 종류와 수량, 공급조건, 배송방법, 발주와 수령방법, 대금결제 방법 등에 대한 사항도 계약서에 구체적으로 명시되어야 한다. 대개 가맹점은 본부가 지정하는 공급자와 거래하여야 하며, 미국의 경우 패스트푸드 가맹점의 70%가 식재료의 50%를 본부로부터 공급받고 있다고 한다. 따라서 모든 상품이 본부로부터 공급되는지, 아니면 일부만 공급되고 나머지는 가맹점이 개별적으로 조달해야 하는지, 또한 만약에 가맹점이 본부로부터 조달하여야 할 식자재를 개별적으로 조달하였을 경우에 어떠한 제재를 받을 수 있는지 등도 계약서에 구체적으로 명시되어야 한다. 식자재 구매대금의 결제는 본부의 요구에 따라야 하며, 외상의 한도를 초과할 수 없도록 해야 한다. 가맹점이 외상거래를 원하여 본부가 담보권 설정을 요구할 때는 구체적인 규정을 별도로 정하여야 한다. 이외에 기타 구체적인 거래조건은 미리 정하거나 본부의 거래규정에 따른다. 외상의 상한선은 어느 정도인지, 또한 이를 초과하였을 경우에 어떠한 제재를 가하는지, 외상의 담보조건은 어떻게 할 것인지를 미리 정해야 한다.

12) 가맹점의 사업참여금지

본부는 가맹점에게 동일업종의 영업에 참여하거나 관여 또는 동일업종의 다른 체인의 주식인수나 사업참여를 원칙적으로 금지하고 있다. 이러한 규제는 자사의 사업상의 영업비밀, 즉 각종 노하우나 정보가 경쟁사로 유출되는 것을 사전에 예방하고 차단하기 위한 노력이며 제도라고 판단된다.

13) 프랜차이즈권의 양도와 환매

가맹점의 프랜차이즈 가맹권을 제3자에게 양도할 수 있는지, 가능하다면 양도조건은 어떠한지 등에 대해서도 계약서에 구체적으로 명시되어야 차후에 발생할 수도 있는 시시비비를 미연에 방지할 수 있다.

14) 계약기간의 갱신과 계약의 해제

프랜차이즈 체인계약기간의 갱신조건과 방법, 그리고 계약의 해제는 매우 중요한 규정이며, 정당한 이유가 있더라도 사전에 예고되어야 한다. 해약한 가맹점은 상표를 표시하는 표식을 철거, 반환하고, 또한 본부가 제공한 서류를 반환할 의무를 규정하는 것이 보통이며, 해약의 조건은 대개 다음과 같다.

① 상품대금, 로얄티 등의 지급불이행, 가맹점의 도산이나 극도의 경영부진,
② 가맹점주의 사망, 가맹점의 영업면허 취소, 가맹점이 해약을 요청할 때,
③ 가맹점 점주에 대하여 법원의 금치산선고 또는 한정치산선고가 있을 때,
④ 가맹의 중대한 지시나 협력요구를 가맹점이 특별한 사유없이 거부할 때.

15) 영업비밀의 준수의무

가맹점은 체인의 영업에 관하여 취득한 비밀을 계약기간 동안은 물론, 계약종료이후에도 준수해야 할 의무로 계약서에 명시하여 규정한다.

6. 프랜차이징의 장단점

Zeithaml과 Bitner(1996)는 프랜차이징의 장점과 단점을 다음과 제시하고 있다(이명식 2001, Zeithaml 1996).

1) 본부(franchisor)가 갖는 장점

(1) 사업확장이 용이하다.

본부의 역량 이상으로 유통경로를 확대할 수 있어 사업을 확장한 프랜차이즈 서비스기업들은 ① 본부의 수익성이 커지고 ② 기업의 시장점유율이 확대되며, ③ 부가적으로 규모의 경제효과를 누릴 수 있으며, ④ 고객의 브랜드 인지도가 높아진다. 또한 가맹점과 공동투자로 점포를 확장함으로써 투자비와 재무위험을 줄일 수 있으며, 자본조달이 용이하다.

(2) 기업의 일관성을 유지할 수 있다.

본부는 가맹점들로 하여금 본부의 지침에 따라 가맹점 종업원을 훈련시키고, 상품과 서비스를 모든 가맹점이 동일하게 제공하도록 하는 동시에, 가격설정과 점포설계의 표준지침 준수의무를 규정함으로써 모든 점포의 일관성을 유지할 수 있도록 한다.

(3) 지역시장정보에 밝은 직원 확보

본부는 지역가맹점을 통하여 지역시장정보에 밝고 연고가 있는 직원을 용이하게 확보할 수 있다.

(4) 재정적 위험공유와 효율적인 투자

가맹점이 설비구축과 직원의 채용 및 교육훈련에 소요되는 비용을 투자하므로 본부는 사업전개에 따른 재정수요와 위험을 가맹점과 공유할 수 있을 뿐만 아니라, 핵심적인 상품개발과 서비스 생산시설에 자금을 투자할 수 있게 된다.

(5) 공동판촉활동과 광고로 높은 광고효과를 기대할 수 있다.

2) 가맹점(franchisee)이 갖는 장점

(1) 검증된 사업의 전개가 가능하다.

가맹점은 본부의 사업전개경험을 검증으로 믿기 때문에 가맹계약을 맺어 사업을 전개하는 것이다. 따라서 그만큼 사업실패의 위험이 적을 뿐만 아니라, 교육, 경영 등의 경험이 없더라도 쉽게 사업을 전개할 수 있다.

(2) 저렴한 비용으로 명성 있는 브랜드 획득

가맹점은 자체적 비용과 노력을 투자하여 브랜드 명성과 마케팅 노하우를 구축할 필요가 없을 뿐만 아니라, 광고 및 다른 마케팅기법들까지 본부로부터 지원받으므로 효과적인 판촉활동이 가능하다. 따라서 사업전개 초기부터 소비자의 신뢰로 사업을 전개할 수 있다. 또한 설비와 비품을 본부로부터 임차할 수 있고, 식자재와 상품을 본부로부터 공급받을 수 있으므로 재고부담이 없어 적은 초기투자비용으로 사업을 전개할 수 있다.

(3) 불가측 위험의 최소화

가맹점이 사업을 개시하면서 파생될 수 있는 다양한 불가측 위험들을 본부의 지도와 감독을 통하여 줄일 수 있다.

(4) 본부가 제공하는 식재료의 품질과 가격이 유리

본부의 지속적인 상품개발과 지도는 시장변화에 시의적절하게 대응할 수 있는 적응력을 향상시켜 준다. 또한 회계처리 등 일반적인 업무를 본부가 집중적으로 관리해 주기 때문에 가맹점은 판매활동에 전념할 수 있다.

표 프랜차이징의 장점

본부(franchisor) 측면	가맹점(franchisee) 측면
· 사업기회 확장이 용이 · 기업점포의 일관성 유지 · 지역시장정보에 밝은 직원 확보 · 재정적 위험공유와 효율적인 투자 · 규모의 경제효과를 누릴 수 있다. · 자본조달이 용이하다.	· 검증된 사업전개가능 · 명성 있는 브랜드 획득 · 불가측 위험의 최소화

자료 : 이명식(2001), 서비스 마케팅, 형설출판사, p.353

3) 본부(franchisor)가 갖는 단점

(1) 가맹점에 대한 지도력 유지와 관리가 쉽지 않다.

가맹점의 수가 증가함에 따라, 가맹점이 본부의 지침대로 상품과 서비스를 제공하고, 가격을 설정하고 촉진활동을 하며, 적합한 직원을 채용하고 교육하도록 동기부여하는 일은 그리 쉬운 일이 아니다. 특히, 경기가 불황일 때 가맹점은 유지하기조차 힘들어지므로 본부의 통제가 더욱 어려워질 가능성이 있다.

(2) 가맹점과 공개적인 분쟁가능성

가맹점포 수가 늘어나서 조직화하면 힘이 생기므로 본부와 가맹점 간의 이익에 관한 문제에 대하여 조직적으로 대항하면 첨예하게 대립할 수 있다. 분쟁이 공개적으로 진행되면, 특히 계약을 갱신하거나 그 권리를 양도할 때에 가맹점에 유리하도록 분쟁이 조정되어진다. 이러한 사례는 '롯데리아'의 납품조건과 가격으로 가맹점과 본부가 대립한 사례나 소매식품 유통업체본부가 'LG25'의 상호 및 상표를 'GS25'로 변경하려 한 데에 대한 가맹점의 반발 등에서 찾아볼 수 있다.

(3) 명성을 훼손할 수 있는 낮은 서비스품질수준

가맹점들이 일관된 품질수준의 서비스를 제공할 수 없는 데에서 발생하는 문제점으로 본부의 명성은 낮은 수준의 서비스품질을 제공하는 일부 가맹점에 의해서 훼손될 가능성이 있다.

(4) 고객주도권 상실가능성

고객에 대한 주도권은 본부보다는 고객과 가까이 있는 가맹점이 더 밀접할 수밖에 없다. 따라서 가맹점이 고객의 불만과 고객의 제안 등에 대한 정보를 훨씬 정확하고 풍부하게 가질 수밖에 없다. 따라서 본부는 노력을 게을리 하면 고객주도권을 상실할 가능성이 있다는 것이다.

(5) 본부가 가맹점포 수를 확대하면 일시적으로 투자비에 비하여 수익은 증가할 것이다.

하지만 이러한 방법은 장기적으로 수익의 크기 자체를 증가시키기는 어렵다. 왜냐하면 시장전체의 고객 수는 제한적일 수밖에 없기 때문이다. 따라서 본부가 수익을 증가시키려면 관리 방법과 체계의 개선으로 비용을 절감하는 경영정책을 구사하거나 소비자의 이용률을 증가시키거나, 새로운 수요를 창출하는 적극적인 경영정책을 구사하는 것이 가장 좋은 방법일 것이다.

4) 가맹점(franchisee)이 갖는 단점

(1) 경쟁의 심화와 이익의 감소

동일한 산업에 새로운 프랜차이즈업체가 출현하고 그들의 가맹점 증가속도가 소비자의 프랜차이즈 이용증가율보다 커지게 될 때 경쟁이 심화되면서 매출부진과 이익감소현상을 경험하게 된다.

(2) 가맹점 증가로 시장의 잠식

본부가 가맹점의 입장을 고려하기보다는 자신의 수익을 극대화시키기 위하여 기존 가맹점이 위치하는 근거리에 신규가맹점을 허용할 수도 있다. 본부는 의도적으로 가맹점 상호간에 경쟁을 촉발시켜 시장을 포화상태로 만들음으로써 본부의 수익을 극대화시킬 수 있으나 장기적으로 가맹점의 기존시장이 잠식당하는 결과로 이어져 본부의 매출은 떨어질 수밖에 없다.

(3) 높은 실패율과 불공정한 계약해지

어떤 연구자에 따르면 미국의 자영업 실패율이 28%인데 반하여, 프랜차이징 실패율은 35%나 되는 것으로 나타났다. 또한 아직도 많은 프랜차이징계약이 1년 단위로 이루어지고 있다는 것도 조사되었다. 또한 최초 계약대로 약속이 이루어지지 않을 경우에는 본부와의 갈등이 초래될 수 있다.

(4) 높은 수수료와 엄격한 계약

프랜차이즈권리를 얻기 위하여 많은 계약금과 매출액의 2~8%의 로열티를 지불하는 등 가맹점이 본부에 지불하는 수수료가 매우 높다. 그래서 가맹점은 망해도 본부는 망하지 않는다는 말이 있을 정도다. 또한 대부분의 프랜차이즈계약은 본부에 유리하게 이루어지며 세부적으로 가맹점이 본부의 엄격한 통제를 받도록 되어 있다. 뿐만 아니라, 본부의 애매한 서비스를 경비로 계상하는 경우가 종종 발생할 수 있다.

(5) 고객의 인지도가 낮거나 부정적이어서 상표나 상호의 가치가 의문시되는 경우가 있을 수 있으며,

전체를 고려하는 본부의 경영정책이 특정지역이나 점포에 적합하지 않을 수도 있다. 또한 오래 된 가맹점은 경영개선 노력을 하기는커녕 지나치게 본부에 의존하는 경향으로 타성에 젖을 수 있으며, 특정점포의 실패사례가 다른 점포에 부정적 영향을 미칠 수도 있다.

표 프랜차이징의 단점

본부(franchisor) 측면	가맹점(franchisee) 측면
· 가맹점 관리가 쉽지 않다. · 가맹점과 공개적인 분쟁가능성 · 명성을 훼손할 수 있는 낮은 서비스품질수준 · 고객주도권 상실가능성	· 경쟁의 심화와 이익감소 · 가맹점 증가로 시장의 포화와 잠식 · 높은 사업실패율과 불공정한 계약해지 · 높은 수수료와 엄격한 통제

자료 : 이명식(2001), 서비스 마케팅, 형설출판사, p.356

7. 프랜차이징의 사회적 영향

프랜차이즈 시스템은 소규모 자영업의 육성을 통한 사회경제적 기반구축기회를 제공하는 긍정적 측면이 미국에서 크게 인정받았다. 실제로 프랜차이즈 사업은 1990년 미국 소매업 총 매출액의 33.9%를 점유한 것으로 나타났다. 이러한 결과는 사업실패율의 감소효과에 기인하여 소자본으로 사업에 진출할 수 있는 기회를 제공함으로써 파생되었으며, 소매업의 강력한 유인요인으로 작용하였다. 프랜차이즈 매출비중은 매년 증가추세에 있다. 또한 일반소매업이 38%가 1년 이내, 77%가 5년 이내에 사업을 포기하지만 프랜차이즈는 3%가 1년 이내, 5년 이내 실패는 단지 8%에 불과한 것으로 파악되었다(이종호 · 신종국 2004).

프랜차이즈의 분권적 시스템은 노사분규의 위험부담을 줄였으며, 65%가 이 시스템에 만족한다는 연구결과도 나왔다. 또한 프랜차이즈는 가맹점의 자율성이 크게 훼손될 수 있으며, 소규모 독립경영의 자영업자들이 직면하는 유사한 문제에 직면할 수 있는 가능성을 완전하게 배제할 수는 없다.

가맹본부에 의해 주도되는 계약상의 불합리한 문제로 가맹점의 독자성을 지나치게 제한하거나 훼손할 수 있으며, 잠재예상수익을 과장과대 선전함으로써 가맹점이 투자를 오도할 수 있는 개연성이 있다. 그러나 이러한 부정적인 측면에도 불구하고 프랜차이즈효과가 확인되고 있으며, 안전하고 표준화된 사업방향을 가맹희망자에게 제시하므로 투자자의 위험부담을 덜어 주는 사업전개의 한 수단으로, 지속적으로 확장발전될 것으로 본다.

이런 상권이 좋은 상권

주요 상권별 평당 권리금 및 임대료

(단위: 만원)

상권명	전환임대료	권리금
서울 종각주변	15.8	812.5
서울 강남역	16.3	672.2
서울 건대앞	9.1	656.3
압구정로데오	29.0	621.9
동대문	12.4	472.9
남대문	28.3	472.5
서울 천호역	13.3	440.3
고양화정역	10.4	395.8
인천 부평역	10.7	298.6
분당서현역	11.3	289.7
서울 교대역	14.1	281.8
서울 이대앞	15.5	249.0
안양안양역	6.0	157.5
군포산본역	6.1	114.0
시흥사거리	4.1	84.8

※9월말 기준임. 전환임대료는 월세를 전세로 환산한 임대료로 전환율은 연 10% 적용. 〈자료:부동산114〉

■ **좋은 상권은~**

1. 10층 이상 건물이 10개 이상 모여 있는 곳.
2. 대학교와 기업체 사무실이 300m 이내 밀집.
3. 지하철역과 버스정류장이 150m 이내인 곳.
4. 대규모 아파트 단지가 배후에 있는 곳.
5. 전철개통 등으로 인구증가가 예상되는 곳.
6. 패스트푸드점과 커피 전문점이 있는 곳.
7. 대형은행, 유통시설로 오가는 길목.
8. 권리금이 있고, 주인이 잘 바뀌지 않는 곳.
9. 소득수준이 높은 곳.

10 출근 때보다 퇴근 때 인파가 붐비는 곳.

■ **재개발지역의 상권이 뜬다.**

■ **유동인구가 많은 지역, 오피스 밀집지역 주목.**

흔히 상가에 투자할 때 오해하기 쉬운 부분이 있다. 바로 입지(立地)와 상권(商圈)이다. 부동산은 그 특성상 입지상품이다. 어느 지역에 있느냐가 매우 중요하다는 뜻이다. 하지만 상가투자는 아파트나 토지처럼 지역에만 무게를 둬서는 안 된다. 강남주택가의 근린상가가 지방 소도시의 네거리 상가보다 나을 것이란 막연한 생각은 투자 실패로 이어지기 쉽다. 상가는 '장사가 잘되는 곳이 좋은 입지'이다. 상가투자에서 상권분석은 성패를 가르는 첫 단추가 된다.

■ **어떤 곳이 좋은 상권인가**

상권은 유동인구가 많을수록 좋다. 인구유발효과가 큰 대규모 택지개발지구나 신규지하철역 개통지역의 상권이 좋아질 수밖에 없다. 신도시가 대규모로 발표되면 기존 구 도심이나 경쟁상권은 언제 팔 것인지를 먼저 생각해 봐야 한다. 그렇다고 개발예정지역의 상권이 곧바로 좋아지는 것은 아니다. 상권은 아파트가 이주하고 나서 형성되는 게 대부분이다.

지하철역은 상권활성화의 최대 변수 중 하나다. 5, 6호선 등 서울 지하철 개통은 역세권을 중심으로 대부분 역에서 중대형 상권을 탄생시켰다. 특히, 환승역 주변은 엄청난 파괴력을 지니고 있다. 서울 시내 10대 상권으로 분류되는 건대입구역과 노원역 상권이 대표적이다.

■ 뜨는 상권은 어디인가

우선, 수도권의 택지개발지구는 신흥상권으로 급부상하고 있다. 재건축이나 재개발을 끝내고 새롭게 입주하는 지역도 우량상권으로 꼽힌다. 강남에서는 청담·도곡 재건축 아파트가 입주하면 약 2만 가구가 입주, 거대상권이 형성될 가능성이 높다. 대규모 재건축을 추진 중인 송파구 잠실이나 강동 시영아프트 일대도 상권변화가 예상된다.

대규모 개발이 진행 중인 곳 중에선 구로동 디지털단지처럼 오피스 밀집지역도 주목받고 있다. 이 지역은 아파트형 공장이 속속 들어서면서 사무실 수요가 많다. 인구밀도도 높아지면서 날마다 상권이 성장하고 있다. 서초동 삼성타운 주변, 지하철 9호선과 신분당선 개통예정지역도 환승역 중심으로 상권이 한 차례 출렁거릴 전망이다.

■상권규모와 업종을 잘 살펴야

상권변화는 상권전체규모, 업종과도 연관이 있다. 강남역이나 명동, 신촌, 지방대도시의 핵심상권 등은 대형상권이다. 대형상권은 변화가 적고 주기도 길다. 반면, 근린상권은 상권변화가 상대적으로 심하다.

아파트단지 내 상가는 쉽게 상권이 변하지 않는다. 소형상권이지만 입주민만을 대상으로 한다는 점에서 변동성이 거의 없다. 배후에 독점적인 아파트나 상주인구를 가지고 있는 상가는 대중적이고 안정적인 투자처라고 볼 수 있다. 대형중심상가는 가격이 너무 높고, 근린상가는 역세권을 제외하면 상권이 변할 가능성이 상존하고 있다. -한광호, '시간과공간 대표-

자료 : 조선경제

Food Service

제 7 장

외식사업의 상권조사

Foodservice

Chapter 7

1. 외식사업상권의 개념

1) 외식상권의 의의

(1) 의의

상권의 설정은 신규 진입자에게 반드시 필요하다. 왜냐하면 단기적으로 볼 때 새로운 점포를 출점하려면 고객을 흡인할 수 있는 시장의 영역을 확인하고, 확인된 시장규모에 합당한 적정시설규모와 적정투자규모를 결정해야 하기 때문이다.

또한 장기적으로 볼 때 외식사업의 시장환경은 매우 다양하며 빠르게 변화한다. 사회적인 환경에 영향을 받는 상권은 유기체와 같이 역동적이며, 쉬지 않고 움직인다. 상권(trade area)이 변하는 직접적인 요인은 지하철, 버스노선, 버스터미널 등 교통여건의 변화, 재개발과 도로확장, 신구경쟁자의 출현 등 입지여건의 변화, 새로운 상업지역의 출현이나 주택단지의 개발, 도시개발, 인구의 대이동, 소비자의 소비패턴의 변화, 경제・법률적 환경 등의 변화에 따라 끊임없이 이동하고 변화한다.

이러한 변화에 능동적이고 적극적이며, 미래지향적으로 대응하기 위해서는 상권의 소비자 특성을 파악하여야 한다. 또한 변화하는 소비자의 특성에 적합한 상품과 서비스를 개발하여야 하며, 광고 등 촉진활동의 유형과 방법을 결정함으로써 전략적인 수요유지 또는 수요창출노력을 경주해야 한다.

(2) 상권의 정의

일반적인 외식업소는 특정장소에 위치해야 하며, 그곳에 위치한 해당 업소는 주변환경의 영향을 받을 수밖에 없다. 이처럼 특정사업이 장소적 영향을 받게 되는데, 이것을 상권이라고 한다. 즉, 상권이란 특정사업체가 자신의 상품을 판매하기 위하여 고객을 유인하는 지역적인 범위를 의미하는 반면에, 상세권(商勢圈)이라고 하면 평화의류시장이나 용산전자시장처럼 상업집단이 고객을 유인하는 지역적 범위를 말한다.

또한 상권에는 거래권(去來圈)과 판매권(販賣圈)의 개념이 있는데, 거래권은 거래하는 고객의 지리적 분포범위, 판매권은 판매대상으로 삼는 지역적 범위를 의미한다. 상권은 집단적인 상세권(商勢圈)의 영향으로 개별적 사업체가 보다 넓은 상권을 확보할 수 있다. 상권은 인위적으로 형성되기보다는 소비자의 선택에 의하여 자연발생적으로 형성된다.

(3) 상권의 특성

이처럼 상권은 인위적으로 형성되기보다는 다수의 개별소비자가 특정점포를 이용하느냐 마느냐에 따라 자연스럽게 형성된다. 일반적으로 외식업소를 이용하는 고객은 멀리 가려 하지 않기 때문에 상권의 범위에 한계가 따를 수밖에 없다. 물론, 거리가 가깝다고 하더라도 대형 건물이나 시장 또는 큰 도로나 하천 등이 가로막혀 있으면 접근에 장애요소가 되므로 상권은 이러한 입지조건의 특수성과, 또한 업종·업태에 따라 그 범위가 다르게 나타난다.

외식사업과 유사한 소매업의 개별점포별 상권의 특성은 다음과 같다.

점포의 규모가 크면 클수록 상권의 범위가 넓다.

- 교통이 편리하거나 일류상가에 입지한 점포일수록 상권의 범위가 넓다.
- 선매품이나 전문품을 취급하는 점포의 상권이 편의품을 취급하는 점포의 상권보다 넓다.
- 지명도가 높은 점포나 특징이 강한 상품을 취급하는 점포일수록 상권이 넓다.

표 상권의 크기에 따른 특성

상권이 좁다	상권이 넓다
점포의 규모가 작다.	점포의 규모가 크다
비교적 교통이 편리하지 않다.	교통이 편리하다.
일류상가가 아니다.	일류상가에 입지한다.
편의품을 취급한다.	선매품이나 전문품을 취급한다.
점포의 지명도가 낮다.	점포가 잘 알려져 있다.
일반적인 상품을 취급한다.	개성있는 상품을 취급한다.

2) 상권설정의 실증적·계량적 접근법

상권의 설정이란 고객유입이 이루어지는 지리적 영역의 경계를 결정하는 것이다. 개별 점포의 상권설정은 실증적 접근법과 계략적 접근법이 있으며, 상권의 범위를 설정하고 구분하는 방법은 다양하다.

① 실증적 접근법

실증적 접근법은 상권의 지리적 범위의 경계를 설정하는 방법이며, 현지조사법, 설문조사법, 차시분권법이 있다. 현지조사법은 입지를 중심으로 도로망을 따라 거리로 상권을 분석하는 방법이다. 설문조사법은 지역별 이용률과 고객의 수요형태분석을 통하여 구분하는 방법이며, 차시분권법은 자동차로 외식업소접근에 소요되는 시간을 기준으로 상권을 설정하는 방법이다.

② 계량적 접근법

계량적 접근법은 개별 점포가 자기영역 내에서 시장침투가 어느 정도인지를 평가하는 방법이며, 개별적인 사안에 따라 동일하게 적용하기 어려운 경우가 있을 수 있고, 컴퍼스법칙과 수정허브모델이 있다. 컴퍼스법칙은 단순 직선거리를 중심으로 동심원을 그려 상권을 분할하는 방법이며, 이 때, 자연환경과 도로여건이나 교통조건, 접근시간, 상업집적의 크기와 기능 등은 무시하기 때문에 이것을 실제 상권범위로 설정하여 영업전략을 수립한다면 무리가 따를 수 있다. 또한 수정허브모델은 상업시설의 매장면적에 비례하고 소비자의 접근거리(Km)의 제곱에 반비례하는 공식으로 구매확률을 구하고, 여기서 구한 구매확률로 상권을 구분하는 방법이다.

표 상권의 범위설정

구 분	범위설정방법	주 요 내 용
실증적 방법	**상권의 지리적 범위의 경계를 설정**	
	현지조사법	입지측면을 중심으로 도로망, 시설분포, 거리에 의한 상권분석 500m, 1Km, 5Km 등
	설문조사법	지역별 이용률에 의한 구분, 고객의 수요형태분석
	차시분권법	자동차 소요시간을 기준으로 설정 5분, 10분, 30분 등
계량적 방법	**개별 점포가 자기영역 내에서 시장침투가 어느 정도인지를 평가**	
	컴퍼스법칙	단순 직선거리를 중심으로 상권을 분할 도로, 교통조건, 시간, 상업집적의 크기, 기능 등은 무시함.
	수정허브모델	상업시설면적과 소비자 구매확률에 의해 상권설정 구매확률은 매장면적에 비례하고 거리의 제곱에 반비례하는 공식.

자료 : 진양호· 이선희(2002), 외식창업·경영벤치마킹, 대왕사, p.71

3) 상권이론

(1) 크리스튈러의 중심지 이론

중심지 이론(central place theories)은 고객의 동질성, 소비자 공간이동의 균일성, 소비자의 접근거리 최소화의 전제조건으로 상점가 및 도시의 계층적인 공간구조를 분석하는 기초 모델이다. 상권이 규칙적으로 육각형 구조를 이룬다는 크리스톨러(Christaller, 1935년 독일)의 중심지 이론은 시장의 배열체계와 교통배열체계로 이루어져 있다. 소비자 이동패턴을 파악함으로써 소매공간구조와 소비자 공간행동규칙성을 발견하는 데 활용되었을 뿐만 아니라, 신규 대형점포를 개설해야 하는 도시계획에도 활용되었다. 또한 규칙적인 형태를 파악할 수 있는 구매이동모델로써 기본적인 공헌을 했으나 소비자의 선호와 같은 사회적, 심리적 요소를 다루지는 못한 한계가 있다.

(2) 라일리(Reilly)의 소매인력법칙(Low of retail gravitation)

소비자들의 구매이동행위는 점포가 보유하는 인력에 의해 결정된다는 라일리(Reilly)의 소매인력의 법칙은 인접하는 두 지역간의 상권한계를 측정하는 방법이다. 즉, A와 B의 두 지역의 중간 어떤 지점 거주자의 구매력이 어떤 비율로 A와 B로 흡인되는가를 설명해 주고 있다. 두 지역의 흡인력은 인구에 비례하고 거리의 제곱에 반비례한다는 것이다. 이때, 정해진 분기점 이내의 소비자들은 자기도시로 흡인된다는 이론이다.

$$\frac{Ba}{Bb} = \frac{Pa}{Pb} \times \frac{Db}{Da}$$

Ba = A,B 두 지역으로부터 A에 흡인되는 판매량
Bb = A,B 두 지역으로부터 B에 흡인되는 판매량
Pa = A 지역의 인구
Pb = B 지역의 인구
Da = A 지역과 분기점의 거리
Db = B 지역과 분기점의 거리

(3) 콘버스(Converse)의 수정소매인력 이론(Converse's low)

미국의 경제학자 콘버스(Converse)는 라인리의 법칙(Low of retail gravitation)을 근거로 일직선상에서 양 도시로 갈라지는 정확한 분기점을 찾기 위하여 연구되었다. 이 모델은 상품마다 다른 수준의 분기점이 계산될 수 있기 때문에 시장이나 쇼핑센터 같은 상업집단 내의 점포나 상품의 계층적 분류와 결합에 활용될 수 있다.

그러나 인구밀도 · 도로 · 교통조건 · 상업집적지의 크기 등 도시환경 조건에 영향을 받기 때문에 상권이 이론대로 구분된다고 말할 수 없으며, 자동차의 급격한 보급 등 교통수단의 발달은 단순거리의 영향력이 크게 감소하고 있을 뿐만 아니라, 시간거리가 상권의 범위에 미치는 영향력이 상대적으로 증가하고 있기 때문에 라인리의 법칙(Low of retail gravitation)에 수정을 가해야 한다고 주장하며 연구되어진 이론이다.

$$Db = \frac{Dab}{1+\frac{\sqrt{Pa}}{\sqrt{Pb}}}$$

Db = B 지역과 분기점의 거리
Dab = AB 지역의 거리
Pa = A 지역의 인구
Pb = B 지역의 인구

(4) 케인의 흡인력 모델

케인의 흡인력 모델은 인구, 중심지까지의 소요시간, 영업장의 면적을 근거로 중간지점의 구매력이 A 또는 B 지역으로 흡인되는 비율을 산출하는 모델이다. 즉, 상권의 크기는 소매시설규모에 비례하고 운전시간거리의 제곱에 반비례하여 고객을 흡인하는 것이라고 하는 법칙이다.

(5) 허프(Huff) 확률적 인력이론

미국의 경제학자 허프 모델(Huff Model)은 상가 · 쇼핑센타 · 백화점과 같은 개별 소매점의 고객흡인력이 상점의 친화도에 비례하고 시간과 거리에 반비례한다고 가정하고, 라일리(Reilly)의 소매인력의 법칙을 수정하여, 상권흡인력의 크기와 소비자 구매비율 등을 확률로 계산하고 있다.

$$Pij = \frac{Sj}{Tij\lambda} / \sum_{j=1}^{n} \frac{Sj}{Tij\lambda}$$

Pij = i 지점의 소비자가 j 지점에 갈 확률
Sj = j 상점가의 매장규모(매장의 매력도)
Tij = i 지점부터 j 상점가까지 가는 데 걸리는 시간
λ = 특정상품의 실제 구매소요시간의 지수 (상품마다 구매시간이 다르다)

(6) 경험적 상권

외식사업의 상권범위를 소매업과 마찬가지로 상권의 수요범위에 따라 경험적으로 1차・2차・3차상권으로 나눌 수 있으나, 절대적인 기준이라기보다는 상대적인 기준으로 해석하는 것이 바람직하다. 또한 상권의 반경거리를 의미하는 점포중심 반경범위도 일반적인 의미이며, 큰 강이나 산이 가로막혀 통행하는 데 어려움이 따른다면 재고해야 한다. 아울러 시간적 거리를 나타내는 내점 소요시간범위도 도보 또는 어떠한 교통수단을 이용하느냐에 따라 다르게 나타날 수 있기 때문에 각각의 1차・2차・3차상권에 대한 상대적 개념으로 해석하여야 한다.

표 경험적 외식상권의 범위

수요범위	고객비중 범위	내점 소요시간범위 / 점포중심 반경범위		
		패스트푸드	패밀리레스토랑	고급레스토랑
1차상권 (핵심상권)	55~70%	10분 정도	20분 정도	30분 정도
		200m	1Km	2.5Km
2차상권 (부심상권)	15~25%	20분 정도	30분 정도	60분 정도
		500m	2.5Km	5Km
3차상권 (주변상권)	5~10%	30분 정도	60분 정도	120분 정도
		1Km	5Km	15Km

자료 : 한국외식산업연구소(2000), 외식사업경영론, 백산출판사, p.63; 홍기운(1999), 외식산업개론, 대왕사, p.321 참조로 재구성

① 1차상권

1차상권은 핵심상권으로 점포를 중심으로 55~70%의 고객이 내점하는 반경거리 또는 시간거리를 말한다. 패스트푸드점은 10분 정도 걸리는 거리 또는 반경 200m 정도의 거리, 패밀리 레스토랑은 20분 정도 걸리는

거리 또는 반경 1km 정도의 거리, 그리고 고급레스토랑은 30분 정도 걸리는 거리 또는 반경 2.5km 정도의 거리를 1차상권의 범위로 경험적으로 파악되고 있다.

② 2차상권

2차상권은 부심상권으로 핵심상권의 이웃하는 외곽에 위치하며, 15~25%의 고객이 추가적으로 내점하는 반경거리 또는 시간거리를 말한다. 패스트푸드점은 20분 정도의 거리 또는 반경 500m 정도의 거리, 또한 패밀리 레스토랑은 30분 정도의 접근거리 또는 반경 2.5km 정도의 거리, 고급레스토랑은 60분 정도의 접근거리 또는 반경 5km 정도의 거리가 일반적이다.

③ 3차상권

주변상권을 3차상권으로 구분하고 부심상권의 이웃하는 외각에 위치하며, 5~10%의 고객이 추가적으로 내점한다. 패스트푸드점은 30분 정도의 접근시간 또는 반경 1km의 거리, 또한 패밀리 레스토랑상권은 60분 정도의 접근시간 또는 반경 5km 정도의 거리, 고급레스토랑은 120분 정도의 접근시간 또는 반경 15km 정도의 거리로 나타나고 있다.

표 경험적 외식상권의 범위

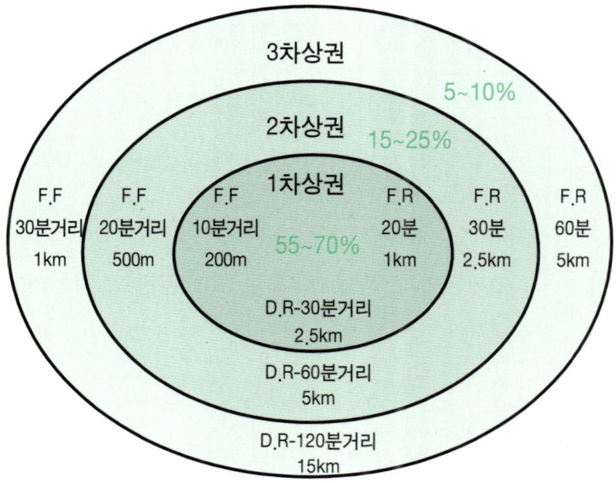

4) 외식상권에 영향을 미치는 요인

상권은 어느 특정요인 하나에 의해서 만들어지는 것이 아니라, 여러 가지 요인이 복합적으로 작용하여 형성된다. 또한 크게 형성된 상권은 흡인력의 심화로 더욱 커지는 확률이 높으며, 특히 인구의 집적 정도에 가장 큰 영향을 받는다.

상권은 교통조건과 같은 접근성에 크게 영향을 받으며, 대중교통 이용가능시간과 영업시간과의 관계, 도로정비상태 등에 의해서도 영향을 받는다. 또한 경영자의 경영철학이나 광고홍보방법에 따라서도 상권은 영향을 받으며, 경쟁업소의 상황이나 다른 쇼핑 가능성의 영향도 무시할 수 없다.

표 외식상권의 영향요인

요인		내 용
외부환경요인	지리적 요인	좌표, 지형, 교통(도로, 노선버스, 지하철), 도로망 행정구역, 도시계획
	인구통계적 요인	가구 및 인구분포, 주택분포, 통행자 분포, 인구규모
	소비자 행동요인	쇼핑행태, 라이프 스타일, 외식·문화·레포츠형태, 점포 충성도
	인위적 요인	신도시개발, 택지개발, 도시규모, 산업시설, 상업시설
	사회적 요인	사회적 영향에 의한 기존상권의 변화, 경쟁상황, 다른 쇼핑 가능성
내부환경요인	상품요인	가격, 요리품질, 서비스수준, 접객태도
	물적 환경요인	주차장, 셔틀버스운행, 어린이놀이방, 인테리어, 구조, 규모, 외관의 전망
	경영자 요인	비전제시, 광고 및 홍보, 마케팅전략, 내부마케팅능력

2. 외식사업 상권조사

상권조사란 기존의 점포 또는 신규 진입하고자 하는 점포와 관련된 정보를 수집하여 문제점과 해결방안을 찾아내는 일련의 활동을 말한다. 이러한 상권조사 활동은 자신이 경영하고 있는 점포의 상권개발전략을 수립하기 위한 전단계의 활동이다. 기존점포의 외식상권은 앞의 표(외식상권의 영향요인)에서 보는 바와 같이 내부환경요인의 영향도 받기 때문에 체계적인 외부환경조사와 더불어 내부환경조사도 병행되어야 한다.

또한 특정지역에 외식점포를 성공적으로 개설하기 위해서 대상권의 입지와 주변환경, 고객의 집객형태를 파악한 결과를 출점전략과 영업전략, 그리고 마케팅전략수립의 기초자료로 활용하여야 한다. 성공적인 외식상권 개발전략을 수립하기 위하여 명확하게 파악되어야 할 요소들을 간략하게 살펴보고자 한다.

표 상권의 조사내용

항 목	내 용
통행량조사	► 동서남북의 주통행로와 보행도로의 통행인 집계분석. ► 10am~10pm의 매시간별, 남녀, 어린이, 중고생, 기혼여부. ► 인근근무 통행자는 1회로 제한, 차량은 차종별로 조사. ► 적어도 1주 이상, 요일별, 통행인의 통행성격, 상주자는 1회로 계산
경쟁점조사	► 점포측면 ► 주방측면 ► 종업원측면 ► 영업측면 ► 메뉴측면 ► 사업성측면
상권규모조사	► 고정상권파악을 위한 주거인구, 고정출근자, 상주인구 등을 조사 ► 유동상권파악을 위한 비거주인구, 비상주인구조사 ► 주야간의 시간대별 체재인구조사
통계자료조사	► 통계청, 관공서 등 유관기관의 통계자료 ► 인구, 세대 수, 가족 수, 주거형태(임대, 자가), 소득수준, 학력수준 등 ► 연령별, 남녀구성비를 조사.
향후전망	► 단기와 장기로 확대 또는 축소될 가능성 ► 주변건물의 신축 또는 철거계획, 도시개발여부 등 ► 향후 변화가능성을 예측

1) 통행량조사

- 예상후보지를 중심으로 동서남북의 주통행로와 보행도로의 통행인 집계분석.
- 오전 10시부터 오후 10시까지 매시간별, 남녀, 어린이, 중고생, 남녀, 기혼여부.
- 인근근무 통행자는 1회로 제한, 차량은 차종별로 조사.
- 적어도 1주 이상, 요일별, 통행인의 통행성격.

2) 경쟁점조사

경쟁점에 비교하여 점포예정지가 통행인의 성격으로 보아 유리한지, 또는 다른 점포와 시너지효과를 유발할 수 있는지를 조사하고 판단한다. 동종 또는 유사점포라면 경쟁우위를 확보할 수 있는 전략적 핵심역량을 개발하여 한다.

표 예상경쟁점의 조사내용

구 분	내 용
점포측면	위치, 층별, 면적, 점포형태, 객석 수, 회전율, 동선, 임대료, 인테리어수준 등
주방측면	주방면적, 설비 및 집기, 동선, 작업공간, 저장 및 보관능력 등
종업원측면	종업원 수, 파트타임 수, 아르바이트 수, 노동생산성 등
영업측면	영업시간, 표적고객, 객단가, 서비스방법과 수준, 마케팅전략, 간판형태, 위생 및 청결, 접객서비스 및 태도, 법적 허가사항 등
메뉴측면	메뉴구성, 주력메뉴, 부메뉴, 스타메뉴, 원가, 식자재조달, 상품품질, 전문성 등
사업성측면	매출, 성장성, 안정성, 수익성, 이익, 식자재원가, 인건비구성 등

자료 : 김은숙 외(2004), 외식산업의 창업 및 경영, 백산출판사, p.106. 참조

3) 상권의 규모조사

고정상권을 파악하기 위하여 주거인구, 고정출근자, 상주인구 등을 조사하고, 유동상권을 파악하기 위하여 비거주인구와 비상주인구를 조사한다. 주야간의 시간대별 체재인구도 조사한다.

4) 통계자료조사

통계청, 관공서 등 유관기관의 통계자료로 인구, 세대수, 가족 수, 주거형태(임대, 자가), 소득수준, 학력수준 등의 연령별, 남녀구성비를 조사한다.

5) 상권의 향후전망

상권의 전망은 단기와 장기로 나누어 상권이 확대 또는 축소될 가능성에 대하여 분석하려면, 주변건물의 신축 또는 철거계획, 도시개발여부 등을 조사하고 향후변화가능성을 예측해 본다.

3. 외식상권의 평가

상권의 평가과정을 통하여 상권을 조사 및 분석하고 평가해 봄으로써 후보점포의 상업적 가치를 가늠하고 이해할 수 있다. 이러한 과정은 자신의 목표를 합리적으로 설정하는 사업추진의 현실적 검증단계이며, 상권개발을 위한 탐색이다. 상권의 평가는 후보점포중심의 상권현황 및 특성, 경쟁정도, 변화가능성 등을 평가하여 개발방향을 설정하거나 사업추진의 지표로 활용한다.

1) 상권의 평가와 예측순서

표 상권의 평가와 예측순서

개념 설정 ▶ 경쟁력 평가 ▶ 접근 방법 설정 ▶ 장단점 비교 ▶ 기회요인과 위협요인 ▶ 방향성 설정

(1) 개념설정

상권을 평가하기 위해서는 무엇보다 먼저 지역형 입지상권이냐, 시설형 기능상권이냐에 따라 현재와 미래에 대비하여 상권개념을 설정한다.

(2) 경쟁력 평가

규모, 종류, 질적 수준, 입지, 수요력 등으로 경쟁력을 판단한다.

(3) 접근방법

입점 예정지에 적용되는 법적 여건, 사회적 환경, 경쟁점, 개발여건, 상권의 특성 등 시장 환경평가를 실시한다.

(4) 장단점 비교

예정지의 상대적 우월성과 절대적 약점을 경쟁점과 비교하여 추출하고 대비책을 강구한다.

(5) 기회요인과 위협요인

기회요인의 활용성을 설정하고, 위협요인의 제거 또는 약화방안을 설정한다.

(6) 방향성 설정

단점을 상쇄시키고 장점을 극대화할 수 있는 종합적인 방안을 모색한다.

2) 외식상권의 평가방향

표 외식상권의 평가방향

구분	⇒	종합
수요측면 : 흡인력의 영향범위평가 입지측면 : 고객의 접근용이성 평가 경쟁측면 : 경쟁관계 평가 사업측면 : 투자의 적합성 평가	⇒	상권의 종합평가 현재와 미래 평가

상권을 평가하는 데 있어서 전체적이고 종합적으로 평가하기 위해서는 수요측면(흡인력의 영향범위평가), 입지측면(고객의 접근용이성 평가), 경쟁측면(경쟁관계평가), 사업측면(투자의 적합성 평가)의 강점과 약점, 그리고 장단점의 분석과 평가가 선행되어야 한다. 이러한 분석과 평가가 이루어지고 나면, 다양한 측면을 종합적으로 분석하고 평가하고 난 후에 상권에 대한 최종평가를 내려야 한다.

3) 외식상권평가의 주요내용

(1) 경쟁력

신규진입점포의 경쟁우위를 확보하기 위한 영업전략을 도출하기 위해서는 인테리어, 영업전략, 상품과 서비스수준, 가격, 목표시장, 고객의 인지도 등의 측면에서 예상되는 경쟁력을 조사하고 비교분석하는 평가를 하여야 한다.

(2) 상권규모

현재와 미래의 상권규모와 특성을 파악하여 적합한 영업전략을 수립하여야 한다. 상권의 인구규모와 특성, 고정형인지 유동형인지를 파악하는 것은 매우 중요하다.

(3) 접근성

고객접근의 용이성, 교통의 편리성 등 접근의 용이성과 은연중에 고객 인지도를 조성하기 위한 점포의 시계확보정도를 살펴본다.

(4) 조화성

주변상권과의 조화와 시너지효과 가능성에 대하여 평가한다. 주변상권의 업태별, 업종별 특성은 집적 인구의 소비특성과 성향을 나타내 준다. 의류상가주변의 밀집객은 의류구매성향을 가지며, 먹자골목의 집적객은 외식소비성향을 높게 가지기 때문이다.

(5) 투자효율성

외식사업의 궁극적인 목적은 수익의 창출에 있다. 따라서 최종적으로 투자대비 수익성과 자본수익률이 최소한 기대치에 상응하는 정도는 되어야 한다.

(6) 종합평가

외식점포의 상권평가는 현재와 예상되는 미래에 대한 평가가 동시에 이루어져야 한다. 극단적으로 표현하여 지금은 좋으나 6개월 후에 심각한 문제가 초래될 수 있는 가능성이 매우 높은 상권이라면 입점을 고려해야 할 것이다. 따라서 상권의 평가는 종합적인 분석과 평가, 향후 상권변화가능성에 대한 평가가 동시에 이루어져야 한다.

표	외식상권 평가의 주요내용

항 목	주요 평가내용
경쟁력	인테리어, 영업전략, 상품과 서비스수준, 가격, 목표시장, 고객의 인지도
상권규모	상권의 인구규모와 특성, 고정형인지 유동형인지 파악
접근성	고객접근의 용이성, 교통의 편리성, 시계확보정도
조화성	주변상권과의 조화와 시너지효과 가능성
투자효율성	투자대비 수익성, 자본수익률
종합평가	종합적인 분석과 평가, 향후 상권변화가능성에 대한 평가

4) 외식상권평가의 주요항목

(1) 후보점포평가

점포의 형태는 고객이 점포를 선택하는 데 영향을 미칠 수 있기 때문에 후보점포의 평가는 매우 중요하다. 전면 길이는 길수록 좋으며, 점포의 형태는 업종과 업태, 그리고 면적의 크기에 따라 다양한 특성을 지닐 수 있다. 분양면적이나 계약면적, 그리고 전용면적의 넓이, 천장(낮은 것보다 높아야 탁 트인 느낌을 줄 수 있다), 고객과 직원의 동선과 시야에 영향을 미치는 기둥 위치, 건물의 외양이나 디자인 등이 점포평가요인이며, 소비자 유인요인이 되기도 한다.

(2) 상권현황평가

현황과 문제점, 장점, 상권구조파악.

(3) 입지여건평가

입지여건의 지형, 지세, 접근성, 주변여건, 점포여건 등을 파악하고 평가한다.

(4) 경쟁구조평가

경쟁점의 위치, 규모, 종류, 가격, 메뉴, 서비스수준, 목표시장 등을 평가한다.

(5) 시장상황평가

선정할 목표시장(target market)의 특성과 크기를 조사하고 입점 예정지의 주요 고객층, 호황업종, 전망 등을 추정해 본다.

(6) 통계적 조사평가

상권의 인구통계학적인 특성을 조사하고 평가한다. 배후주거단지의 특성과 인구, 가구 수, 인구의 분포, 아파트·주택·임대·자가소유 등 주택현황, 시간대별·남녀별·연령대별 통행객 수, 주요 업종과 성업 중인 업종을 조사하여 비교분석한다.

표 외식상권평가의 주요항목

평가항목	세부 평가 내용
후보점포	전면 길이, 점포형태, 전용면적, 천장 높이, 기둥 위치, 건물특성 등
상권현황	현황과 문제점, 장점, 상권구조파악
입지여건	지형, 지세, 접근성, 주변여건, 점포여건 등
경쟁구조	경쟁점 위치, 규모, 종류, 가격, 메뉴, 서비스수준, 목표시장 등
시장상황	주요 고객층, 호황업종, 전망
통계적 조사	배후주거단지, 가구 수, 인구, 주택조사, 통행객 수, 업종조사 등

자료 : 진양호(2000), 외식창업·경영벤치마킹, 대왕사, P.73 참조로 재작성

4. 외식사업의 상권개발

1) 상권개발의 의의

외식상권개발은 기존의 외식점포가 고객을 증대함으로써 시장점유율을 확대하려는 경영활동이다. 시장의 환경변화를 정확하게 측정하고 평가하여야 성장역량을 개발하고 판매 능력을 강화시킬 수 있으며, 궁극적으로 외식기업의 이익을 보장할 수 있는 상권개발 전략수립이 가능하다. 외식상권개발은 컨셉을 설정하고 환경요인을 분석한 결과를 토대로 수립된 광고전략, 고객전략, 포지셔닝전략의 실행의 산물이다.

외식상권개발은 그 범위를 확대하거나 시장점유율을 증가시키기 위해서는 많은 비용의 투자가 수반되며, 이 때 투자되는 비용을 수익의 증가와 비교할 때 반드시 이익이 증가한다고 보장할 수는 없다. 따라서 외식산업의 시장확대범위는 일정한 한계투자거리가 존재한다.

이 때, 한계투자범위란 상권개발비용과 이에 따라 발생한 고객창출효과에 의한 이익이 같아지는 상권범위를 말한다. 상권개발의 범위는 지리적 범위와 표적 고객의 연령이나 소득과 같은 고객의 특성상의 범위로 나누어 개발하여야 한다.

표 외식상권의 개발과정

외식사업 컨셉설정 환경요인분석과 평가	▶	포지셔닝전략수립 고객전략수립 광고전략수립	▶	전략수행의 산물 (시장점유율 확대)

2) 외식사업의 컨셉

(1) 컨셉의 의의

컨셉이란 "생산자가 자사의 상품을 다른 상품과 구별된 이미지로 고객에게 인식시키기 위하여 의도적으로 만들어 내는 창작물"로서 가장 근접한 우리말의 표현은 특성이라고 할 수 있다(한국외식산업연구소 2000). 따라서 외식사업의 컨셉을 한마디로 표현하면 '외식업소의 이미지'라고 할 수 있다. 이러한 이미지에 영향을 미치는 것들은 메뉴, 품질, 서비스, 식자재, 위치, 경영형태, 분위기, 가격 등이며, 이처럼 다양한 영향요소에 의하여 해당 외식업소의 컨셉이 결정된다.

(2) 컨셉결정의 고려요인

따라서 경영자는 컨셉을 개발하고자 할 때 목표시장, 경영형태, 식재료의 조달방법, 업종(메뉴의 종류), 업태(서비스의 형태), 종사원의 고용방법, 광고 및 홍보방법, 포지셔닝, 인테리어수준, 입지여건, 요리와 서비스의 품질, 분위기 등을 종합적으로 고려하여야 한다. 물론, 모든 고려요인이 컨셉에 지대한 영향을 미치지만 업종과 업태가 가장 중요하다. 따라서 신규 진입예정자는 업종과 업태의 선정을 신중하게 하여야 한다.

그림 외식컨셉에 영향을 미치는 요인

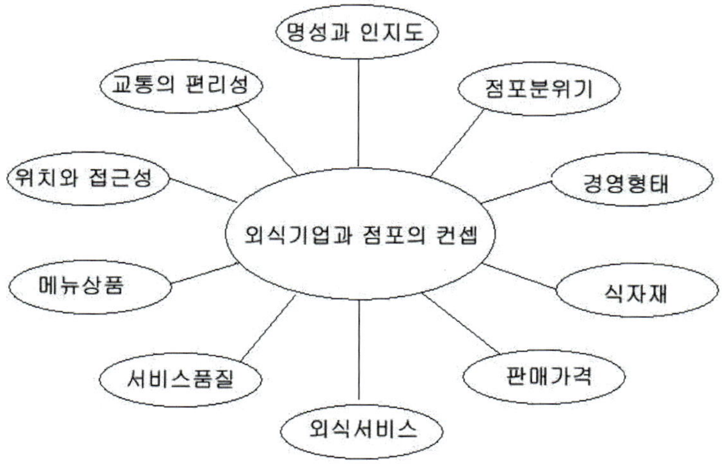

① **목표시장** : 연령, 직업, 계층 또는 가족 모임이냐, 아니면 사업상 방문인지 등에 따른 이용목적별로 목표고객층을 설정하여야 한다.

② **경영형태** : 직영으로 할 것인지, 아니면 프랜차이즈와 같은 체인형태로 할 것인지를 정해야 한다. 물론, 다양한 직영방법과 체인방법에 따른 세부사항까지도 결정해야 할 사항이다.

③ **식재료** : 직영은 식재료를 1차상품을 사용할 것인지, 아니면 가공된 식품을 사용할 것인지, 체인점의 경우에 가맹본부에서 어느 정도의 식재료를 어떠한 상태로 공급해주며, 나머지는 어떠한 방법으로 어느 수준에서 조달할 것인지를 결정해야 한다.

③ **업종** : 업종의 결정은 한식, 중식, 양식 또는 닭갈비, 자장면과 같이 제공할 메뉴의 종류를 정하는 것이며, 이 때 제공할 메뉴의 수는 몇 가지로 할 것인지를 동시에 결정해야 한다.

④ **업태** : 업태의 결정은 서비스형태를 정하는 것이며, 셀프서비스로 할 것인지, 택배나 배달전문으로 할 것인지, 아니면 풀 서비스로 할 것인지를 정해야 한다.

⑤ **종사원** : 종업원의 고용형태와 임금수준을 정해야 한다. 정규직과 계약직 또는 일용직은 각각 몇 명으로 할 것이지, 임금과 복지수준은 어느 정도로 할 것인지를 정해야 한다.

⑥ **광고** : 광고와 홍보방법은 어떻게 할 것이지, 즉 TV, 라디오, 인터넷, 신문, 전문잡지 또는 전단지, 시식회, 무료시식권, 할인권, 간판, POP 등의 방법은 어떻게 할 것인지를 정해야 한다.

⑦ **포지셔닝** : 전체 외식시장에서 진입하고자 하는 점포에 대한 고객의 인지이미지를 어느 수준으로 위치시킬 것인가를 정해야 한다.

⑧ **인테리어** : 전포의 이미지는 인테리어에 많은 영향을 받으므로 어떻게 인테리어를 할 것인가를 정해야 한다.

⑨ **입지** : 입지에 따라 내점객은 달라질 수 있으므로 어디에 입지할지 정해야 한다.

⑩ **품질** : 서비스와 요리품질수준은 어느 정도로 할 것인지를 정해야 한다.

⑪ **분위기** : 조명과 음악 또는 인테리어나 종업원의 복장이나 태도, 그리고 입점객의 특성과 유형에 따라 점포의 분위기는 영향을 받는다.

⑫ **가격** : 가격의 결정은 컨셉뿐만 아니라, 경영전략적으로 매우 중요한 요소이다.

(3) 컨셉의 결정과정

외식기업과 점포의 컨셉 결정과정은 다음과 같이 4단계로 이루어진다(한경수 외 2005).

① **타당성 조사** : 시장의 타당성과 재정상의 타당성을 조사한다.

② **컨셉개발** : 목표시장, 경영형태, 식재료, 업종, 업태, 종사원, 광고, 포지셔닝, 인테리어, 입지, 품질, 분위기, 가격 등을 결정함으로써 컨셉을 개발한다.

③ **컨셉의 평가** : 개발된 컨셉의 각각의 요소가 상호간에 얼마나 조화를 잘 이루는지, 또는 고객의 기대나 요구에 부합하는지를 평가한다.

④ **컨셉의 조정** : 평가 후 개선사항이 있을 경우에 컨셉을 조정하고 피드백한다.

그림 컨셉의 결정과정

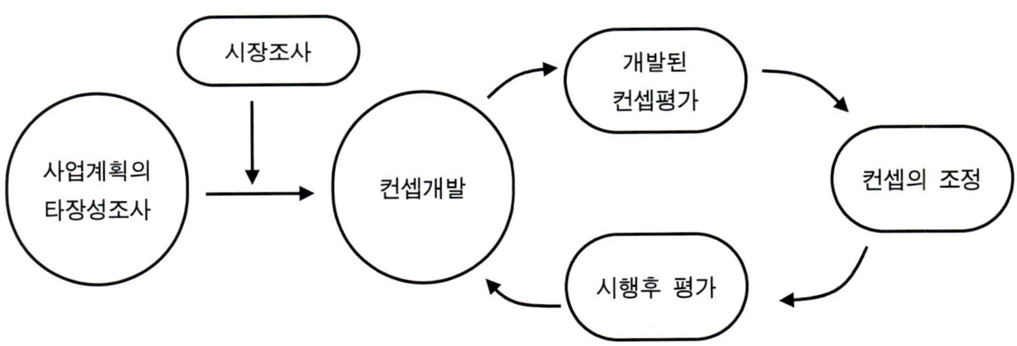

3) 외식상권의 잠재력 분석

상권의 잠재력 분석(potential analysis)은 1차상권과 2차상권 규모를 기초로 이루어진다. 1차상권 규모는 지역 내 시설의 상주성 유동인구의 수용규모를 추정하여 이루어지며, 2차상권의 규모는 1차상권 대비 상주성 유동인구의 규모와 고정인구의 규모를 추정하여 산출한다(김은숙 외 2004).

또한 상권규모와 잠재력을 분석할 때 SWOT 분석을 주로 활용한다. SWOT 분석은 기업의 내적 환경과 외적 환경을 파악하여 기회(opportunity)를 활용하고 위협(threat)을 회피하거나 기회로 변화시키거나, 강점(strenth)과 약점(weakness)을 결합시켜 효과적인 전략을 모색하는 과정이다. 다음의 표는 SWOT 분석을 통한 환경요인분석의 고려사항을 보여 주고 있다.

표 SWOT 분석을 통한 환경요인분석의 고려사항

강점(strenth)	약점(weakness)
► 기술경쟁력과 탁월한 능력 ► 자금 및 투자의 재무적 능력 ► 소비자의 소비패턴 및 호의적인 이미지 ► 신뢰받고 있는 시장 선도자 및 이미지 ► 규모의 경제성 활용 ► 실행가능한 정책, 전략, 전술 ► 품질과 원가상승의 경쟁력 및 식재료 공급능력 ► 입증된 경영관리수준 ► 외식점포 경영노하우	► 불확실한 컨셉 및 전문성 결여 ► 전략의 쇠퇴 및 빈약한 전략수행 ► 수익성 부재 및 경영관리결여 ► 조직력 취약 및 인적 자원 부재 ► 기술력이나 연구개발 미흡 ► 운영관리상의 문제 ► 본사의 기능과 역할 수준 ► 자금동원능력 부족 및 수준 이하의 마케팅 구사
기회(opportunity)	**위협(threat)**
► 틈새시장의 공략과 시장세분화의 창출 ► 제품군 계열의 다양화 및 다각화 ► 수직적 통합 ► 경쟁시간의 정당한 경쟁도구 ► 시장성 속도 ► 정부의 육성과 지원 ► 전략적 집단으로서의 빠른 이행	► 경쟁자의 신규진입가능성 ► 대체제품의 판매량 증가 ► 시장성장률의 저하 ► 정부정책의 역행 ► 시장개방과 경쟁력 가속화 ► 경기침체와 변동에 따른 유연성 ► 소비패턴의 급격한 변화

자료 : 홍기운(1999), 외식산업개론, 대왕사, p.328, 김은숙 외(2004), 외식산업의 창업 및 경영, 백산출판사, p.107

4) 상권개발의 고객전략

고객전략이란 고객의 기대와 욕구를 충족시킴으로써 안정적으로 고객을 확보하려는 전략을 말한다. 고객전략은 촉진활동으로 신규고객을 창출하는 고객의 발견과 이용경험이 있는 고객을 지속적으로 이용하도록 함으로써 고정고객으로 만드는 고객의 육성으로 나누어 설명할 수 있다.

고정고객이라 하더라도 고객의 라이프 스타일은 시간이 지남에 따라 지속적으로 변한다. 따라서 영원한 고정고객은 없으므로 외식기업이나 점포는 고객의 욕구변화에 따라 끊임없이 변화를 추구해야 하며, 고정고객의 이탈에 주의를 기울여야 한다. 또한 안정적인 고정고객의 확보와 이를 지속적으로 유지시키기 위한 노력의 일환으로 고객관리프로그램을 개발하고 시스템화하여야 한다.

5) 외식상권의 촉진활동

외식시장의 점유율을 확대하려는 촉진활동은 입지여건과 점포의 콘셉에 가장 적합한 방법으로 수행되어야 그 효과를 극대화할 수 있다. 광고, 홍보, 인적 판매, 판매촉진으로 나누어 설명할 수 있으며, 보다 자세한 내용은 <제11장 외식기업의 마케팅전략>에 설명되어 있다.

5. 외식사업입지의 선정

1) 입지의 개념

외식사업의 성공 열쇠는 첫째가 입지요 둘째도 입지, 셋째도 입지라고 할 만큼 입지는 중요하다. 입지를 결정하고 자본을 투자한 연후에 입지를 변경하는 것은 용이하지 않으며, 입지의 변경이 가능하더라도 많은 경영비용의 손실은 자명한 일이다.

외식사업의 입지란 점포라는 물리적 시설이 위치하게 될 일정한 공간이며, 입지력이란 이와 같은 입지의 장소적 특성에서 유발되는 고객유인력을 말한다. 입지력은 주변의 교통여건, 도로계획, 입구이동, 경쟁관계 등의 변화에 따라 그 조건이 끊임없이 변화한다.

입지의 결정요인은 첫째, 지리적 거점으로 점포와 시설의 중심, 둘째, 지역간의 의존관계나 기능의 상호의존성을 나타내는 흡인성, 셋째, 흡인력이 작용하는 범위로 시장의 지역적 범위, 넷째, 동태적인 마케팅활동의 공간으로 구성되어 있다.

따라서 상권은 판매공간, 소비자의 생활공간, 점포의 거점 등으로 설명할 수 있으며, 이 때 점포의 거점이 되는 점포와 시설이 바로 소매점포의 입지이다. 결국 입지란 흡인성, 시장의 지역적 범위, 마케팅활동의 공간을 최적화할 수 있는 점포와 시설이라고 말할 수 있다.

2) 입지의 중요성

아무리 외식사업경영에 탁월한 능력이 있다고 하더라도 점포의 입지가 나쁘면 그 능력을 십분 발휘하기가 어렵고, 다소 비효율적으로 경영한다고 하더라도 입지가 좋으면 그로 인하여 발생되는 문제를 쉽게 극복할 수 있다. 이처럼 입지는 외식사업에서 중요하며, 고객을 유인하는 수단이요, 중요한 경쟁무기일 뿐만 아니라, 한번 결정하면 전환하기가 어렵고, 장래의 수익성을 미리 결정한다는 특성이 있다(진양호 외 2000). 또한 입지선정의 원칙은 다음과 같다.

표 입지선정의 원칙

- ► 현재 상권의 잠재력
- ► 미래 성장가능성
- ► 흡인력
- ► 경쟁회피전략
- ► 상권의 접근성
- ► 중간저지성
- ► 양립성의 원칙
- ► 입지의 경제성

▶

- ► 안전성
- ► 장래성
- ► 성장성
- ► 현실성
- ► 용이성

① **현재 상권의 잠재력** : 입점 예정지역 내에서 취급하려는 상품의 소비지출 총액 중에서 경쟁점의 시장점유율과 자신의 예상시장점유율을 추정해 본다.

② **미래 성장가능성** : 인구증가와 소득수준이 기대되는 상권인지를 추정한다.

③ **누적적 흡인력** : 동일한 상품을 취급하는 점포는 분산되어 있는 것보다 집적되어 있는 것이 고객유인에 유리하다. 따라서 중간저지성의 입지를 선택할 것인지, 아니면 누적성의 입지를 선택할 것인지를 결정해야 한다.

④ **경쟁회피전략** : 가능하다면 경쟁점이 적은 입지가 유리하며, 또한 경쟁점의 신규진입을 저지할 수 있는 입지인지, 경쟁점의 중간저지입지가 가능한지를 예상해 본다.

⑤ **상권의 접근성** : 고객이 교통이나 경쟁점의 방해없이 점포에 접근하는 데 용이한지를 판단한다.

⑥ **중간저지성** : 고객의 주거지나 근무지로부터 기존상권으로 이동하는 중간에 입지하여 고객을 중간에 저지할 수 있는 입지인지를 판단한다.

⑦ **양립성의 원칙** : 상호보완관계에 있는 상품을 취급하는 2개의 점포가 근접해 위치하면 고객 수와 판매량이 증가한다.

⑧ **입지의 경제성** : 입지비용을 자본생산성과 비교하여 투자의 효율성을 분석한다.

3) 입지의 유형별 특징

소비자 측면의 점포입지는 외식을 이용할 수 있는 구매시점이 되기 때문에 외식사업을 입지산업이라고 할 만큼 입지가 중요하다. 특정지점에 입지를 선정한다는 것은 사업의 성공과 실패를 좌우하는 가장 중요한 요인이 된다.

(1) 입지의 형태별 특성

입지의 형태별 특성은 분산근린형, 집결근린형, 지구중심형, 지역중심형, 광역중심형, 거점형, 특화형으로 구분되며, 상세내용을 살펴보면 다음 표와 같다.

표	외식입지의 형태별 특성

입지의 형태	특 징
분산근린형	► 점포가 주거지 인근에 분산분포되어 있으며, 소상권을 기반으로 한다.
집결근린형	► 편의점 중심의 상점이 집중적으로 집결되어 형성되어 있다. ► 거주인구의 집적이 크며, 편의품의 비교선택이 용이하다. ► 1차상권의 외식소비자 유인력이 크며, 타 업종으로 파급력이 크다.
지구중심형	► 소도시의 중심부에 형성되는 상점가. ► 지구형 상권으로 실용적 준선매품 및 가족형 음식점의 제2차상권을 형성한다.
지역중심형	► 중소도시의 중심에 형성되는 상권으로, 지역민과 지역산업의 요구에 대응한다. ► 지역성을 유지하고 지역주민의 애착이 있으며, 제3차상권을 형성한다.
광역중심형	► 도청 소재지 중심의 상업지, 대도시의 도심부. ► 대규모 상업지역을 형성하며, 주변 중소도시를 흡인한다. ► 대도시간의 경계상권을 형성한다.
거 점 형	► 복수의 대량교통기관의 거점으로 형성된 상업지. ► 하나의 상업시설로 상업기능을 충족하는 독립형 쇼핑센타, 지하상가, 역빌딩 상점가.
특 화 형	► 소비자의 특성에 맞추어 소수의 업종이 집결되어 형성된 특화 상점가. ► 전기용품가, 서점가, 관광가, 시장가, 음식점가, 섬유가, 가구가, 공구가, 영화가 등

자료 : 김기홍(2005), 외식사업창업론, 대왕사, p.302~303. 참조로 재구성

(2) 입지의 유형별 특성

외식업소의 입지여건에 따라 고객의 특성이 다르다. 따라서 입지유형을 고려하여 적합한 대응전략을 마련하여 운영하여야 한다.

표 입지유형별 특성과 영업전략

입지의 유형	입지특성	주요 고객층	영업전략
비즈니스가	점심과 저녁시간대 이용객 많음 주말과 공휴일은 공동화 현상	직장인 신세대 젊은 여성	편안한 이미지, 조식제공, 연회수요확보, 아이돌 시간 영업활성화, 단골확보, 중저가의 깨끗한 이미지
주택가	점심때는 한산, 퇴근길의 직장인, 맞벌이 부부, 주말에 가족고객	주변거주자 주부고객	어린이 놀이시설, 택배서비스, 고정고객 확충
번화가	높은 임대료, 유동인구가 많다. 다양한 고객층, 24시간 영업가능, 어떤 업종과 업태라도 좋다. 주말과 주중 영업편차가 적다.	쇼핑객 극장고객 직장인 데이트 족	적절가격 가능(낮은 탄력성), 실내장식으로 분위기 전환, 레저지향성, 메뉴 차별화, 음료메뉴 강화, 독창적 이미지 구현
역세권	중저가 가격대 고객이다. 주변에 주택가나 상가가 많다.	교통기관 이용객 주변 거주자	카운터 서비스와 셀프 서비스로 빠른 제공, 빠른 서비스, 중저가
대학가	년간 방학이 두 번이다. 가격에 매우 민감하다.	대학생 대학 내방객	질보다는 양, 셀프서비스로 가격인하, 젊은 층이 선호하는 메뉴구성
교외·도로변	시간과 경제적 여유가 있는 고객. 주발의 가족 고객이 많다. 외식자체를 즐기는 레저형 고객층 외부 인테리어에 고객이 유인된다.	승용차 소유자 신도시 입주자 도로통과고객	넉넉한 주차시설, 적극적 마케팅 활동, 독특한 분위기 연출한 전문음식점, 서비스와 요리품질에 유의, 분위기와 레스토랑의 테마를 강화
관광지	가격에 덜 민감하다. 성수기와 비수기의 편차가 심하다. 토속음식점이 많고 인기 있다. 단체 관광객이 많다.	관광객 외식은 부수적 레저성이 강함 주변상가 입주자	성수기와 비수기 편차 극복방안 마련, 특산물메뉴개발, 통합관광정보망을 통한 마케팅, 관광지역 전체의 이미지 제고 노력

자료 : 손일락(1993), 미래의 식당경영, 형설출판사, pp.65~77; 원융희·윤기열(2002), 외식산업의 이해, 두남, p.450 참조로 재구성

4) 입지선정의 체크 포인트

입지선정은 업종과 업태에 따른 구체적인 입지조건과 기준을 정해야 한다. 가장 우수한 입지조건은 수요층이 두터운 지역이다. 기본적인 수요를 확인한 후에 구체적인 출점 예정지역을 설정하여야 한다. 이러한 입지를 선택하기 위한 체크 포인트는 다음 표와 같다.

표 외식입지선택 포인트

항 목	내 용
지역체크	► 업종과 업태의 조건이 적합한가? ► 유동인구는 어느 정도인가? ► 사람이 어느 정도 모이는가? ► 인근점포의 영업상태는 어떠한가? ► 상권 내의 상주인구와 소득계층은 어떠한가? ► 주변지역의 토지이용현황과 향후 전망은 어떠한가?
채산관계체크	► 경쟁점포의 위치와 영업력의 정도는 어떠한가? ► 경쟁점포를 이기거나, 혹은 공존할 수 있는가? ► 채산성은 있는가? ► 향후 고객 수의 증가는 확실한가?
점포조건 체크	► 점포의 폭, 길이, 넓이, 바닥의 모양은 적당한가? ► 주변가게는 적합한가? ► 도로에 접하여, 주차장은 있는가? ► 짐을 내리는 것은 용이하며, 설비에 문제는 없는가?
가격의 체크	► 가게의 수준과 비교할 때 가격은 비싸지 않은가? ► 투자예상비용과 점포가격이 적절한가?

자료 : 중소기업청 소상공인지원중앙센터(1999), 창업절차, 고객용자료 - 0014

상권분석 어떻게? - 주변에 상가가 많은지 확인해야

상권을 분석할 때는 업종도 함께 봐야 한다. 1000가구쯤 되는 단지 내의 상가라면 슈퍼, 부동산, 베이커리, 약국, 중국집, 식당, 학원 등으로 업종이 제한된다. 근린 상가도 업종에 따라서 상권이 다르다. 일반적으로 빵집이나 제과점은 3000명당 1개가 적당하지만, 유명 베이커리는 인구 1만명당 1개가 적당하다.

상가의 수요와 공급도 잘 살펴야 한다. 현재 국내상가시장은 초과공급상태이다. 대부분 상가가 고전을 면치 못하고 있다. 단지 내 상가라면 가구수당 상가 연면적이 1평 이하인 곳이 좋다. 그래야 상가공급부담이 덜해 상권이 쉽게 슬럼화되지 않는다. 시대 흐름도 읽어야 한다. 주 5일 근무제 여파로 도심상권의 권리금은 낮아지고 있다. 세입자의 영업일 수가 월간 4일쯤 줄어 매출액과 수익이 감소하는 추세이기 때문이다.

자료 : 조선경제

제 8 장

외식사업의 창업

Foodservice

Chapter 8

1. 외식사업 창업의 개요

1) 외식창업의 개념

(1) 창업의 개념

창업이란 새로운 기업을 창립하는 것이다. 즉 자본, 사람, 설비, 원자재 등 경영자원을 투입하여 경영시스템을 통한 변환과정을 거처 이윤창출을 목적으로 재화나 용역을 산출하는 하나의 시스템을 창조하는 것이다. 다시 말하면 창업은 인적・물적 경영자원을 적절히 결합하여 미리 설정된 기업의 목적을 달성하기 위하여 상품이나 서비스를 조달, 생산, 판매하거나 그 부수활동을 수행하는 시스템을 구축하는 것이라고 할 수 있으며, 실무적으로는 개인이나, 또는 집단이 사람을 동원하여 사업을 개시하는 것이다.

다만, 우리나라 중소기업 창업지원법에 따르면 「타인으로부터 사업을 승계하는 경우, 사업 장소를 변경하는 경우, 개인사업자가 법인사업으로 변경하는 경우, 폐업 후 다시 동종 사업을 계속하는 경우에는 창업에 해당되지 아니한다.」라고 규정되어 있다. 이처럼 규정하는 이유는 실질적인 창업을 유도하려는 국가정책에 기인한다.

(2) 창업의 특징

최근 80%의 직장인이 퇴직 후에 외식업을 하고 싶다는 한 조사기관의 발표를 접하고 필자는 적지 않게 놀랐다. 현재 국내에는 약 76만여 개의 외식점포가 있으며, 이는 절대인구 70여 명당 한 개의 식당이 있다는 것을 의미한다. 이것은 경쟁력과 인구를 비교할 때 일본의 4배, 미국의 12배에 해당하는 수치라고 하니, 국내의 외식사업이 어려울 수밖에 없다. 사정이 이러하니 최근에 식당사업하다가 잘못되면 가산을 탕진하고 가정이 파괴된다는 말이 나올 정도다. 외식사업체 중 불과 1%만이 호황을 누리며, 10% 정도는 그런대로 이윤을 창출하고 있으며, 2～30%는 겨우 현상유지하며, 나머지 5～60%는 적자를 면치 못하고 있다고 하며, 그 중 1/3은 1년 이내에 도산한다고 한다. 먹는장사, 이제는 만만하게 볼 만한 사업이 아니다. 물론, 업소 수가 지금의 절반수준이었던 90년대 이전에는 해 볼만 한 사업이었음에는 틀림없다.

이러한 창업의 특징은 다음과 같이 변화하고 있다.

① 기업이나 직장이 단기고용을 전제로 하는 경우가 많으며, 퇴직한 후에 재취업을 하기보다는 창업을 선호한다는 것이다.

② 창업연령이 점차 낮아지고 있으며, 학생이나 직장인이 부업으로 창업하는 경우가 증가하고 있다.

③ 참신한 아이디어나 자신의 기술과 능력을 바탕으로 소자본 창업이 크게 늘고 있다.

④ 창업의 성공과 실패로 인한 가족과 사회에 미치는 영향이 증대되고 있다.

⑤ 창업분야가 서비스업 중심으로 옮겨 가고 있으며, 1인창업, 가족창업, 무점포 창업 등 그 유형이 다양화되고 있다.

(3) 창업의 시기

① 불경기냐 호경기냐

호경기와 불경기 중 어느 시기가 외식창업에 좋은 시기인지는 견해가 다양하다. 호경기가 좋다는 견해는 실패의 위험을 회피할 수 있는 장점은 있으나, 신규진입 경쟁자가 많으며, 창업자금조달에 애로가 따를 수 있다. 또한 갑작스런 퇴직으로 사업을 창업하는 경우에는 불경기보다 오히려 호경기가 유리하다.

반면에 불경기가 창업시기로 좋다는 견해는 보다 신중하고 철저한 준비과정을 거처 사업을 추진하며, 비교적 경쟁자가 적으며, 사업수요가 적으므로 자금소요가 적을 수 있으며, 자금조달이 용이하고 종업원의 충원이 쉽다는 점을 강조하고 있다. 그러나 창업자가 가장 위험에 빠지기 쉬운 경우는 치밀한 준비나 준비과정 없이 충동적으로 사업을 추진하는 경우로 바람직한 창업이라고 말할 수 없다.

② 20대의 모험창업

전공이나 직업 또는 경험과 상관없이 자신감과 열정으로 창업하는 경우로, 사회적 경험도 충분하지 못하고 인적 · 물적 자원이 제한될 수밖에 없으므로 보다 철저한 사전준비가 요구된다.

③ 30대의 선택기반창업

자신의 적성이나 업무와 관련된 상품을 발굴하여 지금까지 축적한 인간적 유대관계와 사업관계를 활용하여 창업에 따른 위험과 불확실성을 최대한으로 회피하여야 할 것이다.

④ 40대의 전문창업

가능하면 장기간의 경험과 특정분야의 전문가로서 자기분야의 경험을 최대로 활용할 수 있는 사업분야로 창업하는 것이 유리하다.

⑤ 50대의 안전창업

풍부한 경륜과 지혜로 안전하고 보수적인 입장을 강화하고 모험이 적은 창업을 해야 한다.

표 외식업의 개점절차

① 업종과 업태의 선정.
② 2~3개 정도의 후보점포선정.
③ 상권 및 입지조사, 점포조사, 시세조사, 경쟁점포조사.
④ 상권의 평가, 점포가치평가.
⑤ 임대 가격과 제반조건 등 점포입점조건 조정.
⑥ 임대기간, 임대료, 임대조건 등을 계약.
⑦ 인테리어와 시설 및 설비를 구축하고 영업전략을 세우는 등 개업을 준비한다.

2) 외식창업의 준비요소

(1) 창업목적

창업의 명확한 목적이 설정되어 있어야 한다. 이러한 목적은 다른 하위준비요소들을 하나로 묶어 주는 역할을 하며, 사업활동의 방향을 설정해 준다.

(2) 외식창업자

창업자는 아이디어 확보, 사업성 분석, 사업계획수립, 계획의 실행을 주도하는 가장 중요한 창업준비 요소이다. 다만, 창업자가 반드시 창업아이디어의 발상자일 필요는 없다. 창업자는 기업의 설립에 필요한 경영자원을 확보하고 결합하여 창립기업이 의도하는 시스템을 만들어 제기능을 발휘하도록 해야 한다. 따라서 창업자의 의지와 능력, 그리고 가치관은 창업의 성패와 효율에 지대한 영향을 미친다.

성공한 외식기업의 가장 중요한 것은 창업자의 경영마인드였다. 성공한 기업가는 첫째, 기업이 안정적으로 운영되고 있을 때에도 강한 성취욕구와 성공욕구를 보여 주고 있었다. 둘째, 자신의 능력에 강한 자신감이 있다. 셋째, 신규사업전개와 경영위험을 기꺼이 감수하는 도전정신이 있다. 넷째, 사업을 성공적으로 이끌기 위하여 많은 노력과 시간을 투자한다. 다섯째, 그 누구보다도 부지런하고 근면성실하다.

(3) 창업아이디어

창업자 또는 조언자나 컨설턴트 등 제3자로부터 수집된 창업아이디어는 창업하는 기업이 무엇을 생산하여 어떻게 판매할 것인가와 관련된 제품아이디어이다. 창업아이디어의 45%는 자신의 이전 경험으로부터 비롯된다고 한다. 그러나 기존의 제품이나 용역을 단순하게 모방하는 것으로는 경쟁력이 있을 수 없으며, 전혀 새로운 아이디어나 또는 확실하게 차별화된 것이라야 한다. 더구나 단순한 사업아이디어만으로는 기업이 성립될 수 없으며, 그 아이디어를 통하여 이익을 창출할 수 있어야 한다. 즉, 아이디어는 사업성이 있는 것이라야 한다.

(4) 외식창업자금

외식기업을 창업하여 본 궤도에 올라 정상적으로 운영될 때까지 예상하지 못한 자금이 소요되거나 예상을 초과하여 지출되는 경우가 빈번하다. 따라서 자금계획을 세울 때 토지나 건물, 설비, 인테리어 등 유·무형의 자산을 구입하는 시설자금과 사업의 진행에 따라 수반되는 재료비, 인건비, 제경비 등 운영자금 이외에 적어도 6~12개월을 버틸 정도의 예비자금을 확보하여야 한다.

창업자본은 창업자 자신이 직접 출자하거나 투자자로부터 조달한 자기자본과 채권을 발행하거나, 사채 또는 금융기관의 대출로 조달한 타인자본으로 구성된다. 자본은 토지, 기계와 설비, 원재료, 기술자와 관리자 인재 등을 확보하는 수단이다. 자금조달계획은 총 소요자금의 150~200%를 확보하고 있어야 만약의 사태에 대비할 수 있다.

(5) 시장의 규모 및 잠재력 분석

설정된 업종과 업태의 시장규모와 잠재성은 어느 정도인가, 시장경쟁에서 성공할 가능성은 어느 정도인가를 반드시 파악할 필요가 있다. 외식창업자는 현재와 미래의 시장확보 가능성 여부를 판단한 이후에 창업을 하여야 할 것이다.

(6) 요리 및 서비스 제공능력

판매하고자 하는 업종의 음식을 맛있게 만들 수 있는 능력이 있거나 조리사를 구할 수 있는지, 지향하고자 하는 업태의 서비스수준을 지속적으로 유지할 수 있는 능력이 있는지 검토하는 것이 중요하다. 또한 이에 적합한 설비와 인테리어를 구축하고 필요한 식자재를 적절한 가격에 조달할 수 있는지도 검토되어야 한다. 최근의 외식사업은 고품질의 원자재를 낮은 가격에 조달할 수 있는 능력여부에 경영의 성패가 달려 있다고 많은 기존의 경영자들이 이야기하고 있다는 사실을 유념할 필요가 있다.

표	외식창업의 준비요소
(1) 창업목적	명확한 목적은 사업활동의 방향을 설정
(2) 외식창업자	경영의 성패는 창업자의 경영마인드
(3) 창업아이디어	경험에서 나오는 차별화된 아이디어가 성공
(4) 외식창업자금	초기개업자금과 손익분기점에 도달 때까지 운전자금
(5) 시장 분석	현재와 미래의 잠재시장분석의 선행
(6) 상품제공능력	기대수준의 요리와 서비스의 지속적인 제공능력확보

2. 외식사업 창업의 성공요인

1) 입지요인

외식사업의 입지란 점포라는 물리적 시설이 위치하게 될 일정한 공간이며, 입지력이란 이와 같은 입지의 장소적 특성에서 유발되는 고객 유인력을 말한다. 입지력은 주변의 교통여건, 도로계획, 인구이동, 경쟁관계, 경쟁업소의 신규진입 등의 변화에 따라 그 조건이 끊임없이 변화한다.

사업의 성패를 좌우할 수 있는 입지력은 외식사업의 번성을 위하여 필수불가결한 선택이다. 그러나 현실적으로 업종과 업태에 적합한 입지를 선택한다는 것은 그리 쉬운 일이 아니다. 입지력이 높은 입지는 높은 지대(토지와 건물의 보증금, 권리금, 임대료, 세금 등)로 인하여 사업의 수익성이 저하될 수 있으므로 신중하게 접근하여야 한다.

입지력은 경영자의 경영능력 여하에 따라 변할 수 있다. 외적 요인은 통제불가능하기 때문에 논외로 하더라도 통제가능한 내부환경요인의 개선으로 입지력은 개선될 수 있다. 즉, 주변상권의 고객층을 면밀하게 파악하여 이들에게 적합한 메뉴, 가격, 서비스, 점포 분위기를 개발하여 고객의 기대와 요구에 부응한다면 입지력은 개선될 수 있다.

2) 상품요인

외식업소를 이용하는 고객의 가장 중요한 업소선택요인은 품질이다. 외식상품의 품질은 메뉴, 맛, 모양, 가격, 제공시간, 양, 색상, 균질한 품질, 냄새 등의 인지요소를 가지고 있으며, 품질요소를 고객이 인지하는 가치척도에 의하여 상품의 상대적 경쟁력이 결정된다. 이러한 상품의 상대적 경쟁력을 상품력이라고 한다. 외식사업의 성패의 가장 중요한 요인 중의 하나가 바로 이 상품력이다.

(1) 메뉴의 가격

가격수준은 내점하는 고객층을 결정지우며, 결국 목표시장을 결정하는 수단이 된다. 예상 내점객의 수준과 이용동기에 합당한 가격설정은 외식사업경영에 있어서 매우 중요한 의사결정이다. 고객은 아무리 자신의 마음에 드는 메뉴를 선택하려고 하더라고 지불능력에 부담이 된다면 결국 자신의 경제사정에 합당한 가격수준의 상품을 선택할 수밖에 없다. 따라서 가격은 입지, 업종, 규모, 위치, 목표시장, 상권에 따라 합당한 수준에서 결정되어야 한다.

또한 높은 수준의 가격결정은 내점객의 이용객 수를 제한하는 수단으로 작용하기 때문에 제한된 목표시장을 유지하는 가격전략으로 활용가능하며, 낮은 수준의 가격결정은 이용객의 범위는 넓어질 수 있으므로 무제한, 또는 낮은 수준의 목표시장을 설정한 경우에 합당하다.

(2) 메뉴의 질

외식기업에서 소비자에게 제공되는 외식상품의 품질은 메뉴의 질적 수준이라고 할 수 있으며, 제공되는 음식의 품질은 변함없는 맛, 온도, 향기, 색깔, 1인분의 양, 모양 등에 의하여 영향을 받아 결정된다. 언제나 오늘의 맛이 일정해야 하며, 뜨겁게 제공되는 요리는 뜨겁게, 차게 제공되어야 하는 요리는 차게 제공되어야 한다. 음식마다 고유한 향미나 냄새가 유지되어야 하며, 음식의 고유한 빛깔은 사용된 식재료가 신선한지, 조리과정이 적절했는지를 가늠하는 척도가 되기도 한다.

또한 1인분의 분량이 일정하지 않아 제공되는 양의 편차가 크다면 이용객이 당황할 수 있다. 제공되는 음식은 고객의 특별한 요청이 없는 한 언제나 익힘의 정도나 당도, 염도, 탁도 등도 일정한 수준을 유지해야 양질의 요리품질을 유지하고 있다고 말할 수 있다.

고객은 가끔 작은 서비스와 배려에 감동을 받기도 한다. 가령, 고객서비스 차원에서 무료로 제공되는 소량의 음식이나 음료가 재방문이나 긍정적 구전효과를 유발하기도 한다.

(3) 제공시간

단순하게 점심이나 저녁 식사를 위한 시간은 대부분 30분 정도이며, 길어야 1시간을 넘지 않는다. 이러한 식사중심의 일반외식점포는 메뉴가 단순하며, 가짓수가 많지 않다. 그러나 호텔이나 패밀리 레스토랑처럼 이용객이 높은 수준의 가격을 지불한 준비가 되어 있는 풀서비스 레스토랑의 경우에는 식사시간에 제한받기보다는 다양한 종류의 메뉴에서 자신의 기호에 적합한 요리선택을 선호하며, 여유 있는 식사시간과 서비스를 기대한다.

따라서 음식의 제공시간은 업종과 업태에 따른 서비스 형태와 고객의 기대에 합당하여야 한다. FF 점포의 제공시간이 20분이나 그 이상 지연된다면 고객은 당장 불만을 하겠지만, 풀서비스 레스토랑의 고객은 자신이 기대하는 요리를 먹기 위하여 30분 정도는 기다릴 수 있는 준비가 되어 있기 때문이다.

3) 점포요인

외식사업의 성공요인으로서, 점포요인은 실내장식과 실내환경, 그리고 분위기 등이 잘 결합하여 이루어지며, 판매력이라고 말할 수 있다. 실내장식은 업장에 들어서는 고객이 가장 먼저 느끼는 전체적인 조화로 나타나며, 고객에게 첫인상으로 강력하게 인지된다.

고객들은 단순하게 식사를 위한 이용이라 할지라도 마음에 드는 실내 인테리어로 장식된 업소를 즐겨 찾는다. 테이블과 의자의 모양, 전체적인 색조와 조명의 조화, 객실과 객석의 배치, 서비스 카운터의 배치, 인체공학적으로 설계된 테이블과 의자, 주방의 설비수준, 청결, 실내의 냄새, 통행에 편리한 공간과 동선의 구조 등 실내인테리어는 점포의 전체적인 이미지로 고객에게 인지된다.

좌석회전율을 높여야 하는 셀프 서비스 레스토랑은 통상적으로 단순하고 통일된 규격의 테이블과 의자, 밝고 단순한 실내색조, 빠른 템포의 음악 등의 개념을 반영한 실내장식이 이루어진다.

그러나 이와 반대로 좌석회전율이 그리 중요하지 않은 고급 풀서비스 레스토랑은 실내를 편안하고 아늑하게, 따뜻한 느낌의 색조, 은은한 조명과 음악, 다양한 장식물, 여유 있는 공간확보, 편안하고 안락한 의자와 테이블 등을 이미지로 연출하는 실내를 장식한다. 또한 서비스직원의 복장과 행동, 그리고 품위 있는 서비스로 고급스러운 분위기를 연출한다.

고객의 기대수준은 이용목적에 따라 다양하게 나타난다. 사업상 중요한 이야기를 나누어야 하는 경우에는 조용하고 독립된 공간과 품격 있는 서비스를 기대할 것이며, 가족동반인 경우에는 요리의 품질에 더 많은 기대를 하게 된다. 이처럼 시설과 설비 등 점포의 인테리어는 목표고객층에 따라 다르게 나타날 수밖에 없으며, 모든 고객층이 만족하는 실내시설은 사실상 불가능하다고 볼 수 있다.

4) 관리요인

미국의 벤처 캐피탈 산업의 아버지라고 알려진 조지 도리옷(Gerge Doriot)은 창업의 성공은 창업아이디어나 기술보다는 창업팀의 능력이 더 중요하다고 하여, 창업팀 구성원의 역량과 능력을 매우 중시하였다.

이와 관련하여 창업팀의 수장인 관리자의 외식사업의 성공을 위한 관리요인은 경영자 또는 관리자가 앞서 언급한 입지요인, 상품요인, 점포요인 등을 종합적이고 총체적으로 계획하고 실행하는 관리활동능력을 말한다. 생계형으로 운영되는 가족중심의 소규모 점포이거나 체인이나 프랜차이즈 또는 호텔과 같은 대규모 외식사업체일지라도 경영자의 관리능력에 따라 외식경영의 성패가 좌우된다.

규모가 작은 업소의 성패는 입지요인에 영향을 크게 받지만, 규모가 크면 클수록 상품요인과 점포요인, 특히 관리요인이 사업의 성패에 결정적으로 영향을 미친다. 미국의 경우, 겨우 10%만이 5년 이상 외식사업을 지속하고 있으며, 매년 1/3이 사업에 실패하는 것으로 나타나고 있다고 한다. 이것은 외식사업경영이 이제는 더 이상 황금알을 낳는 사업이 아니며, 성공할 가능성보다 실패할 가능성이 더 높다는 것을 보여 주고 있다.

5) 구매요인

원하는 품질의 식자재를 적기에 경쟁력 있는 가격으로 필요한 양만큼 구매할 수 있는 능력은 외식사업의 가장 중요한 핵심요인이며, 이것을 구매력(buying power)이라고 한다. 식자재의 구매는 타이밍과 품질, 그리고 가격이 핵심포인트이며, 구매관리의 핵심이다.

일반적인 외식점포의 식자재 비용이 40%에 육박하는 현실을 감안하면 외식사업의 구매력은 앞서 설명한 점포, 상품, 입지, 관리요인보다도 더욱 중요한다. 저렴하게 구매한 식자재로 만든 요리상품은 그만큼 이윤의 폭이 커지거나 경쟁기업과 비교하여 경쟁력 있는 가격을 제시할 수 있기 때문에 사업성이 그만큼 커질 수 있다.

표 외식창업의 성공요인

분 류	내 용
입지요인	입지의 장소적 특성에서 유발되는 고객유인력
상품요인	상품의 가격, 질, 제공시간, 서비스수준 등 상대적 경쟁력
점포요인	실내장식, 실내환경, 분위기 등이 결합하여 이루어지는 판매력
관리요인	관리자가 종합적으로 사업을 계획하고 실행하는 관리활동능력
구매요인	기대품질의 식자재를 적기에 경쟁력 있는 가격으로 필요한 가격으로 구매할 수 있는 능력

3. 외식사업 창업계획수립

표 외식창업 절차와 순서

단계	내용
1. 업종과 업태의 선택	본인의 경험 및 취향, 자금규모에 적합한 성장기의 유망업종 선정
2. 창업전략결정	독립점포, 체인점 가맹, 회원점 공동브랜드, 창업의 장단점 비교
3. 자금조달계획결정	자기자본, 타인자본, 대출, 차입금 등 자금조달계획 점검
4. 입지선정, 점포결정	업종과 자금규모에 맞는 최적의 입지 및 점포탐색, 서류확인, 점포주 확인
5. 시장조사 및 메뉴선정	입지에 따른 주력메뉴, 부가메뉴, 경쟁점포분석, 시장조사에 따른 경쟁전략수립
6. 판매계획수립	판매전략 및 판매형태, 가격전략수립
7. 개업계획수립	**인테리어 시설** : 인테리어의 설계, 견적, 시공, 감리, 간판, 전기, 전화 등 완공일자결정
	주방설비 및 집기 : 주방설계 및 견적, 가스공급계약 체크, 집기, 비품 선정 및 견적 시설감리 및 점검
	업무계획 : 위생교육, 인·허가사항 점검, 사업자 등록증 신청, 카드 가맹점 신청
	홍보 및 채용계획 : 홍보, 판촉물 기획 및 견적, 직원아르바이트 채용계획, 오픈 이벤트 직원채용
8. 식자재체크 및 구매처 확정	2개 이상의 식자재 거래처 확보
9. 개업최종점검	직원, 아르바이트, 원부자재 현황파악
10. 오픈 리허설	문제점 보완 및 역할분담
11. 홍보전단배포	당일 오픈 이벤트, 전단지 가두배포
12. 오픈 이벤트 및 그랜드 오픈	
13. 개업 후 판촉 및 고객관리	

자료 : 이상화.김철호(2001), 일억 버는 음식점. 일억 날리는 음식점, 푸른솔, pp.24～25 참조로 재구성,

1) 업종의 선택

업종과 업태의 선택은 외식사업경영의 성패를 좌우한다. 경영주의 애정과 관심정도에 따라 경영의 성과에 지대한 영향을 미치므로 평소에 자신의 경험과 취향을 최대로 살릴 수 있는 업종과 업태를 선택하여야 할 것이다. 또한 지속적으로 성업하기 위해서는 최근 유행하는 외식패턴과 경향, 입지예정지의 소비자 소비수준을 잘 파악하여 장기적으로 유망업종을 선택하여야 한다.

2) 경영형태와 창업방법결정

(1) 경영형태의 결정

개인의 특성과 개성에 따라 독립경영점포, 체인점 가맹, 회원점 공동브랜드 창업 등 다양한 경영형태에 따른 장단점을 비교하여 자신에게 가장 적합한 경영형태를 선정하여야 한다.

표 나에게 적합한 경영형태

체인이나 프랜차이즈에 적합한 사람	독립경영이 적합한 사람
· 주의가 깊은 사람 · 가이드를 잘 따르는 사람 · 경영방법을 잘 모르는 사람 · 모험심이 없는 사람 · 의사결정시 타인의 의견을 주로 반영하는 사람	· 독립적이며 활동적인 사람 · 용기가 있고 진취적인 사람 · 비전을 자주 제시하는 사람 · 모험심이 강한 사람 · 혼자 결정하기를 좋아하는 사람

자료 : 한경수 · 채인숙 · 김경환(2005), 외식경영학, 교문사, p. 90

(2) 점포선택의 방법 결정

신규점포를 창업할 것인가, 아니면 기존점포를 매수하여 영업할 것인가를 결정하여야 한다. 신규외식창업은 신축건물에 입주하거나, 또는 타업종의 점포를 인수하여 외식점포를 개설하는 방법이 될 것이다. 기존외식점포를 인수한다면 현상 그대로 영업을 지속하거나, 또는 인테리어를 다시 한 후에 기존의 업종과 업태를 지속하든지, 아니면 업종과 업태를 변경하는 형태가 될 것이다.

표 점포선택방법의 결정

창업과 매수	점포의 상태	개점방법
창 업	신축건물	신규창업을 위한 인테리어 착수
매 수	타 업종	외식업으로 전환
	외식업	업종, 업태의 변경
		현재의 업종과 업태를 유지

3) 자금조달계획 결정

창업자금은 자기자본과 대출금 또는 차입금 등 타인자본으로 조달한다. 또한 예상되는 매출액과 손익분기점 도달기일까지의 자금소요규모를 추정하여 창업자금 조달계획을 수립하여야 한다.

4) 입지선정, 점포결정

업종과 업태, 그리고 자금규모에 적합한 최적의 입지 및 점포를 탐색하여 입지를 선정하고 점포를 결정한다. 또한 입지예정점포의 건축물관리대장, 지적도, 도시계획확인서, 영업허가증, 사업자 등록증, 임대차계약서, 사업자의 주민등록증 등 일체의 관련서류를 대조하여 일치여부를 확인한다.

5) 시장조사 및 메뉴선정

입지에 따른 주력메뉴, 부가메뉴, 경쟁점포분석, 시장조사에 따른 경쟁전략수립.

6) 판매계획수립

판매계획과 출점전략수립, 판매형태, 가격전략수립.

7) 인테리어와 설비계획

(1) 인테리어 시설

인테리어의 설계, 견적, 시공, 감리, 간판, 전기, 전화 등 완공일자 결정.

(2) 주방설비 및 집기

주방설계 및 견적, 가스공급계약체크, 집기, 비품선정 및 견적시설감리 및 점검.

8) 업무계획

위생교육, 인・허가사항 점검, 사업자 등록증 신청, 카드가맹점 신청.

9) 홍보 및 채용계획

홍보, 판촉물 기획 및 견적, 직원아르바이트 채용계획, 오픈 이벤트직원 채용.

10) 식자재체크 및 구매처 확정

2개 이상의 식자재 거래처 확보.

11) 개업 최종점검

직원, 아르바이트, 원부자재현황 파악.

12) 오픈 리허설

문제점 보완 및 역할분담.

13) 홍보전단배포

당일 오픈 이벤트, 전단지 가두배포.

14) 오픈 이벤트 및 그랜드 오픈

15) 개업 후 판촉 및 고객관리

4. 사업계획의 타당성 분석

1) 시장분석

구상하는 컨셉의 사업성공 가능성은 시장의 규모와 잠재소비고객층이 얼마나 두터우냐에 따라 영향을 받을 수밖에 없다. 또한 현재는 물론, 가까운 미래와 장기전략적 측면의 시장 변화와 시장확보 가능성을 판단하여 창업해야 한다. 뿐만 아니라, 시장은 경쟁의 정도에 따라 영향을 받기 때문에 예상되는 경쟁상황과 경쟁구도에 대한 면밀한 분석이 선행되어야 할 것이다.

2) 요리 및 서비스 제공능력

① 요리와 서비스, 그리고 인테리어 등 상품력은 기존의 경쟁사와 비교하여 경쟁우위를 점할 수 있는가?

② 기존의 시장에 새로운 메뉴를 출시하여 창업하는 경우, 고객의 반응은 테스트를 사전에 하였는가?

③ 기술적으로나 설비상의 문제는 없는가? 예상되는 판매량의 조리와 서비스에는 문제가 없는가?

④ 필요한 원자재를 충분하게 확보할 수 있는가? 서비스능력과 직원교육은 충분한가?

3) 자금조달 및 수익성 분석

외식사업의 경우 손익분기점 도달기간이 여타사업에 비하여 빠르기는 하지만 대체적으로 6개월 정도로 추정한다. 또한 개업초기에 예측하지 못한 자금수요가 발생하기도 하며, 소비자의 반응정도가 예측치보다 밑도는 경우가 많기 때문에 손익분기점 도달기간이 지연되기 쉬우므로 그만큼 자금압박을 받을 수 있다.

따라서 초기 점포비용과 손익분기점 도달기간까지의 운영비용을 충분하게 고려하여 사전에 자금조달계획을 세우는 것이 매우 중요한다. 사전에 수익을 예측하고 사업계획의 경제성을 평가하며 재무적 타당성을 검토하여 사업을 전개하겠지만, 손익분기점 도달기간을 오판하는 경우에는 개업초기의 운영자금압박으로 경영을 포기하는 사례도 적지 않기 때문에 자금조달계획과 수익성 분석은 시장분석의 결과에 따라 정확하게 예측하여야 한다. 또한 자금조달계획은 상환계획과 위험요인도 동시에 고려하여야 한다.

5. 계약과 사업자 등록

표 점포의 계약과 공부확인

점포의 계약	확인해야 할 공부
① 점포의 점주와 양도계약 ② 건물주와 임대차 계약 ③ 중도금과 잔금정산 ④ 입주하고 인테리어 및 설비시공	· 토지등기부 등본(관할 등기소) · 건물등기부 등본(관할 등기소) · 건축물 관리대장(관할 시, 군, 구) · 토지대장(관할 시, 군, 구) · 도시계획확인원(관할 시, 군, 구)

1) 공부(公簿)확인

후보점포를 계약하기 전에 반드시 공부를 확인하여 이상유무를 점검하고 계약에 임해야 한다. 이러한 자세는 예상하지 못한 피해나 사기를 미연에 방지할 수 있다.

① 등기부 등본

건물이나 토지의 등기분 등본은 건물지나 토지의 주소만 알면 누구나 관할 등기소에서 열람할 수 있으며, 해당건물의 특징과 재산권의 변동사항을 알 수 있다. 후보점포의 건물이나 토지등기부 등본에 다음과 같은 내용이 명시되어 있으면 계약을 보류하는 것이 좋다.

㉮ 가압류, 압류, 가처분 등의 단어가 명시되어 있을 때
㉯ 부동산의 가격에 비하여 과도하게 근저당이 설정되어 있을 때
㉰ 짧은 기간에 소유자가 자주 바뀌고 있을 때
㉱ 제3자 담보나 금융권이 아닌 개인근저당이 설정되어 있을 때

계약이후에라도 중도금이나 잔금을 정산하기 직전에 각각 다시 한 번 더 등기부 등본의 변동여부를 확인하는 것이 좋다. 또한 건물이 있는데도 불구하고 주소지 등기부 등본에 나타나지 않는 무허가 건물이거나, 후보점포지역이 구획정리 중이거나, 건물소유주가 부재중이어서 직접 계약의 당사자가 되지 아니할 때는 계약을 하지 않는 것이 좋다.

② 건축물 관리대장

건축물 관리대장은 해당점포의 임대면적을 확인하는 자료가 된다. 임대면적은 임대료나 관리비를 산정하는 자료가 되기 때문에 중요하다. 또한 건축물의 준공 날짜와 점포의 용도를 확인하는 자료가 된다.

③ 토지대장

토지대장은 건물주와 지주가 동일인인지를 확인하는 자료가 된다. 공시지가를 살펴볼 필요가 있다.

④ 도시계획확인원

도시계획확인원으로 건물의 사용용도와 재개발여부를 확인할 수 있다.

2) 점포계약

후보점포의 공부를 확인하면서 ① 점포의 점주와 점포 및 시설물에 대한 양도계약을 체결한 후에 ② 건물주와 임대차 계약을 체결하고 ③ 중도금과 잔금을 정산한 후에 ④ 입주하여 인테리어 및 설비를 시공한다.

3) 인·허가

① 식품접객영업 신고(구청)

표 식품접객업 신고

신고서	첨부할 서류
식품접객업 사업신고서 -관할구청에서 -즉시처리 -인지대, 면허세	· 위생교육수료필증(음식업 중앙회가 실시, 교육비, 사진 2매, 주민등록증) · 보건증(보건소, 사진 2매, 주민등록증, 혈액검사비, 인지대) · 조리사 면허증 - 100평 이상 규모의 사업주 또는 종업원 중 1인

식품접객사업(음식점업, 주점업)의 신고는 관할구청에서 신고서류를 작성하여 첨부서류와 함께 인지대와 면허세를 납부하면 즉시 처리해 준다. 위생교육은 음식업 중앙회가 위탁으로 실시하며, 교육이 끝나면 즉시 교육필증을 교부해 준다. 보건증은 보건소에서 발급받으며, 4일 정도의 기간이 소요된다. 100평 이상 규모의 접객업소에서 의무고용하는 조리사는 면허증 복사본으로 제출하며, 원본은 대조 후에 돌려준다. 조리사 면허는 점주나 또는 종업원 중에 하나만 있어도 된다.

② 사업자 등록증(세무서)

표 식품접객업사업자 신고

신고서	첨부할 서류
사업자 등록신청서 2통 -관할세무서에서 -즉시처리 -업종과 업태 기재	· 식품접객영업 신고서 사본 1통 · 임대차 계약서 사본 1통 · 주민등록등본 2통

사업자 등록증은 관할세무서에서 사업자 번호를 발급받는 것이다. 신청서(세무서에 비치) 2통을 작성하고 관할구청에서 발급한 영업허가증 사본 1통, 임대차 계약서 사본 1통, 주민등록 등본 2통과 함께 관할세무서에 제출하면 즉시 발급해 준다.

③ 전화가설

관할전화국에 신청하면 2 ~3 일 후에 가설해 준다.

④ 전기증설

한전의 1, 2종 면허업자에게 신청하면 7일 이내에 가설해 준다.

⑤ 가스 및 상하수도

가스는 가스공사, 상하수도는 구청에 신청하면 된다.

⑥ 신용카드 단말기

신청하면 2 ~3 일 이내에 설치해 준다.

6. 창업체크 포인트

외식업 창업자에게는 개업 자체가 인생을 좌우할 만큼 중요한 프로젝트임에는 틀림없다. 초심자뿐만 아니라, 이미 몇 번의 경험이 있는 유경험자들도 실패하기 쉬운 것이 바로 외식사업의 창업이다. 일상적으로 반복되는 영업과는 달리 창업은 순조롭게 진행되지만은 않는다. 업주나 종업원의 지혜와 능력을 총동원하여 빈틈없는 창업과 운영계획을 세워야 하며, 정확한 목표를 설정하고 합리적인 일정표를 짜야 할 것이다.

1) 개점준비체크 포인트

(1) 개업팀의 구성

① 개업팀의 명칭과 목적, 목적달성을 위한 구체적인 방법을 먼저 정해야 한다.
② 이러한 직무를 수행할 담당자를 정하고, 필요하면 외부전문가의 도움을 받는다.
③ 예정입지를 분석하고 활용가능성과 입지개발방법을 설정한다.
④ 예정점포를 어떠한 방법으로 운영할 것인지, 컨셉과 영업전략을 정한다.
⑤ 점포의 이미지 통일을 위한 CI를 입안하고, 영업전략의 소구방법을 정한다.
⑥ 상품개발 담당자는 영업전략을 토대로 상품을 개발한다.
⑦ 주방과 조리지식을 갖춘 주방기획자는 효율적인 주방을 설계한다.
⑧ 메뉴담당자는 메뉴의 기획과 메뉴디자인을 한다.
⑨ 기물담당자는 영업전략을 식탁에 표현할 방안을 모색한다.
⑩ 영업전략을 점포에 반영하는 인테리어를 위한 도면을 작성한다.
⑪ 일련의 모든 개업팀 구성원들의 원활한 의사소통과 일정을 종합적으로 관리한다.

(2) 개점과정표 작성

① 초기단계

입지조사에 필요한 기초정보를 수집하고 분석하여 영업전략을 수립한다. 상품을 계획하고 예상되는 수입과 지출을 추정해 본다. 투자자금과 균형을 이루는지 비교하고 개점계획을 확정한다.

② 점포설계단계

아이디어를 구체화하는 점포설계는 정확한 시장분석과 대책이 무엇보다 중요하다. 점포는 먼저 기능적인 주방의 배치와 실내인테리어를 설계를 하고, 견적을 검토하여 공사에 착수한다. 각종인허가 사항을 점검한다.

③ 개업준비단계

외식업의 최신유행동향을 파악하고, 직원을 모집하고 교육과 훈련 및 연수를 실시한다. 식자재 등 각종 납품목록을 체크한다. 판매촉진방법과 개업행사방법을 준비한다.

(3) 개업준비팀의 점포설계

① 점포설계

점포는 기능과 감성을 동시에 고려하여 설계하여야 한다. 기능은 주방과 홀의 효율적인 동선을 고려하는 것이라면, 감성은 고객의 편안한 분위기를 고려한 것으로 도면설계는 이 두 가지를 동시에 고려하여야 한다. 작성된 도면을 최종적으로 홀과 주방의 실무책임자가 검토하도록 한 후에 인테리어 업자를 선정한다. 인테리어는 예산을 반영하여야 하며, 인테리어 업자는 경험이 충분하고, 특히 신뢰성이 있는 자라야 한다. 그림이나 소품 등 장식품은 감성이 풍부하고 점포의 기본설계와 잘 어울려야 한다.

② 주방설계

주방은 음식점의 핵심이다. 양질의 요리를 효율적으로 생산하여 제공하기 위해서는 설비의 배치나 동선을 고려하여야 한다. 또한 차후에 발생할지도 모르는 제공상품의 변경에 따라 설비를 재배치할 경우라도 배치변경이 용이하여야 한다. 또한 주방도구나 기구는 여러 업자에게 분산발주하는 것이 좋다.

(4) 디자인의 설계와 검토

① 상표디자인

외식점포의 컨셉을 간단하게 압축하여 시각적으로 정확하게 전달할 수 있는 상표는 매우 중요하다. 간판이나 레온사인 홍보물, 홈페이지나 메뉴, 기물 등 점포의 모든 부분에 반영시킬 수 있다. 이러한 일련의 일정한 패턴의 노출은 고객에게 깊은 인상을 심어 줄 수 있다.

② 메뉴 디자인

메뉴의 품목리스트와 사진이나 그림을 시각적으로 전달하는 메뉴는 매우 중요하다.

③ 비품디자인

식기, 집기, 비품, 유니폼, 명찰 등의 소재나 디자인은 업소의 이미지에 큰 영향을 미친다. 전시용 상품의 모조샘플 또한 매우 중요한 요소이다.

(5) 메뉴와 주방설계 검토

① 메뉴 아이디어 검토

어떤 상품을 제공하고 싶은지, 소비자의 기대수준, 영업전략과 어울리는 메뉴, 수익성이 있는 메뉴, 주방에서 조리가능한 메뉴인지를 종합적으로 검토한다. 조정회의에는 점포운영자, 개업총괄책임자, 주방설계자, 인테리어 담당자, 주방장과 매니저 등이 참석하여 의견을 조율하여야 최적안을 도출할 수 있다.

② 주방의 설계와 검토

주방의 설계도안이 실제 조리작업에 효율적인지를 영업전략과 함께 주방의 의견을 반영하여 종합적으로 고려하여야 한다. 잘못된 주방설계는 작업효율성이 떨어져 인건비 상승요인이 되기도 하며, 양질의 요리상품을 만드는 데 장애요인이 되기도 한다.

(6) 점포시공 체크포인트

① 내장공사

체크해야 할 점포의 내장공사는 해체, 상하수도, 목공, 타일, 방수, 금속재료, 유리재료, 나무재료, 페인트 공사, 가구, 전기, 화장실, 주방, 공조와 다트, 신발장과 출입구 등이다.

② 외장공사

체크해야 할 점포의 외장공사는 진입로, 주차공간, 지붕, 목공, 외벽타일, 외부페인트, 간판과 네온, 정원과 정원수 등이다.

2) 개점 전 점검포인트

(1) 화장실 점검표

표 시간별 화장실 점검표 사례

점검 시간	세면기	변기	소변기	거울	휴지통	휴지	장식물	손잡이	재떨이	방향제	통풍	음악	세면 도구	바닥 청결	담당 서명
11시															
12시															
13시															
14시															
15시															
16시															
17시															
18시															
19시															
20시															
21시															
22시															

(2) 청소작업 점검

① 바닥 청소 : 신발장, 바닥, 벽, 천장, 통풍구, 카펫, 테이블, 의자, 거울, 액자, 유리창, 출입문 등을 깨끗이 닦는다.
② 서비스 스테이션 청소 : 계산대, 선반 정리, 먼지 제거, 쟁반, 컵, 꽃병, 정수기, 서비스 스테이션 냉장고, 음료수대 등을 깨끗하게 유지한다.
③ 외부 및 현관주변청소 : 현관주변, 주차장, 현관유리, 문 틈을 깨끗하게 유지한다.

3) 개점당일의 점검사항

(1) 개점을 위한 점검항목

점포, 설비, 식기저장고, 홀, 금전출납기, 조리, 주방, 냉난방, 간판, 주차장 등을 점검한다.

(2) 개점을 위한 점검품목

청소용구, 소품, 세제용품, 사무용품, 기물류, 서비스비품, 테이블용품, 전표 관련, 유니폼, 인쇄물, 메뉴, 물, 음료와 주류 및 식재료, 양념류 등

4) 개점 후 경영실적분석을 위한 점검사항

표 매출집계표

날자	요일	11~15시				15~18시				18~22시				22~24시				합계				매출									
		객수		매출		객수		매출		객수		매출		객수		매출		객수		매출		요리		음료		주류		내점		배달	
		당일	누계	당일	누계	당일	누계	당일	누계	당일	누계	당일	누계	당일	누계	당일	누계	당일	누계	당일	누계	당일	누계	당일	누계	당일	누계	당일	누계	당일	누계

표 노동집계표

날자	요일	정규직						임시직						합계						인시 매출액	
		인원		근무시수		인건비		인원		근무시수		인건비		인원		근무시수		인건비		당일	누계
		당일	누계	당일	누계	당일	누계	당일	누계	당일	누계	당일	누계	당일	누계	당일	누계	당일	누계		

표 경영분석표

날자	요일	전년매출		금년 매출			성장성		매입									
		당일	누계	당일	누계	당일	누계	목표달성율	식품		주류		음료		기타		합계	
									당일	누계	당일	누계	당일	누계	당일	누계	당일	누계

표 매출액의 예측능력향상을 위한 판정표

날짜	요일	예측매출		실제매출		예측의 오차수준	
						1-(실제매출/예측매출)	
		당일	누계	당일	누계	예측의 당일오차	예측의 누계오차
합 계							

예측의 오차수준은 '0'에 가까울수록 예측능력이 크다고 할 수 있다.

제6회 세계지식포럼 - 창의성 없이 살아남을 기업 없다.

<무한경쟁시대의 성공 잣대는 창의성 아이디어 실행을 위한 환경조성 필요>

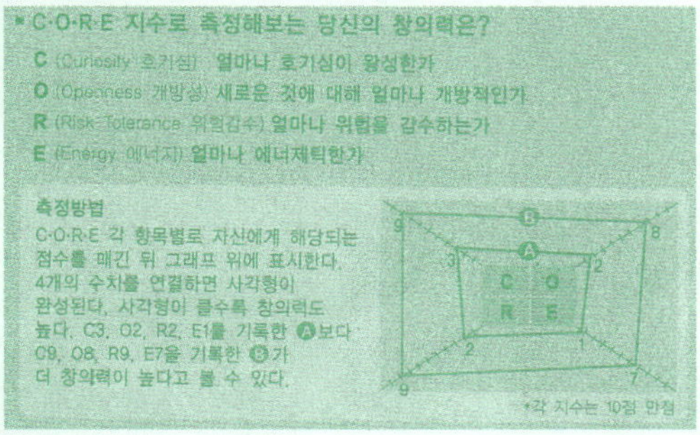

세계적 경영대학원인 프랑스 인시아드(INSEAD)가 제6회 세계지식포럼 사전행사로 10일 개최한 인시아드 미니 MBA 과정 주제는 '창의성과 협력'이었다.

첫 번째 연사로 나선 토마 마나레이 인시아드 경영대학원 조직행동론 교수는 "많은 기업이 계획이나 관리도 힘들고 기존절차와 구조를 방해하는 데다 위험과 실패를 수반한다는 이유로 창의적인 행동을 회피하려는 경향이 있다"고 말했다.

마나레이 교수는 "그러나 무한경쟁시대에 마지막 성공 잣대는 창의성"이라며 "창의성은 미래기업을 성공적으로 이끌고 성장시키는 가장 중요한 질서"라고 말했다. 그는 기업의 창의성은 크게 △개인 아이디어, △창의력 향상 절차, △창의력 제고를 위한 환경, △가치가 담긴 제품 등 네 가지 측면에 따라 결정된다고 주장했다.

◆ 개인의 혁신적 아이디어가 기초 = 마나레이 교수는 개인적 창의력을 구성하는 네 가지 요소로 'CORE, 즉 Curiosity(호기심), Openness(개방성), Risk Tolerance(위험 감수력), Energy(에너지)'를 제시했다. 각 요소수준이 높을수록 개인 창의성도 높다는 설명이다. 그는 "창의력은 특별한 사람이나 천재만이 발휘할 수 있는 것이 아니다"며, "단계적 프로세스에 의해 점진적으로 향상되거나 동기화, 협업 등 결과물로 나타날 수도 있고, 때로는 배짱 좋은 사람들도 달성할 수 있는 것"이라고 말했다.

◆ **창의력 향상시키는 절차도 중요** = 마나레이 교수는 창의적 절차를 향상시키는 네 가지 단계로 △관찰, △사고, △즉흥화, △상상력과 돌파구를 제시했다. 마나레이 교수는 "경영자들은 빠른 속도로 일하고 움직이기 때문에 생각하는 것을 싫어하는 경향이 있다"며 "일기를 쓰는 것은 사고력을 키워 주는 좋은 수단"이라고 추천했다. 그는 또 "브레인스토밍이나 마인드매핑 등 창의성 향상 과정들을 적극활용해야 한다"고 주장했다.

◆ **창의력을 키울 수 있는 환경조성** = 개인이나 조직의 창의력 계발도 중요하지만 창의력을 키울 수 있는 환경도 중요하다. 마나레이 교수는 "창의력을 기를 수 있는 환경을 조성해야 한다"며 "집단적 사고, 관료적 분위기, 시간적 압박 등을 경계해야 한다"고 지적했다. 그는 "남들과 다른 관점에서 사고하는 소수가 다수에게 영향을 미칠 수도 있다"며 "생각이 다르고, 자기의견에 당당한 사람들을 적극적으로 채용해야 한다"고 말했다.

◆ **독창적 아이디어를 담은 결과물도 중요** = 결과물(제품) 자체가 독창적 아이디어를 표방하고 특별한 가치를 담아야 한다. 현재 주류를 최상의 것으로만 여기는 것도 금물이다. 마나레이 교수는 "개인창의성을 발휘하기 위해서는 적절한 환경과 프로세스가 제공돼야 하고, 리더십과 지속적인 노력도 필요하다"며, "작은 창의적 변화도 큰 변화로 이어질 수 있기 때문에 중시해야 한다"고 밝혔다.
-이호승 기자-

자료 : 매일경제

Food Service

제 9 장

메뉴의 계획과 개발

Foodservice

Chapter 9

외식사업의 성패는 컨셉의 설정에 달려 있으며, 컨셉설정의 가장 중요한 부분이 메뉴계획이다. 다시 말해서 외식사업 경영의 핵심은 메뉴개발이며, 가장 중요한 요소라는 것을 아무리 강조해도 지나치지 않는다. 고객이 레스토랑을 방문하고자 할 때는 먼저 메뉴(menu)를 고려하여 선택하며, 최종적으로 이용할 업소를 결정한다. 메뉴는 판매하는 요리상품을 의미하기도 하지만 다른 한편으로는 상품의 목록을 명시한 리스트, 즉 메뉴북(menu book)을 의미하기도 한다. 본 장에서는 메뉴의 계획과 개발, 그리고 메뉴를 어떻게 상품으로 관리할 것인가에 대하여 알아보고자 한다.

1. 메뉴개발의 중요성

레스토랑의 이미지는 하나의 단순한 어떤 특정요인에 의하여 고객에게 인식되기보다는 인테리어, 서비스 정도, 조명, 가격, 요리품질 등 다양한 요소에 의하여 영향을 받는다. 이러한 다양한 요소 가운데 메뉴는 가장 중요한 요인이며, 메뉴 자체가 레스토랑의 컨셉으로 이미지가 인식된다.

메뉴에 따라 제공방법이 다르게 나타나며, 사용되는 기물도 천차만별일 수밖에 없다. 따라서 메뉴는 업소의 이미지를 전달하는 대표적인 수단이며, 고객의 유인수단이 되기도 한다. 또한 경영자는 메뉴를 통하여 고객을 통제하고 선택하는 경영수단으로 활용하기도 한다.

1) 메뉴개발의 기본전략

메뉴개발은 구체적인 목적과 목표를 설정하고 시장조사와 상품개발, 판매촉진전략 등이 종합적으로 검토되어야 시장우위를 용이하게 확보할 수 있을 것이다. 고정고객의 이탈을 방지하고 기본컨셉을 흐트러뜨리지 않는 신메뉴가 개발되어야 하는 것도 매우 중요하다.

고객에게 상품으로 판매하는 메뉴는 고객이 그 가치를 인정하고 선택할 때 의미가 있다. 즉, 고객이 외면하지 않고 선택하는 메뉴가 개발되어야 한다는 것이다. 또한 체인이나 프랜차이즈 외식업체는 시스템에 적용 가능한 메뉴를 개발하여야 한다.

메뉴는 경쟁자의 상품전략을 고려하여 차별화되고 경쟁력 있는 상품으로 개발되어야 한다. 또한 경험적 시장의 특성을 고려하여 고객선호도가 높은 상품으로 개발하여야 하며, 소비자의 지역별 특성도 고려하여야 한다. 뿐만 아니라, 메뉴개발은 장단기 전략으로 세분화하여 접근할 필요가 있다.

2) 메뉴의 기능

(1) 커뮤니케이션 수단

외식업체의 메뉴는 유일한 판매수단이자 동시에 업소와 고객간의 상호 커뮤니케이션하는 통로이다. 업소는 메뉴를 통하여 컨셉을 고객에게 표현하여 전달하고, 고객은 선택이라는 수단으로 자신들의 의사를 표현한다.

(2) 판매도구

레스토랑의 커뮤니케이션은 메뉴북으로 부터 시작된다. 메뉴는 판매시점 광고효과를 유발할 수 있기 때문에 메뉴의 나열순서나 배치방법은 매우 중요하다. 외부적으로 제공가능한 상품의 품목, 가치, 가격을 명시하여 고객에게 전달하고 내부적으로 직원에게 전달한다. 따라서 메뉴는 단순한 요리목록이 아니라 커뮤니케이션도구이자 판매도구이다.

(3) 매개수단

고객이 레스토랑에서 판매하는 모든 상품을 직접 확인하고 선택하여 구매한다는 것은 사실상 불가능하다. 따라서 메뉴라는 수단을 통하여 외식업체가 제공하고자 하는 상품의 가치 수준의 보장을 표현하고, 이를 신뢰하는 고객은 메뉴를 보고 요리상품을 선택하여 주문하게 된다. 이처럼 메뉴는 제공자와 소비자 사이의 상품선택을 위한 중요한 매개수단이다.

(4) 고객통제수단

메뉴는 가격, 서비스방법을 결정지우기 때문에 이용하는 고객의 수와 수준, 이용빈도, 분위기에 영향을 미치게 된다. 또한 세분화된 시장을 목표로 할 수도 있으며, 좌석회전율에 영향을 미치기도 한다. 따라서 메뉴는 고객통제수단이 되기도 한다.

(5) 내부통제수단

메뉴는 레스토랑의 컨셉과 조리사의 기술수준, 식재재의 구매와 저장, 설비의 수준, 식재료비용, 서비스방법, 제공되는 기물의 종류 등 업소내부의 제요소에 영향을 미치므로 내부통제수단으로 작용하기도 한다.

2. 메뉴의 구성과 종류

1) 메뉴의 구성

메뉴는 레스토랑의 컨셉을 구체적으로 표현하는 수단이다. 방문목적에 따라 기대욕구가 다르게 나타나는 고객에게 레스토랑의 경영컨셉을 메뉴에 구체적으로 표현하여 전달할 수 있어야 한다. 또한 메뉴의 구성은 고객의 구매욕구를 극대화시킬 수 있어야 한다.

이와는 다르게 메뉴구성은 업종과 업태에 따라 다르게 나타나는 메뉴품목의 조합을 어떻게 구성할 것인가의 문제이다. 메뉴의 구성은 주메뉴, 부메뉴, 특선메뉴, 보조메뉴 등 4가지로 구성되며, 전체적인 균형을 고려하여 품목 수를 증감할 수 있다. 메뉴의 구성은 외식업소의 설비정도, 서비스능력, 인테리어 정도, 입지여건, 조리사의 조리능력 등을 종합적으로 고려한 후에 결정하여야 할 것이다.

(1) 주메뉴

레스토랑의 컨셉을 표현하는 가장 중요한 주력메뉴로 중심메뉴이다.

많은 고객들은 주력메뉴를 찾아 레스토랑을 방문하게 된다. 사용되는 식재료가 서로 유사한 메뉴로 구성되기 때문에 조리나 서비스 또한 용이하다. 예를 들어, 햄버거 전문점은 다양한 종류의 햄버거 메뉴가 있다고 하더라도 내용물의 일부만 바꿈으로써 조리가 가능하기 때문에 조리가 간편하고 쉽다. 또한 스테이크나 씨푸드 전문점에서도 마찬가지다.

(2) 부메뉴

주메뉴의 단점을 보완하거나 다양한 고객의 기호를 일부나마 충족시키기 위하여 마련된 메뉴로 구성된다. 주메뉴의 식재료를 약간 응용하여 만들거나 계절성 메뉴 또는 시간대별 판매를 증진시키기 위한 수단으로 만든 메뉴라고 할 수 있다.

(3) 특선메뉴

주메뉴의 활성화를 위한 판매촉진수단으로 프로모션할 때 주로 등장하는 메뉴를 말한다. 이벤트 메뉴나 특선메뉴 등으로 임시적으로 등장하는 메뉴가 이에 해당한다.

(4) 보조메뉴

디저트나 음료 및 주류와 같이 주메뉴를 선택하고 보조적으로 주문하는 메뉴를 말한다. 일반적으로 매출액은 적으나 보조메뉴의 판매정도에 따라 해당업소의 공헌이익에 지대한 영향을 미친다. 때로는 보조메뉴의 판매정도에 따라 업소의 손익이 결정되기도 한다. 이를 감지한 점장들은 판매증진(up selling)활동의 일환으로 식전주나 식후주 또는 식후 커피나 차를 마시기 전에 가벼운 디저트를 넌지시 권유하기도 하여 보조메뉴의 판매액을 늘리는 영업전략을 구사하기도 한다.

2) 메뉴의 종류

(1) 정식메뉴(table d'hote; full course menu)

따블도트(table d'hote) 또는 풀코스메뉴(full course menu), 세트 메

뉴(set meun)라고 부르기도 하는 정식메뉴는 제공할 음식의 종류와 순서가 미리 정해진 메뉴로써 대체로 고객은 여러 가지의 정식메뉴 중에서 한 가지를 선택하여 주문하게 된다.

고객의 선택이 제한된다는 단점은 있으나 정형화되고 격조 높은 서비스를 제공할 수 있으며, 대체로 다이닝 수준의 레스토랑에서 많이 제공한다. 중세 유럽의 'table master'라고 하는 대식당에서 주인이 손님과 함께 식사를 하던 것을 'table d'hote'라고 하였다고 하며, 여기서 정식메뉴(table d'hote)가 유래되었다고 한다.

9 코스 정식메뉴(9 course)의 예 : 전채(appetizer) - 수프(soup) - 생선(fish) - 샤베트(sherbet) - 주요리(main) - 샐러드(salad) - 후식(dessert) - 식후음료(baverage) - 생과자나 초커릿(praines).

(2) 일품요리메뉴(a la cart ; standard menu)

일품요리메뉴는 고객이 자신의 취향에 따라 자유로이 코스를 선택할 수 있도록 구성된 메뉴로 정식메뉴와 같은 순서는 무시될 수 있다. 고객의 기호에 따라 취사선택이 가능하며, 선택한 요리에 따라 가격도 다르게 나타난다. 몽블랑게의 레스토랑에서 일품요리가 등장하기 시작했다고 한다.

(3) 연회메뉴(banquet menu)

다수의 고객이 일정한 장소에서 동시에 식사를 할 때와 같이 동시에 많은 사람들에게 요리를 제공하기에 용이한 메뉴로 구성된 메뉴를 연회메뉴라고 한다. 연회메뉴로는 세트 메뉴(set menu), 뷔페(buffet), 다과(cocktail), 티 뷔페(tea buffet), 스탠딩 뷔페(standing buffet), 칵테일 뷔페(cocktail buffet) 등이 있다.

(4) 뷔페메뉴(buffet menu)

다양한 종류의 음식을 대량으로 만들어 박리다매형태로 제공하는 것으로 미리 만들어진 음식을 취사선택하여 먹으면 된다. 특히, 호텔의 조식뷔페는 투숙객을 위한 서비스 차원에서 제공되고 있다.

일정금액을 내고 입장하여 먹는 뷔페는 오픈 뷔페와 클로즈 뷔페가 있다. open buffet는 지불능력이 있는 불특정 다수를 대상으로 하는 영업형태이며, closed buffet는 특별히 제한된 자격의 고객만을 대상으로 하는 영업이다. 뷔페를 이용하는 요금정산방식도 누구나 입장하면 동일하게 요금을 부과하는 일괄요금제가 있는가 하면 선택한 요리에 따라 다르게 요금을 차등적으로 부과하는 방법이 있다.

(5) 하루의 시간대별 메뉴

① 아침 메뉴(breakfast menu)

② 브런치 메뉴(brunch menu) : 아침과 점심을 한꺼번에 먹는 늦은 아침 식사.

③ 정찬메뉴(luncheon menu)

④ 스낵 메뉴(snack menu) : 오전이나 오후의 브레이크 타임에 먹는 간단한 스낵류.

⑤ 만찬메뉴(dinner menu)

⑥ 심야만찬메뉴(midnight supper menu)

(6) 특별메뉴

① 축제메뉴 : 특별한 기념일이나 축제 때 등장하는 메뉴.

② 오늘의 특별메뉴 : 주방장이 당일에 구성하는 메뉴로 비수요 식재료의 소진이나 판매촉진을 위한 프로모션의 수단으로 활용된다. 비교적 유사상품에 비하여 가격이 저렴하다.

③ 계절성 특별메뉴 : 성수기의 계절성 식재료를 선정하여 메뉴를 구성한다. 예를 들어, 자연송이 축제, 딸기 축제, 연어 축제, 포도 축제, 석화 축제 등에 등장하는 메뉴를 말한다.

④ 경식메뉴(light menu) : 저칼로리 식재료를 이용하여 만든 메뉴로 구성되어 있으며, 비만이나 또는 특이성 환자에게 적용되는 메뉴를 말한다.

⑤ 건강식메뉴(health food menu) : 건강이 약한 자나 환자를 위한 스태

미너식품을 중심으로 구성된 메뉴로 육류와 같은 고단백 식품이 주로 이용된다.

⑥ 채식메뉴 : 야채를 주로 이용하며, 계란이나 우유는 제한적으로 이용한다. 체질과 건강과 미용 또는 종교상의 이유로 육식을 하지 않는 고객을 위한 메뉴이다.

⑦ 어린이를 위한 메뉴(kid's menu)

3. 메뉴개발과 상품관리

1) 메뉴개발

메뉴 자체가 상품력이 없으면 아무리 잘 구성된 메뉴전략이라 할지라도 아무런 의미가 없다. 고객의 기호에 적합한 상품으로 만들어져야 하며, 고객을 유인할 수 있는 상품을 개발해야 한다. 80년대까지만 하더라도 QSC를 근간으로 만든 상품이 고객에게 어필되었으며, 90년대에는 냉동식품이나 2차 가공된 식품으로 대부분의 요리를 만드는 카페나 선술집이 그나마 인기가 있었다.

그러나 2000년대의 생활수준향상에 따라 고품질 소비를 추구하는 소비자는 더 이상 상품력이 떨어지는 예전의 요리를 찾지 않는다. 소비자는 고급 다이닝 룸은 물론이려니와 패밀리 레스토랑조차도 보다 양질의 메뉴를 기대하고 있다. 최근의 소비자는 건강을 중요시한 나머지 무공해식품, 자연식품을 선호하며, 이를 위하여 기꺼이 비용을 지불할 각오가 되어 있다.

(1) 컨셉에 적합한 메뉴개발

메뉴는 업종과 업태의 컨셉에 따라 적합한 메뉴가 있다. 컨셉에 어울리지 않는 메뉴는 아무리 잘 개발된 메뉴라고 할지라도 고객들은 이상한 메뉴라고 생각하기 쉽다. 컨셉에 어울리지 않는 메뉴라면 가격보다 한 단계 상위상품을 제공한다고 할지라도 고객은 외면 할 것이다. 고객들은 패스트푸드점포에서 디너하우스 수준의 요리를 기대하지도 않는다는 사실을 명심해야 할 것이다.

고객이 방문하는 특정 레스토랑의 컨셉은 고객의 기대수준을 이미 반영하고 있다. 시간을 중시하는 패스트푸드, 부담없는 가격과 자유로운 서비스를 기대하는 패밀리 레스토랑, 고품질 요리상품과 격조 높은 서비스를 기대하는 다이닝 레스토랑, 자극적인 맛을 기대하는 한식, 신선한 생선회와 스시를 기대하는 일식, 길게 늘어지는 치즈가 곁들여지는 피자와 스파게티를 기대하는 이탈리아 레스토랑, 특별한 국가나 지역의 향토색 짙은 문화를 향유하려는 지방요리 전문 레스토랑 등은 그들의 독특한 컨셉에 적합한 메뉴를 개발해야 고객들로부터 호응을 받을 수 있을 것이다.

다시 말하지만 컨셉 자체가 고객이 기대하는 수준이기 때문이다. 패스트푸드점포에서 나이든 웨이터가 정중하게 웨이건에 따뜻하게 관리된 고급자기 그릇의 요리를 서비스한다면 과연 고객의 기대에 부응하는 서비스인가? 반대로 패밀리 레스토랑에서 패스트푸드점에서 사용하는 1회용 종이 그릇에 요리를 담아 제공한다면 고객은 또한 황당해 할 것이다.

(2) 간판메뉴를 설정한다.

식당이 성공하려면 'ABC라는 요리를 먹으려면 DEF라는 식당에 가면 돼'라는 말이 고객의 입소문에 오르내리는 간판 메뉴를 개발하여야 한다. 백화점식으로 다양한 메뉴를 제공하는 점포는 메뉴의 특색이 없기 때문에 주력메뉴, 즉 간판메뉴를 찾을 수 없다.

① 제공방법의 차별화

간판메뉴는 제공방법의 차별화로 개발할 수 있다. 더운 디저트를 접시에 담아 고객의 식탁 앞에서 웨이터가 프람베해 주면서 그 가치를 극대화한다거나, 스테이크의 철판을 뜨겁게 달구어 소스가 부글부글 끓으면서 소리가 나고 그윽한 와인향이 풍기는 요리의 제공방법도 하나의 사례가 될 수 있다.

② 조리방법의 차별화

조리방법의 차별화로 간판메뉴를 개발한다. 적 벽돌로 만든 화덕에서 참나무 장작으로 구운 피자, 대형 조개껍데기에 담은 해산물 요리, 두꺼운 생고기 오겹살, 연기에 그을려 익히는 참나무 숯으로 구운 훈향이 가득한 갈비나 너비아니 등은 기존의 조리법과는 다른 맛과 향을 연출할 수 있다.

③ 차별화된 식재료

삼겹살도 냉동과 생삼겹은 맛과 질감이 다르다. 태양초 고춧가루와 열풍건조 고춧가루는 맛과 빛깔이 다르다. 한우 생고기와 수입산 우육의 맛이 다르며, 국수나 빵을 만들 때 사용하는 밀가루 또한 산지나 품종에 따라 제품의 맛에 미묘한 차이가 난다. 이처럼 사용하는 식재료의 품질수준에 따라 만들어져 나오는 요리의 품질수준이 다를 수밖에 없다.

④ 차별화된 직원교육

본 저자는 가끔 우리나라 국적 항공기를 가끔 이용한 적이 있다. 개인적 느낌인지는 모르지만 두 항공사 승무원의 서비스와 서비스 마인드는 확실하게 차이가 난다고 느끼고 있다. 이러한 결과는 오직 교육으로부터 나온다고 확신한다. 반복적인 올바른 교육은 태도와 행동을 바꾸고, 더 나아가 생각하는 자유까지도 바꿀 수 있다.

식재료의 구매와 저장 및 관리, 음식상품의 제공방법과 순서 등 음식상품과 관련된 지속적이고 꾸준한 반복교육은 음식상품의 품질을 한층 더 향상시킬 수 있다. 음식이라는 상품은 조리되어지는 여러 단계에서 아무리 잘 관리되어졌더라도 특정한 한 단계에서 잘못 관리되면 그것이 결국 품질저하로 이어지기 때문에 조리는 물론, 서비스를 포함한 모든 과정이 올바로 관리될 수 있도록 철저한 관리감독이 이루어져야 한다.

과일과 야채는 신선하게, 그러나 얼지 않도록, 뜨거운 요리는 뜨겁게, 찬 요리는 차게, 찬 요리 기물은 차게, 뜨거운 요리 기물은 뜨겁게 제공되어야 한다. 결국, 상품은 사람이 만든다는 것이다. 따라서 직원들에 대한 상품교육의 중요성은 아무리 강조해도 지나치지 않다.

(3) 식자재 조달

최근 외식사업의 성패여부는 식자재 조달능력에 달려 있다고 한다. 그만큼 식자재의 조달이 중요하다는 것이다. 체인본부처럼 가맹점에 식자재를 중앙공급하는 대형업체는 주요식자재의 원산지에서부터 최종 소매단계까지 어느 단계에서 구매하는 것이 유리한지 검토하여야 한다. 최근에 중국산 수입 김치에 기생충 알이 들어 있다고 하여 야단법석들이다. 그러나 똑같이 중국에서 김치를 수입하는 일본은 조용한다. 그 이유는 간단하다. 일본의 수입업자들을 김치의 주원료가 되는 마늘, 배추, 고춧가루 등 주요재료를 생산하는 농가를 방문하여 재배과정이 위생적이고 생산된 상품이 인체에 안전한지를 사전에 점검하여 문제가 있는 상품은 아예 수입하지 않는다. 따라서 우리나라와 같은 문제는 발생할 수 없다.

식재료의 생산단계관찰이 어렵다면 도매시장에서 구매하여 조달하는 것도 하나의 방법일 것이다. 야채도매시장, 수산물 도매시장, 고기도매시장 등에 나가 가격과 신선도를 비교하여야 한다. 새로이 출시되는 식재료를 활용한 요리는 고객으로 하여금 신선함을 더하게 할 것이다. 또한 특별하게 가격이 저렴한 식재료를 구매하여 활용하는 것은 식재료 원가율을 낮추어 채산성을 강화시켜 준다. 뿐만 아니라, 품질의 변화 없이 저장가능한 식재료의 대량구매는 구매단가를 낮출 수 있다.

(4) 시설과 설비를 고려한다.

조리에 대하여 이해하지 못하는 경영자나 메뉴개발자가 범하기 쉬운 오류 중에 하나가 주방의 생산능력이나 시설과 설비를 무시한 채 신상품을 개발하는 것이다. 예를 들어, 커피전문점에서 고객이 찾기 때문에 간단한 햄버거나 스파게티를 만들어 팔기로 한다면 어떨까요. 식재료를 저장할 냉동냉장설비, 요리할 기구와 스토브, 기물 등을 다시 구비해야 한다. 뿐만 아니라, 요리전문 조리사의 고용문제는 어떻게 할 것인가?

다른 한편으로 스토브는 한정되어 있는데, 새로 개발한 요리가 모두 스토브를 사용한 요리라면 고객이 밀려오는 점심이나 저녁 시간에 요리 만드는 시간의 지연으로 고객의 불만은 극에 달하며, 결국 고객불평으로 이어질 것은 불을 보듯 뻔하다. 따라서 현재의 시설과 설비를 최대한 활용하고 인력과 작업의 분산 등을 고려하여 새로운 메뉴를 개발하여야 한다.

(5) 경쟁사와 차별화된 메뉴개발

경쟁점의 히트상품을 진지한 연구와 검토없이 단지 흉내만 낸다면 고객은 외면하고 결과적으로 경쟁점을 도와주는 꼴이 되고 만다. 결국, 자점의 차별화된 메뉴개발은 자점의 컨셉에 적합한 독창성 있는 상품으로 개발해 내야 한다는 것이다.

메뉴개발의 아이디어가 특별하기보다는 평소 고객이 하는 불만과 불평 또는 기대를 귀 기울여 듣고, 이것을 연구검토하여 기발하고 독특한 아이디어로 만들어 내는 것이다. 국내의 가장 성공한 외식기업의 하나인 (주)놀부 보쌈이나 솥뚜껑 삼겹살, 시골밥상을 유심히 관찰해 보면, 특별한 아이디어라기보다는 이미 우리 주변에 널려 있는 상품들을 각색하고 다듬어서 새로운 아이디어상품으로 재창조한 상품들이다.

메뉴의 차별화는 큰 차이가 아니라, 작은 차이를 크게 부각시키는 마케팅활동의 산물이라고 해도 지나치지 않다. 그만큼 요리상품은 이미 우리 인류가 만들어 먹어 오던 요리의 범주를 크게 벗어나지 못한다는 의미이다.

(6) 시장의 기대를 반영한다.

점포가 입지하는 지역시장의 특성, 기대욕구와 소비패턴을 조사분석하여 그들의 기대를 반영한 메뉴를 개발하여야 한다. 지역과 시대에 따라 소비시장의 특성은 변화하기 때문이다. 또한 모든 소비시장은 인구통태적 측면으로 모두 동질적이지 않고 다르게 나타난다.

2) 메뉴상품 개발

외식시장의 경쟁은 늘어나는 외식점포 수 이상으로 메뉴의 품목 수가 증가하고 있다. 이러한 추세는 경쟁에서 생존하기 위한 수단으로 기존의 메뉴와 유사한 신메뉴를 지속적으로 출시하기 때문이며, 소비자의 미세한 기호까지 배려한 시장의 변화요구를 수용한 사례라고 할 수 있다.

메뉴개발을 기존의 메뉴를 개선하거나 기존의 메뉴와 전혀 다른 새로운 메뉴를 개발하는 두 가지로 나누어 설명하고자 한다.

(1) 기존메뉴 개선

기존메뉴의 개선은 현재의 주력메뉴에 충실하면서 약간의 변화를 주어 질적으로 향상시키거나 신성감과 새로움을 주는 메뉴로 개발하는 것이다. 기존의 메뉴를 개선하여 신상품으로 개발하고자 할 때는 ⓐ 전체적인 균형, ⓑ 다른 메뉴와의 연관성, ⓒ 음식의 색조, 배열, 모양, 향, ⓓ 음식을 담은 기물, ⓔ 조리방법과 시간, ⓕ 양, ⓖ 주요리에 부가되는 요리과 재료, ⓗ 제공방법 등을 종합적으로 고려하여야 한다.

기존메뉴를 개선할 때 고려해야 할 사항을 다시 정리하면 다음과 같다.

① 기존레스토랑의 메뉴개선은 기존메뉴의 문제점을 파악하는 데서 출발한다.

② 가격, 분량, 조리방법, 제공기물의 선정, 제공방법, 식재료의 종류와 품질, 메뉴북, 주요 방문고객층의 특성과 방문목적 등을 면밀하게 파악함으로써 메뉴개선의 방향을 가늠할 수 있다.

③ 요일별, 시간대별 방문고객 수와 선호도, 방문목적별 메뉴선택의 취향, 그리고 그 원인과 이유를 조사하고 분석한다.

④ 경쟁점포에 대하여 동일한 방법으로 조사분석한다.

⑤ 조사분석된 자료를 기초로 새로운 메뉴를 개발하고 테스트한다.

⑥ 테스트 결과를 바탕으로 개발된 상품을 수정한다.

⑦ 최종 선정된 메뉴를 상품으로 판매한다.

(2) 신메뉴개발

신규로 창업하는 점포이거나 또는 기존의 점포가 전혀 색다른 메뉴를 출시하고자 할 때 신메뉴를 개발한다. 신메뉴를 개발하기 위한 아이디어는 기존의 다른 점포상품에서 추출할 수 있다. 이처럼 외식상품은 특허로 보호하기가 어려우며 모방이 용이하기 때문에 시장에 출시하여 경쟁자가 도전하기 전에 시장을 선점하는 전략을 구사하고 있다.

외식기업의 최고의 경쟁력은 가치있는 메뉴상품을 경쟁력 있는 가격에 판매하는 것이다. 물론, 외식기업의 경쟁력은 오로지 메뉴에서 나오는 것은 아니며, 입지와 엔터테인먼드, 인테리어, 서비스수준 등의 영향을 받기도 하지만 메뉴가 가장 중요한 요인이 된다는 것은 주지의 사실이다.

4. 메뉴가격결정

메뉴의 가격은 외식기업이 처한 상황이나 목표에 따라 다르게 나타난다. 신규진입한 점포는 시장점유율을 확대하기 위하여 경쟁력 있는 가격을 견지할 것이다. 그러나 안정적으로 경영하고 있는 기존의 외식점포는 기대이익을 충족시킬 수 있는 가격수준을 유지하려고 할 것이다.

메뉴계획의 원가관리는 가격결정과 밀접한 관련이 있다. 판매가격이 높고 낮음에 따라 원가율과 이익률이 달라질 뿐 만 아니라, 고객이 예민한 반응을 보이며 이용하는 고객의 증감에 많은 영향을 미친다. 고가정책으로 특정고객을 표적으로 하는 전략, 낮은 이익률, 즉 저가정책으로 시장점유율을 높이는 전략 등 외식점포의 경영정책에 따라 가격은 영향을 받는다.

전통적인 가격설정방법은 수요곡선에 의한 가격결정이다. 최근에는 소비자의 구매심리를 적용한 가격설정방법이 많이 활용되고 있다. 예를 들면, 판매가격의 마지막 수치를 짝수가 아닌 홀수를 처리한다거나 소비자가 민감하게 반응하지 않는 가격의 범위에서는 가격을 탄력적으로 슬그머니 인상하는 방법을 취함으로써 많은 이득을 취하기도 한다. 가격이 만 원대 이하냐, 아니면 이상이냐, 오천 원대 이하냐 이상이냐에 따라 소비자는 민감한 반응을 보인다.

1) 가격결정시 고려해야 할 변수

상품의 가격을 결정하는 데 있어서 고려해야 할 변수들은 다음과 같이 크게 일곱 가지로 나누어 설명할 수 있다.

① 정부의 규제와 개입
② 경쟁상황
③ 마케팅 목표
④ 가격결정 방법
⑤ 기업의 가격정책
⑥ 수요행태
⑦ 원가의 구조 및 원가의 변화 등이다.
그러나 메뉴가격결정은 경영정책의 영향을 가장 크게 받는다.

2) 수요형태와 수요분석

가격결정에 앞서 가격이 수요에 미치는 영향을 미리 검토하여야 한다. 가격을 인하하였음에도 불구하고 수요량이 증가하지 않았다면 수요의 탄력성이 적은 것이며, 수요량이 급증하였다면 수요의 탄력성이 크다고 말할 수 있다. 수요의 가격탄력성은 가격변화에 따른 수요량의 변화를 의미하는 것으로 다음과 같은 공식으로 표시된다.

$$\textbf{수요의 가격탄력성} = \frac{(\text{기존 수요량} - \text{새 수요량})/\text{기존 수요량}}{(\text{기존가격} - \text{새 가격}/\text{기존가격}}$$

탄력성이 작다면 가격을 올리더라도 수요량의 변화가 거의 없으므로 매출의 증가를 기대할 수 있다. 이와 반대로 탄력성이 크다면 가격을 올렸을 때 수요량의 변화가 크므로 매출의 증가를 기대하기 어렵고, 오히려 가격을 내린다면 매출의 증가를 기대할 수 있을 것이다. 일반적으로 수요탄력성이 크다는 외식상품의 경우, 대체상품이 즐비하는 현실을 감안하지 않더라도 특별한 모티브 없이 일방적으로 가격을 인상한다는 것은 하나의 모험일 수밖에 없다. 특히, 패스트푸드와 같이 수요탄력성이 큰 업태의 경우 수요량이 적은 요일이나 시간대에 가격을 탄력적으로 인하하여 판매한다면 판매량이 급증할 가능성이 있다. 이처럼 비수시간대를 활용하는 시간대별 탄력가격적용은 미국의 국내항공요금적용에서 큰 성공을 거둔 바 있다. 이러한 경영정책은 이익률은 다소 떨어질지 모르지만 공헌이익에 기여하므로 유휴노동력과 경영자원의 활용측면에서 유익한 경영정책이라 할 수 있다.

3) 목표원가율 기준의 가격결정

식재료원가에 의해 가격을 결정하는 방법으로 다른 요소의 변동은 고려하지 않고 있다.

$$\text{판매가격} = \frac{(\text{식자재원가})}{(\text{목표원가율})}$$

또한 이와 유사한 프라임 코스트(prime cost)법은 미국의 헤리 포프(Harry Pope)가 개발한 기법으로 식재료비와 직접인건비(전체 인건비의 1/3)를 기준으로 판매가격을 산출하는 방법이다. 이것을 식재료비(food cost)와 인건비(labor cost)를 합한 원가로 판매가격을 산출한다하여 'F/L 코스트법'이라고 하기도 한다. 일반적으로 외식업체의 F/L cost는 55~65% 수준을 유지하는 것이 좋다.

4) 목표이익율 기준의 가격결정

단위당 식재료원가, 간접비, 인건비, 제경비 등을 더하여 총원가와 판매가격을 산출하는 방법이다. 이 방법은 품목별로 각종 원가를 적절하게 배분해야 하는 문제가 있는 데, 그리 쉬운 일은 아니다. 따라서 원가계산의 절차와 원가배분 등 원가정보의 흐름에 세심한 주의가 필요하다. 이 때도 초기투자비용이나 감가상각비, 제세공과금이나 금융비용은 무시한다.

$$\text{판매가격} = \frac{\text{비용}}{1-\text{목표이익률}} = \frac{(\text{단위당 재료비}+\text{조리 인건비}+\text{서비스 인건비}+\text{제경비})}{(1-\text{목표이익률})}$$

5) 시장기준의 가격결정

가격은 원가율과 이익률도 중요하지만 고객이 느끼는 효용가치 또한 무시할 수 없다. 고객이 지불한 식사비용에 대하여 경쟁점포를 이용하였을 때와 비교하여 그 만큼의 효용가치가 없다고 느낀다면 문제가 아닐 수 없다. 물론, 고객이 향유하는 가치는 분위기나 접근성, 주차의 편리성, 인테리어 등의 영향을 받기도 하지만 음식의 가격은 가장 중요한 비교기준이 된다.

6) 주관적 가격결정

(1) 경험적 가격결정법

경영자나 주방장이 경험적으로 판단하여 적당하다고 제시하는 가격을 판매가격으로 결정하는 방법이다.

(2) 전략적 가격결정법

원가율이 지나치게 높은 식재료를 사용할 때, 그 식재료의 원가율에 따라 가격을 책정하면 고객이 아마도 깜짝 놀랄지도 모른다. 따라서 이 때는 전략적으로 낮은 가격을 책정하여 유인을 위한 미끼 상품으로 활용하는 전략도 필요하다.

7) 선도가격과 추종가격

(1) 선도가격결정 전략

시장점유율이 크거나 또는 시장에 영향력이 있는 업체가 원가율과 이익률, 인건비, 기타 경비 등과 경영정책을 고려하여 경쟁점포에 선도하여 가격을 결정하는 방법이다. 판매가격의 선도자가 되려면 선도자로서의 위험을 각오해야 하는데, 성공하면 반대급부를 누릴 수 있다.

(2) 추종가격결정 전략

경쟁관계에 있는 선도업소의 가격변화추이에 따라 추종하여 가격을 결정하는 방법이다. 경쟁자가 제시한 가격에 고객이 만족하고 있다는 전제하에 경쟁자의 가격을 따르는 방법이다. 시장점유율이 낮거나 시장에 대한 기업의 영향력과 미미하고 또는 원가율과 이익률 등 경영정책 수립에 자신이 없는 기업이 선택하는 가격전략이다. 시장의 선도자가 이닌 추종자로서 그 지위를 벗어날 수 없다.

또한 경영분석 없이 일방적으로 판매가격을 추종하는 것은 매우 위험한 정책이다. 식자재 조달방법의 차이에 따라 다르게 나타나는 원가율을 무시하거나 양 목표나 조리법을 무시한 가격정책은 그만큼 경영상의 위험에 노출되기 쉽다. 그러나 추종가격을 선택함으로써 가격결정을 위한 시험과 노력, 그리고 시간과 비용을 절감할 수 있는 장점도 있다.

8) 팩토를 이용하는 방법

가격팩토법(factor pricing method)은 식재료비와 식재료비율을 기준으로 판매가격을 추정하는 방법이다. 즉, 팩토는 원가율의 몇 배로 판매가격을 정할 것인가의 비율을 의미한다. 일정기간 동안 해당업소의 모든 메뉴의 식재료원가를 합산하여 식재료원가율을 추정한 다음 차기 메뉴의 가격을 측정된 비율로 적용하는 기법이다. 예를 들어, 어떤 매장의 과거의 식재료 원가율이 40% 였다면 매출 100을 40으로 나눈 2.5를 팩토라고 한다. 이 때, 매뉴별 판매가격은 메뉴별 원가에 팩토를 곱하여 메뉴별 판매가격을 추정하는 방법이다.

$$\text{가격팩토} = \frac{\text{식음료매출}}{\text{식재료원가율}}$$

메뉴별 판매가격 = 메뉴별 식재료원가 * 가격팩토

"마음껏 드세요"… '무제한 리필(refill)'

특급호텔들, 주류·안주 "원하는 만큼", 음식점도 앞다퉈… 손님 몰려 되레 이익

무제한 리필음식점

업소명	리필되는 것	위치(서울)	전화(02)
랜드인터컨티넨탈호텔 헌터스 터번	생맥주, 와인, 안주	강남구 삼성동	559-7619
코엑스인터컨티넨탈 로비자운지	생맥주, 와인, 안주	강남구 삼성동	3430-8603
노보텔앰버서더강남호텔 그랑아	맥주, 칵테일, 와인, 스낵	강남구 역삼동	531-6860
노보텔앰버서더강남호텔 독산	맥주, 칵테일, 와인	금천구 독산동	838-1101
롯테호텔 더라운지	마티니	중구 소공동	317-7131
송백부대찌게	라면사리, 밥	종로구 도렴동	738-1386
마담밍	면, 밥	강남구 대치동	557-6992
가양칼국수	칼국수, 밥	영등포구 여의도동	784-0409
월드윈	카레, 밥	중구 명동	754-1152
대풍	생선구이	서초구 잠원동	518-7357
독도참지	참치, 초밥	마포구 잠원동	333-4480
국시집	냉면, 국수, 우동	마포구 서교동	336-5235
무교동 북어집	북어국, 밥	중구 다동	777-3891
이빠네마	바비큐, 샐러드	중구 정동	779-2757
달볶이	떡볶이	용산구 청파동	715-6137
가이아	모든 커피	서대문구 창전동	324-5748
봉숭아학당	쫀드기, 아폴로, 어포, 계란찜	강북구 미아동	981-7760
오붓이샤브샤브	야채, 버섯	노원구 상계동	939-4644
벅멀리건스	생맥주	종로구 무교동	3783-0004

식사를 하고 음식점을 나설 때 늘 부족한 듯한 이들에겐 가장 반가운 말이다. 대부분의 음식점이 밑반찬 정도는 리필해 주지만, 아예 '주메뉴 무제한 리필'을 내걸고 손님을 모으는 곳도 있다. 저렴한 가격과 한두 가지 메뉴만 리필해 준다는 점에서 뷔페와 또 다르다. 고급스런 이미지의 특급호텔 매장들 중에서도 무제한 리필해 주는 곳이 등장해 고객을 기쁘게 하고 있다.

평소 호텔을 잘 이용하지 않는 고객들을 흡수하기 위한 목적이 크다. '싼게 비지떡'이라는 인식을 피하기 위해 오히려 더 신경 써 서비스를 준비하기 때문에 손님들로선 고급스런 분위기와 경제적 효과를 동시에 누릴 수 있다. 주로 일과를 마친 직장인들과 친목 모임을 갖는 사람들이 서비스를 이용한다.

서울 강남구 삼성동 코엑스인터컨티넨탈서울 '로비라운지'와 그랜드인터컨티넨탈 호텔 펍(pub) '헌터스 터번'에선 오후 6시부터 8시까지 생맥주와 와인을 무제한으로 마실 수 있다. 소시지·찹스테이크 같은 안주도 무제한 제공된다. 가격은 헌터스 터번이 1만 3000원, 코엑스 라운지가 1만 2000원이다. 중구 소공동 롯데호텔서울도 오후 7시부터 9시까지 로비 라운지에서 1만 5000원에 가벼운 뉴욕스타일의 미티니 6종류를 무제한 제공한다. 강남구 역삼동 노보텔앰배서더강남의 바(bar) '그랑아'는 매주 화·수요일 밤 10~12시 여성끼리 온 고객들에게 맥주와 칵테일을 무료로 무제한 제공한다. 금천구 독산동 노보텔앰배서더독산의 '그랑아'에선 1만 5000원에 생맥주·하우스와인·칵테일을 무제한으로 먹을 수 있다. 호텔 외에도 몇몇 일반음식점에선 이미 오래 전부터 푸짐한 인심을 풀어 놓고 있다. 세종문화회관 뒤 송백부대찌개에선 라면 사리를 아예 박스에 담아 둔 채 손님이 언제든지 가져가 찌개에 넣어 먹을 수 있게 했다. 손해 볼 것이라는 예상과 달리 2003년 종로구 적선동에 2호점까지 열었다. 숙명여대 앞 분식집 달볶이(달려라 떡볶이)는 젊은 여성들 사이에 이미 명소가 됐다. 1인분에 1500원 하는 쫄깃쫄깃하고 매콤한 밀가루 떡볶이를 배부를 때까지 먹을 수 있다.

강남구 대치동 중국식당 마담밍은 짬뽕·자장면·게살볶음밥 등 모든 면과 밥이 무제한 리필된다. 여의도 가양칼국수는 칼국수와 공기밥이 리필된다. 명동 월드원 카레전문점은 1990년 문을 열 때부터 리필을 고수해 왔다. 부드럽고 매콤한 일본식 카레와 하얀 쌀밥을 원없이 먹을 수 있다. 풍부한 육질의 참치를 끝없이 내놓는 홍대 앞 독도참치와 시원한 해장국물과 쫄깃한 북어를 마음껏 먹을 수 있는 무교동 북어국집 등은 샐러리맨들의 단골식당이 됐다. 서초구 잠원동의 생선구이집 대풍에선 고등어·삼치 등 다양한 생선을 원하는 만큼 구워 내준다. 주인 박영숙 씨는 "손님 한 분이 6마리까지 드실 때도 있지만, 전혀 아까운 마음 없이 드린다"고 말했다. 이외에도 맥도날드·빕스·세븐스프링스 같은 패스트푸드점 및 패밀리레스토랑에선 음료와 샐러드를 마음껏 먹을 수 있다.

최형석기자 cogito@chosun.com / 자료 : 조선일보

Food Service

9) 프라임 코스트(prime cost)를 이용한 팩터 방식

프라임 코스트(prime cost)란 외식기업의 가장 중요한 인건비(labor cost)와 식재료원가(food cost)를 합한 비용을 말한다. 프라임 코스트법은 식재료원가와 메뉴를 생산하는 데 소요되는 직접인건비를 합산하여 계산하는 방법이다. 이 때, 직접인건비란 총 인건비의 1/3 정도로 추정한다. 판매가격을 프라인 코스트로 나누면 팩도를 구할 수 있으며, 여기서 구한 팩토를 식재료원가와 곱하면 판매가격을 산출할 수 있다.

어떤 메뉴의 판매가격이 100원이며, 식재료 원가는 40원, 직접인건비는 10원(인건비30원)이라면 프라임 코스트 팩토는 '100/(10+40)'로 구하면 '2'이다. 해당 메뉴의 판매가격은 "50*2" 하면 100이다.

$$\textbf{프라임 코스트 팩터} = \frac{\text{판매가격}}{\text{프라임 코스트(\%)}} = \frac{\text{판매가격}}{\text{식재료원가율(\%)} + \text{직접인건비율(\%)}}$$

메뉴별 판매가격 = 프라임 코스트 * 프라임 코스트 팩터

10) 유인가격(promotional pricing)

백화점이 즐겨 사용하는 유인가격 설정방법으로, 이것을 미끼 상품이라고 한다. 즉, 특정 상품을 저렴하게 판매하여 고객을 유인함으로써 다른 상품의 판매기회를 포착하고자 하는 전략이다. 최근에는 이러한 전략을 호텔이나 일반 레스토랑에서 적용하는 사례를 많이 접할 수 있다.

다른 한편으로 원가가 매우 높은 메뉴를 최소한의 비용으로 회수하고, 약간의 공헌이익을 취하는 수준에서 판매하는 전략으로 고객을 유인하는 경우도 있다. 이러한 아이템으로는 가을철의 자연송이, 러시아 흑해산 캐비어가 대표적이며, 식재료원가가 매우 비싸므로 마진을 고려하지 않고 원가수준에서 가격을 책정한다면 고객의 관심을 끌 수 있을 것이다.

5. 메뉴 디자인

메뉴기획자가 고객에게 판매할 메뉴를 선정하는 과정을 메뉴계획이라고 한다면 메뉴 디자인은 메뉴계획에서 선정된 메뉴를 메뉴판에 옮기는 과정을 말한다. 메뉴라고 불리는 레스토랑의 메뉴판은 고객에게 제공하는 음식과 음료의 리스트를 수록해 놓은 것으로 판매시점 광고효과를 유발하는 마케팅 도구로 인식하여 디자인되어야 한다.

따라서 메뉴판을 효율적인 판매촉진도구로 활용하기 위해서 레스토랑의 컨셉이 잘 반영되어야 하며, 메뉴품목의 수와 배열순서, 메뉴의 설명, 시각적 구성, 지면의 활용, 그림이나 사진의 첨부, 활자체, 색상, 재질, 크기, 모양 등 다양한 요소들이 잘 어우러져야 한다.

표 프랜차이즈 시스템의 기본적인 유형 사례

메뉴판 제작의 고려사항		
① 레스토랑의 컨셉 ② 품목의 수와 배열순서 ③ 메뉴의 설명 ④ 시각적 구성	⑤ 지면의 활용 ⑥ 그림이나 사진의 첨부 ⑦ 활자체 ⑧ 색상	⑨ 재질 ⑩ 크기 ⑪ 모양 등

메뉴 디자인에서 가장 중요한 것은 메뉴는 고객과 레스토랑 간의 커뮤니케이션 도구라는 것이다. 즉, 어떤 요리를 얼마의 가격에 어떠한 방법으로 제공한다는 것을 메뉴판으로 하여금 전달될 수 있도록 하여야 한다. 메뉴의 활자나 그림 또는 사진으로 레스토랑이 전달하고자 하는 바를 정확하게 전달하지 못한다면 그 메뉴는 좋은 메뉴라고 하기 어렵다.

1) 배치와 활자

(1) 배치고려요소

레스토랑이 판매하고자하는 메뉴를 많이 팔기 위해서는 고객이 메뉴판을 읽고 싶은 충동을 느낄 수 있도록 매력적으로 만들어야 한다. 이해하기 쉬운 언어와 단어의 선택, 읽기에 편안한 활자체와 크기, 강조하는 용어, 그래픽과 색상이 활용과 조화, 적절한 여백의 활용, 그림이나 사진의 활용 등은 메뉴구성에 매우 중요한 요소들이다. 단순하게 정보만을 제공하는 문자전달방식은 효과적인 커뮤니케이션을 기대하기 어렵다.

(2) 가격표시의 배치

대부분의 고객은 자신이 선호는 메뉴를 정하지 못한 경우에는 대부분 가격에 따라 메뉴를 선정한다고 한다. 만약, 가격이 오름차순 또는 내림차순이나 혼합형으로 일목요연하게 정리되어 표기되어 있다면 고객은 대부분 가격이 저렴한 메뉴를 선택한다고 한다. 이러한 단점을 보완하기 위하여 각각의 메뉴에 대한 설명이 끝나는 부분에 가격을 표시하면 가격이 싼 메뉴를 기준으로 주문하는 빈도를 줄일 수 있으며, 평균객단가를 향상시킬 수 있다.

그림 메뉴시선의 이동방향

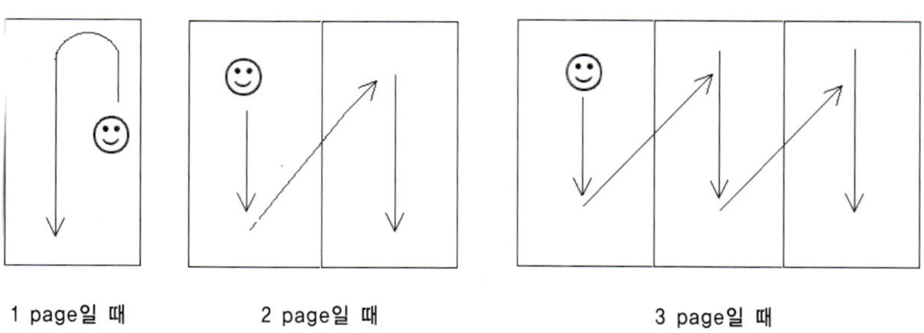

2) 크기와 모양

메뉴를 접촉한 고객의 심미적 효과를 고려하여 사진, 도형, 문자 등을 일정한 공간에 배열하여 메뉴판을 만든다. 이 때, 레스토랑이 많이 팔리기를 기대하는 아이템에 시선이 집중되도록 구성하여야 한다. 또한 어떠한 형태와 크기, 그리고 페이지 수, 재질과 색상이 가장 적합하다고 말할 수는 없다.

메뉴의 크기와 모양은 자사의 컨셉에 영향을 받는다. 고급레스토랑일수록 고급재질로 된 여러 페이지의 메뉴로 만들어져 있다. 특히, 호텔의 양식당이나 프랑스 식당들은 여러 페이지의 인쇄물을 겉표지 속에 끼우도록 되어 있어 메뉴의 변화에 효과적으로 대응할 수 있도록 하고 있다.

표 메뉴의 케뮤니케이션 기능

레스토랑		고 객
1. 전달할 메시지를 고려한다. ► 레스토랑의 컨셉 ► 음식상품정보 2. 메시지를 문자나 부호로 표현. ► 정책 ► 목표 ► 철학 3. 메뉴판으로 메시지를 전달한다. ► 표지 ► 문자, 부호 ► 사진이나 그림 ► 색상	⇒	1. 전달의도메시지를 메뉴판으로 수용 ► 접수한 메시지의 해석 ► 개인적인 의도형성 2. 문자나 부호를 해석한다. ► 문자나 부호를 해석 ► 가치의 인지 ► 기대수준의 형성 3. 메시지를 이해하고 행동한다. ► 수용 또는 거부 ► 메뉴의 주문 ► 음식의 평가 ► 레스토랑의 재방문

자료 : Miller & Pavesic(2002), Menupricing & Strategy, 5th ed., VNR, p.27 참조로 재구성

대체로 특급호텔과 같은 고급레스토랑의 메뉴판의 가로세로가 3～40cm 정도이며, 6～15 페이지에 달한다. 또한 메뉴의 포맷은 한 장으로

1, 2, 3, 4번 접는 것과 책자형태로 된 것 등 다양하다. 또한 메뉴판은 종이나 가죽, 천, 나무판이나 주걱, 부채나 도자기 등 다양한 재질을 활용하여 해당 레스토랑의 컨셉을 강조하기도 한다. 메뉴는 레스토랑의 물적 환경 등 주변과 잘 조화를 이룰 수 있도록 디자인되어야 한다.

6. 메뉴평가 방법

1) 메뉴평가의 중요성

경영목표를 효과적으로 달성하기 위해서는 주기적으로 메뉴를 평가하고 개선해야 한다. 사업개시 당시 기대했던 메뉴의 종류나 가격, 서비스방법이 일정기간 영업을 해 본 결과 고객의 평가와 반응이 기대치와 차이가 날 수 있다. 또한 경영분석을 해 보면 성과에 미치는 정도가 예상과 빗나갈 수도 있으며, 보다 효과적인 정책을 수립할 여지를 발견할 수도 있다. 따라서 경영목표를 효과적으로 달성하기 위해서는 일정기간마다 메뉴평가를 통해 메뉴를 개선할 필요가 있다.

표 메뉴평가에 영향을 미치는 요인

① **상권의 변화**	② **경쟁상황**	③ **고객의 욕구변화**
④ **식재료가격의 변동**	⑤ **경영정책의 변경**	⑥ **사회, 문화적 변화**

메뉴를 평가할 때는 고객의 반응과 수익성이 어떠한가에 초점이 맞추어지게 된다. 이 때, ① 상권의 변화, ② 경쟁 상황, ③ 고객의 욕구변화, ④ 식재료가격의 변동, ⑤ 경영정책의 변경, ⑥ 사회, 문화적 변화 등을 고려한다.

메뉴평가를 통한 메뉴별 판매수량과 마진 등의 분석결과는 메뉴개선에 중요한 자료가 된다. 또한 메뉴개선은 경쟁관계의 차별화 전략 및 포지셔닝전략의 수립과 개선에 활용된다.

2) 메뉴 엔지니어링

메뉴 엔지니어링(menu engineering)은 1982년 카사바나와 스미스(Michael Kasavana & Don Smith)가 개발한 고객이 선호하는 메뉴의 선호도와 수익성을 비교분석하는 기법이다. 이 프로그램은 메뉴의 팔린 가격과 원가, 그리고 팔린 수량 등 간단한 입력자료를 활용하여 가격결정, 메뉴의 믹스, 공헌이익, 메뉴 포지셔닝을 분석한다.

그들은 이러한 분석기법을 활용하여 분석한 다음, 메뉴를 상상품(stars), 신상품(plowhorses), 중상품(puzzles), 하상품(dogs)으로 분류하였다. 이러한 평가자료를 바탕으로 메뉴의 퇴출, 포지셔닝조정, 가격조정 등의 의사결정을 한다.

표 메뉴 엔지니어링의 메트릭스 구조

인기도 \ 수익성	낮다	높다
높다	**신상품(plowhorses)** **선호도는 높으나 수익성이 낮은 메뉴** ►가격인상을 고려한다. ►분량을 조정하여 공헌이익을 향상시킨다. ►하상품(dogs)이 되지 않도록 주의한다. ►저가메뉴와 함께 배치한다.	**상상품(stars)** **선호도도 높고 수익성도 높은 메뉴** ►선호도와 수익이 가장 높은 메뉴다. ►기존메뉴에 수정을 가하지 않는다. ►가장 잘 보이는 위치에 배치하고 ►가격조정을 하지 않는다. ►다만, 탄력적으로 가격인상을 고려한다.
낮다	**하상품(dogs)** **선호도도 낮고 수익성도 낮은 메뉴** ►일반적으로 도태시킬 필요가 있다. ►가격을 상향조정한다. ►유인상품으로 활용한다. ►가격을 상향조정하여 중상품(puzzles) 수준으로 변화를 모색한다.	**중상품(puzzles)** **선호도는 낮으나 수익성이 높은 메뉴** ►가격이 높으므로 품질향상이 필요하다. ►가격하향의 검토가 요구된다. ►메뉴를 잘 보이는 곳에 위치시킨다. ►판매수량을 향상시킨다. ►품목 수를 제한한다. ►유행하는 품목명으로 이름을 바꾸어 본다.

(1) 상상품(stars)

선호도와 수익이 가장 높은 메뉴이므로 기존메뉴에 수정을 가하지 않는다. 가장 잘 보이는 위치에 배치하고 가격조정을 하지 않는다. 다만, 탄력적으로 가격인상을 고려한다.

(2) 신상품(plowhorses)

선호도는 높으나 수익이 낮은 메뉴로 고객을 유인하는 메뉴이므로 가격인상을 고려한다. 표준분량을 조정하여 공헌이익을 향상시킨다. 하상품(dogs)이 되지 않도록 주의하며, 저가 메뉴와 함께 배치한다.

(3) 중상품(puzzles)

선호도는 낮으나 수익이 높은 메뉴이므로 비교적 가격이 높으므로 품질향상이 필요하다. 가격하향의 검토가 요구되며, 메뉴를 잘 보이는 곳에 위치시킨다. 판매수량을 향상시키고 품목 수를 제한한다. 유행하는 메뉴명으로 품목의 이름을 바꾸어 본다.

(4) 하상품(dogs)

선호도와 수익이 모두 낮은 메뉴이므로 도태시킬 필요가 있다. 가격을 상향조정하거나 유인상품으로 활용한다. 잠재력이 있는 품목은 가격을 상향조정하여 중상품(puzzles) 수준으로 변화를 모색한다.

3) ABC 분석

ABC 분석은 미치는 영향이 큰 품목부터 낮은 순으로 차례대로 배열하여 품목별로 분석하는 기법이다. 이 기법을 재고관리에 적용하면 품목별로 재고의 불출수량이나 빈도 또는 금액을 기준으로, ABC 그룹으로 나누어 관리할 수 있다. 또한 판매관리에서는 품목별로 판매단위, 판매액, 이익액이 높은 순서대로 분석하여 평가하는 기법이다.

(1) A 그룹

A 그룹에 속하는 메뉴는 가장 중요한 아이템으로 판매금액이 상위 70% 범주 안에 속하는 메뉴다. 따라서 A 그룹에 속하는 아이템이 적으면 판매가 효율적이었다고 말할 수 있다. 레스토랑의 대부분의 주력메뉴가 A 그룹에 속하므로 관리를 철저하게 하여야 한다.

(2) B 그룹

B 그룹에 속하는 메뉴는 판매금액이 상위 70～90% 범주 안에 속하는 메뉴이다. 미래의 주력메뉴와 과거의 주력메뉴가 혼재되어 있으며, 주력메뉴의 보완역할을 하기도 한다.

(3) C 그룹

C 그룹에 속하는 메뉴는 판매금액이 하위 10% 이내에 드는 불필요한 아이템으로 전체 메뉴의 5～60%가 이 범주 안에 속하는 경우가 있으므로 과감하게 퇴출을 고려하여야 한다. 다만, 신메뉴가 여기에 속할 가능성이 높으며, 어린이와 노인, 그리고 중년층이 함께 오는 가족고객과 같이 다양한 취향과 세대가 함께 오는 고객집단에게 C 그룹 메뉴가 유인수단이 될 수 있기 때문에 퇴출은 고려할 때는 신중하게 판단하여야 한다.

표 ABC 메뉴분석

분 류	매 출 액	특 징
A 그룹	상위 70%의 범주에 속하는 품목	- 품목이 적을수록 판매가 효율적이다. - 레스토랑의 주력메뉴
B 그룹	상위 70~90%에 속하는 품목	- 주력메뉴의 보조역할 - 미래의 주력메뉴와 과거의 주력메뉴가 혼재
C 그룹	하위 10% 범주에 속하는 품목	- 5~60%의 품목이 이 범주에 속한다. - 과감하게 퇴출을 고려하여야 한다. - 신메뉴가 속할 가능성이 있다. - 유인메뉴가 속할 수 있다(어린이, 노인, 특선).

"경제환경 급변, 혁신기업엔 기회"

"급변하는 세계경제환경은 위기요, 도전이지만 창의력을 통한 혁신과 협력에 성공하는 기업에는 기회입니다." 아누 드 메이어 프랑스 인시아드(INSEAD) 경영대학원 부학장은 세계지식포럼 사전행사로 10일 열린 이시아드 미니 MBA 개막연설에서 창의력을 21세기 기업 생존전략으로 제시했다.

"저비용으로 제품을 생산하는 중국과 인도 기업들이 몰려오면서 한국을 비롯한 미국, 유럽, 일본 기업들은 더 이상 가격으로 경쟁하는 것이 불가능해졌습니다." 그는 세계무역기구(WTO)로 무역장벽이 제거되고, 정보의 비대칭도 사라지고 있다며 세계는 '플랫(Flat)'해져 모두 동일한 환경에서 똑같이 경쟁하게 됐다고 지적했다. 현재 상황은 분명히 우리에게 도전이라고 그는 주장했다.

그는 "아시아 시장에서만도 연 소득 5000달러 이상 구매력을 갖춘 중산층 소비자 5억 5000만 명이 새로 생겨나고 있는 만큼 이들을 겨냥한 새로운 시장이 형성되고 있다"며, "이들 취향도 기존 선진국 소비자들과 다르기 때문에 신흥아시아 고객니즈에 부응하는 혁신적 제품과 서비스로 승부한다면 기회도 충분하며, 완전히 새로운 사업도 키울 수 있을 것"이라고 전망했다.

-이호승 기자- 자료 : 매일경제

외식사업
창업과 경영
Foodservice

제 10 장

외식사업 경영분석

Foodservice

Chapter 10

1. 외식기업회계의 의의

1) 회계의 의의

AICPA(American Institute of Certified Public Accountants;미국공인회계사협회)는 1941년 회계에 대한 개념을 "회계란 재무적 성격을 갖는 거래나 사상을 회폐단위의 의미있는 방법으로 기록·분류·요약·해석하는 기술이다"라고 정의하고 있다.

또한 1966년 AAA(American Accounting Association;미국회계학회)는 "회계란 정보이용자가 사정에 정확한 판단이나 의사결정에 유용하도록 경제적 실체에 관하여 양적·재무적 정보를 제공하는 서비스 활동이다"라고 정의하고 있다.

이러한 정의로 미루어 볼 때 외식기업의 회계는 "정보이용자가 의사결정을 내릴 때 유용한 정보를 제공하기 위하여 개별 외식기업의 경제적 사건을 식별·측정·분류·요약·전달하는 하나의 과정이다"라고 정의할 수 있다.

회계는 회계실체의 이해관계자에게 회계실체에 관련된 유용한 재무적 정보를 제공하는 수단으로서 회계보고서를 작성·보고하는 것으로서, 재무제표는 이러한 회계보고서의 가장 중심적이고 종합적 체계를 이루고 있다. 우리나라 기업회계는 '기업회계원칙(증권관리위원회 제정)'을 적용하고 있으나 실제적으로 개별 기업마다 상이한 방법으로 회계를 하고 있는 실정이다.

2) 회계의 종류

(1) 내부정보이용자를 위한 관리회계

외식기업의 내부정보이용자는 외식기업의 경영활동과 성과에 관심이 있는 관리자 또는 경영자로서, 경영목표의 설정, 경영활동결과의 평가와 경영활동의 통제수단으로 활용한다.

내부정보이용자를 위한 관리회계는 외식기업내부의 이해당사자들을 위한 정보제공을 목적으로 작성되기 때문에 통일된 규칙이 없다. 이와 같이 내부정보이용자를 위한 회계는 기업마다 서로 다를 수 있다. 내부이용자들이 이용하는 회계정보는 원가관리, 매출관리, 구매관리, 인건비관리 등 내부의사결정을 위한 회계영역으로 '관리회계'라고 한다.

(2) 외부정보이용자를 위한 재무회계

외식기업회계의 외부정보이용자는 투자자, 채권자, 주주, 정부, 과세당국, 노동조합, 고객, 경영분석가, 규제기관, 언론기관, 경제단체, 식재료납품업자 등이다. 투자자는 투자여부를 결정하는 자료로, 채권자는 채권과 관련한 회수가능성과 이자율, 그리고 신용도를 판단하는 자료로, 주주는 주식보유여부와 이익배당, 정부와 과세당국은 법인세 등 각종세금과 공과금의 부과자료로, 노동조합은 임금협상과 복리후생 등의 의사결정자료로 활용한다.

이처럼 기업에 대한 정보접근이 제한되고 어려운 기업외부의 정보이용자들에게 정보를 제공할 목적으로 작성된 회계를 '재무회계'라고 한다. 재무회계의 근간이 되는 재무제표를 '기업회계원칙'에 대차대조표, 손익계산서, 이익잉여금처분계산서(결손금처리계산서), 재무상태변동표, 재조원가명세서 등으로 규정하고 있다.

증권관리위원회가 제정한 '기업회계원칙'에 따라 재무제표를 작성하도록 엄격하게 규정되어 있다. 미국은 일반기업과 별도로 호텔기업 회계작성을 USAH(The Uniform System of Accounts for Hotels)에 규정하고 있다.

표 회계의 종류

구분	내용
기업회계 (영리회계)	관리회계 : 기업 내부관리자나 경영자를 위한 회계
	재무회계 : 기업 외부이해당사자를 위한 회계
	세무회계 : 소득(이익)에 대한 세금산출을 위한 회계
소비경제회계 (비영리회계)	정부회계, 지방자치단체회계, 사회단체회계, 비영리단체회계 등에 적용되는 회계

(3) 세무회계

기업의 소득에 대한 과세를 목적으로 하는 법인세법, 소득세법 등 세법의 규정에 따라 과세소득을 계산하기 위한 회계실무를 세무회계라고 한다. 따라서 세무회계는 상법, '상장법인 등의 회계처리에 관한 규칙', '기업회계기준' 등에 근거하여 계산처리되는 일반기업회계와 소득(이익)이라는 측면에서 차이가 있다.

세무회계는 첫째, 산업정책 또는 사회정책에 따른 것으로 특정업종 또는 특정소득에 대한 감면세, 일정한도를 넘는 접대비의 손금(損金) 처리 등에 관한 것이다. 둘째, 과세의 공평 및 세무행정의 간소화를 위하여 획일적 규정으로 고정자산의 법정 내용(耐用)연수, 대손충당금(貸損充當金)의 손금처리한도 등에 관한 것이다.

이같이 세법은 징세를 목적으로 매우 상세한 부분까지 기업의 경리를 규제하고 있으므로, 기업회계기준에 따른 순이익과 징세목적을 위하여 계산되는 과세소득에는 실제로 차이가 발생하는 경우가 많다. 따라서 회계이론상의 이익이 아닌 것이라도 과세소득이 되는 수가 있으며, 이익이라도 과세소득이 되지 않는 경우가 있다.

(4) 비영리회계

비영리회계는 정부, 지방자치단체, 사회단체, 종교단체 등과 같은 비영리단체 회계에 적용되는 회계를 말한다. 일반영리회계와 비영리회계는 회계방법이 특별하게 차이가 나는 것이 아니라, 단지 회계를 적용하는 단체의 성격에 따라 구별하고 있을 뿐이다.

2. 외식기업의 재무제표

1) 재무제표(財務諸表, financial statement)

재무제표란 회계실체의 일정기간(회계기간) 동안의 경제적 사건과 그 기간 말에 있어서의 경제적 상태를 나타내기 위한 일련의 회계보고서이다.

회계실체의 외부에 있는 이해관계자는 그 실체에 관한 정보를 얻을 수 있는 기회가 극히 제한되어 있기 때문에, 이들 외부 이해관계자에게 있어서 재무제표는 매우 중요하다.

따라서 이해관계자가 광범위하게 존재하는 기업이나 그 밖의 사회적 조직에 대하여는 재무제표작성 및 보고가 법령으로 의무화되어 있으며, 또 그 작성 및 보고방법에 관하여도 규제가 가해지는 것이 일반적이다.

한국의 '기업회계원칙(증권관리위원회 제정)'은 재무제표작성에 관하여 회계기간 동안의 사건을 나타내 주는 손익계산서(損益計算書), 현금흐름표(재무상태변동표; 財務狀態變動表) 및 제조원가명세서(製造原價明細書), 기말(期末)의 상태를 나타내 주는 대차대조표(貸借對照表), 이익잉여금처분계산서(利益剩餘金處分計算書) 또는 결손금처리계산서(缺損金處理計算書) 등을 필수적인 것으로 정하고 있다.

그러나 이렇게 정형화된 양식에 따라서 작성된 재무제표가 때로는 정보이용자의 필요를 충분히, 또는 적절하게 충족시켜 주지 못하는 경우도 있다.

따라서 이러한 경우에는 정해진 양식에 구애받지 않고 추가적인 내용을 보충하여 보고함으로써 정보이용자가 잘못 판단하는 오류를 방지하도록 요구되는데, 이 때의 보충설명자료를 주기(註記, foot note)와 부속명세서(附屬明細書, supporting and supplementary schedule)라고 한다.

재무제표는 기본적으로 회계실체의 경영자 또는 그 지배를 받는 사람에 의하여 작성되며, 그 정보는 회계실체의 경영자를 포함한 여러 이해관계자의 이해관계에 직접・간접으로 영향을 준다. 따라서 경영자는 자신에게 유리한 방향으로 재무제표를 작성・보고할 가능성이 있다.

이러한 문제를 방지하기 위하여 회계실체와 직접적 이해관계가 없는 독립적인 전문가에 의하여 그 정보의 타당성에 관한 감사(監査, audit)를 받고, 감사인(auditor)의 감사의견을 첨부하여 보고하도록 하고 있다.

여기서 감사인의 의견을 포함한 감사보고서는 재무제표 이용자의 정보이해에 영향을 미치기 때문에 재무제표의 일부로 매우 중요하다.

2) 대차대조표

대차대조표의 구조	
(차변)	(대변)
자 산	부 채
	자 본

자본등식
자산 = 부채+자본
자본 = 자산−부채

표	대차대조표의 형식

자 산	부채 · 자본
I. 유동자산	**I. 유동부채**
(1) 당좌자산 - 현금 · 예금, 유가증권, 외상매출금, 받을어음, 단기대여금, 미수금, 미수수익, 기타의 당좌자산 (2) 재고자산 - 상품 · 제품, 반제품, 재공품, 원재료, 저장품, 기타 재고자산, 식재료, 음식, 음료, 주류 (3) 기타 유동자산 - 선급금, 선급비용, 기타 유동자산	- 외상매입금, 지급어음, 당좌차월, 단기차입금, 미지급금, 선수금, 예수금, 미지급비용, 유동성장기부채, 부채성 충당금
II. 투자와 기타 자산	**II. 고정부채**
(1) 투자자산 - 장기성 예금, 투자유가증권, 관계회사주식, 출자금, 관계회사사채, 투자부동산, 관계회사출자금 (2) 기타 자산 - 장기대여금, 임차보증금, 전화가입비, 장기성받을어음, 대여금, 전세권, 임차보증금, 영업보증금, 부도어음	- 사채, 장기차입금, 부채충당금, 장기성 지급어음, 충당금 **부채총계** **I. 자본금(자기자본금, 출자금)**
III. 고정자산	**II. 자본잉여금**
(1) 유형 고정자산 - 토지 · 건물, 기계장치, 구축물, 선박, 차량, 식기류, 조리기구류, 비품, 주방설비, 유니폼, (2) 무형 고정자산 - 영업권, 특허권, 의장권, 상표권 광업권, 어업권, 자치권,	(1) 자본준비금 - 주식발행초과금, 감자차익, 합병차익, 기타 자본잉여금 (2) 재평가적립금 **III. 이익잉여금** - 이익준비금, 적립금,
IV. 이연자산	당기말미처분이익금 (수정 후 전기이월 이익잉여금) (당기순이익)
창업비, 신주발행비, 연구개발비, 개업비, 사채발행비, 가지급금	**자본총계**
자 산 총 계	**부채와 자본총계**

(1) 자산

기업의 자산은 현금, 상품, 원재료, 토지, 건물, 비품, 채권, 유가증권 등의 경영활동의 근본이 되는 재화와 채권을 자산이라고 한다.

자산의 조건은

- **화폐금액으로 그 가치를 표시할 수 있거나,**
- **유형이든 무형이든 경영활동에 유용하거나, 기업이 특정한 권리를 행사할 수 있거나,**
- **그 취득원가를 객관적으로 측정할 수 있어야 한다.**

① 유동자산

유동자산은 1년 이내에 처분하려는 자산으로 당좌자산, 재고자산, 그리고 기타 유동자산으로 나뉘어 진다. 당좌자산은 현금과 예금, 유가증권, 외상매출금, 받을어음, 단기대여금, 미수수익, 기타의 당좌자산이다. 재고자산은 상품 또는 원재료나 반제품 등을 말하며, 상품과 제품, 반제품, 재공품, 원재료, 저장품 및 기타 재고자산이다. 또한 기타 유동자산으로 선급금, 선급비용, 식재료, 음식, 음료, 주류 등 그 외의 기타 유동자산이다.

② 투자와 기타 자산

투자자산은 장기성예금, 투자유가증권, 관계회사주식, 출자금, 관계회사사채, 투자부동산, 관계회사출자금이며, 기타 자산은 장기대여금, 임차보증금, 전화입비, 장기성 받을어음, 대여금, 전세권, 임차보증금, 영업보증금, 부도어음 등이다.

③ 고정자산

고정자산은 1년 이내에 유동화시키지 아니하는 자산으로 유형 고정자산과 무형 고정자산이 있다. 유형 고정자산은 토지, 건물, 기계장치, 구축물, 선박, 차량, 공구와 기구, 비품 등이며, 무형 고정자산은 영업권, 특허권, 의장권, 상표권, 광업권, 어업권, 자치권 등이다.

④ 이연자산

창업비, 신주발행비, 연구개발비, 개업비, 사채발행비, 가지급금 등이다.

(2) 부채

① 유동부채

유동부채는 사업수행 중에 발생하는 1년 이내에 상환해야 하는 단기성 부채이며, 외상매입금, 지급어음, 당좌차월, 단기차입금, 미지급금, 선수금, 예수금, 미지급비용, 유동성장기부채, 부채성충당금 등이다.

② 고정부채

고정부채는 1년 이후에 상환해도 되는 장기성 부채로 사채, 장기차입금, 부채충당금, 장기성 지급어음, 충당금 등이다.

(3) 자본

① 자본금

자본은 자기자본금(출자금)과 타인자본금(부채)으로 나누어 설명하기도 하며, 이 때 자기자본금은 출자금을, 타인자본금은 부채를 의미한다. 그러나 일반적으로 자본 또는 자본금이라 하면 출자금에 해당하는 자기자본금을 의미한다. 자본금은 회계기간 중이라도 무상 또는 유상으로 증자할 수 있다. 또한 신주인수권주로 채권을 발행하기도 하는데, 증자하기 위하여 신주를 발행하면서 이 때 발행된 채권을 주식으로 전환하기도 한다.

② 자본잉여금

자본잉여금은 자본준비금과 재평가적립금이 있다. 자본준비금은 주식발행초과금, 감자차익, 합병차익, 기타 자본잉여금 등의 계정이다.

③ 이익잉여금

이익잉여금은 이익준비금, 적립금, 당기말미처분이익금, 수정 후 전기이월 이익잉여금, 당기순이익 등이다.

(4) 유동재고자산의 평가

미국은 7/1 ~ 6/30을 회계연도의 기준으로 삼지만 우리나라는 기업회계기준에 회계연도기준을 1/1 ~ 12/31로 명시하고 있다. 이에 따라 매 회계연도 말에 결산을 하게 되는데, 이 때 재고자산의 평가를 어떠한 방법으로 하느냐에 따라서 실제와 결산 후 회계상의 손익에 차이가 날 수 있다. 가령, 매월 1톤의 쇠고기를 소비한 외식기업이 1월에 20,000원/kg에 1톤을 구매하였고 12월에는 40,000원/kg에 1톤을 구매하였는데, 현재 1톤의 재고가 남아 있다면 그 재고의 구매가격을 얼마로 해야 할 것인가? 다양한 의견이 있을 것이다.

따라서 외식기업은 다양한 유동재고자산의 평가방법 가운데 자기기업에 적합하다고 판단되는 방법을 선택하여 지속적으로 동일한 평가방법에 따라 재고자산을 평가하여야 한다. 그러나 만약, 그 방법을 회계연도마다 다르게 적용한다면 회계결과가 과도하게 왜곡되어 나타날 수 있다.

이와 같이 재고자산의 가치평가는 기업의 자산평가목적 등 상황변수에 따라 다양한 방법을 선택할 수 있다. 어떤 산출방식을 적용하느냐에 따라 일정한 시점에 동일한 품목의 동일한 수량이라 할지라도 회계상 재고자산의 가치는 큰 차이가 날수도 있다.

표 유동 재고자산의 평가방법

취득원가법	① 개별법 ② 선입선출법 ③ 후입선출법 ④ 최종매입가법
평균원가법	⑤ 총평균법 ⑥ 이동평균법
기타 평가방법	⑦ 매출가격환원법 ⑧ 예정가격법 ⑨ 시가법

〈취득원가법〉

① 개별법

동일한 식재료라 하더라도 사용된, 또는 재고자산의 개별 재고상품에 대하여 실지로 입고한 가격을 조사하여 원가를 적용하는 방법이다.

② 선입선출법

입고한 순서대로 출고되고 기말에는 나중에 입고된 상품이 남는다는 전제하에 사용된 식재료의 원가 또는 재고상품의 원가를 적용하는 방법이다.

③ 후입선출법

나중에 입고한 상품이 먼저 출고되어 기말에는 기초에 입고된 상품이 남는다는 전제하에 사용된 식재료 또는 재고상품의 원가를 적용하는 방법이다. 이 방법은 1차 회계연도에는 당해연도의 기초에 입고한 가격으로 재고의 구매가격이 평가되지만, 수차연도 뒤에는 처음 후입선출법을 적용한 회계연도의 기초에 입고한 가격으로 재고의 구매가격으로 평가되기 때문에 과도하게 보수적으로 회계평가한다는 의견이 일부 있다.

예를 들어, 어느 정유회사가 40년 전에 창업하였는데, 당시에 구매한 원유가격은 1배럴당 1달러였으며, 40년동안 지속적으로 1억 배럴의 원유재고를 유지해 왔다면 회계상의 재고자산평가는 단지 1억 달러밖에 되지 않는다. 그러나 현실적인 구매가격은 50억 달러이기 때문에 재고자산이 과도하게 보수적으로 외곡되어 있다고 할 수 있다.

④ 최종매입가법

재고자산을 기말에 가장 가까운 구매가격으로 환산하여 평가하고, 사용된 식재료의 원가를 다시 계산하여 계상하는 방법이다.

〈평균원가법〉

⑤ 총평균법

전기이월액과 당기매입액을 합하여 전기이월량과 당기매입량의 합으로 나누어 회계기간 동안의 단위당 원가를 구하여 기말재고자산의 평가에 적용하는 기법이다.

단위당 입고원가 = (전기이월액+당기매입액) / (전기이월수량+당기매입수량)

⑥ 이동평균법

입고할 때마다 재고상품의 구매원가와 입고하는 상품의 원가를 평균하여 상품의 원가를 산정하며, 나중에 다시 상품이 입고되면 동일한 방법으로 원가를 재산정하는 방법으로 재고자산을 평가한다.

〈기타 유동자산의 평가방법〉

⑦ 매출가격환원법

매출상품에 일정액이나 일정률의 원가를 적용하여 원가를 산출하는 방법이다.

⑧ 예정가격법

예정가격법은 제조원가나 식재료원가가 변동하더라도 사전에 설정된 판매가격을 유지하는 방법이다.

⑨ 시가법

사용된 식재료나 재고의 취득원가와 관계없이 원가를 계산할 당시의 시가를 기준으로 자산을 평가하는 방법이다.

(5) 고정자산의 평가(감가상각)

레스토랑의 인테리어나 시설과 설비 및 기계류와 같은 1년 이상 사용가능하지만 그 기능과 가치가 점차적으로 감소하는 고정자산은 일정기간이 경과하면 사용이 불가능하게 된다. 또한 회계상의 가치는 그것이 사용불능이 되었을 때 한꺼번에 모두 없어지는 것이 아니라 일정기간에 걸쳐서 감가되며, 기간마다 일부 가치가 생산물에 이전된다는 견해에서 해당기간의 비용으로 할당된 것을 감가상각비라고 한다.

고정자산은 실제로 회계상의 가치와는 별개로 이미 취득원가가 모두 상각되어 회계상 잔존가치는 없으나 현실적으로 사용가능할 수도 있다. 유형 고정자산의 감가상각비는 제조원가 및 일반관리비로 계상되고, 감가상각 충당금 계정에 누적된다.

회계상으로 고정자산은 취득원가로 인식되기 때문에, 그 감가상각은 고정자산에 대한 투자자본액에 대한 해당 회계기간에 걸친 회계상의 회수라고 할 수 있다. 즉, 감가상각비는 고정자산을 이용하는 데 필요했던 가치희생액을 나타내는 것으로, 기업은 감가부분을 적립하여 해당 고정자산의 갱신에 충당하는데 이를 감가상각충당금이라고 한다. 감가상각 방법에는 정액법, 정률법, 급수법, 생산액비례법 등이 있는데, 정액법이나 정률법을 주로 적용한다.

표 고정자산의 평가 (감가상각)

① **정액법 = 균등상각법, 직선법**
② **정률법 = 체감법**
③ **생산량(액) 비례법**

① 정액법

정액법은 감가상각금액을 고정자산의 취득가액을 추정되는 내용년수로 나누어 동일한 금액으로 매 회계연도마다 적용하는 감가상각방법이다. 추정내용연수가 완료될 때까지 매년 동일한 금액이 감가상각되기 때문에 균등상각법 또는 직선법이라고도 한다.

연 감가상각액 = 취득원가 / 내용연수

② 정률법

정률법은 고정자산의 장부가액(취득원가 : 감가상각누계액)에 일정한 상각률을 곱하여 해당 회계연도의 감가상각액을 산출하는 방법이다. 이 방법은 햇수가 경과함에 따라 장부가액이 적어지며, 감가액이 감소하므로 체감법이라고도 한다.

연 감가상각액 = (취득원가－감가상각누계액) X 감가율

그림 정액법과 정률법에 의한 상각액 비교

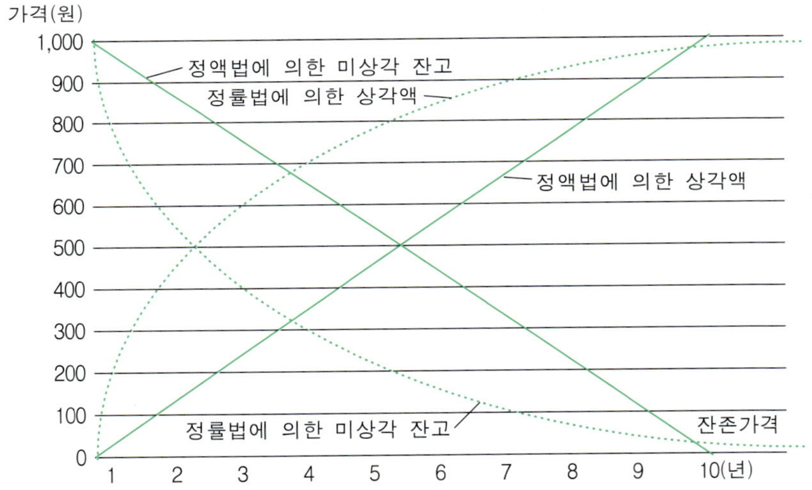

※ 고정자산의 원가 1,000원, 내용연수 10년,
잔존가격 100원, 회계기간 1년으로 한 경우

③ 생산량(액) 비례법

생산량(액) 비례법은 고정자산의 감가액을 사용시간 수나 생산액 또는 생산량에 비례하여 감가액을 산출하는 방법이다.

·단위당 감가액 = 취득원가 / 추정 총생산 가능단위 수
·연감가상각액 = 단위당 감가액 X 특정연도 생산단위 수

(6) 대차대조표를 통한 경영분석

표 대차대조표를 통한 경영분석

정태분석	동태분석
① 유동성 비율(liquidty ratio) ㉮ 유동비율(current ratio) ㉯ 당좌비율(quick ratio) ② 총자산의 고정자산 구성비율 ④ 자기자본의 부채비율 ⑤ 유동자산의 고정자산비율 ⑥ 자기자본금 비율	⑦ 자본회전율 ⑧ (재고)자산회전율

〈정태분석〉

① 유동성 비율(liquidty ratio)

㉮ **유동비율(current ratio)**은 유동자산과 유동부채의 관계를 나타내는 비율로 단기채무의 지급능력을 판단하는 대표적인 비율이다. 200% 이상이 이상적인 유동비율이라고 한다.

$$\text{유동비율} = \frac{\text{유동자산}}{\text{유동부채}} * 100(\%)$$

㉯ **당좌비율(quick ratio)**은 지급능력을 판단하는 보조비율로 유동자산에서 유동성이 낮은 재고자산을 뺀 당좌자산과 유동부채의 관계비율로 나타내며, 100% 이상이 좋다.

$$\text{당좌비율} = \frac{\text{유동자산} - \text{재고자산}}{\text{유동부채}} * 100(\%)$$

② 고정자산 구성비율은

자본의 고정화 정도를 나타내며, 고정비율이 높으면 자기자본으로 투자하는 것이 바람직하다. 따라서 대체로 낮을수록 양호하다고 본다.

$$\text{고정자산 구성비율} = \frac{\text{고정자산}}{\text{총자산}} * 100(\%)$$

③ 고정자산의 장기자본비율을

고정장기적합률이라고 하며, 100%를 넘는 경우에는 고정부채의 부족분을 유동부채로 조달하는 것이므로 불건전하다고 할 수 있다.

$$\text{고정장기적합률} = \frac{\text{고정자산}}{\text{장기자본}} *100(\%) = \frac{\text{고정자산}}{\text{자기자본} + \text{장기부채}} *100(\%)$$

④ 부채비율이

낮아야 기업이 건전하므로 100% 이하가 이상적이다.

$$\text{부채비율} = \frac{\text{부채}}{\text{자기자본}} * 100(\%)$$

⑤ 유동자산의

고정자산비율은 업종에 따라 차이가 있으나 200% 이상이 이상적이다.

$$\text{유동자산의 고정자산비율} = \frac{\text{유동자산}}{\text{고정자산}} * 100(\%)$$

⑥ 자기자본금 비율 = 자본금 / 자기자본금

자기자본금은 '자본금+자본잉여금+이익잉여금'으로 이루어지며, 잉여금은 배당할 필요가 없다. 따라서 자기자본금 비율이 낮다는 것은 잉여금이 많이 축적되어 있다는 것을 의미하므로, 이런 주식은 주식투자자들이 매력을 느끼게 된다.

〈동태분석〉

⑦ 자본회전율은 연 매출액의 자본에 대한 비율로 표시되며

자본회전율이 높다는 것은 그만큼 자본의 이용도가 높다는 것을 의미하며, 업종에 따라 장기적으로 자본회전을 하는 업종도 있으나, 대체적으로 자본회전율이 낮으면 개선의 여지가 있다고 본다.

$$\text{자본회전율} = \frac{\text{연매출액}}{\text{자본}} * 100(\%)$$

⑧ (재고)자산회전율은 연 매출액의 재고자산에 대한 비율로 표시되며

자산회전율은 재고자산이 연간 몇 회전하였는가를 나타내 주는 지표이며, 높을수록 건전하다고 할 수 있다.

$$(재고)자산회전율 = \frac{연매출액}{재고자산} * 100(\%)$$

3) 손익계산서(損益計算書, income statement)

손익계산서는 기업의 경영성과에 대하여 일정기간에 발생한 모든 수익과 비용을 대비시켜 당해 기간의 순손익을 산출하여 확정한 보고서이다.

기업회계기준 및 상장법인의 재무제표에 관한 규칙에 「손익계산서는 기업의 경영성과를 명확히 표시하기 위하여 회계기간에 속하는 모든 수익과 비용을 기재하여 경상손익을 표시하고, 이에 특별손익에 속하는 항목을 가감한 다음, 법인세·방위세·주민세 등을 차감하여 당기순이익을 표시하여야 한다.」고 규정하고 있다.

손익계산서에 기재되는 계정과목은 수익이나 비용을 발생하게 한 이유와 원인을 나타내고 있다. 즉 매출액과 수입이자 등은 기업의 가치를 증가시킨 원인이며, 반대로 매입과 급료 및 잡비 등은 기업의 가치를 감소시킨 원인이다. 이같이 손익계산서는 수익과 비용을 대응시켜 순손익액을 명백히 표시할 뿐만 아니라, 손익발생과정을 추적할 수 있도록 하여 영업의 수행과정까지 짐작하도록 하는 정보를 제공한다.

따라서 손익계산서는 기업목적달성 정도의 측정기준이며, 경영정책수립과 방향설정의 가장 중요한 자료가 된다. 양식에는 계정식과 보고식이 있는데, 계정식은 총 계정원장의 차변과 대변에 총비용과 총수익을 정리하여 옮겨 놓았기 때문에 수익과 비용의 비교에 편리한 방식이나, 기업회계기준에서는 일반 이해관계자가 이해하기 쉽고 편리한 보고식을 원칙으로 하고 있다.

표 손익계산서 형식(보고식)

I.	매 출 액 1. 음식 2. 음료 3. 주류 4. 기타
II.	매 출 원 가 1. 음식 2. 음료 3. 주류 4. 기타
III.	매 출 이 익(또는 손실)
IV.	판매비와 일반관리비 1. 급료와 임금 2. 퇴직금 3. 감가상각비 4. 세금과 공과금 5. 지급임차료 6. 차량유지비 7. 수도광열비 8. 교통통신비 9. 카드수수료 10. 비품 및 소모품 11. 임대료 12. 판매촉진비
V.	영업이익(또는 손실)
VI.	영업 외 수익 1. 수입이자 2. 기타
VII.	영업 외 비용 1. 지급이자와 할인료 2. 기타
VIII.	경상이익(또는 손실)
IX.	특별이익 1. 고정자산처분이익 2. 기타
X.	특별손실 1. 투자자산처분손실 2. 기타
XI.	법인세 차감 전 순이익(또는 순손실)
XII.	법인세 등
XIII.	당기순이익(또는 손실)

(1) 매출액

매출액은 음식과 음료, 주류, 기타로 구분하여 계상한다.

(2) 매출원가

매출원가는 음식과 음료, 주류, 기타로 구분하여 계상하며, 제조원가 명세서로 자세하게 설명되어야 한다.

표	제조원가명세서
I.	원재료비　　　1. 기초원료재고액 　　　　　　　2. 당기원료매입액 　　　　　　　합 계 　　　　　　　3. 기말원료재고액
II.	노무비　　　1. 기본급　2. 제수당
III.	제경비　1. 전력비　2. 가스수도비　3. 운임　4. 감가상각비 　　　　5. 수선비　6. 소모품비　7. 기타
IV.	당기총제조비용
V.	기초재공품제조액
VI.	합계
VII.	기말재공품재고액
VIII.	타계정대체액
IX.	당기제품제조총원가

(3) 매출총이익(또는 손실)

(4) 판매비와 일반관리비

급료와 임금(급여, 아르바이트, 상여금, 법적 복리비, 복리후생비), 퇴직금, 감가상각비세금과 공과금, 지급임차료, 차량유지비, 수도광열비, 교통통신비. 카드수수료, 비품, 소모품, 임대료. 판매촉진비 등이다.

(5) 영업이익(또는 손실)

(6) 영업 외 수익

(7) 영업 외 비용

(8) 경상이익(또는 손실)

(9) 특별이익

(10) 특별손실

(11) 법인세차감전순이익(또는 순손실)

(12) **법인세 등**

(13) **당기순이익(또는 손실)**

4) 손익분기점

손익분기점이란 손실도 없고 이익도 없는 즉 총비용과 총수익이 같아지는 시점(BEP; Break-even Point)을 말한다. 매출액이 손익분기점을 초과하면 이익이 발생하고 밑돌면 손실이 발생하게 된다.

총수입 < 총비용 : 손실
총수입 > 총비용 : 이익
총수입 = 총비용 : 손익분기점

(1) 손익분기점을 구하기 위한 전제조건

- 모든 비용을 업종마다 다르게 나타나는 고정비와 변동비로 분해할 수 있어야 한다.
- 제조원가, 판매비, 일반관리비 등의 비용을 고정비와 변동비로 나누어 분석한다.
- 마진율, 제품판매가격 등 수익에 영향을 미치는 변수들을 원가와 제품에 따라 분석하여야 한다.
  - ○ 고정비 : 생산량이나 매출액에 관계없이 언제나 일정하게 지출되는 비용
  - ○ 변동비 : 생산량이나 매출액의 증감에 따라 비례하여 지출되는 비용 (예; 직접재료비)

(2) 손익분기점 계산하기

이러한 손익분기점을 구하는 공식은 다음과 같다.

$$\text{손익분기점} = \frac{\text{고정비}}{1 - \frac{\text{변동비}}{\text{매출액}}}$$

고정비 = 건물과 기계의 감가상각비+임차료+지대+집세+생산직고정급여 등
변동비 = 생산직변동급여+원재료비+전력비 등

(3) 변동비율을 활용한 손익분기점 추정

고정비와 판매가격이 비교적 안정된 두 기간의 손익계산서의 매출액과 매출원가를 활용하여 변동비율을 구한다. 여기서 구한 변동비율에 전기매출액을 곱하여 변동비를 산출한다. 또한 매출원가에서 변동비를 차감하면 고정비를 산출할 수 있다. 이렇게 구한 고정비와 변동비, 그리고 매출액을 위의 손익분기점을 구하는 공식에 대입하면 손익분기점을 구할 수 있다.

$$\textbf{변동비율} = \frac{\text{당기매출원가} - \text{전기매출원가}}{\text{당기매출액} - \text{전기매출액}}$$

변동비 = 매출액 X 변동비율

고정비 = 매출원가 − 변동비

예제문제)

전기매출액이 800, 당기매출액이 1000, 당기매출원가는 700, 전기매출원가는 600일때, 이 변동비율을 활용하여 손익분기점을 추정하라.

(단위:만원)	당 기	전 기
매 출 액	1,000	800
매출원가	700	600

풀이)

변동비율 = (700-600)/(1000-800) = 100/200 = 0.5 이므로, 매출액의 50%는 변동비이다. 따라서 전기는 400, 당기는 500이 변동비이며, 그 차액이 고정비로 200씩 일정한 금액이 산출된다.

(단위:만원)	당 기	전 기
매 출 액	1,000	800
매출원가	700	600
고정비	200	200
변동비	500	400

산출된 고정비와 변동비, 그리고 제시되어진 매출액을 상기의 손익분기점 공식에 대입하면 400을 구할 수 있다.

$$\textbf{(당기) 손익분기점} = \frac{\text{고 정 비}}{1 - \dfrac{\text{변동비}}{\text{매출액}}} = \frac{200}{1 - \dfrac{500}{1000}} = \textbf{400(만원)}$$

(4) 최소자승법을 활용한 손익분기점 추정

변동비율(V) $= \dfrac{nD-AB}{nC-A^2}$

고정비 $= \dfrac{B-AV}{n}$

n = 기간 수
A = 각 기의 매출액 합계
B = 각 기의 매출원가 합계
C = 각기 매출액 제곱의 합계
D = (매출액*매출원가)의 합계

예제문제)

어느 외식기업의 1~3기 매출액과 매출원가가 표와 같을 때 최소자승법을 활용하여 손익분기점을 추정하라.

(단위:만원)	1 기	2 기	3 기
매 출 액	600	800	900
매출원가	200	300	400

풀이)

먼저 변동비율을 구하여 고정비를 구하고, 다음에 변동비를 구한다. 이렇게 구한 고정비와 변동비, 그리고 매출액을 손익분기점 공식에 대입시키면 된다.

n = 3
A = 600 + 800 + 900 = 2,100
B = 200 + 300 + 400 = 900
C = 6002 + 8002 + 9002 = 1,810,000
D = (600*200) + (800*300) + (900*400) = 720,000

따라서 변동비율(V) $= \dfrac{nD-AB}{nC-A^2} = \dfrac{3*720,000-2,100*900}{3*1,810,000-2,100^2} = \dfrac{270}{1,020} = 0.265$

고정비 $= \dfrac{B-AV}{n} = \dfrac{900-2,100*0.265}{3} = \dfrac{343.5}{3} = 114.5$

변동비는 표와 같다.

(단위:만원)	1 기	2 기	3 기
매 출 액	600	800	900
매출원가	200	300	400
고 정 비	114.5	114.5	114.5
변 동 비	85.5	185.5	285.5

따라서 손익분기점 $= \dfrac{\text{고정비}}{1-\dfrac{\text{변동비}}{\text{매출액}}} = \dfrac{114.5}{1-\dfrac{285.5}{900}} = \dfrac{114.5}{0.683} = 167.6$(만원)을 구할 수 있다.

(5) 공헌이익을 활용한 손익분기점 추정

① 공헌이익

상품 1단위를 추가 생산하는데 소요되는 변동비의 판매가격에 대한 초과분을 의미한다. 즉, 10,000원에 판매되는 어떤 요리 1인분을 만드는데 식재료 등 변동비가 4,500원 소요된다면 5,500원은 공헌이익이며, 이를 비율로 표시하면 공헌이익률이라고 한다. 이 요리는 최소한 4,500원 이상을 받고 판매하면 조금이나마 외식기업의 이익에 공헌한다는 의미이다. 즉 공헌이익은 고정비를 계상하지 아니하였기 때문에 최종적인 순이익은 아니라 할지라도 순이익에 기여한다고 할 수 있다. 어떤 비용은 명확하게 변동비와 고정비로 구분하기 난해한 것들도 있다.

인건비와 같이 생산량의 증가가 미미하면 인건비용이 변동하지 아니할 것이지만 생산량의 변동이 극심하면 인건비용도 변동할 것이다. 따라서 거시적인 측면으로 보면 모든 비용이 변동비이지만 단기적이나 미시적으로 보면 변동비와 고정비가 명확하게 구분될 수 있다.

	1인분 요리	비 율
판 매 액	10,000원	100%
변 동 비	4,500원	45%
공헌이익	5,500원	55%

② 공헌이익을 활용한 손익분기점 추정

고정비를 단위당 공헌이익으로 나누면 손익분기점에 해당하는 판매해야 할 요리의 단위수를 구할 수 있다. 또한 공헌이익을 이용함으로써 목표수익에 필요한 판매단위를 구할 수 있다.

$$\text{공헌이익으로 추정하는 손익분기점} = \frac{\text{총고정비}}{\text{단위당공헌이익}} \text{ (판매해야 할 단위 수)}$$

$$\text{목표 수익에 필요한 판매량} = \frac{\text{총고정비} + \text{목표수익}}{\text{단위당공헌이익}} \text{ (판매해야 할 단위 수)}$$

예제문제 풀이)

어떤 레스토랑의 공헌이익률이 40%이고 고정비가 50,000,000원이라면 매출액 손익분기점은 $\frac{50,000,000}{0.4}$ 으로 구할 수 있으며, 125,000,000원이다.

이 때, 만약 음식값이 10,000원이라면 이 때 공헌이익은 4,000원이며, 판매식사수량 손익분기점은 $\frac{50,000,000}{4,000}$ 으로 구할 수 있으며, 125,000단위를 팔아야 한다.

또한 목표수익이 10,000,000원이라면 목표수익 달성에 필요한 수익(매출)의 손익분기점은 $\frac{50,000,000 + 10,000,000}{0.4}$ 로 구할 수 있으며, 150,000,000원의 매출을 올려야 한다.

5) 이익잉여금처분계산서(결손금처리계산서) (利益剩餘金處分計算書, surplus appropriation statement)

이월이익잉여금의 수정사항과 당기이익잉여금의 처분사항을 명확하게 보고하기 위해 작성하는 재무제표이다. 전기와 당기의 대차대조표일 사이 즉 당 회계연도에 이월이익잉여금이 어떻게 변화하였는가를 나타낸다. 대차대조표 · 손익계산서 · 현금흐름표와 함께 4대 재무제표라고 부르며, 주주총회의 승인을 거쳐 확정된 처분방침에 따라 작성하는 것이 원칙이다.

주요항목으로는 당기말 미처분이익잉여금, 임의적립금이입액, 이익잉여금처분액, 차기이월이익잉여금 등이 있다. 이익잉여금이란 손익거래에 의하여 발생하는, 잉여금 가운데 가장 일반적인 형태로 이익금의 보류액으로 생기는 잉여금 또는 이익을 원천으로 하여 생기는 잉여금 등을 가리킨다.

표 이익잉여금처분계산서

I. 당기말 미처분이익잉여금	1. 전기이월이익잉여금(또는 결손금) 2. 전기손익수정이익 3. 전기손익수정손실 4. 수정후전기이월이익잉여금(또는 결손금)
II. 임의적립금이입액	1. 각종 적립금 2, 해외시장개척자금적립금 3. 적립금 합계
III. 이익잉여금처분액	1. 이익준비금 2. 기업합리화준비금 3. 배당금(우선주, 보통주) 4. 사업확장적립금 5. 감체적립금, 6. 배당금 평균적립금
IV. 차기이월이익잉여금	

6) 현금흐름표(재무상태변동표, cash flow statement)

재무상태변동표라고도 하는 현금흐름표는 기업이 현금을 어떻게 창출하여 어디에 사용하였는지에 관한 정보를 제공할 목적으로 작성되는 보고서이다. 즉, 현금흐름표는 일정기간 동안 특정기업의 영업활동(operating activities), 투자활동(investment activities), 재무활동(financing activities)과 결과로부터 발생한 현금유입과 유출에 관한 정보를 요약한 동태적 재무제표이다.

반면에 대차대조표는 결산일 현재의 기업의 재무상태를 명확하게 표시하는 자산, 부채, 자본으로 표시하는 정태적 보고서라면, 손익계산서는 기업의 경영성과를 수익과 비용으로 표시하는 동태적 보고서이다.

표 재무상태변동표

I. 영업활동에서 조달된 순운전자금
    1. 당기순이익
    2. 당기순이익에 가산할 항목
        감가상각비, 이연자산상각, 퇴직급여충당금전입액, 고정자산처분손실
    3. 당기순이익에서 차감할 항목
        투자자산 평가이익, 투자자산 처분이익, 고정자산 처분이익,

II. 투자와 재무활동에서 조달된 순운전자금
    투자유가증권의 처분, 토지의 처분, 사채의발행, 유상증자

III. 투자와 재무활동에서 사용된 순운전자본
    투자유가증권의 취득, 건물의 취득, 연구개발비의 발생,
    사채의 상환, 배당금지급
    순운전자본의 증가

가. 순운전자본의 수입과 지출이 없는 거래내용
    무상증자, 토지의 재평가적립금, 주식배당

나. 순운전자본의 증감내용
    1. 기말순운전자본
        유동자산합계액, 유동부채 합계액
    2. 기초순운전자본
        유동자산합계액, 유동부채 합계액
    3. 순운전자본의 증가

7) 연결재무제표(連結財務諸表, consolidated financial statements)

지배 또는 종속관계에 있는 2개 이상의 회사를 단일기업집단으로 보아 각각의 개별 재무제표를 종합하여 하나로 작성하는 재무제표를 말한다. 연결재무제표에는 연결결산시에 작성되는 연결대차대조표, 연결손익계산서 등 모든 재무제표가 포함된다.

법률적으로는 별개의 독립된 기업이라도 경제적으로 상호 밀접하게 연결되어 있는 기업집단이 존재할 때에는 그들을 하나의 조직체로 간주하여 재무제표를 작성하는 것이 경제적 통일체로서의 기업실태를 파악

하는 데 유리하기 때문에 연결재무제표가 제도화되었으며, 또한 이 제도는 지배회사가 종속회사의 경리를 이용하여 분식(粉飾)을 하는 등의 비리를 막는 데에도 유효하다.

작성은 각 회사의 재무제표를 연결하여 시행되므로, 동종 계정잔고의 집계, 회사상호간의 채권・채무의 상계(相計), 내부이익의 제거 등이 필요하다. 미국에서는 20세기 초 지주(持株)회사가 성행하면서 일반화되었고 한국은 상장법인 등의 회계처리에 관한 규정, 재무제표에 관한 규칙 등에 규정하는 바에 따라 연결재무제표를 작성하도록 되어 있다.

8) 외부감사

감사에는 외부감사와 내부감사가 있다. 내부감사 선임은 대주주의 영향을 받으며 회계에대한 비전문가일 때도 있다. 그러나 외부감사는 회계사이거나 회계법인이어야 한다. 여기서 감사라 함은 외부감사를 의미한다. 직전 사업연도 말의 자산총액이 40억 원 이상인 기업이 외부감사 대상기업이다.

재무제표를 비치하거나 공시할 때는 감사보고서와 함께 감사인의 명칭과 감사의견을 병기하여야 한다. 감사의견은 적정의견, 한정의견, 부적정의견, 의견거절 중 하나를 선택하여 표시하여야 한다.

(1) 적정의견

기업이 일반적으로 인정되는 기업회계기준에 따라 회계처리하여 감사지적사항이 없다고 판단할 때 표시하는 감사의견이다.

(2) 한정의견

한정사항을 제외하면 재무제표가 적정하다는 의미이므로 그 재무제표는 일단 합격선이지만 한정사항이 무엇인지 정확하게 인지하고 재무제표에 미치는 영향을 명확하게 인식하여야 한다.

(3) 부적정의견

중대한 재무상태나 경영선과를 적정하게 표시하고 있지 아니하므로 재무제표가 불합격되는 때에 표시하는 의견이다.

(4) 의견거절의견

감사의견형성에 필요한 합리적 증거를 얻지 못하였거나 기업의 존립에 의문을 제기할 만한 객관적 사항이 특히 중대하여 의견을 표시할 수 없는 경우에 표명되는 의견이다.

9) 외식기업의 경영상태 분석

① 좌석회전율 = $\frac{\text{고객수}}{\text{좌석수}}$ * 100(%)

② 평균객단가 = $\frac{\text{식음료매출액}}{\text{고객수}}$

③ 식재료원가율 = $\frac{\text{식음료매출원가}}{\text{식음료 매출액}}$ * 100(%)

④ 인건비율 = $\frac{\text{인건비}}{\text{매출액}}$ * 100(%)

⑤ FL Cost = $\frac{\text{식재료비} + \text{인건비}}{\text{식음료매출액}}$ * 100(%)

⑥ 노동생산성(labour productivity)은 종업원 1인당 부가가치 생산액으로 나타내며, 노동의 효율성을 측정하는 지표로 측정된다.

노동생산성 = $\frac{\text{총부가가치}}{\text{종업원수}}$

⑦ 자본생산성은 자본의 투자효율을 나타내며, 투하자본의 단위당 부가가치를 측정하는 지표이다.

$$\text{자본생산성} = \frac{\text{부가가치}}{\text{총자본}}$$

⑧ 종업원 1인당 매출액은 노동생산성과 함께 기업의 능률을 측정하는 지표이다.

$$\text{종업원 1인당 매출액} = \frac{\text{매출액}}{\text{종업원수}}$$

3. 식재료 원가관리

1) 식재료 원가관리의 목적

식재료는 외식기업이 판매하는 상품의 직접재료비로써 매출에서 차지하는 비율이 대개 FF-40~45%, FR- 35~40%, FD- 30~35%로 나타나고 있는 현실을 감안하면 막대한 비용요인으로 작용하고 있기 때문에 식재료 원가관리는 매우 중요하다. 기업의 원가관리는 내부이용자의 합리적인 의사결정을 위한 기초자료로 활용된다.

원가를 합리적으로 관리하려면 표준 양목표에 따라 조리를 해야 하며, 주기적으로 실제 원가를 추적하여 목표원가에 접근하도록 관리하여야 할 것이다. 목표치보다 원가가 낮다는 것은 품질저하로 인한 고객 불만족으로 이어지기 쉬우며, 목표치보다 높다는 것은 손실이 발생하거나 이익이 지나치게 낮게 나타날 수 있기 때문이다. 물론, 식재료의 가격변동 등과 같은 외적 요인도 고려해야 함은 두말할 필요가 없다.

2) 식재료 원가를 낮추려면

식재료 원가율을 낮추려면 무엇보다 먼저 동일한 품질의 식재료를 보다 낮은 가격에 구매할 수 있는 방법을 강구해야 한다. 생산자와 직거래를 한다든지, 또는 대량구매나 공동구매가 하나의 방법일 수 있다. 고도로 숙련된 조리사의 조리법 또한 식재료의 감소율과 직접 관련이 있어 원가율에 영향을 미친다.

또한 판매원을 통하여 이익률이 높은 요리의 판매를 권장하거나, 또는 음료와 주류의 판매를 늘리거나, 식전주나 후식을 권장하는 것도 식재료 원가율을 낮추는 한 방법일 수 있다. 특히, 판촉이나 이벤트행사와 같은 마케팅활동은 매출액을 늘림으로써 결과적으로 원가율을 낮아지게 한다. 그러나 권하고 싶지는 않지만 부득이한 비상수단으로 가격인상이나 분량의 감소로 원가율을 낮출 수도 있다.

표 소비된 식재료 원가계산방법

취득원가법	**개별법**	실제로 소비한 식재료의 구매가격을 기준으로 계산
	선입선출법	먼저 입고된 식재료를 먼저 사용한다는 가정하에 원가계산
	후입선출법	나중에 입고된 식재료를 먼저 사용한다는 가정하에 원가계산
	최종매입원가법	최종적으로 입고된 식재료를 먼저 사용한다는 가정하에 원가계산
평균원가법	**총평균법**	해당기간 동안 입고된 모든 식재료의 구입단가를 평균하여 계산
	단순평균법	단순한 구입단가의 평균으로 식재료가격을 계산
	(가중)이동평균법	재고수량별 단가를 가중평균하여 식재료가격을 산출
예정가격법	**추정가격법, 표준원가법, 사전원가법**	사용된 식재료를 사전에 설정한 가격을 적용하여 계산하는 방법
시가법		취득원가와 관계없이 원가계산 당시의 시장가격을 기준으로 식재료원가를 산출하는 방법

표 판매가격과 원가의 구조

<table>
<tr><td rowspan="11">매출</td><td>주주이익배당</td><td rowspan="2">순이익</td><td rowspan="3">세전이익</td><td></td><td></td></tr>
<tr><td>이익잉여금</td><td></td><td></td></tr>
<tr><td rowspan="9">총비용</td><td>제세공과금</td><td></td><td></td></tr>
<tr><td rowspan="8">총원가</td><td rowspan="4">판매비와
일반관리비</td><td>판매관리비</td><td></td></tr>
<tr><td>일반관리비</td><td></td></tr>
<tr><td>판매간접비</td><td></td></tr>
<tr><td>판매직접비</td><td></td></tr>
<tr><td rowspan="4">제조원가</td><td>제조간접비</td><td></td></tr>
<tr><td rowspan="3">제조직접비</td><td>직접경비</td></tr>
<tr><td>직접인건비</td></tr>
<tr><td>직접재료비</td></tr>
<tr><td colspan="4">판매가격(외적가치)</td><td colspan="2">원가(내적가치)</td></tr>
</table>

4. 외식기업의 세무관리

1) 세금의 종류

(1) 부가가치세

외식기업의 세금의 종류
(1) 부가가치세 (2) 소득세 (3) 특별소비세 (4) 법인세 (5) 지방세 (6) 원천징수한 세금

부가가치세란 부가가치, 즉 물건을 사다가 파는 과정에서 증가된 가치에 대하여 부과되는 세금이다. 사업자는 물건값에 부가가치세를 포함하여 팔기 때문에 실지세금은 소비자가 부담하는 것이며, 사업자는 소비자가 부담한 세금을 잠시 보관했다가 국가에 내는 것에 지나지 않는다.

이렇게 세금을 실지로 부담하는 사람과 납세의무자가 다른 세금을 간접세라고 한다. 부가가치세는 6개월을 과세기간으로 하여 신고납부하게 되며, 각 과세기간을 다시 3개월로 나누어 중간에 예정신고제도를 두고 있다.

부가가치세는 과세기간의 매출액을 과세표준으로 하여 일반적으로 10%의 세율을 적용한다. 단, 의제매입(면세로 구입한 농축수임산물)은 매입가격의 3/103을 적용하며, 재활용폐자원의 매입세액공제는 취득가격의 10/110을 부가가치세율로 적용하고 있다. 또한 신용카드 매출은 연간 300만 원 한도 내에서 납부세액공제를 받을 수 있다.

표 판매가격과 원가의 구조

① 과세기간 및 신고기간

신고구분	과 세 기 간			
	예 정 신 고		확 정 신 고	
	대상기간	신고납부기한	대상기간	신고납부기한
제 1기	1/1 ~ 3/31	4/1 ~ 4/25	1/1 ~ 12/31	다음해 1/1 ~ 1/25
	1/1 ~ 6/30	7/1 ~ 8/25		
제 2기	7/1 ~ 9/30	10/1 ~ 10/25		

② 일반과세자와 과세특례자

일정규모 이하의 영세한 개인사업에 대하여는 간편한 방법으로 납세하도록 과세특례제도를 두고 있으며, 과세특례자가 아닌 사업자를 일반과세자라 한다.

새로 사업을 시작하는 개인사업의 경우, 연간매출액이 3,600만 원 미만이 될 것으로 예상되는 때는 사업자등록신청서의 과세특례적용신고란에 그 내용을 기재하거나 과세특례적용신고서를 내야 과세특례적용를 받을 수 있다.

표 일반과세자의 부가가치세

부가가치세(산출세액) = 매출세액 − 매입세액
매출세액 : 매출액의 10%
매입세액 : 매입시 납부한 부가가치세액(농수산물은 3%, 가공품은 10%)

납부할 세액 = 산출세액 − 공제세액 + 가산세

과세특례자와 직전과세기간의 공급가액이 7,500만 원 미만(단, 중

개・대리・주선・위탁매매・도급의 경우에는 1,875만 원 미만)인 개인 일반사업자는 예정신고 대신에 세무서의 예정고지에 의해 직전과세기간(6개월) 납부액의 1/2을 납부한다. 만약, 신고내용에 잘못이 있거나 누락이 있을 때에는 법정신고기한으로부터 6개월 이내에 과세표준 수정신고서를 관할세무서장에게 제출해야 한다. 이 경우, 납부불성실 가산세는 감면되지 않으나 최초의 과소신고로 인해 부과해야 할 가산세는 절반을 경감해 준다.

③ 사업장이 여러 개인 경우

사업장이 2개 이상일 경우, 부가가치세의 신고와 납부는 각 사업장마다 해야 한다. 그러나 총괄납부승인을 받았을 경우에는 주된 사업장(개인의 주사무소, 법인의 본점을 말함)에서 사업장별 부가가치세를 총괄하여 납부할 수 있다. 총괄납부할 때에도 부가가치세의 신고는 사업장마다 별도로 해야 한다.

표 부부가가치세 환급신고 제출서류

- ㉮ **부가가치세 예정·확정신고서 2부(세무서에서 무료로 배부)**
- ㉯ **세금계산서 합계표**
- ㉰ **영세율 첨부서류(수출 등 외화획득을 하는 경우에 한함)**
- ㉱ **의제매입세액신고서(해당되는 경우에 한함)**
- ㉲ **기타 관련서류다.**

④ 부가가치세 환급

부가가치세는 매출세액에서 매입세액을 공제하여 계산하므로 매입세액이 매출세액보다 클 경우에는 환급세액이 생기며, 해당세액을 납세자에게 되돌려 준다. 환급에는 일반환급과 수출 및 투자를 촉진하기 위한 조기환급이 있다.

표 부가가치세의 신고시 제출해야 할 서류

㉮ 부가가치세 영세율 등 조기환급신고서
㉯ 영세율 첨부서류
㉰ 사업설비 투자실적명세서
㉱ 매출 및 매입세금계산서 합계표 등이다.

⑤ 가산세

부가가치세 신고를 하지 않거나 미달하게 신고한 경우, 세금납부를 하지 않거나 미달하게 납부한 경우, 세금의 환급액을 초과하여 신고한 경우에는 10%의 가산세를 물어야 한다. 기타 가산세의 종류와 부과되는 금액은 다음과 같다.

표 가산세의 종류와 부과율

► **미교부 또는 미제출가산세의 경우**
세금계산서를 교부하지 않았거나 교부한 세금계산서를 예정신고, 또는 확정신고시에 제출하지 않았을 경우에 적용되며, 가산세는 해당공급가액의 2%(법인), 또는 1%(개인).

► **지연제출가산세의 경우**
세금계산서를 예정신고시에 제출하지 않고 확정신고시에 제출한 때에 적용되며, 가산세는 해당공급가액의 2%(법인), 또는 1%(개인).

► **세금계산서 불명가산세의 경우**
세금계산서의 기재내용이 사실과 다르거나 누락된 경우에 적용되며, 가산세는 해당공급가액의 2%(법인), 또는 1%(개인).

► **영세율신고 불성실가산세는**
영세율이 적용되는 사업자가 과세표준금액을 신고하지 않거나 적제 신고한 경우에 적용되며, 부과되는 금액은 해당과세표준의 1%이다.

⑥ 세금계산서

세금계산서는 사업자가 재화나 용역의 공급시 거래상대방에게 교부하는 영수증을 말하며, 세금계산서 2부를 발행하여 그 중 적색 1부는 당해 공급자가 보관하고 청색 1부는 공급받는 거래상대방에게 교부한다.

세금계산서의 기능은 다음과 같다.

㉮ 사업자가 재화를 공급할 때 물품송장의 역할,

㉯ 대금을 청구하는 청구서의 역할과 현금거래인 경우, 그 대금을 영수하였음을 증명하는 영수증의 기능,

㉰ 부가가치세의 거래징수를 표시하는 세금영수증의 기능,

㉱ 사업자의 거래사실을 증명하는 증빙서류의 기능,

㉲ 사업자가 교부하였거나 교부받은 세금계산서를 세무서에 제출함으로써 과세자료로 활용된다.

⑦ 세금계산서의 필수적 기재사항

그러나 공급받는 자가 사업자가 아닐 경우에는 사업자등록번호에 갈음하여 부가가치세법 시행령 제8조 2항의 규정에 의해 부여받은 고유번호 또는 공급받는 자의 주소, 성명,주민등록번호를 기재하여 세금계산서를 교부해야 한다.

표 세금계산서의 필수적 기재사항

㉮ 공급하는 사업자의 등록번호와 성명 또는 명칭
㉯ 공급받는 자의 등록번호
㉰ 공급가액과 부가가치세액
㉱ 작성연월일 등이다.

⑧ 세금계산서 임의적 기재사항

필수적 기재사항을 기재하지 않거나 사실과 다를 때에는 매입세액을 공제받을 수 없다.

표 임의적 기재사항

㉮ **공급하는 자의 주소**
㉯ **공급받는 자의 상호, 성명, 주소**
㉰ **공급하는 자와 공급받는 자의 업태와 종목**
㉱ **공급품목**
㉲ **단가와 수량**
㉳ **인도연월일**
㉴ **거래의 종류 등이다.**

사업자는 세금계산서를 교부하였거나 교부받은 때에는 매출처별 세금계산서 합계표와 매입처별 세금계산서 합계표를 당해 예정신고 또는 확정신고와 함께 세무서에 제출해야 한다. 직전과세기간의 공급가액이 7,500만 원 미만인 개인사업자가 부가가치세 예정신고분 납부세액을 관할세무서장이 고지(예정결정고지)하는 경우에는 확정신고시 매출·매입처별 세금계산서 합계표를 세무서에 제출해야 한다.

만약, 각 예정신고와 함께 제출하지 아니한 매출·매입처별 세금계산서 합계표는 당해 예정신고기간이 속하는 과세기간의 확정신고와 함께 세무서에 제출할 수 있다. 그러나 간이과세자와 과세특례자에게는 교부받은 세금계산서와 매입처별 세금계산서 합계표 중 선택해서 확정신고와 함께 제출할 수 있도록 예외조치를 인정하고 있다.

(2) 소득세

사업소득은 종합소득신고의 의무가 있으며, 종합소득신고는 1월 1일부터 12월 31일까지 발생한 이자소득, 사업소득, 근로소득, 일시재산소득, 배당소득, 부동산임대소득, 기타 소득 등을 다음 해 5월 1일~31일까지 주소지 관할세무서에 신고하고 산출된 세금을 납부하여야 한다.

(3) 특별소비세

특별소비세 부과사업장은 나이트, 룸사롱, 요정, 카바레, 카페, 디스코클럽, 귀금속상, 도박장 등이다.

(4) 법인세

법인사업인 경우에는 법인 자체적으로 발생한 이익에 대한 법인세를 신고하고 예납하며, 납부하여야 한다. 물론, 이익배당이 실현되었다면 그 주주는 법인세와는 별도로 개인적으로 이익배당과 다른 소득을 합산하여 종합소득신고를 하여야 한다.

(5) 지방세

지방세는 토지세, 재산세, 취득세, 등록세 등이 있으며, 토지세는 6월 1일 현재 등기부상의 토지 소유자가 납세의무가 있다. 건물이나 주택과 같은 재산세는 5월 1일이 과세 기준일이다.

(6) 원천징수한 세금

사업주는 법인이든, 아니면 개인사업장이든 근로자나 고객 또는 거래처로부터 원천징수한 모든 세금을 납부해야 하는 의무가 있다.

“부자 되려면 부자를 따라 하라”

부자에겐 특별한 유전자가 있는 것일까? 유전자가 있다면 어떤 모습일까? 그리고 그 유전자를 가지려면 어떻게 해야 할까? 부자를 꿈꾸는 사람이라면 한번쯤 생각해 봤음직한 질문들이다. 부자가 되는 방법에 대해 명쾌하게 정리한 인물이 있으니, 그가 바로 1970년대 중반 미국 최고의 갑부였던 석유재벌 폴 게티(J. Paul Getty, 1892~1976)다. 여느 부자와 달리 그는 돈에 관한 입장을 자주, 그것도 공개적으로 밝혔다. 아예 1960년대에는 미국의 성인잡지인 플레이보이에 ‘부자 되는 법(How to be rich)’이라는 제목의 글을 연재하기도 했다. 연재 후 출판된 이 책은 지금도 미국에서 꾸준히 팔린다고 한다.

게티는 부자가 되는 방법에 대해 “당신이 부자가 되기를 원한다면 돈을 많이 버는 사람을 찾아서 그 사람이 하는 대로 따라서 해라”라고 말한다. 즉, 부자의 사고방식과 습관을 따라 하면 부자가 된다는 것이다. 부자의 사고방식이란 어떤 것을 말하는 것일까? 게티는 이를 ‘백만장자 마인드(the millionaire mentality)’라고 했다. 백만장자 마인드란 일과 목표를 달성하기 위한 기술과 지적 능력의 총체를 의미한다. 부자와 그렇지 않은 사람을 가르는 가장 큰 경계선 중 하나가 바로 게티가 말하는 일을 대하는 태도다. 세계적 갑부들은 예외 없이 일 중독자에 가깝다. 아니 정확히 말해 자신이 하는 일을 즐기기 때문에 다른 사람보다 더 많이 일을 한다.

세계 제2위의 부자이자 주식투자의 달인인 워런 버핏을 두고 그가 회장으로 있는 버크셔헤서웨이의 섬유담당 랄프 릭비는 이렇게 얘기한 바 있다. “그는 돈을 버는 취미를 가지고 있을 뿐이다. 그것은 그에게 휴식이다.” 가난한 스코틀랜드 이민자 출신으로 전보배달원에서 시작해 미국의 강철왕으로 군림했던 앤드루 카네기도 성공적인 삶을 영위하기 위해서는 일하는 태도가 중요하다고 강조한다. “회사를 위해 내가 무엇을 해야만 하는가 대신 내가 무엇을 할 수 있는가를 생각해야 한다.

충실하고 양심적으로 맡은 바 일을 하는 것은 아주 바람직하다. 하지만 그것만으로는 부족하다. 그 이상의 뭔가가 필요하다. 이런 부류의 점원, 경리사원, 회계원은 끝까지 그 상태로 남아 있기 쉽다. 성공하는 사람은 해당 부서의 범위를 넘어선 예외적인 어떤 일을 해야만 한다. 즉, 관심을 끌어야만 하는 것이다."

백만장자의 두 번째 유전자는 바로 '배우려는 태도'다. 부자의 대부분은 보통 사람보다 독서량이 많다. 세계 1위와 2위의 부자인 마이크로소프트사의 빌 게이츠와 워런 버핏이 전형적인 예다. 빌 게이츠의 어릴 적 별명은 책벌레였고, '생각주간'(Think Week)으로 불리는 휴가기간 내내 직원들이 만든 보고서를 읽는다. 미 북서부의 한적한 호숫가에 있는 소박한 산장에서 휴가를 보내는 동안 회사임원은 물론, 가족도 만나지 않은 채 하루 18시간씩 마이크로소프트 직원들이 보낸 수많은 보고서를 읽는 데에만 몰두한다. 버핏도 하루의 3분의 1을 책과 각종 투자관련자료와 잡지, 신문을 읽는 데 시간을 보낸다고 한다. 미국 월가에서 가장 존경받는 펀드매니저였던 존 템플턴 경은 아예 자기자신을 '살아 있는 도서관'으로 만들라고 충고하기도 한다. 그는 "공항에서 비행기를 기다리거나 전철을 기다릴 때 업무관련서적을 보거나 아니면 책을 읽으라"고 말한다.

아시아 최대의 갑부 리카싱은 지독한 독서광이다. 홍콩에는 '홍콩 사람이 1달러를 쓰면 그 중 5센트는 리카싱의 주머니로 들어간다'는 말이 있다. 리카싱이 홍콩 경제에서 차지하는 위상을 빗대어 표현한 말이다. 하지만 리카싱은 어려운 가정형편으로 중학교도 마치지 못한 인물이다. 그런 그가 이토록 큰 성공을 거둔 비결은 무엇일까? 여러 가지가 있지만 그 중 하나가 독서다. 리카싱은 중학교 중퇴학력이지만 유창한 영어를 구사한다. 길거리를 걸으면서도 영어공부를 할 정도로 영어에 매달린 결과다. 홍콩 최대의 재벌이 된 이후에도 그는 매일 잠자리에 들기 전에 30분 가량 책을 읽는다고 한다.

세 번째 유전자는 바로 이들은 저축의 힘을 믿는 사람이라는 점이다. 세계적인 갑부들은 한결같이 처음에는 저축을 통해 사업 밑천이나 투자자금을 만들었다. 카네기는 자서전에서 "(나는) 저축을 통해서 억만장자가 됐다. 조금씩 급료를 저축했는데, 나중에 그것으로 신용대부를 받았다. (중략) 백만장자의 표시가 뭔지 아는가? 바로 수입이 항상 지출을 초과하는 것이다.

Food Service

백만장자들은 일찍부터 저축을 시작한다. 돈을 벌기 시작할 무렵부터 말이다"라고 저축의 중요성을 강조한다. 템플턴 경은 어떠한가? 부자가 된 다음에도 그는 소득의 50%는 무조건 저축하는 '50% 규칙'을 지켰다. 그가 50% 규칙을 지킨 기간은 무려 20년이나 된다. 하지만 일반인은 일확천금을 노린다. 복권을 사고 운(運)에 자신의 인생을 기대려 한다. 반면, 세계적 거부들은 모두 현재 할 수 있는 일, 즉 저축의 힘을 믿고 수입의 일부를 떼어 내는 것으로부터 시작한다.

지금까지 간략하게 세계적 거부들의 부자유전자에 대해 살펴봤다. 그런데 버는 것과 그것을 지키는 것은 다른 차원에 속하는 문제다. '부자가 삼대를 가지 못한다'는 말처럼 자손이 이들의 재산을 지키는 것은 부자가 되는 것과는 다른 문제인 것이다. 거부들은 어떻게 자식을 교육시켰을까? 어떻게 했기에 자손들이 그 재산을 지속적으로 지켜냈을까? 힌트는 폴 게티와 동네 수퍼마켓에서 시작해 세계 최대의 유통업체인 월 마트를 창업한 샘 월튼에게서 얻을 수 있다.

자수성가한 부자와 달리 부잣집 아들로 태어난 게티는 아버지의 석유사업에 매료돼 16세때 아버지한테 유정발굴 일에 참여하게 해달라고 부탁을 한다. 그의 아버지는 다음과 같은 조건을 붙였다. "좋고 말고. 단 맨 밑바닥 일부터 할 생각이 있다면 말이다." 그는 하루 12시간 일하는 대가로 일당 3달러를 받았다. 3달러는 당시 노동자의 임금이었다. 즉, 게티의 아버지는 게티를 부모의 기준이 아닌 세상의 기준으로 대한 것이다. 샘 월튼도 마찬가지다. 자식이 게으른 부자가 되는 것을 원치 않았다. "나는 정말이지 나의 후손 중 그 누구라도 내가 '게으른 부자'라고 부르는 범주에 속하는 것은 보기 싫다." 그래서 그는 자식들에게 모두 신문배달을 시켰다.

장남 롭슨 월튼은 자신의 아버지에 대해 이렇게 추억하고 있다. "우리는 항상 상점에서 일을 했다. 나는 수업이 끝나면 바닥을 닦기도 하고 상자를 나르기도 했다. 물론, 당시 우리 모두는 급여를 받았지만 친구들이 받는 것보다 적은 금액이었다. 하지만 아버지는 언제나 우리에게 상점에 돈을 투자하도록 했다." 진리란 대부분 진부하다. 부자가 되는 방법도 그렇다. 열심히 일하고 공부하고 저축하는 것, 부자가 되기 위해서는 이 간단한 원칙을 지켜야 한다는 것을 우리는 세계적 갑부들의 삶에서 볼 수 있다. 이상건 미래에셋투자교육연구소 선임연구원(lsggg@miraeasset.com)

자료 : 조선일보 & chosun.com

Food Service

제 11 장

외식기업의 마케팅전략

Foodservice

Chapter

11

1. 외식마케팅의 이해

1) 외식마케팅의 개념

(1) 마케팅의 정의

소비가 공급을 초과하던 1900년 이전에는 판매자, 즉 기업이 시장을 주도하던 시대였으나, 그 이후에 공급이 수요를 초과하여 구매자, 즉 소비자가 시장을 주도하게 되었다. 종래의 단순한 제품을 대량생산하여 판매함으로써 이윤을 추구하였던 기업들은 생존경쟁의 어려움을 실감하게되었다. 이러한 과정을 겪으면서 판매중심의 경영철학, 즉 마케팅 개념이 등장했다.

마케팅은 거시마케팅과 미시마케팅으로 나누어 설명할 수 있다. 상품이 생산자로부터 소비자에 이르는 사회적 유통현상을 분석하는 마케팅 연구를 거시마케팅이라 한다면 유통기능을 실질적으로 담당하는 개별 기업의 활동을 분석하는 마케팅 연구를 미시마케팅이라고 한다.

마케팅의 정의는 다양한 연구견해가 있으나 일반적으로 '마케팅은 개인이나 조직이 그들의 목적을 달성시키는 교환을 실현하기 위하여 아이디어와 재화 및 서비스의 개념, 가격설정, 촉진 및 유통을 통하여 믹스를 계획하고 시장세분화, 포지셔닝, 소비자 행동의 이해를 통하여 전략을 실천하는 과정이다.'라고 마케팅 개념을 정의하고 있다.

서비스기업이 목적을 달성하기 위해서 그들이 필요로 하는 아이디어,

재화, 서비스를 획득하여야 하며, 이것을 획득하기 위해서는 자신이 소유한 것을 지불해야 한다. 이처럼 무엇인가 대가를 지불하고 필요로 하는 것을 획득하는 행위가 교환이다. 기업은 이러한 교환과정을 통하여 이윤을 획득한다. 따라서 기업은 상대적으로 우월한 교환비율을 설정하기 위하여 경쟁자보다 우수한 마케팅 믹스를 개발하고 마케팅전략을 수립하여야 하는데 이러한 일련의 과정이 마케팅활동이다.

(2) 서비스 마케팅

일반적으로 마케팅이 재화를 대상으로 하는 활동인데 반하여, 서비스 마케팅은 행위, 수행, 노력 등이 그 활동의 대상이다. 재화는 소비자가 소유하지만 서비스상품은 고객에게 만족, 불만족 형태의 편익을 제공하고 즉시 소멸한다. 서비스상품은 서비스를 창출하기 위해서 유형적인 물품이 활용되기도 하지만 그 본질은 무형이고 경험 그 자체일 뿐이다.

고객이 서비스 창출과정에 참여하여 관여하므로 종업원뿐 만 아니라 고객의 행동과 태도, 즉 고객의 참여정도가 서비스상품의 질적 수준과 만족에 지대한 영향을 미친다. 이러한 서비스상품은 생산과 제공, 그리고 소비가 동시에 발생하므로 사전에 품질을 통제하기가 어렵고 실수나 결함을 숨기기도 어렵다.

(3) 외식마케팅

외식마케팅은 외식현상을 대상으로 하는 마케팅활동을 가리킨다. 즉, 외식마케팅은 외식의 제현상을 통하여 고객의 필요와 욕구를 충족시키는 대가로 이윤창출의 목적을 달성하려는 일련의 마케팅활동이다.

외식상품은 그 특성상 음식이라는 제품과 서비스가 혼재되어 있다. 다음의 그림에서 보듯이 파인다이닝은 상대적으로 제품적 특성보다는 서비스특성이 각각 강조되지만 패스트푸드는 이와 반대로 서비스적 특성보다는 제품적 특성이 중시되는 경향이 있다. 하지만 서비스적 특성 또는 제품적 특성이 다른 것을 무시하고 그 특성만을 강조할 수는 없으며, 이들의 두가지 특성을 동시에 만족해야 소비자는 해당외식상품을 만족한다는 것은 두말할 필요도 없다.

표	강조되는 외식상품의 특성

구분	제품적 특성	서비스적 특성
파인 다이닝		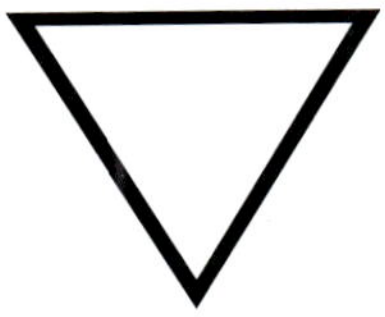
캐주얼 다이닝		
패밀리 레스토랑		
패스트푸드		

2) 외식마케팅의 발전과정

(1) 생산지향시대의 마케팅

제품의 수요가 공급능력을 초과하고 있던 1900~1930년대 등장한 마케팅 개념이다. 이 시대에는 '어떻게하면 제품을 많이 생산할 수 있을 것인가'가 경영의 주요 관심사였으며, 제품의 생산단가가 매우 높았기 때문에 능률적인 생산관리가 특히 요구되던 시대였다.

이러한 생산지향개념(production concept)은 소비자는 제품과 제품의 가격에 관심이 많을 것이라는 가정하에 생산과 유통의 효율성을 극대화하여 비용을 줄이는 데 역점을 두었다. 즉, 생산지향개념은 시장의 동태를 확인하고 개발하는 문제보다 제품의 제조와 생산에 관련된 문제를 더욱 중요시하였다.

(2) 제품지향시대의 마케팅

제품지향개념(product concept)은 소비자가 기존의 제품을 선호하고 있기 때문에 기존의 제품과 전혀 다른 제품을 개발하기보다는 기존의 제품을 보다 우수한 상품으로 개발하는 것을 중요시하던 시대였다.

(3) 판매지향시대의 마케팅

판매지향개념(selling concept)은 다수의 제품을 생산하여 판매하는 경쟁자가 다수 출현함에 따라 경쟁이 심화됨으로써 기업은 더 이상 제품이나 생산에 한정하여 몰두할 수 없었으며, 판매나 판매촉진노력에 관심을 갖기 시작하던 시대이다.

이 시대에 제품을 생산하는 기업은 제품의 판매목표를 달성하는 것이 경영활동의 최대 관심자이자 활동목표였다. 그러나 구매 후 소비자의 만족여부나 수익에 기여한 정도는 주요 관심사가 아니었다.

이 시기에 광고, 마케팅 조사가 체계적으로 이루어지고 판매분석과 판매훈련활동이 마케팅관리자의 책임하에 총괄적으로 통합관리되기 시작하였다.

판매지향개념은 고객을 분석하여 대응하기보다 단기적인 판매목표 달성에 마케팅활동을 집중하는 근시안적이고 단편적인 방법이다.

(4) 마케팅 지향시대의 마케팅

1950년대 이후 등장한 마케팅 지향개념(marketing concept)은 소비자 주권개념에 개초하고 있다. 마케팅 지향개념은 판매지향개념과 달리 소비자의 욕구(wants)와 필요(needs)를 발굴하고 창출하여 충족시키는 활동, 지속적인 소비자 만족을 유지하는 활동 등을 통하여 기업의 이윤을 창출하려는 장기전략적 마케팅활동을 의미한다.

마케팅은 소비자의 필요(needs)와 욕구(wants)를 파악한 후에 이를 충족시킬 수 있는 상품을 개발하는 방법을 모색하며, 시장의 요구를 중시하는 시장지향적 활동이다.

(5) 사회적 마케팅 지향시대

사회적 마케팅 개념(societal marketing concept)은 1970년대에 등장하였다. 기업은 사회의 한 구성원으로서 이제 더 이상 환경오염과 환경변화, 자원의 고갈, 환경파괴, 기아와 질병, 건강 등 사회의 변화에 따른 사회적 갈등과 문제를 외면할 수 없게 되었다.

이러한 사회적 변화가 기업의 존립은 물론, 인류의 생존에 영향을 미칠 수 있기 때문이다. 사회지향적 마케팅은 현재의 소비자 욕구와 이익을 실현할 뿐만 아니라, 장기적인 측면의 소비자 이익 및 사회복지를 유지하고 실현하고자 하는 개념에서 출발하였다.

사회적 마케팅 개념은 기업의 이익과 사회적 이익을 동시에 고려하는 개념으로 최근에는 많은 소비자들로부터 지지를 받고 있다.

1회용품을 활용하는 제품의 생산을 자제하여 환경파괴와 환경오염을 예방하고, 무공해 농수산물의 생산과 이것을 원자재로 한 식품의 제조와 요리의 제공, 금연석의 지정과 흡연공간의 확보 등이 사회지향적 마케팅활동의 일환이다.

3) 서비스상품의 특성

(1) 무형성

무형성(intangibility)은 서비스를 일반재화와 구분하는 가장 기본적이며 핵심적인 특성이다. 즉, 서비스상품은 만져서 실체를 파악할 수 있는 대상이 아니라 행위, 수행, 노력의 산물이다. 이처럼 서비스상품은 형태가 없기 때문에 서비스기업이 제공하는 서비스가 소비자에게 어떻게 인식되며 평가하는지 파악하기가 어렵다.

(2) 소멸성

서비스상품은 일반제품과는 달리 시간이 지남에 따라 소비하지 않은 상품이라도 자연적으로 소멸해 버리는 특성을 서비스의 소멸성(perishability)이라고 한다. 예를 들어, 항공기나 열차의 좌석은 이용자가 없어 해당시간에 판매되어 소비되지 않으면 지나버린 그 시간대의 상품은 소멸되어 재판매가 불가능하다.

이와는 반대로 특정시간대에 소비가 정해진 좌석 수보다 많아진다고 해도 공급을 확대하기가 어렵다. 제한된 수용능력으로 인한 잠재매출의 상실을 예방하기 위하여 수요와 공급능력을 동시에 조절하여 소요변동을 극복해야 할 것이다.

표	서비스의 특성의 문제점과 대책

특성	마케팅상의 문제점	마케팅전략과 대책
무형성	저장이 불가능하다. 특허로 보호받기가 어렵다. 경쟁자가 모방하기 쉽다. 보여 주거나 진열할 수 없다. 가격설정의 기준이 애매하다. 표본을 추출하기가 어렵다.	물적 증거나 유형적 단서를 이용한다. 의견선도자의 인적 원천을 활용한다. 강력한 기업의 이미지를 창출한다. 구전효과를 활성화시킨다. 제공되는 효익이나 편익을 강조한다. 상표와 브랜드를 활용한다. 구매 후 커뮤니케이션을 활용한다.
비분리성	서비스 제공자와 소비자가 같이 있다. 서비스 생산과 제공에 소비자가 관여한다. 생산, 제공, 소비가 동시에 일어난다. 대량생산이 곤란하다.	업무를 신속하게 처리한다. 담당직원의 업무처리능력을 향상시킨다. 소비시간대를 다극화한다. 복수점포의 입지전략을 활용한다.
이질성	서비스상품의 표준화가 어렵다. 일정한 품질수준을 유지하기가 어렵다.	서비스표준을 지속적으로 교육시킨다. 패키지 서비스를 활용한다. 정형화된 서비스를 강조한다. 주문형 서비스를 확대한다.
소멸성	저장이 불가능하다. 재판매가 불가능하다. 수요와 공급이 불균형일 때 조정이 어렵다.	수급 및 제공능력을 조정한다. 수요감퇴기에 가격인하로 수요조장전략 구사. 수요확대기의 가격인상을 통한 수요조절전략.
소유권의 결여	고객은 서비스 활동시설에 접근하거나서비스를 소유할 수 없다.	이용권 같은 가시적 단서를 제공한다.

자료 : 곽동성 · 강기두(1999), 서비스 마케팅, 동성사, p.31을 참고로 재구성

(3) 비분리성

먼저 생산을 하고 저장하였다가 차후에 소비하는 일반제품과는 달리 서비스상품은 생산과정에 소비가 동시에 일어나는 특성이 있다. 이것을

비분리성(inseparability)이라고 한다. 서비스는 생산자와 소비자가 동시에 같은 장소에 있어야 하는 특성이 있다. 예를 들어, 식당의 음식은 손님이 있어야 제공할 수 있으며, 의사 또한 환자가 있어야 진찰이나 치료를 할 수 있다.

서비스는 제공되는 순간 동시에 소비되어 버린다. 서비스상품의 품질은 제공자의 제공능력에 따라 상당한 영향을 받을 뿐만 아니라, 소비자의 태도나 협조 등 상호작용에 의한 영향을 받는다. 따라서 비분리정도가 높은 상품일수록 서비스상품의 품질이 인적 요소에 의한 의존이 높기 때문에 서비스기업 성패의 열쇠는 직원의 능력관리와 교육에 달려 있다.

(4) 이질성

소비자와 제공자가 빈번하게 바뀌는 서비스는 생산되고 제공되는 모든 서비스가 동일하게 생산되고 제공될 수가 없다. 즉, 서비스상품을 표준화하여 모두 일정하게 상품을 제공한다는 것이 어렵다. 예를 들어, 식당의 지배인이나 웨이터가 모든 고객을 동일한 언어나 행동으로 대응하는 것이 아니라 고객에 따라 약간씩 달리 대한다는 것이다.

서비스 공급자가 소비자화 함께 해야 하는 문제에서 발생하는 이러한 이질성은 서비스상품의 표준화와 품질의 통제를 어렵게 한다. 이러한 문제점을 해결하기 위하여 고객의 기호와 욕구에 적합한 서비스를 제공함으로써 접촉별로 생길 수 있는 편차를 극복할 수 있다.

2. 외식마케팅 믹스 전략

1) 외식마케팅 믹스의 개념

마케팅 믹스(marketing mix)란 '표적 시장에서 기업의 목표를 달성하기 위하여 통제가능한 마케팅 수단의 결합'을 의미한다. 즉, 자사상품의 수요에 영향을 미치기 위하여 동원가능한 모든 수단의 다양한 결합을 말한다.

유형상품의 마케팅 믹스는 제품(product), 가격(price), 유통(place), 촉진(promotion)의 4P's 변수의 조화로운 결합이며, 서비스상품의 마케팅 믹스는 여기에 물적 증거(physical evidence), 참가자(people), 과정(process)을 더하여 7P's 변수의 조화로운 결합이다.

표 마케팅 믹스

유형 상품(4P's)	서비스상품(7P's)
제품(product) 가격(price) 유통(place) 촉진(promotion)	4P's + 3P's 물적 증거(physical evidence) 참가자(people) 과정(process)

2) 제품(product)

(1) 외식상품

일반적으로 상품은 소비자의 욕구충족대상이 되는 유형 또는 무형의 모든 것을 의미하며, 유형재, 용역, 노동가치, 조직체, 아이디어 등이 있다. 외식상품은 요리나 음료와 같은 '먹는 것'이라는 실체적 상품에 서비스라는 무형의 상품적 특성을 동반하고 있다.

이처럼 실체적 상품에 부가적으로 수반되는 서비스의 가치를 상품으로 개념화하기 위하여 기본적인 서비스에 추가적인 서비스를 부가하여 서비스를 확대하고 이를 소비자들에게 인식시킴으로써 경쟁자와 차별화를 시도하고 있다. 소비자는 기본적인 서비스에 부가되는 서비스를 유용하다고 생각하고, 그러한 서비스를 제공하는 상품을 선호하는 경향이 있다.

따라서 외식상품은 음식과 음료 등의 유형적 상품과 부가서비스의 묶음 또는 패키지라고 할 수 있다. 이와 같은 외식상품은 주(main)가 되는 핵심(core)상품 혹은 본질적(substantive)상품과 보조(auxiliary)상품이 되는 주변(peripheral)상품 혹은 촉진(facilitator)상품으로 나누어 설명할 수 있다.

배고픔을 충족시켜 주는 적당량의 요리와 맛, 갈증을 해소시켜 주는 음료, 기분을 전환시켜주는 분위기는 핵심적 상품이며, 이것은 < 구매자가 실제로 원하는 바가 무엇인가> 를 의미한다.

심지어 주차 등 편의시설과 장식, 종업원의 고객응대태도와 방법 등 실체적 상품을 고객이 해당 레스토랑을 찾는 직접적인 이유가 되므로 핵심적 상품으로 보는 관점도 있다. 이와같은 실체적 상품은 구매자가 < 핵심상품을 획득하기 위하여 눈으로 보고 사용하는 것이 무엇인가> 를 의미한다.

그러나 예약서비스, 홈페이지 구축, 광고와 홍보, 이용대금의 결제방법 등이 부가적 상품에 해당한다. 즉, 부가적 상품은 < 핵심적 기능 이외에 부가적으로 제공하는 덤이 무엇인가> 를 의미한다.

그림 상품의 개념

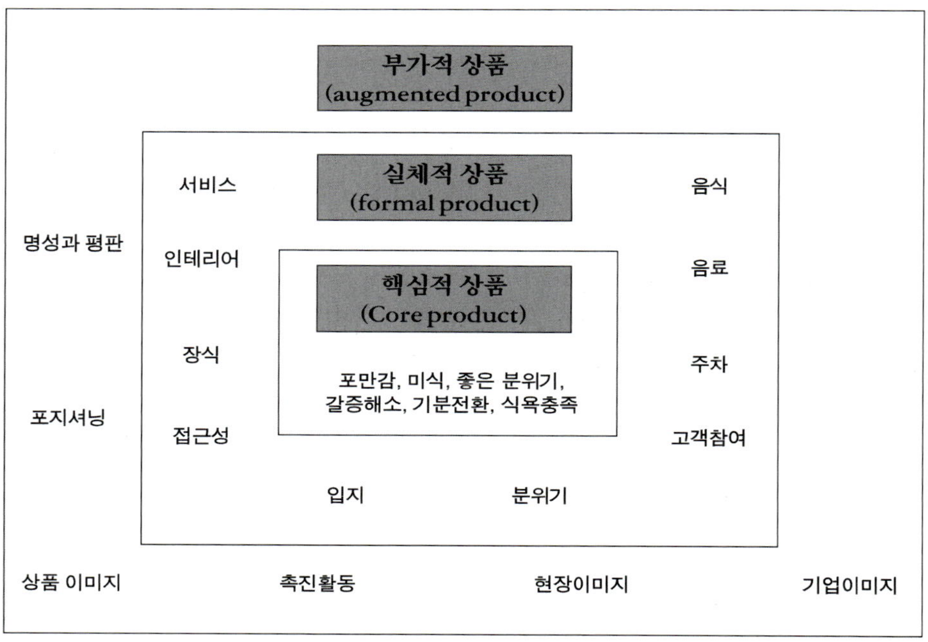

(2) 상품정책

① 메뉴믹스

메뉴, 즉 상품믹스(product mix)란 생산자가 소비자에게 제공하는 모든 상품계열(line)과 품목(item)의 집합을 말한다. 또한 상품믹스는 폭과 깊이 및 일괄성을 나타낸다. 폭(width)은 상품계열의 수, 깊이(depth)는 품목의 수, 일관성은 상품계열의 생산, 유통경로, 용도의 상호관련성을 나타낸다. 외식기업의 메뉴 믹스는 폭, 깊이, 일관성을 어느 정도 적절히 배합할 것인가를 결정해야 하는 정책결정이다.

표 외식상품 믹스

		←------------폭(width)------------				
		상품계열의 수				
품목의 수		탕	샐러드	수프	스테이크	파스타
↑ 깊이 ↓	1	탕1	샐러드1	수프1	스테이크1	파스타1
	2	탕2	샐러드2	수프2	스테이크2	파스타2
	3	탕3	샐러드3	수프3	스테이크3	파스타3
	4	탕4	샐러드4	수프4	스테이크4	파스타4
	5	탕5	샐러드5	수프5	스테이크5	파스타5

② 상품계열전략

상기 표에서 보듯이 외식상품의 다양한 계열은 고객의 선택 폭이 높다는 것을 의미하지만 깊이는 다양한 기호도를 반영할 수 있다는 장점이 있다.

외식기업이 취할 수 있는 상품계열전략은

ⓐ 계열의 수를 확대하는 계열확장전략,

ⓑ 손실이 생기는 계열이나 소비자가 외면하는 계열의 축소 또는 폐기전략

ⓒ 소비자의 관심을 끌기 위하여 계열이나 해당품목에 특성을 부여하는 계열 특화전략,

ⓓ 계열은 그대로 유지하면서 품목 수를 약간 늘리는 품목 추가전략 등을 취할 수 있다.

③ 브랜드

브랜드(상표)란 자사의 상품과 경쟁자의 상품을 구별하기 위하여 사용하는 명칭, 기호, 도안 및 이들의 집합체이며, 법률에 따라 등록되어 배타적인 사용권이 인정되는 상표를 등록상표(trade mark)라고 한다. 상표는 사용방법에 따라 상품계열마다 각기 다른 상표를 사용하는 개별상표(individual brand)와 자사의 모든 상품에 동일한 상표를 사용하는 가족상표(family brand)로 구분된다.

(3) 새로운 서비스개발

소비자의 기호변화는 외식기업으로 하여금 지속적으로 신상품을 개발하도록 요구하고 있다. 소비자들은 언제나 새롭고 개선된 메뉴를 기대한다.

① 신메뉴를 개발해야 되는 이유

사업의 범위를 확장하거나 부산물을 활용하기 위하여 신메뉴개발이 필요하다. 갈비구이 전문점의 갈비탕, 생고기 전문점의 양념구이가 부산물의 활용측면의 메뉴라고 할 수 있다. 또한 특정설비나 기술을 활용하려고 하거나 경쟁에 대처, 새로운 고객의 확보, 기존상품의 진부화를 개선, 업계의 선도적 지위를 유지하기 위하여 신상품의 개발은 필요하다.

② 신메뉴개발의 어려움

새로운 메뉴를 개발은 고객의 충고나 고객접점직원 또는 조리사로부터 아이디어를 수집하고, 또한 장기경영전략에 따라 신상품을 개발하여야 한다. 정부의 규제나 사회적 기대, 개발비용, 신상품의 짧은 수명주기 등이 신상품 개발의 장애요인으로 작용한다.

③ 신메뉴개발 절차

㉮ 메뉴개발 아이디어 수집
㉯ 아이디어의 평가
㉰ 메뉴개념 개발과 평가
㉱ 마케팅전략 개발
㉲ 사업적인 타당성 평가
㉳ 신메뉴개발과 시식 및 평가
㉴ 테스트 판매
㉵ 상품화

(4) 수명주기

하나의 상품이 등장했다가 사라질 때까지의 주기를 상품수명주기(product life cycle)라고 한다. 상품개발자는 하나의 상품을 개발하여 출시하면 시장에서 장기간 존속해 주기 바라며, 상품개발에 투자한 비용을 충당할 만한 이익창출을 기대한다. 이러한 경영자의 기대를 충족시키기 위해서는 상품의 수명주기를 잘 이해하고 단계별로 적절하고 지속적인 관리가 필요하다. 외식상품의 수명주기는 도입기·성장기·성숙기·쇠퇴기로 단계별 대응전략은 다음과 같다.

그림 상품의 수명주기

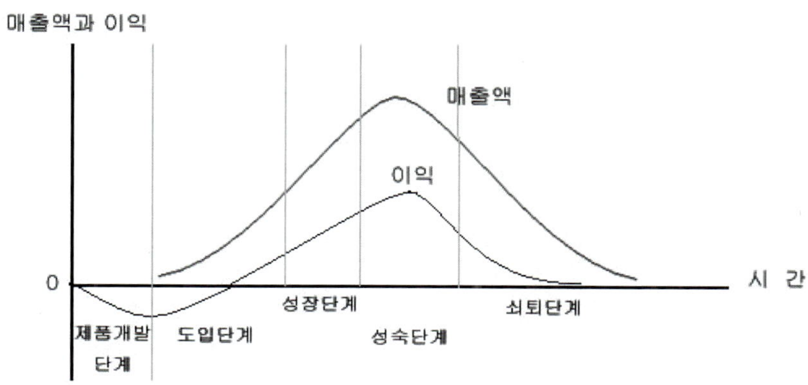

① 도입기(introduction)

상품이 개발되어 시장에 출시되는 단계로 경쟁상품은 없으나 신상품에 대한 인지도가 매우 낮으며, 상품개발 및 촉진비용으로 인하여 이익보다는 손실이 발생한다. 이 단계에는 촉진활동을 통하여 상품을 널리 알리는 데 총력을 기울여야 한다.

표 도입기의 특성과 전략

특 성	전 략
► 경쟁자가 없거나 적다. ► 이윤이 적다. ► 현금 유동성이 저하된다. ► 세분시장이 명확하지 않다.	► 이용자가 상품계획에 참여한다. ► 시장을 명확하게 설정한다. ► 조기수용자의 평가를 수용한다. ► 긍정적 촉진활동을 강화한다. ► 현금유동성을 확보한다.

② 성장기(growth)

성장기는 매출이 급격하게 증가하며, 이익이 발생하고 경쟁상품이 출현한다. 성장기에는 상품품질을 개선하고 가격조정과 유통경로개선으로 경쟁우위의 유지전략을 구사해야 한다.

표 성장기의 특성과 전략

특 성	전 략
► 현금흐름과 수익이 높아진다. ► 경쟁자와 유사상품이 출현한다. ► 급속한 성장이 이루어진다.	► 경쟁적 강점을 개발한다. ► 진입장벽을 개발한다. ► 브랜드 이미지를 강화한다. ► 재구매고객 개발, 경쟁가격조정 ► 유통경로개선, 경쟁우위전략구사

③ 성숙기(maturity)

성숙기는 경쟁이 심화되고 수요의 포화상태로 매출성장이 둔화되고 이익이 감소하기 시작한다. 따라서 성숙기에는 마케팅 믹스의 수정으로 새로운 소비를 창출하고 이용빈도를 늘리거나, 제품의 품질을 개선하는 전략을 구사한다. 또한 다음 상품을 지속적으로 개발하여 출시하여야 한다.

표 성숙기의 특성과 전략

특 성	전 략
► 경쟁의 심화와 도태 ► 판매량의 평균화 ► 독특한 세분시장형성	► 운영비용의 축소, 품질 향상 ► 집중세분시장 개발 ► 설득적 촉진활동 우위확보 ► 경쟁적 장점 개발

④ 쇠퇴기(decline)

새로운 대체상품이 시장에 등장함에 따라 판매와 이익이 급감하기 때문에 적절한 시점에 상품의 폐기여부를 검토하여야 한다.

표 쇠퇴기의 특성과 전략

특 성	전 략
► 판매량의 감소 ► 경쟁의 완화 ► 수익의 감소와 낮은 현금 흐름	► 기존의 서비스 제거나 완화 ► 상품의 철수 또는 축소 ► 후속상품의 출시 ► 기존상품의 재개발

3) 가격(price)

(1) 가격의 이해

상품이나 서비스의 가격은 상품이나 서비스의 상대적 가치를 화폐단위로 표시한 것이며, 일종의 교환비율을 의미한다. 가격은 시장수요를 결정하는 요소이며, 경쟁상의 지위와 시장점유율, 그리고 기업의 수익에 영향을 미친다. 또한 가격은 수요시장이 비용(원가)을 수용하는 수준에서 형성되어야 기업이 지속적으로 상품을 시장에 제공할 수 있다.

가장 중요한 마케팅 믹스 요소 중의 하나인 가격(price)은 판매자 측면의 수익이지만 구매자 측면의 비용 또는 지출로 인식되는 양면성이 있다. 구매자, 즉 고객은 자신이 지불하는 가격에 합치된다고 판단되는 수준 이상의 가치를 기대하며, 기대 이상의 가치를 제공하는 레스토랑을 자주 이용하게 된다. 특히, 불경기이거나 지불예산이 빠듯한 경우에 소비자는 가격에 민감하다. 그러나 기업은 이윤의 폭이 클 것을 기대한다.

다시 말하면 동일한 상품이라도 소비자와 공급자는 상품의 가치를 상이하게 지각한다.

공급자는 투여되는 개발비, 재료비, 생산비, 유통비, 판매비와 희소성, 그리고 경쟁력 및 활용가치를 고려한 일정수준의 이윤을 기대하는 가치로 상품의 가격을 지각한다. 그러나 소비자는 이용가치, 서비스 정도, 인적 가치, 상품의 이미지가치와 그 상품을 획득하기 위하여 지불하는 금전적, 시간적, 심리적 에너지 비용 등을 종합적으로 비교하고 판단하여 해당상품의 가치를 지각한다.

표 상품가치 지각

소비자의 가치 지각		공급자의 가치 지각	
가치	비용	가치	비용
상품가치 서비스가치 인적 가치 이미지가치	금전적 비용 시간비용 에너지 비용 심리적 비용	희소성 가치 만족의 정도 가치 경쟁가치 활용가치 일정수준의 이윤	개발비용 재료비용 생산비용 유통비용 판매비용

(2) 가격결정전략

레스토랑의 판매가격에 영향을 미치는 요소들은 수요량과 공급량의 관계, 충성 고객의 수요정도, 마케팅 믹스, 경쟁레스토랑의 가격, 기초원가와 비용, 기대이익, 경영전략과 정책 등이다. 그러나 결국 가격의 결정은 고객의 인식가치와 기업의 이익 사이의 적절한 균형점에서 형성된다. 가격에는 원가가 반영되고 같은 가격에 판매하고도 지속적인 판매와 이윤창출이 가능한 수준으로 결정되어야 한다.

지나치게 높은 가격의 책정은 초기에는 많은 이익을 가져올지 모르지만 장기적으로 볼 때 고객은 그 상품을 외면할 것이다. 이와 반대로 지나치게 낮은 가격을 책정한다면 고객의 이용빈도가 높으므로 매출은 기대수준이상이 될지 모르지만 외식기업의 수고에 비하여 이윤이 지나치게 낮거나 손해가 발생할 가능성도 배제할 수 없다. 따라서 공급자와 소비자가 동시에 만족하는 수준에서 판매가격을 결정하여야 한다.

(3) 가격전략의 활용

가격전략에는 원가, 수요, 경쟁, 목표이익 등을 고려하는 정상적인 가격전략이 있으나 고객을 유인할 목적으로 제시하는 유인가격전략도 있다. 유인가격전략은 공헌이익이 낮을지라도 고정비를 제외한 최소한의 제조원가나 직접비용이 회수되는 낮은 가격을 제시하여 고객을 유인하는 마케팅전략이다. 레스토랑의 아이돌 타임에 할인가격을 제시한다거나, 백화점의 오전 내점객에게 특정선물이나 할인율을 제시한다거나, 바나 선술집의 5시 이전의 내점객에게 특정안주나 음료를 무료로 제공한다거나, 오피스 상가에 입점한 레스토랑이 토요일이나 일요일에 할인가격을 제시하는 경우가 유인가격전략을 적용하는 사례이다.

이와는 다르게 할인가격이나 유인가격을 제시하지 않고 정가를 유지함으로써 경쟁기업과 차별성을 부각시키는 전략도 있다. 서울시내 특1급 호텔의 객실이나 레스토랑은 정가유지 전략을 구사함으로써 '고품질 상품과 서비스를 제공하는 이미지'를 부각시키려는 마케팅전략을 시행하고 있다. 음식상품을 판매하는 외식기업은 이처럼 다양한 가격전략을 적용하고 있으나 잘하는 건지 아닌지에 대한 판단은 결국 소비자의 선택의 결과일 것이다.

(4) 가격결정시 고려해야 할 요인

① 내부요인

레스토랑이 상품의 판매가격을 결정할 때 원가 · 마케팅 목표 · 마케팅 믹스전략 등 내부요인을 고려하여야 한다. 생산과 유통 및 판매 등에 소요되는 비용, 즉 원가는 가격결정의 하한선이 된다. 또한 노력과 실패위험에 따른 적정이익이 보장되는 수준에서 가격이 결정되어야 지속적인 기업활동이 가능할 것이다.

마케팅 목표를 최소한의 기업존속에 두느냐, 아니면 단기이익의 극대화에 두느냐, 또는 시장점유율의 향상에 두느냐에 따라 가격이 다르게 결정된다. 또한 가격(price)이 제품(product) · 유통경로(place) · 촉진(promotion) 등과 조화를 이루는 마케팅 믹스로 구성될 때 외식기업의 마케팅 프로그램은 성공할 수 있다.

② 외부요인

가격결정에 영향을 미치는 기업외부의 요인에는 시장과 수요의 성격, 경쟁상황, 정치 경제적 환경요인 등이 있다. 이 외에도 경기, 이자율, 소득 수준, 인프레이션, 시장의 문화적 특성, 소비자의 소비패턴이나 라이프 스타일, 소비자의 특성 등도 외식상품의 소비가격결정에 영향을 미친다.

(5) 가격결정의 방법

① 원가기준법

원가에 따라 판매가격을 결정하는 방법에는 크게 원가가산법과 목표이익법이 있다. 원가가산법은 메뉴의 식자재원가에 일정한 표준이익률을 가산하여 판매가격을 결정하는 방법이다. 그러나 목표이익법은 예상되는 판매에서 차지해야 하는 목표수익률을 전략적으로 판단하여 판매가격을 결정하는 방법이다.

② 수요기준법

판매가격결정 기준이 원가가 아니라 소비자의 인식가치 또는 수요강도를 판단하여 가격을 결정하는 방법이다.

③ 경쟁가격결정법

경쟁가격결정은 크게 모방가격과 입찰가격이 있다. 모방가격은 경쟁업자 또는 경쟁상품의 가격을 참고로 가격을 결정하는 방법이다. 입찰가격은 입찰에 성공하기 위하여 경쟁자보다 유리하게 제시하는 가격이다. 입찰가격은 단체급식의 판매식단가가 적합한 사례가 될 수 있다.

4) 촉진(promotion)

(1) 촉진의 의의

외식기업이 개발한 상품에 대하여 현재고객 또는 잠재고객에게 상품에 대한 정보를 알리고 설득하며, 회상하도록 하는 활동을 마케팅 커뮤니케이션(marketing communication) 또는 촉진(promotion)이라고 한다. 이러한 촉진활동의 기본적인 목적은 고객에게 자사의 상품을 알리고(awareness) 고객의 마음 속 이미지에 자사의 상품을 포지셔닝

(positioning)하는 것이다.

외식기업은 이러한 다양한 정보제공 등의 활동을 통하여 고객의 레스토랑 방문을 유인하고 재방문비율을 높이며, 고객의 브랜드 충성도를 높이고자 한다. 마케터가 활용하는 촉진 수단은 매우 다양하지만 판매촉진(sales promotion), 광고(advertising), 인적 판매(personal selling), 홍보 및 공중관계(public relation) 등 네 가지 방법이 촉진믹스(promotion mix)로 활용되고 있다.

(2) 촉진믹스(promotion mix)

① 인적 판매(personal selling)

예상되는 고객 또는 잠재고객에게 상품정보를 제공하거나 판매를 성사시킬 목적으로 일대일로 기업정보를 알리는 쌍방향 촉진활동이다. 화장품이나 보험상품 또는 요구르트와 같은 음료수나 건강식품을 판매할 목적으로 방문하여 상품정보를 제공하는 행위, 이러한 정보제공을 전화로 하는 텔레마케팅 등이 해당된다.

② 광고(advertising)

잠재고객의 인지창출 및 욕구를 자극하기 위해서는 기업의 이미지를 제고하거나 상품정보를 제공하여야 한다. 이러한 활동은 매체를 활용하는 촉진으로 그 비용을 기업이 지불한다. 일반적으로 TV, 라디오, 신문, 잡지, 간판, 전단지, DM 등과 같은 비용이 수반되는 유료광고가 있다.

③ 판매촉진(sales promotion)

구매자의 즉각적인 행동유발을 촉진하기 위하여 제공되는 인센티브로써 구매시점의 촉진활동을 강화하는 기업이다. 예를 들어, 무료 샘플 제공, 점포진열대의 진열, 경품제공, 시식코너에서 맛보여 주기, 콜라나 맥주의 시음대회, 마일리지, 할인권, 상품전시회, 무료쿠폰, 프리미엄, 끼워팔기, 추첨권 제공 등이 구매시점 판매촉진활동이다.

④ 공중관계 및 홍보(PR; public relation)

홍보(PR)이라고 하면 기업의 비용부담 없이 자연스럽게 기업이나 상품이미지를 제고하는 촉진활동이다. 상업적 의미가 있는 정보를 매체를 활용하여 제공하는 활동, 상품이나 서비스에 대한 매체의 기사, 직원을 매체에 노출시켜 자연스럽게 기업이나 상품이미지가 제고되는 촉진활동이다.

표 촉진믹스(promotion mix)

방 법	특 징	사 례
인적 판매 (personal selling)	► 판매를 성사시킬 목적으로 일대일로 기업정보를 알리는 쌍방향 촉진활동 ► 예상고객에게 상품정보제공	방문판매, 텔레마케팅
광고 (advertising)	► 기업의 비용지불로 매체를 통한 촉진 ► 잠재고객의 인지창출 및 욕구자극	TV, 라디오, 신문, 잡지, 간판, 전단지, DM 등의 유료광고
판매촉진 (sales promotion)	► 즉각적 구매자 행동유발 인센티브 제공 ► 구매시점 촉진활동강화	샘플, 점포진열, 경품, 시식, 시음, 마일리지, 할인권, 상품전시회, 쿠폰, 프리미엄, 끼워 팔기, 추첨
공중관계 및 홍보 (public relation)	► 상업적 의미가 있는 정보를 매체를 활용하여 제공 ► 기업의 비용부담 없음 ► 자연스런 기업이미지 제고 기대	► 상품이나 서비스에 대한 매체의 기사 ► 직원의 매체노출로 자연스런 기업이미지 제고

(3) 촉진활동의 목표

표 촉진활동의 목표

구매 전 단계	► 구매위험의 감소 ► 기업이미지 향상	► 구매가능성의 증대 ► 브랜드 이미지 제고
소비단계	► 고객만족증대	► 재방문의 촉진
구매 후 단계	► 인지적 부조화 감소 ► 재방문증대	► 긍정적 구전자극 ► 충성고객화

5) 입지(place)

(1) 입지의 중요성

입지(place) 문제는 고객이 상품이나 서비스를 활용하기 위하여 얼마나 쉽게 접근이 가능한지에 관한 문제이다. 즉, 입지문제는 시간 및 장소효용에 대한 문제이며, 기업과 표적 고객의 거래를 촉진시킬 목적으로 특정장소와 시간대에 이를 맺어 주기 위한 수단이다. 입지가 수요를 창출한다는 말이 있다. 그만큼 입지는 중요하다.

레스토랑은 구체적인 영업장소나 영업시간이 입지문제의 핵심이라고 할 수 있다. 다시 말하면 레스토랑의 입지문제는 제7장에서도 언급하였듯이 시간과 장소효용에 대한 문제로 외식기업의 경영성공에 가장 중요한 요인이다. 레스토랑의 입지문제는 고객의 관점에서는 교통의 접근성과 이용시간대의 편리성이라고 할 수 있다. 반대로 외식기업의 입지 선택은 수익성, 고정비, 변동비, 서비스 수준 등을 고려하여 결정하여야 한다.

또한 입지(place)를 상품이나 서비스를 소비자에게 제공하는 장소라고 한다면 유통경로(place, marketing channel)는 상품이나 서비스의 분배방법이라고 할 수 있다. 유통경로에는 직접유통과 간접유통이 있다.

① 직접유통

생산자, 즉 제공자가 소비자에게 직접 상품이나 서비스를 제공하는 유통경로로 대부분의 레스토랑은 직접 유통경로에 해당한다.

② 간접유통

서비스나 상품의 제공자와 소비자 사이에 대리점이나 판매상이 있어 생산과 소비를 연결시켜 주는 유통경로이다. 프랜차이즈 제과점과 같이 본부에서 만든 빵을 팔기만 하는 경우를 간접유통경로라고 한다. 본부나 가맹점, 대리점 또는 판매상과 같은 간접유통의 경로구성원들은 상호간에 상반되는 목적, 가치, 이해관계를 가질 수 있다. 이러한 영향으로 판매권 지역의 범위, 공급과 판매가격정책, 거래처 지원정책, 고객응대방법, 마진율, 판매능력 등에서 갈등이 많이 발생한다.

(2) 유통경로의 설계

유통경로의 설계란 표적시장의 소비자가 원하는 최적의 상품이나 서비스가 제공될 수 있도록 유통경로의 요소들을 적절히 배열하고 구성하는 것을 의미한다. 유통경로의 구성요소에는 가맹점의 수와 형태, 가맹점의 역할, 상품과 서비스의 창출과 전달에 필요한 물적 자원・기술적 자원 등이다.

① 독점적(exclusive) 유통경로

일정지역에서 가맹점의 수를 제한하여 독점적인 판매권을 부여해 주는 경로전략이다.

② 선택적(selective) 유통경로

독점적 유통경로와 집중적 유통경로의 중간형태이다.

③ 집중적(intensive) 유통경로

가능한 한 많은 수의 가맹점이나 대리점 또는 다른 유통수단을 통하여 자사의 서비스나 상품을 판매하도록 하는 경로전략이다. 이 전략은 자사의 상품을 소비자에게 많이 노출시킴으로써 매출을 늘리려는 전략이다.

(3) 다양한 유통경로

① 프랜차이징

기존의 전통적인 유통경로보다는 수직적 마케팅경로(vertical marketing system), 즉 프랜차이징이 일반화되고 있다. 단순하게 생산-도매-소매로 이어지는 전통적 유통경로는 각각의 경로구성원들의 자기이익을 극대화하려는 데 비하여, 수직적 마케팅경로(프랜차이징)는 경로 전체의 목적 달성을 위하여 통합된 시스템을 이루고 있다. 소유와 관리가 계약에 의하여 하나의 시스템으로 통합된다. 프랜차이징에 대해서는 이미 제6장에서 자세하게 언급하였다.

② 전자유통경로(electronic channel)

인터넷 거래와 같은 전자유통경로는 사람들 사이의 직접적인 상호작용이 필요하지 않는다. 인터넷 상거래는 제공자의 획일적인 상품과 서비스가 소비자에게 전달된다. 또한 유통경로가 단순화되므로 가격이 낮아지며, 고객의 편의가 확보되고 시공을 초월한 보다 광범위한 직접유통이 보장된다.

이러한 장점에도 불구하고 고객의 욕구에 일일이 부합하기 어렵고 고객의 참여가 제한되며, 상품과 서비스 제공의 보안상의 문제 등의 단점이 나타나고 있다. 그러나 실제로 많은 레스토랑들이 홈페이지를 구축하여 판매하는 메뉴정보나 위치정보를 제공하고 있을 뿐만 아니라, 할인쿠폰을 제공하거나 택배서비스를 제공함으로써 성공을 거두고 있다.

③ 다경로유통시스템

시장범위를 확대하기 위하여 많은 기업들은 다경로유통(multi-channel) 전략을 구사한다. 다경로유통전략이란 동일한 시장에 보다 큰 영향을 미치게 하기 위하여 둘 이상의 유통경로를 동시에 구축하는 유통전략이다. 예를 들어, 토종외식기업의 선두주자 (주)놀부는 멀티브랜드 전략에 따라 놀부보쌈, 놀부솥뚜껑, 놀부시골밥상, 놀부부대찌게, 놀부순두부 등 여러 가지의 상품을 출시하여 여러 세분시장을 동시에 공략하고 있다. 대부분 가맹점이 본부의 개발상품을 판매하고 있지만 다수의 직영점도 가맹점이 판매하는 상품을 판매하고 있다. 이처럼 본부도 고객을 대상으로 판매하는 동시에 가맹점도 동일한 상품을 소비자에게 판매하거나 여러 개의 브랜드를 서로 다른 유통경로를 통하여 시장에 소구함으로써 두 개 이상의 유통경로를 동시에 유지하는 유통경로전략을 다경로유통시스템이라고 한다.

6) 물적 증거(physical evidence)

(1) 물적 증거의 개념

외식상품은 유형의 음식을 판매하지만 판매되는 가격에는 무형의 서비스가 포함되어 있다. 외식서비스를 이용하는 고객은 서비스를 제공하는 환경을 평가함으로써 서비스 가치의 정도를 인지한다. 이처럼 고객이 무형의 서비스를 관찰할 수 없기 때문에 서비스기업은 다양한 유형적 단서(tangible cues)를 통하여 그 실마리를 제공하고 있다.

이러한 유형적인 단서들을 물리적 시설(physical facility) 또는 물적 증거(physical evidence)라고 한다. 서비스기업의 물적 증거에는 건물, 입장권, 승차권, 탑승권, 온도, 인테리어, 조명, 배치, 색채, 채광, 인공물, 음악, 주차장, 경치, 종업원의 유니폼이나 용모 등을 예로 들 수 있다.

표 물적 증거의 유형

외부 물적 증거	간판, 안내표시, 주차장, 풍광, 전경, 주변환경, 접근로 환경, 건물의 외관 등
내부 물적 증거	실내인테리어, 설비, 탁자배치, 온도, 공기의 청정도, 냄새, 조명, 음악, 동선, 음식의 제공에 사용되는 기물, 메뉴판, 설계, 배열, 장식, 출입구, 계단, 엘리베이터 등
다른 유형적 물적 증거	브러셔, 안내장, 홈페이지, 명함, 종업원의 용모, 영수증, 유니폼 등

(2) 물적 증거의 중요성

이러한 서비스의 물적 환경은 고객의 선택, 기대, 만족 등 소비행동에 영향을 미칠 뿐만 아니라 고객이 서비스를 소비한 후에도 유형적 단서를 찾기 때문에 매우 중요한다. 종업원의 입장에서 서비스 환경은 근로환경이며, 쾌적하고 만족스러운 물적 환경은 종업원에게 최선의 서비스를 제공하려는 동기를 부여하고, 이에 따라 생산성이 향상되며, 근무만족도가 증가하는 원인이 된다.

(3) 물적 증거의 기능

① 외식 물적 증거의 가장 중요한 기능은 외식서비스기업의 마케팅전략을 지원하는 기능이다.

② 물리적 증거들은 외식기업이 고객에게 제공하고자 하는 서비스의 유형과 품질수준에 대한 정보를 제공해 주며, 기대수준을 형성해 준다.

③ 메뉴나 브로셔와 같은 물적 증거는 고객에게 서비스 생산과정에 대한 정보를 제공한다.

④ 시설의 설계와 배치, 인테리어는 어떠한 서비스를 제공할 것인지, 어떻게 행동역할을 수행해야 하는지에 대한 정보를 제공해 준다.

⑤ 유니폼은 종업원들에게 조직의 목표를 수용하도록 하고 집단의 소속감과 조직에서의 역할을 수용하고 인지하도록 해준다.

⑥ 물적 증거의 차별화는 외식기업의 경영전략의 차별화로부터 시작된다.

⑦ 물적 증거는 고객의 외식기업에 대한 첫인상을 형성하도록 해주며, 개방형 주방은 위생적으로 요리를 조리한다는 신뢰감을 형성해 주며,

⑧ 제공할 서비스품질 수준과 제공받을 서비스품질 수준을 판단하게 되며,

⑨ 티켓, 입장권, 승차권, 탑승권과 같이 무형의 서비스를 가시적인 증거로 전환하여 서비스 제공을 유형화시킨다.

(4) 외식기업의 물적 증거 활용전략

표 물적 증거의 활용

① 시각적인 물적 정보 ② 청각적인 물적 정보 ③ 후각적인 물적 정보 ④ 촉각적인 물적 정보 ⑤ 미각적인 물적 정보

외식기업의 물적 증거는 분위기(atmosphere)라고 표현할 수 있으며, 마케팅 수단의 하나로 '구매자에게 어떤 영향을 미치게 하기 위해 공간을 의식적으로 설계하는 것'이라고 코틀러(Kotler)는 주장했다(곽동성 외 2000). 따라서 물적 시설은 특정 표적시장을 염두에 두고 여기에 적합한 시설을 설계하여야 하며, 고객과 종업원에게 영향을 미치는 물리적, 심리적 영향 또한 고려해야 한다.

① 시각적인 물적 정보

인간은 시각을 통해 가장 많은 정보를 수용하기 때문에 외식기업의 입장에서 시각적 자극을 활용하는 분위기 개발을 가장 중요한 수단으로 간주해야 한다. 시각적, 물적 정보는 규모와 외양(shape), 색상(color), 조명 등이 중요하다. 기업의 규모(size)는 소비자들이 중요하게 생각하는 안전성과 신뢰성 측면에서 일단 위험이 낮다고 평가하는 경향이 있다. 때문에 잘 알려지고 소비고객이 많은 대규모 시설을 이용하려고 할 것이다. 또한 특별한 외양(shape)은 소비자의 특별한 감정을 자극하고 환기시키는 것으로 나타나고 있다.

색상(color)은 색조(빨강, 노랑 등), 명암(밝기의 정도), 선도(색의 선명한 정도)로 분류되며, 심리적 이미지를 형성하는 데 영향을 미친다. 연구에 의하면 빨간색과 노란색 계통은 저관여 상품의 고객유인효과가 있는 것으로 나타나고 있으나, 파란색 계통의 차가운 색은 시간이 많이 소요되는 구매의사결정, 즉 고관여 구매의사결정상황일 경우에 효과적인 것으로 나타나고 있다.

조명은 서비스 접촉의 분위기, 목소리의 높낮이, 말의 빠르기, 서비스 제공속도에 영향을 미친다. 실제로 조명이 어두우면 말을 부드럽게 하고, 접촉속도가 느려지게 된다고 한다. 반대로 조명이 밝으면 말과 행동이 커지거나 빨라지게 되므로 의사소통이 빈번하게 되어 전반적인 서비스 환경이 화기애애하고 흥미롭게 전개된다고 한다.

② 청각적인 물적 정보

청각에 자극을 주는 물적 정보는 음악이나 안내방송과 같이 의도적인 정보제공이 있는가 하면, 각종 소음으로부터 회피 또는 해방시키려는 활동도 포함한다. 이러한 청각적, 물적 정보활동은 분위기를 조성하거나 주위를 환기시키는 정보를 제공해 준다.

음악은 고객의 기분에 영향을 미치거나 태도나 행동변화에 영향을 미친다. 빠른 음악은 행동이나 판단을 빠르게 하도록 유인하며, 느린 음악은 행동이나 판단을 느리게 한다는 연구결과도 있다. 안내방송은 고객으로 하여금 기업신뢰도를 향상시켜 준다고 한다. 또한 외식기업에서 고객이 냉장고나 에어컨 또는 히터, 조리사의 요란한 칼 다듬질 소리 등으로부터 발생되는 소음에 심하게 노출된다면 그리 기분이 좋지 않을 것이므로, 이러한 소음을 제거하려는 노력이 필요하다.

③ 후각적인 물적 정보

냄새는 사람들이 좋아하는 냄새가 있는가 하면, 사람들이 좋아하지 않는 냄새가 있다. 지하에 위치하는 외식업체에 들어설 때 케케묵은 곰팡이 냄새 같은 지하실 냄새나, 하수구 냄새, 또는 화장실 냄새, 진한 요리 냄새, 진한 비린 냄새 등이 난다면 좋아할 사람은 거의 없을 것이다. 그러나 신선한 야채 향미나 과일 냄새, 또는 화분으로부터 풍기는 자연스러운 숲 냄새가 난다면 모든 고객이 좋아할 것이다.

이처럼 요리나 서비스와 직접 관련이 없는 상큼한 냄새라도 고객의 선호도에 직접적인 영향을 미치게 된다. 모든 고객은 방문하는 기업이나 업체의 특성에 따라 기대하지는 않지만 예상하는 냄새가 있을 수 있다. 병원에는 소독 냄새, 자동차 공장에는 기름이나 페인트 냄새, 김치찌개 전문식당에는 김치찌개 냄새가 난다는 것을 전제한다는 것을 의미하며, 이처럼 취급하는 상품에서 유발하는 냄새는 그런 대로 용인하지만, 이와 전혀 관련이 없는 냄새는 좀 의아하게 생각할 것이다.

따라서 경영자라면 고객이 기대하지 않는 냄새를 제거하려는 노력을 경주해야 한다. 화장실을 비롯한 외식업체의 실내는 깨끗하게 자주 청소하고, 필요하면 방향제를 살포할 수도 있다. 또한 의도적으로 후각정보를 확산시켜 제공하기도 한다. 튀김전문점에서 고소한 튀김 냄새가 멀리 퍼져 나가도록 튀김기름에 참기름을 몇 방울 떨어뜨린다거나, 만두나 찐빵 또는 찌게 냄새를 점심이나 저녁 식사시간 무렵에 식당 밖으로 심하게 배출하는 것은 지나가는 행인으로 하여금 먹고 싶은 충동을 느끼게 하여 고객을 유인하려는 전략의 일환이라고 이해할 만하다.

④ 촉각적인 물적 정보

소비자들은 자신이 구매하려는 물건을 만져 보기를 원한다. 이러한 소비자의 행위는 만져봄으로써 촉각을 통하여 정보를 획득하려 하기 때문이다. 고객이 고른 생선으로 요리를 만들어 주는 어떤 생선전문식당에서 고객은 생선의 신선도를 판단하기 위하여 만져 보려 할 것이다.

⑤ 미각적인 물적 정보

식품점에서 특정식품을 시식 또는 시음시키는 것은 고객의 미각을 자극시킴으로써 미각정보를 제공하려는 활동의 일환이다. 또한 레스토랑에서 특정 메뉴를 무료시식권으로 배포하거나 서비스상품으로 제공하여 시식의 기회를 제공하기도 한다. 이러한 일련의 활동은 기업의 제공 가능한 물적 증거를 관찰하거나 체험할 기회를 고객에게 제공하는 것으로, 일회성으로 지출되는 비용이라기보다는 고객을 확보하는 마케팅활동의 일환으로 이해해야 할 것이다.

7) 참가자(people) : (종업원-고객)

(1) 참가자의 중요성

서비스는 고객과 종업원이 밀접하게 상호작용하면서 그들의 행동패턴이나 특성이 결과적으로 고객만족에 영향을 미치게 된다. 따라서 아무리 종업원이 고객에게 좋은 서비스를 제공하려고 노력하더라도 고객이 이를 수용하려는 준비가 되어 있지 않으면 종업원의 노력은 아무런 의미가 없다. 또한 이러한 서비스상품의 특성으로 인하여 서비스 제공자와 고객 사이의 상호작용정도와 방향은 서비스품질의 인식(만족, 불만족)에 지대한 영향을 미친다.

(2) 종업원의 서비스 참가

접객종업원은 그 자체가 하나의 서비스상품의 일부이다. 또한 서비스기업의 비접객종업원이라 할지라도 서비스에 참가하고 있지 않다고 말할 수는 없다. 고객은 종업원과 기업을 따로따로 분리하여 인식하지 아니하고 동일체로 보기 때문에 종업원의 서비스행태 정도에 따라 서비스기업의 상품이미지를 인식한다. 이처럼 접객종업원은 기업을 대표하여 서비스의 유형적 단서로 인식되기 때문에 경쟁기업과 차별화하는 데 매우 중요한 요소이다. 종업원이 어떻게 서비스에 응대하느냐에 따라 고객에게 해당기업 서비스상품의 품질수준과 서비스기업의 장단점으로 인식되며, 고객만족에 직접적인 영향을 미친다. 고객만족은 종업원만족으로 이어지며 고객과 종업원의 만족은 서로 상승작용을 하게 된다. 종업원의 만족이 없는 기업의 고객만족은 결코 있을 수 없다.

(3) 고객의 서비스 참가

고객은 서비스를 생산하는 동시에 소비하기 때문에 종업원이 서비스를 제공하는 과정에 자연스럽게 주변환경과 함께 참여하게 되며, 서비스의 구성요인이 된다. 외식업체를 이용하는 고객의 차림새나 행동은 다른 고객에게 서비스품질 수준을 느끼게 하는 하나의 요인이 된다.

1인분에 3,000원에 판매하는 삼겹살 점포는 고객이 많음으로 인하여 시끄럽고 제대로 된 서비스를 받을 수도 없으나 좌석이 붐비는 즉시 고객은 밀려들어오며, 고객은 이러한 빈약한 서비스수준을 받아들이고 이해한다. 이와는 반대로 다이닝-룸과 같이 객단가가 높은 레스토랑이나 점포의 고객은 다른 고객으로부터 미칠 수 있는 영향을 차단하기 위하여 일정한 고객 수 이상은 예약을 받지 않는다. 이러한 경영전략은 소수의 고객에게 최선의 서비스를 제공하려는 노력의 일환이다. 이러한 de-marketing 전략은 최상위계층을 표적으로 하는 점포에서 구사하는 경영전략으로 점포에 잔류하는 고객의 수를 제한함으로써 현재 고객의 불만족이나 현재 고객에 대한 서비스 저하원인을 제거하려 한다.

8) 서비스과정(process)

(1) 서비스과정의 개념

서비스기업의 종업원과 물리적 공간은 고객에게 고객이 기대하는 서비스를 최적 수준으로 창출해 낼 수 있도록 최적화되어 있어야 한다. 이러한 과정은 일관되게 기대수준이상으로 지속적으로 유지되도록 하여야 한다. 서비스는 과정의 산물이다. 경쟁 서비스기업과 차별화가 되어 있지 않을 때 서비스의 생산과 제공과정은 더욱 중요하다.

(2) 서비스과정의 운영시스템

서비스의 운영시스템이란 제반요소를 투입하여 고객이 기대하는 필요나 욕구를 충족시키기 위한 상품이나 서비스를 산출하는 과정을 의미하며, 이러한 과정은 고객의 편의 중심으로 설계되고 관리되어야 한다. 또한 종업원의 정서적, 심리적, 감정적 영향이 서비스 결과에 반영되기 때문에 노동의 강도가 상대적으로 높을 수 있다. 따라서 종업원은 일정한 수준 이상의 직무활동과 태도가 상시 유지되도록 관리되어져야 한다.

(3) 서비스 전달과 고객접촉

서비스의 생산과 전달은 기업-종업원-고객이 삼각구조를 이루고 균형을 유지하며 상호 이득을 취하지만, 어느 한편이 배타적으로 주도하려고 하는 경우에는 이러한 관계유지에 지장을 초래할 수 있다.

① 기업-종업원

기업은 수익을 극대화하기 위하여 종업원을 통제하기 위한 수단으로 규범과 절차를 강조하며, 종업원의 재량권 범위를 통제하려 한다. 즉, 기업은 효율성을 강조하지만 종업원은 자율성을 강조한다.

② 기업-고객

기업은 효율성을 극대화하기 위하여 업무를 통제하지만, 이로 인하여 고객화의 부조화가 발생하거나 또는 고객의 불만을 야기할 수 있다. 즉, 기업은 효율성을 중요하게 생각하고 관리하며 강조하지만, 이와 반대로 고객은 자신의 만족을 중요하게 생각하며, 이를 추구하려 한다.

③ 고객-종업원

고객은 보다 많은 서비스를 획득하기 위하여 서비스 상황을 통제하려 하며, 종업원은 보다 유리한 방향으로 서비스를 제공하기 위하여 고객의 행동을 자신이 통제하려고 한다. 이처럼 고객과 종업원 사이에는 양자의 인지된 통제가 존재한다.

그림 서비스 전달의 고객·종업원·기업의 관계

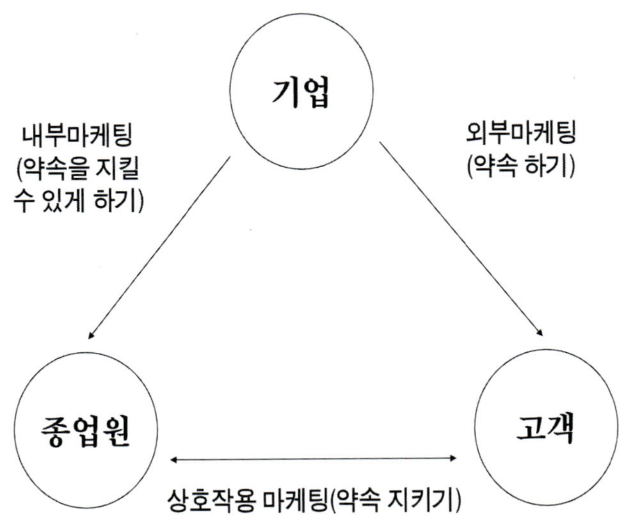

3. 외식시장세분화

1) 시장세분화

(1) 시장세분화의 개념

시장은 널리 분산되어 있으며, 각각의 소비자는 욕구가 다양하고 구매습관이 다르기 때문에 모든 시장을 대상으로 자사의 상품을 소구하는 마케팅전략은 비용이 효율적이지 못하다. 따라서 각각의 기업이 자사의 능력과 제품에 가장 적합한 세분화된 보다 작은 시장을 대상으로 기업의 자원을 집중적으로 투자하는 전략이 보다 효과적이다.

이질적인 욕구를 가진 다양한 소비자의 집합으로 이루어진 시장을 제품이나 서비스에 대한 기대수준, 지불능력, 구매행동 등의 측면에서 동질적인 집단으로 묶는 과정을 시장세분화라고 말한다.

시장세분화는 전체시장을 소비욕구가 유사한 소비자 집단으로 나누고, 기업목적달성에 가장 적합한 집단을 표적화하고, 경쟁사와 차별적으로 경쟁우위를 유지하여 자사의 상품이나 서비스를 위치시키는 전략을 개발하는 과정이다. 즉, 시장조사자료를 토대로 시장에 대한 고객의 지각과 선호를 파악하고, 이를 기초로 표적 시장을 선정하며, 선정된 표적 시장의 이미지에 어떤 위치(positioning)로 인식시킬 것인가를 결정한다.

그림 시장세분화의 절차

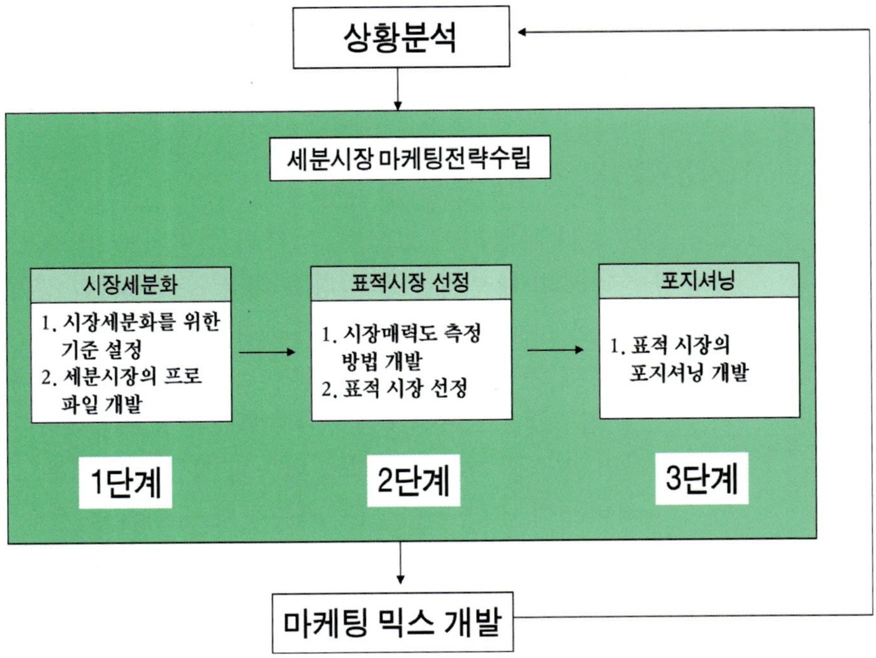

자료 : 곽동성, 강기두(1999), 서비스마케팅, 동성사, P.158

(2) 시장세분화의 기준

기업마다 처한 환경이 다르기 때문에 각각의 기업은 자신의 기업에 적합한 속성을 적용하여 시장세분화를 할 수밖에 없다. 이 때, 시장구조를 잘 표현하는 속성을 시장세분화 변수로 활용하여야 하며, 일반적으로 단일변수를 적용하기보다는 여러 가지 변수들을 결합하고 조합하여 사용하는 것이 효과적이다. 시장세분화 변수는 인구통계적, 지리적, 심리 및 태도, 사용률, 라이프 스타일 등의 변수가 활용되고 있다.

또한 시장세분화는 현재의 구매과정, 구매자행동 등과 관련되어져야 하며, 또한 구매자의 미충족욕구가 분명하게 반영되어야 시장세분화의 도구가 될 수 있다. 효과적인 시장세분화를 위해서는 각 세분시장이 적정규모 이상이 되어야 하며, 상이한 반응을 보이고 접근 가능해야 한다. 시장세분화 기준은 다음과 같다.

표 시장세분화 속성

① 인구통계적 변수 ② 심리학적 기준 ③ 지리적 변수 ④ 제품편익변수 ⑤ 사용률 변수	⑥ 심리 및 태도 변수 ⑦ 구매행동기준 ⑧ 세분시장의 독특한 니즈 ⑨ 서비스 제공수준

① 인구통계적 변수

인구통계적 변수에는 나이, 성별, 가족규모, 생활주기, 소득수준, 직업, 교육수준, 국적, 인종, 지역, 가정규모와 구성, 가족수명주기, 결혼여부 등의 세분변수가 활용되며, 효과적인 마케팅활동을 하는 자료로 활용된다.

② 심리학적 기준

인구통계학에 바탕을 두고 있으며, 보다 정교하고 정확한 마케팅 의사결정수립을 위한 개성, 태도, 역할모형, 라이프 스타일, 혁신 보급정도, 사회계층에 중점을 두는 기준이다.

③ 지리적 변수

출신지역 또는 현재 거주지역, 지역의 기후조건, 지역간 거리, 지역상권의 규모, 지역의 인구밀도, 도심, 교외, 시골 등의 지리적 세분변수를 활용한다.

④ 제품편익 변수

앞의 일반적 변수는 구체적으로 고객이 어떤 욕구를 가졌는지 설명하지 못하고 있으나 편익에 의한 세분화변수는 고객이 상품으로부터 기대하는 편익을 기준으로 시장을 세분화하는 방법이다. 이 방법은 소비자 구매행동과 밀접한 관련이 있다.

⑤ 사용률 변수

소비자를 제품이나 서비스의 이용빈도에 따라 많은 이용자, 조금 이용자, 가끔 이용자, 비이용자 집단으로 분류하여 시장을 세분화하는 방법이다. 이러한 분류법에도 20 : 80 법칙이 적용되므로 많은 마케터들은 상위 20%의 고객을 집중적으로 관리함으로써 효율성을 극대화하고 있다.

⑥ 심리 및 태도 변수

라이프 스타일, 개성, 생활습관 등 보이지 않는 소비자의 행동특성, 심리특성, 태도 등을 세분변수로 활용한다. 이 분류방법은 개인의 심리적 특성에 따라 소비 심리차이가 발생한다는 점을 시장세분화 변수로 적용하는 것이다.

⑦ 구매행동기준

인구통계학과 심리학에 바탕을 두는 사용기회, 사용경험, 사용량, 상표애호도에 중점을 두고 있으며, 구매행동 패턴과 구매과정에서 미충족된 니즈를 고려하여 효과적인 마케팅전략을 개발할 수 있다.

⑧ 세분시장의 독특한 니즈

기존의 일반적인 시장세분화 범주로 분류되지 않는 특별한 고객의 니즈가 존재하는 소규모시장으로 일종의 틈새시장을 의미한다.

⑨ 서비스 제공수준

가격과 서비스 제공수준은 상관관계가 있으며, 고객은 지불하는 가격수준의 서비스를 기대하거나 기대수준의 가격을 지불하게 된다. 즉, 모든 시장이 최고수준의 서비스를 기대하는 것은 아니기 때문에 마케터는 기업이 제공할 수 있는 서비스수준으로 서비스목표를 설정해야 할 것이다.

표 시장세분화 정보의 활용

시장세분화를 통해 얻은 정보는 다음과 같이 활용된다.
① 다양한 세분시장의 욕구와 시장에 대한 이해
② 경쟁적 지위를 개선시키고 경쟁자의 포지션을 활용할 수 있는 아이디어와 전략
③ 수익성과 경쟁정도를 고려하여 강조할 세분시장과 집중공략할 세분시장의 우선순위 결정
④ 세분화에 의한 믹스를 확인함으로써 시장계획과정을 개선시키는 명확한 마케팅 정보
⑤ 마케팅과 시장커뮤니케이션 개선에 대한 아이디어.

자료 : 곽동성 · 강기두(1999), 서비스 마케팅, 동성사, p.169

2) 표적 시장의 선정

세분시장의 평가는 규모와 성장률, 경쟁우위, 서비스 제공의 적합성을 고려하여 평가할 수 있다. 세분시장의 평가결과를 토대로 목표시장(target market)을 설정하게 되는데, 단일세분시장의 집중화 전략, 복수세분시장의 차별화 전략, 전체 시장을 하나의 시장으로 인식하여 대응하는 비차별화 전략 가운데 하나를 선택하여 마케팅전략을 수행하게 된다.

세분시장 내의 매출규모, 경쟁사와 경쟁적 지위, 세분시장 도달 비용, 고객의 니즈와 마케터의 목표일치정도가 목표시장을 설정하는 중요한 요인이다. 세분시장을 평가한 후에 어떤 세분시장을 공략할 것인지, 또는 몇 개의 세분시장을 공략할 것인지 결정한다. 이러한 과정을 표적 시장의 선정이라고 하며, 선정된 표적 시장에는 시장의 욕구와 특성에 적합한 마케팅 믹스를 적용하며, 비차별화 마케팅, 차별화 마케팅, 집중화 마케팅 기법이 있다.

표 표적 시장에 적용되는 마케팅 믹스

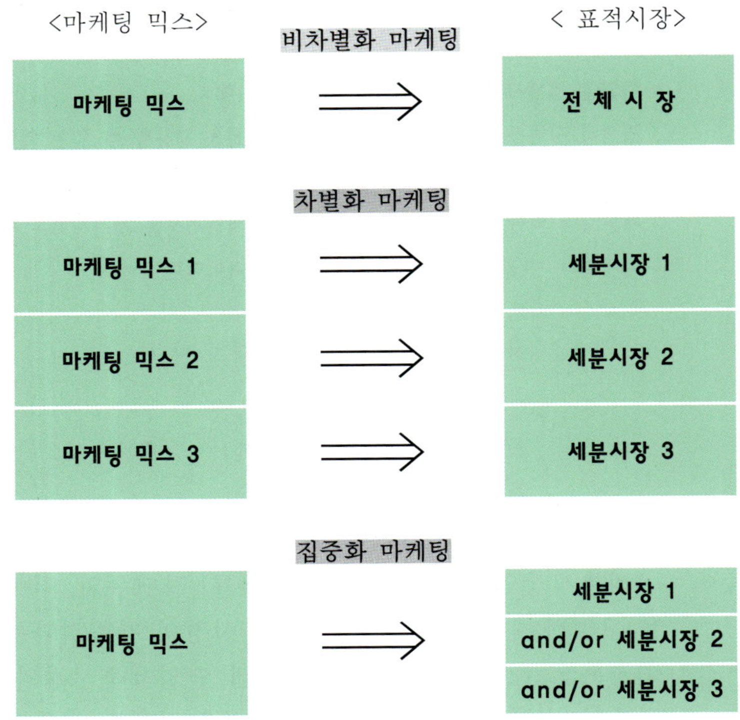

(1) 비차별화 마케팅

비차별화 마케팅(undifferentiated marketing)은 무차별 마케팅이라고도 하며, 여러 개의 세분시장에 하나의 마케팅 믹스를 적용하여 전체 시장을 소구하려는 전략이다. 세분시장별로 나타날 수 있는 소비자욕구의 차이를 무시하고 광범위하게 적용될 수 있는 공통점에 착안하여 하나의 마케팅 믹스를 개발하므로 세분시장화는 의미가 없다.

표준화 또는 대량생산이 가능하므로 규모의 경제를 실현할 수 있는 장점이 있다. 또한 세분시장조사비용과 광범위한 광고로 인한 광고비용의 절감효과를 기대할 수 있다. 그러나 소비자욕구가 다양해지므로 이에 대한 대책이 요구된다. 맥도날드, 롯데리아, 피자헛, KFC 등이 비차별화 마케팅을 구사하고 있는 외식기업이다.

(2) 차별화 마케팅

차별화 마케팅은 여러 개의 표적 세분시장을 선정하고 각각의 세분시장에 적합한 마케팅 믹스를 개발하여 적용시키는 방법이다. 다양한 소비자욕구에 적합한 상품을 소구할 수는 있으나 제품개발비용과 마케팅비용이 많이 소요되는 단점이 있다.

외식전문잡지를 출간하는 외식정보(주)는 요리에 관련된 기사를 주로 하는 월간식당, 그리고 외식사업정보와 관련된 기사를 주로 취급하는 주간지로 한국외식정보를 출간하여 서로 다른 독자층을 확보하고 있다. 또한 외식기업 푸드빌은 스테이크와 셀러드 전문의 빕스(VIP'S), 한식레스토랑 한쿡을 시장에 진출시켜 차별화된 마케팅전략을 구사하고 있다. (주)썬앤문이나 (주)놀부의 멀티-브랜드 전략도 차별화 마케팅전략의 일환이다.

(3) 집중화 마케팅

집중화 마케팅은 기업의 자원이 제한적일 때 하나 또는 소수의 세분시장에서 시장점유율을 확대하려는 전략이다. 집중화 마케팅은 중소기업이 구사하는 전략으로 특정 세분시장에서 높은 시장점유율을 차지할 수 있으며, 이 때 얻은 명성은 강력한 지위를 유지할 수 있기 때문에 성공하는 경우에 높은 수익률을 기대할 수 있다.

오만한 마케팅, 강남에서 뜬다 - de-marketing -

"예약 안 하셨으면 못 들어옵니다"

서울 청담동 주얼리매장 '르 쁠뤼'. 뭐라고 읽는지도 모를 불어를 흘려 쓴 상호 안쪽으로 불이 환하지만, 유리문은 항상 굳게 잠겨 있다. 문을 두드리면 정장 차림의 매니저가 나와 "몇 시에 약속하신 누구십니까?" 한 뒤 "예약을 안 하셨으면 못 들어오십니다"라며 다시 문을 걸어 잠근다. 청담동 수입의류매장 '쇼퍼홀릭'. 옷 구경하러 가려면 전화로 사전에 예약해야 한다. "손님이 너무 많으면 직원 2명이 제대로 안내하기 힘들어서"이다. 예약 없이 불쑥 갔다간 밖에서 기다리기 십상이다. 도도하다 못해 다소 거만하게 느껴지는 '콧대 높은 마케팅'이 서울 강남 일대에서 뜨고 있다. 가게에서 손님을 잡아끌기는커녕 찾아온 손님조차 '싫으면 말고'식으로 튕기는데, 오히려 손님이 줄을 선다. '르 쁠뤼'는 오픈 8개월 만에 매출이 3.5배로 성장했고, '쇼퍼홀릭' 역시 월 평균 2억 원 가까운 매출을 기록하고 있다. 화장품 브랜드 '아모레 퍼시픽' 역시 초창기 국내홍보를 최소화하고 뉴욕 부유층 시장을 먼저 공략하는 차별화된 마케팅을 펼친 결과, '아모레'라는 '토종 메이커'란 한계를 극복하고 다소의 고급스런 이미지를 갖게 됐다.

청담동 회원제 와인 바 '벨뷰'는 예약된 룸의 옆 룸은 예약이 들어와도 받지 않는 '오만한 정책'으로 프라이버시를 중시하는 VIP들을 확보했다. 기업이 의도적으로 상품구매를 억제하는 '디 마케팅(decrease와 marketing의 합성어)'은 해외에선 효과를 인정받았지만, 국내에선 '우리나라 정서'라는 장벽에 부딪혀 실패를 맛봐 온 마케팅 기법.

그러나 매장 서비스가 전반적으로 향상되고 인터넷의 영향으로 어느 곳이나 대중의 접근이 용이해지면서, 이 같은 차별화한 '콧대 전략'이 먹히기 시작했다.

가게만 독특하면 나서서 손님을 끌지 않아도 인터넷과 입 소문이 대신 호객을 해주는 것도 성공이유. 오만해 보이던 매장에 들어가면 최고의 서비스를 제공하는 것도 고객을 감동시켜 단골로 만드는 비결이다.

'르 쁠뤼'의 경우, 예약손님은 고급 앤티크 가구에 앉아 중국 다기에 내오는 로즈티를 마시며, 여유있게 보석을 구경할 수 있다. '쇼퍼홀릭'에서도 1대 1 서비스를 받을 수 있다. 홍보대행사 '브릭스 앤 파트너스'의 김은정 팀장은 "파리 백화점의 명품매장들은 세일 때 매장 안에 딱 몇 명만 들어갈 수 있게 입구를 통제하는데, 그럴수록 더 들어가려고 줄을 선다"며 "욕쟁이 할머니 식당에 단골이 많듯이 '대접받기 힘든 곳'일수록 대접받고 싶은 욕구를 자극하는 것 같다"고 말했다.

이자연기자 achim@chosun. com,

자료출처 : 조선일보

Food Service

외식사업
창업과 경영
Foodservice

제 12 장

외식서비스 품질관리

Foodservice

Chapter

12

1. 외식서비스 품질관리

1) 서비스품질 개념

(1) 발전과정

서비스품질 관리의 발전은 20세기 초에 생산작업의 과학화를 창시한 테일러에 의해서 시작되었으며, 그는 균질한 제품의 생산을 목적으로 제품을 생산한 후에 검사원이 품질검사를 하도록 요구하였다. 그 후 2차 대전까지 일정범위 내의 품질차이를 인정하는 통계적 품질관리를 적용하였으며, 이 확률이론은 샘플링검사(sampling inspection)를 통해 '평균출하품질한계(AOQL; Average Outgoing Quality Level)'를 설정하고 최대허용가능 불량률을 제시하였다. 이차대전 이후부터 1960년대 초까지는 품질비용(cost of quality), 전사적 품질통제(total quality control), 신뢰성 공학(reliability engineering), 무결점(zero defects)과 같은 개념이 개발되었으며[8], 고객과 종업원이 품질에 중요한 투입요소임을 인정하고 품질 비용을 줄이기 위한 전사적 품질통제(TQC)를 강조했다.

1960~80년대에는 품질을 해결해야 할 문제일 뿐만 아니라, 기업의 전략적 무기로 인식한 시기로, 이 시기에 데밍의 품질경영이론과 원칙을 배우고 실천한 일본은 고품질 산업국가로 이미지 변신에 성공할 수 있었다.

---

8) 'Quality Control Handbook'의 저자인 쥬란은 품질수준 달성비용을 회피가능비용과 회피불가능비용으로 분리했다. 회피불가능비용을 예방과 관련된 검사, 표본검사, 분류 및 기타 품질관리활동에 수반하는 비용으로 하고, 또한 회피가능비용을 불량과 수정에 필요한 재작업, 고객불만처리와 야기되는 재무적 손실비용으로 분류하였다. 또한 쥬란은 '품질은 조직구성원 모두의 일'이라 하며, TQC(total quality control)을 제안하였다.

1980년대 이후 지금까지는 100% 완벽한 품질관리가 요구되는 전사적 품질관리시기로, 전반적인 경영기능에 관한 모든 활동을 고객만족과 가치창출을 목표로 품질을 차별화하고 유지 향상시키는 데 집중시키고 있다. 가장 최근의 품질관리기법은 '6 시그마'이며, 1987년 모타롤라(사)가 처음 적용하여 품질향상, 생산성향상과 비용절감에 따른 매출액 증가로 주가를 6.6배나 끌어올렸다. 이후 미국기업의 역사상 가장 유능한 CEO 중의 한 사람인 GE의 젝 웰치 회장이 1995년부터'전사적 6 시그마 품질관리 혁신경영'으로 크게 성공하였다.

'6 시그마'란 시그마(σ;표준편차)라는 통계척도를 사용하여 품질수준을 정량적으로 평가하고 품질혁신을 통한 고객만족을 달성하기 위하여 전사적으로 실행하는 종합적인 기업의 경영전략이다.

표 품질의 산포정도를 나타내는 시그마 수준

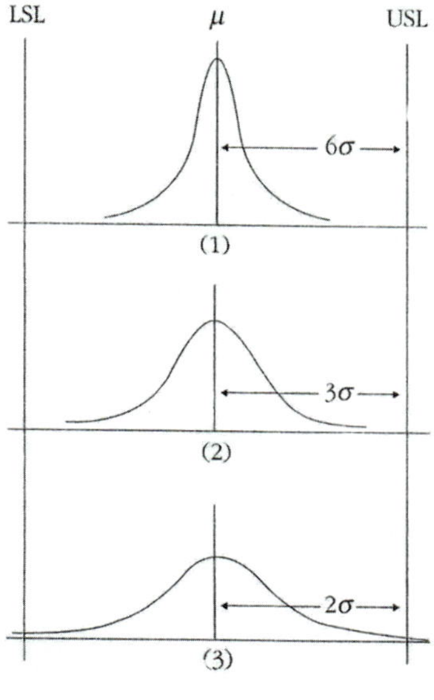

시그마 수준	양품률(%)	불량률 (PPM)
6σ	99.999998	0.002
5σ	99.99943	0.57
4σ	99.99366	63.4
3σ	99.73002	2,700
2σ	95.44998	45,500
σ	68.26894	317,311

자료 : 박성형 · 이명주 · 정목용(2000), 6 시그마 이론과 실제, 한국표준협회, pp.16~18

(2) 서비스품질의 유형

① 객관적 품질과 인식된 품질

서비스품질은 소비자가 보편적으로 판단하는 품질을 의미한다. 사물이나 사건의 특징을 나타내는 기계적 품질(mechanistic quality)을 객관적 품질이라 하며, 객관적 품질에 객체에 대한 소비자의 주관적인 반응을 포함하는 인간적 품질(humanistic quality), 즉 객관적 품질(objective quality)을 고려한 주관적인 서비스품질을 인식된 품질(perceived quality)이라고 설명할 수 있다.

② 과정품질과 결과품질

'서비스제공과정이 어떠했는가'를 나타내는 과정품질(process quality)은 서비스 제공자가 수행한 기능, 즉 고객접점에서 서비스를 제공한 방법(how)을 나타낸다. 결과품질(outcom quality)은 고객과 기업의 상호작용 결과에 의해 남는 것(what)을 말하며, 대개 기술적인 해결책이 많으므로 기술적 품질(technical)이라 한다.

③ 기대품질과 인식품질

'서비스품질은 서비스기대와 서비스성과의 비교에 의해 결정된다'고 한다. 소비자들이 인식한 서비스품질은 '서비스기업이 제공해야 한다'고 느끼는 소비자의 서비스기대와 서비스를 제공한 기업의 성과에 대한 소비자의 인식을 비교하는 데서 나온다(Zeithaml, Parasuraman and Berry, 1985). 따라서 소비자는 서비스기대와 서비스인식을 비교함으로써 서비스품질을 인식하는데, 이것이 서비스 소비자의 기대와 인식 사이의 불일치 정도라고 한다.

(3) 서비스품질 관리의 중요성

서비스품질을 향상시켜야 하는 중요한 이유는 첫째, 더 나은 서비스품질을 제공함으로써 시장점유율을 증가시킬 수 있다. 둘째, 서비스 실패나 재작업을 감소시킴으로서 이익을 증가시킬 수 있다. 셋째, 정확한 서비스와 적시 서비스(timely service)로 고객만족과 충성도를 증가시키며, 반복구매와 신규고객의 유치가 유리해진다. 넷째, 서비스품질을 전달하는 모든 과정의 부문에 대한 서비스품질 향상 압력이 점차 커지고 있다. 다섯째, 경쟁사보다 앞선 신기술을 도입하거나 제공함으로써 서비스품질의 경쟁우위를 점할 수 있다는 서비스기업의 열망이 있기 때문이다.

1980년대와 같이 시장이 팽창하는 시기에 기업들은 오로지 신규시장 획득과 시장점유율에만 관심이 있었다. 그러나 시장이 안정되어 매출이 정체되기 시작하면 고품질 서비스에 대한 압력이 강해지며, 신규시장획득보다는 경쟁자의 시장을 자사의 시장으로 전환하기 위한 품질경쟁의 국면에 접어들게 된다. 이와 같이 품질경영에 대한 관심이 고조되면서 품질을 향상시키기 위한 다양한 방법들이 적용되고 있다(이유재 1999).

(4) 레스토랑의 서비스접점

레스토랑 서비스의 지각은 레스토랑을 이용하는 고객과 서비스를 제공하는 전달자 사이에 상호작용을 하면서 인식된다. 서비스는 소비과정에서 제공자와 소비자의 상호작용, 즉 소비자의 관여가 필연적이다. 서비스접점(service encounter)이란 서비스가 진행되는 시간 동안 소비자와 상호작용을 할 수 있는 호텔의 종업원, 물적 시설을 포함한 가시적인 요소들이 모두 포함된다고 할 수 있다(김현정 1997).

고객은 레스토랑에서 종업원과 만나는 순간부터 서비스라고 느끼기 때문에 종업원의 서비스 능력에 따라 레스토랑을 평가하게 된다.

그림 서비스 상호작용 지점 평가모형

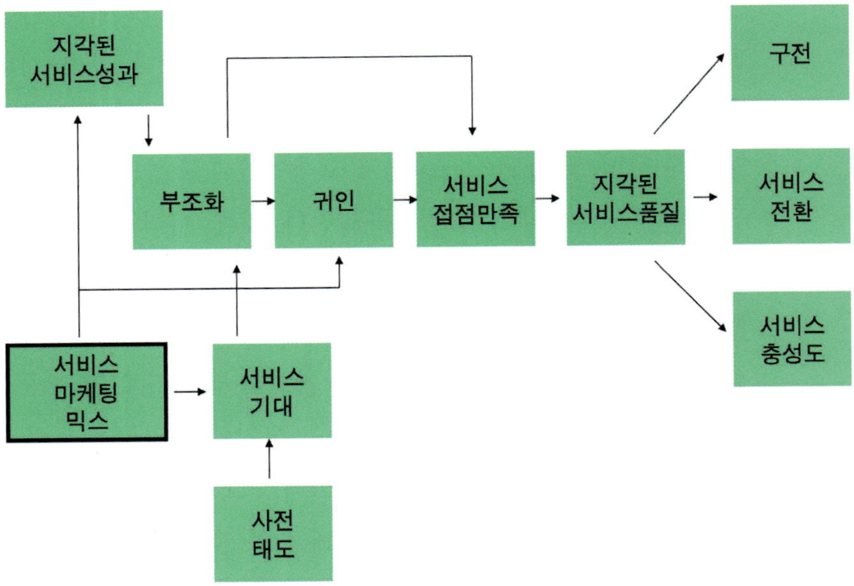

자료 : Bitner, Mary Jo, "Evaluating Service Encounter : The Effects of Physical Sourrounding and Employee Response," Journal of Marketing, 1990, April, 54, pp.69-82, 박현정, 1997 재인용

(5) 레스토랑 서비스품질 변수

레스토랑 서비스품질을 구성하는 요인은 학자마다 다르게 주장하고 있다. Martin은 레스토랑에서 제공하는 양질의 서비스는 절차와 접객상의 태도에 달려 있다고 하였으며, 이에 대하여 16개의 표준을 제시하였다.

여기서 절차상의 품질(Procedural Quality)은 기술적 품질과 유사한 측면으로, 접객원이 고객으로부터 주문을 받고 제품을 고객에게 제공하기까지 서비스 절차와 기법을 말한다. 접객상의 품질(Convivial Quality)이라 함은 접객과정에서 서비스 종사원의 태도, 행동, 대화의 상냥함 등을 통해 인간적인 관계를 맺어 나가는 기법을 말한다. Martin은 절차와 접객상의 품질에 영향을 미치는 16가지 속성을 제시하였다.

표 Martin의 레스토랑의 서비스품질 요인

절차상의 서비스품질 구성요소	접객상의 서비스품질 구성요소
고객욕구수용(Accommodation) 고객욕구예견(Anticipation) 적시(Timeliness) 제공 제공절차(Organized flow)와 과정 고객과 의사소통(Communication) 고객의 반응과 평가(Customer feed back) 진행과정의 감독(Supervisor)	태도(Attitude) 주의력(Attentiveness) 어조(Tone of voice) 체언(Body Language) 재치(Tact) - 상황에 적절한 언어구사 고객명 호명(Naming Names) 안내(Guidance) 제안판매(Suggestive Skill) 고객불만해소(Problem Solving)

레스토랑의 고객은 레스토랑의 서비스품질을 평가함에 있어서 유형적인 물리적 환경요소로부터 서비스 단서를 찾아서 구매전 서비스 가치를 측정하려 하며, 소비 중에 또는 소비 후에 서비스에 대한 만족을 평가한다(Zeithamal & Bitner, 1996).

(6) 레스토랑 선택영향요인

레스토랑의 선택은 호텔에 대한 소비자의 태도에 영향을 받으며, 소비자의 태도는 속성의 중요도와 그 속성들을 어떻게 지각하느냐에 영향을 받는다고 주장하였다(Monroe K. B. & Guiltinan 1979). 즉, 소비자의 선택과정은 소비자의 지각과정에 의하여 태도를 형성하게 되며, 태도는 선택행동으로 유도하여 표출된다.

표 외식동기와 목적 요인

요인명(Factor)	요인변수명(Variables)
다양한 식생활의 추구 및 휴식공간	- 가정에서 맛볼 수 없는 특별한 요리 - 맛있는 요리를 즐길 수 있기 때문에 - 일상적인 식생활에 변화를 주기 위해서 - 휴식을 취하는 데 유용한 방법으로
편리성과 시간절약	- 식사준비에 따른 수고를 덜기 위해서 - 편리하며 시간절약 - 요리를 해줄 사람이 없어서
광고를 통한 호기심 및 사업상의 목적	- 주위의 평판 - 광고에 의한 호기심 - 사업상 손님 접대
회합, 축하 및 여흥	- 친지나 동료모임으로 적절 - 축하방법의 일환(생일, 결혼기념일 등) - 독특한 분위기를 즐기기 위해서
가족구성원의 선호	- 배우자가 외식을 요구 - 가족이 좋아하기 때문에

2) 서비스품질의 인식과 전달의 차이(Gap)

(1) SERVQUAL 모형

서비스품질은 기술적 품질이 뒷받침되어야 하며, 여기에 기능적 품질을 더하며, 아울러 기업의 이미지 등이 결합한 총품질의 형태로 나타나게 된다. 아룰러 서비스는 구매자와 판매자의 상호작용으로 소비자에게 전달되므로 소비자 관점에서 전체 서비스품질을 다루어야 한다.

서비스품질의 측정은 제품품질과는 달리 불량률이나 내구성과 같은 객관적인 척도에 의한 측정이 어렵기 때문(Parasuraman, Zeithaml & Berry 1988)에 고객의 인식을 측정하여 서비스품질을 측정하고 있다. 이러한 측정도구는 서비스기업에서 서비스품질에 대한 소비자의 지각을 평가하기 위하여 SERVQUAL이라는 도구척도를 개발하였다.

이 측정방법은 사용자 중심의 기존연구와는 달리, 포커스 그룹인터뷰(focus group interview)를 통해 고객이 서비스품질을 평가하는 10가지 차원의 기준(유형성, 신뢰성, 능력, 반응성, 예절, 신용도, 안전성, 접근가능성, 커뮤니케이션, 고객의 이해)을 마련하였다.

기대와 인지 차이에 의한 서비스품질 측정은 고객중심의 진단에 유용하고, 인지중심의 방법은 관리자에게 보다 풍부한 정보를 제공할 수 있다고 SERVQUAL을 5차원(유형성, 신뢰성, 응답성, 확신성, 공감성)으로 수정하였다. 서비스품질 측정에 SERVQUAL의 도구를 활용함으로써 첫째, 서비스품질에 대한 고객의 기대와 지각을 시계열 방법으로 비교하여 추세를 파악할 수 있으며, 둘째, 서비스품질의 측정된 수치를 경쟁사의 것과 비교함으로써, 자사의 강약점을 파악하여 경쟁력을 강화할 수 있으며, 최고경영자를 비롯한 조직 내의 모든 종업원들이 서비스품질 수준을 확인하도록 할 수 있다.

표 Cronin & Taylor의 서비스품질 차원

서비스품질차원	
1. 최근의 기술과 장비	2. 가시적인, 물리적인 설비와 시설
3. 깨끗하고 정장한 종업원	4. 서비스를 수행하기 위한 시설
5. 시의 적절한 서비스	6. 고객불만에 대처하는 정도
7. 기업에 대한 신뢰성	8. 예약과 약속이행능력
9. 정확한 기록유지	10. 서비스내용에 대한 설명
11. 훌륭한 서비스	12. 고객서비스에 헌신적인 종업원
13. 고객요구에 신속한 대응	14. 고객의 직원에 대한 신뢰성
15. 종업원의 안전한 업무처리	16. 예의바른 종업원
17. 능숙한 직원과 기업의 지원	18. 고객에 대한 개인적인 배려
19. 고객개인에 대한 관심	20. 직원의 고객 필요사항파악
21. 고객의 관심사항 파악	22. 이용하기에 편리한 영업시간

자료원: J.Joseph Cronin, Jr & Steven A. Taylor, "Measuring Service Quality", Journal of Marketing, Vol.56(July 1992), pp.65-67

호텔 레스토랑 서비스품질을 측정하기 위한 적절한 방법은 서비스에 대한 소비자의 반응이나 지각을 측정하는 것이 타당하므로, SERVQUAL 모델을 중심으로 Cronin & Taylor가 SERPERF 방법을 적용하여 서비스품질 차원을 제시하였다.

(2) 서비스품질 전달

고객은 구전, 개인적인 필요성, 과거의 경험으로 서비스품질을 기대하며, 서비스품질을 실제로 인식한 후에 기대와 인식차이로 평가하게 된다고 하였다. 그러나 제품과 서비스가 혼재되어 제공되는 대부분의 서비스상품은 유형적 요소에 고객과 제공자 간의 관계가 가볍게 취급되기가 쉽다.

(3) 서비스품질의 인식

호텔이나 레스토랑의 서비스품질의 개념은 단순한 친절서비스가 아니라 지불되는 금액에 대한 '고객의 기대가치'라고 할 수 있다. 또한 서비스관리자나 고객은 서비스의 일관성을 기대하므로 서비스관리는 서비스수행을 고객의 요구에 일치시키기 위한 것이며, 따라서 서비스품질의 측정은 요구와 기대에 대한 불일치 정도를 측정하기 위함이고, 서비스품질 관리의 문제는 서비스품질 인식의 불일치문제이다.

한편, 소비자의 제품에 대한 지각된 가치는 전달받은 제품의 지각에서 비롯되며, 이러한 지각에 기초하여 서비스를 전반적으로 평가함으로써 총 제품가치를 평가한다.

소비자의 '서비스품질은 기대와 성과의 비교에 의해 결정된다'고 한다. 소비자들이 인식한 서비스품질은 '서비스기업이 제공해야 한다'고 느끼는 소비자의 기대와 서비스를 제공한 기업의 성과에 대한 소비자의 인식을 비교하는 데서 나온다. 따라서 기대와 서비스인식의 비교결과 서비스품질이 인식되는데, 이것이 서비스소비자의 기대와 인식 사이의 불일치 정도라고 볼 수 있다.

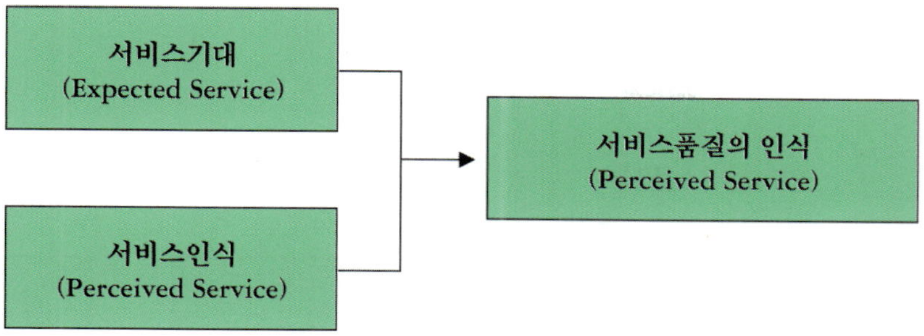

서비스품질은 지각(perception)의 정도가 기대(expectation)치보다 높거나 같을 때 소비자는 만족(satisfaction)하게 되며, 이 때 기대의 정도는 구전, 욕구, 과거의 경험, 광고 등에 의하여 결정된다. 고객만족을 위한 기대란 예측적인 기준으로 서비스제공자가 제공할 것이라고 소비자가 예상하고 있는 것이다.

즉, 서비스품질은 소비자의 기대와 성과의 불일치에 의해 고객만족이 영향을 받으며, 기대와 수행의 비교에 의해서 서비스품질이 결정된다. 기대된 서비스와 지각된 서비스를 비교한 결과에 의해 서비스품질이 지각되는데, 이것은 고객의 기대와 지각 사이에 있는 불일치의 정도와 방향이라고 볼 수 있다. 성과가 기대보다 좋으면 긍정적인 불일치(positive disconfirmation), 같으면 기대일치(confirmation), 나쁘면 부정적인 불일치(negative disconfirmation)를 소비자가 인지하게 된다. 따라서 기대불일치 효과는 고객만족에 영향을 미치는 다른 어떤 변수들보다 그 유의성과 영향력이 크다고 볼 수 있다.

실제로 고객만족이 긍정적이든 부정적이든 서비스품질의 평가는 고객과 서비스제공자 사이의 접점(encounter)에서 발생하며, 서비스품질 평가의 척도가 된다. 서비스품질과 관련하여 고객만족은 제공받는 서비스의 인지와 요구한 서비스의 기대를 비교한 것으로 정의할 수 있다.

① 인지가 기대를 상회할 때, 서비스에 대하여 만족하며 고객감동으로 이어진다.

② 고객의 기대에 미치지 못할 경우, 서비스품질은 수용불가능한 것으

로 고객불만의 원인이 될 수 있다.

③ 기대가 인지한 서비스와 일치할 때 품질은 만족스러운 것으로 여겨진다.

표 인지서비스품질

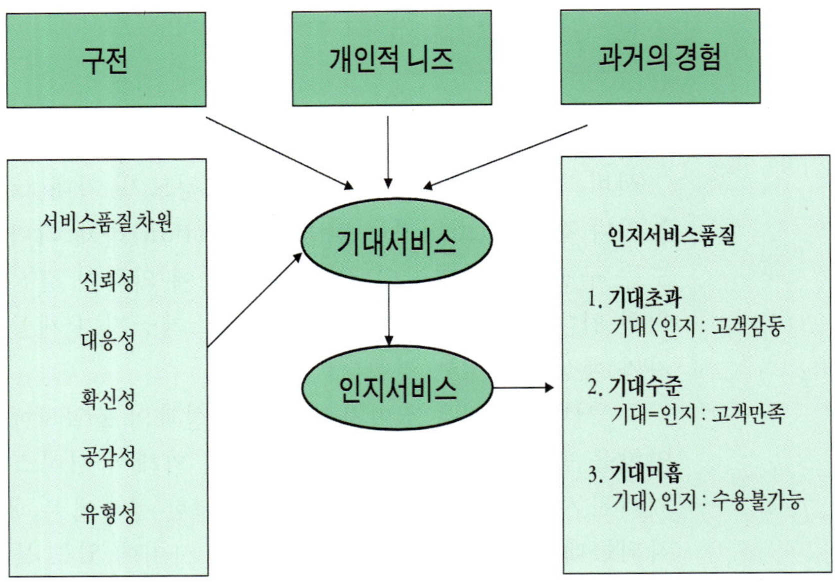

자료 : A. Para, V. A. Zeithaml, and L. L. Berry, "A Conceptual Model of Service Quality and Its Implications for Future Research," Journal of Marketing, vol. 49, Fall 1985, p. 48 (서비스경영연구회, 서비스경영, 1999, p. 256 재인용)

많은 학자들은 서비스가 단일차원의 개념이 아니고 다중요인들에 의해 품질평가가 이루어지고 있다고 주장해 왔으며, 품질개념의 조작에 관한 실증적인 연구를 통하여 지각된 서비스질을 평가하여 왔다(이명식 1998).

특히, PZB(1988)는 고객의 지각(performance)과 기대(expectation)의 차이에 의한 SERVQUAL을 개발하였다. 이들의 서비스품질은 고객이 서비스를 받는 동안 형성된 지각과 서비스를 받기 전에 고객에게 형성되어 있던 기대의 차이로 정의하고 다음 식에 의해 측정될 수 있다고 보았다(박진영 1999).

서비스품질(SQ) = 지각된 서비스품질(PS) − 기대서비스품질(ES)

지각된 서비스품질(PS) 〉 기대서비스품질(ES) : 기대초과
지각된 서비스품질(PS) = 기대서비스품질(ES) : 기대만족
지각된 서비스품질(PS) 〈 기대서비스품질(ES) : 기대미흡

(4) 전달과 인식의 갭

그림 서비스품질 갭 모형

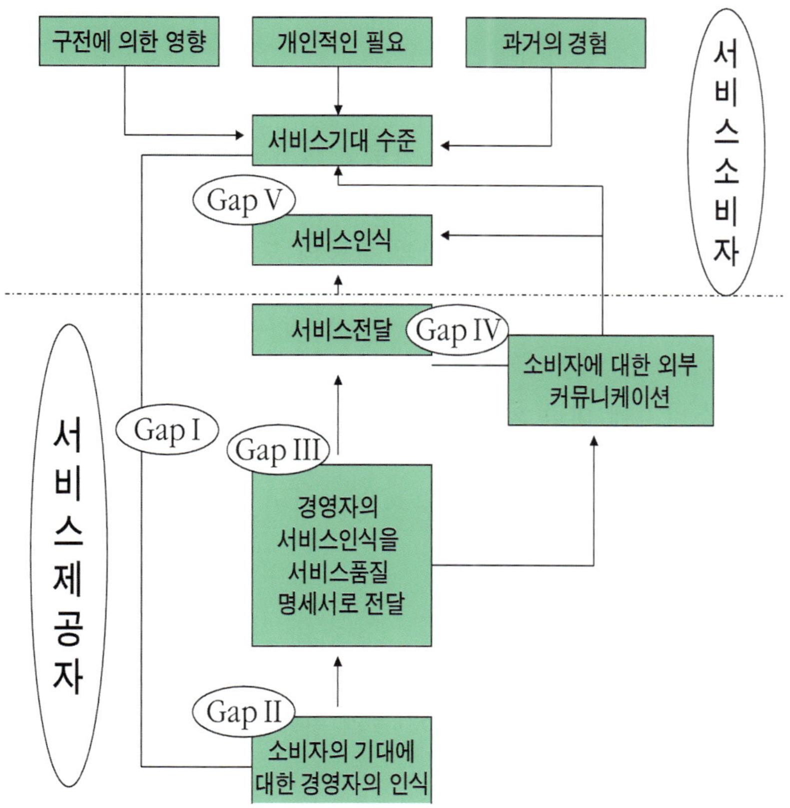

자료 : 이유재, 서비스 마케팅, 1999, p. 514

Gap Ⅰ :

기업이 고객의 기대를 알지 못할 때 서비스품질에 대한 고객의 기대와 경영자의 인지차이에서 발생하며, 시장조사를 시행하거나 관리계층을 축소하거나 상향적 커뮤니케이션을 활성화시킴으로써 해소될 수 있다.

Gap Ⅱ :

경영자의 인식과 서비스품질 명세표 사이에서 발생하는 차이로서, 서비스품질에 대한 경영자의 참여부족, 고객의 기대를 반영하지 못하는 서비스품질 기준, 기업자원의 부족, 시장상황, 경영층의 무관심이 원인이 될 수 있다. 이는 최고경영자의 헌신적인 노력과 서비스품질 목표의 개발, 업무의 표준화, 고객의 기대를 실행할 수 있다는 가능성을 인식함으로써 해소될 수 있을 것이다.

Gap Ⅲ :

서비스품질 명세서와 실제 제공 서비스 간의 서비스성과 차이로서, 종업원이 품질명세서를 숙지하지 못하거나 수행능력이 부족할 때 또는 종업원이 수행을 꺼릴 때 발생한다. 팀워크를 향상시켜 종업원의 직무적합성을 보장하거나 역할과 갈등의 모호성을 해소하거나 종업원에게 인식된 통제권한을 제공함으로써 해소될 수 있다.

Gap Ⅳ :

소비자에 대한 외부 커뮤니케이션과 서비스전달자 사이의 인식차이를 말한다. 부적절한 외부 커뮤니케이션이나 과대약속이 야기할 수 있으며, 수평적 커뮤니케이션을 증가시키고 과대약속을 회피함으로써 해소될 수 있다.

Gap Ⅴ :

고객의 기대서비스와 서비스인식이 일치하지 않을 때 발생하며, 결과적으로 위의 4가지 갭(Gaps)들에 의해 결정된다. 이를 식으로 표현하면 다음과 같다.

Gap Ⅴ = f (GapⅠ+ GapⅡ+ Gap Ⅲ+ GapⅣ)

3) 고객만족과 영향

(1) 고객만족의 개념

고객만족의 개념은 제품에 대한 구매 전 기대와 구매 후 성과의 일치 여부에 대한 고객의 평가로써 여러 가지 제품속성의 합으로 측정될 수 있는 태도라고 정의할 수 있다(김종철 1999). 서비스품질과 고객만족은 분석수준이나 방법이 유사하여 서로 혼동되어 사용되고 있으나, 두 개념의 원인과 결과는 확연하게 다르다.

그림 고객만족과 서비스품질에 대한 소비자의 평가

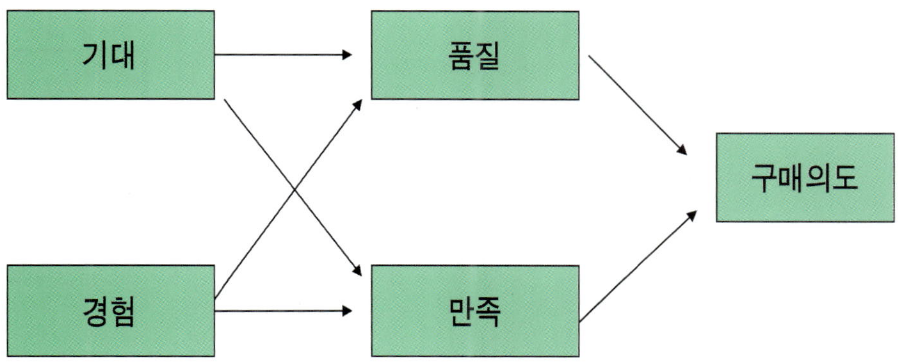

자료 : 이유재 · 이준엽, "서비스품질에 관한 종합적 고찰" 경영논집 제XXXI권, 3, 4호, 서울대 경영연구소, 1997. 9, p. 259.

고객만족은 긍정적 또는 부정적 정서 반응과 인지적 불일치에 의해 영향을 받는 판단, 즉 불일치된 기대와 소비자가 소비경험에 대해 사전적으로 가지고 있던 감정이 복합적으로 결합하여 발생된 종합적 심리상태(Richard L. Oliver)로 볼 수 있으나 서비스품질은 서비스 제공자나 그 제공되는 서비스의 상대적 우수성 또는 열등성에 대한 전반적인 인상(A. Parasuraman, V. A. Zeithaml, and L. L. Berry 1988)으로 볼 수 있다(김윤수 1999).

서비스품질은 가격, 지원부서, 전문성을 선행변수로 하며, 서비스의 다섯 가지 차원에 대한 고객지각을 반영한 평가이다. 반면, 고객만족은 신속성, 서비스 실패에 다른 즉각적인 회복노력, 물리적 환경을 선행변수로 하며, 포괄적이라서 상황요인, 개인요인을 비롯해서 서비스품질, 제품품질, 가격에 대한 지각에 의해 영향을 받는다(Dawn Iacobucci, Amy Ostrom, and Kent Grayson 1995). 고객만족은 구체적인 서비스 차원에 초점을 맞춘 품질보다는 더 넓은 개념으로 인식해야 할 것이다.

그림 고객의 품질지각과 고객만족

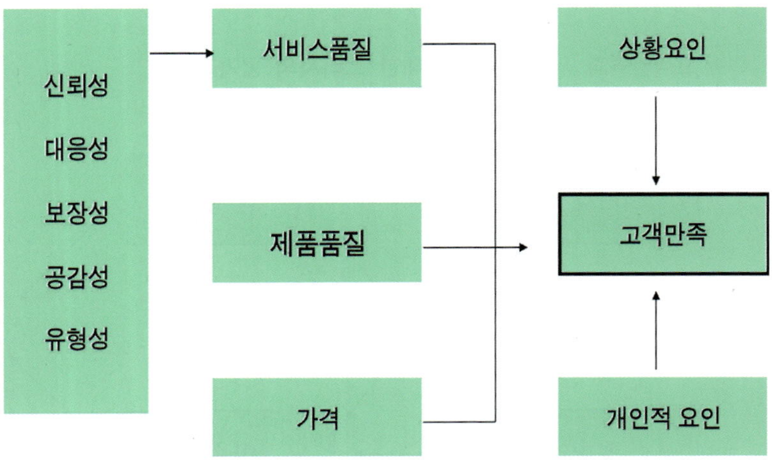

자료 : ① Varie A. Zeithaml and Mary Jo Bitner, *Service Marketing*, McGrew-Hill Book Co., 1997, P.123 ② Zeith, Valarie A. & Mary J. Bitner, *Service Marketing*, 1998, 전인수역, 서비스 마케팅, 도서출판 석정, pp.147~152.

(2) 고객만족의 이론적 접근

① 기대불일치 이론

기대불일치란 소비 전 기대와 소비 후 성과 간의 차이에서 발생한다. 실제 성과가 기대 성과보다 낮다고 인식되어지면 불만족하게 되는 불일치가 형성되고, 실제 성과가 기대 이상이면 만족하게 되는 불일치가 형성되게 되며, 기대와 성과 간의 차이가 없으면 기대일치가 일어난다. 사전기대가 낮을 때는 바람직한 특성이 실현되거나, 사전기대가 높을 때는 바람직한 상황이 발생하면 긍정적인 불일치가 기대되며, 이와 반대로 사전기대가 낮을 때는 바람직하지 못한 특성이 실현되거나, 사전기대가 높을 때는 바람직한 상황이 발생하지 않으면 부정적인 불일치가 나타난다(최병용 1985).

기대일치는 고객에게 긍정적이지만 강한 만족감을 유발시켜 재구매 의도와 연결되리라고 예측하기는 어렵다. 강한 만족감은 기대보다 인지가 월등히 높을 때 비로소 생성될 수 있다. 그런데 불만족의 원인을 경험한 제품이나 서비스 이외의 우연이나 고객자신의 부주의한 행위로 돌리면 만족제기의 가능성이 그만큼 줄어들게 되는데, 이것을 귀인이론(Attribution Theory)이라고 한다(서성한 1986).

② 공정성 이론(Equity Theory)

공정성 이론은 사회적 교환이론의 중심개념으로 자신의 투입/산출 비율을 비용과 기대되는 대가의 관계에 기초하여 설명하고 있다. 불공정한 대기시간이나 가격은 소비자의 불만을 야기시키는 원인이 되며, 소비자는 해당기업으로부터 불공정한 대우를 받았다고 느끼게 된다. 즉, 불공정은 불만족을 야기하고 재구매의도를 약화시킨다. 아울러 소비자들이 기업으로부터 공정한 대우를 받았다고 느낄 때에는 고객만족이 발생하며, 장래의 기대와 구매의도에 긍정적인 영향을 미친다는 이론이다(홍주빈 1999).

(3) 고객만족·불만족의 선행변수

고객의 만족이나 불만족에 영향을 미치는 가장 중요한 요인은 개인적인 특성과 환경적 요인으로 구분되고 있다. 환경적 요인은 다시 사회경제적, 기업관련적, 제품관련적인 것으로 나뉜다(김종철 1999). 고객만족요인을 제품관련만족, 처리관련만족, 사회심리만족, 구매 후 만족으로 분류하여 설명하기도 한다(Czepiel, john A. and Larry J. Rosenberg).

표　소비자 만족요인

만족요인	만족항목
제품관련적 만족	원가, 품질, 내구성, 성능, 미관적 질
처리관련적 만족	편의성, 접근성, 가용성, 정보의 존재, 판매원조, 결정분석, 대안의 존재, 개인적 대우
사회심리적 만족	사회심리적 필요와 욕구의 기대 사회적 필요와 욕구의 기대 이미지 일관성, 라이프 스타일의 기여
구매 후 만족	서비스 편의, 접근성, 가용성, 환경적 효과

서비스품질에 대한 고객의 지각은 서비스제공자와 환경에 대한 평가를 종합적으로 반영한다. 이와는 대조적으로 고객만족은 최종결과와 감정적인 요소와 인지적인 요소 등 모든 과정을 포함한다. 따라서 서비스품질은 넓은 개념으로 보면 고객만족의 구성요소의 하나로 볼 수도 있다.

표　고객만족과 서비스품질의 비교

	서비스품질	고객만족
정의	제공되는 서비스의 상대적 우수성 / 열등성에 대한 전반적인 인상	불일치된 기대와 사전 감정이 결합되어 발생한 복합적 심리상태
선행변수	가격, 지원부서, 전문성	신속성, 서비스 회복, 물리적 환경
태도와 관계	장기적이고 전반적인 평가태도와 매우 유사함	일시적이고 특정상황에 따른 판단으로 장기적인 태도의 선행변수역할
기대의 개념	규범적인 기대	예측적인 기대
구성속성	한정적	포괄적

자료 : 이유재 · 이준엽, "서비스품질에 관한 종합적 고찰" 경영논집. 제XXXI권, 3, 4호, 서울대 경영연구소, 1997.9, p. 259.

서비스품질과 고객만족은 분석수준은 비슷하지만 개념의 원인과 결과는 근본적으로 다르다. 서비스품질은 구체적인 차원에 초점을 맞추어

평가하는 데 반하여 고객만족은 보다 포괄적인 개념으로 보아야 할 것이다. 즉, 고객의 지각된 서비스품질은 고객만족 구성요소의 하나로 보아야 할 것이다(김윤수 1999).

모든 고객 중에서 만족한 고객은 재구매 또는 재방문할 가능성이 크며, 재구매한 고객 중에서 몰입된 고객이 생기게 된다고 하였다 동시에 몰입된 고객은 그 제품이나 서비스에 대하여 충성도가 높기 때문에 또 다시 재구매할 가능성이 매우 크다고 한다. 따라서 고객의 만족을 통한 충성고객, 즉 몰입된 고객으로 유도해야 할 것이다.

충성도가 높은 고객은 세분시장을 위한 차별화된 마케팅 믹스를 가능하게 하며, 공격적인 경쟁자로부터 방어기능을 제공해 주며, 충성고객층의 이해는 일반소비자 집단으로부터 심리적, 사회적, 인구통계적으로 유사한 충성소비자 집단을 예측할 수 있다.

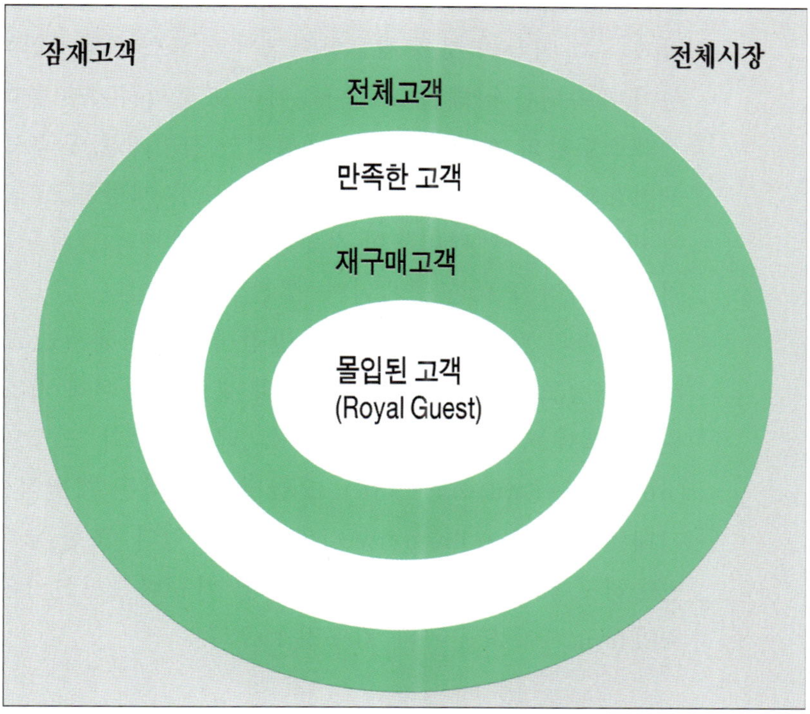

자료 : Hawkins, D.I., Rojer J. Best, and Kenneth A. Coney, 1995, Consumer Behavior : *Implications for Marketing Strateges*, 6th eds. Boston, Ma : Richard D. Irwin., pp. 526~527 참조로 재구성

서비스상품의 특성 중의 하나가 제공과 소비가 동시에 일어난다는 것이다. 다시 말해서 소비자의 입장에서 보면 서비스란 소비되어지는 것이 아니라, 단지 경험되어진다고 말할 수 있을 것이다. 고객의 입장에서 보면 서비스상품의 제공과정의 특정부문이 아닌 총제적인 서비스품질관리가 요구되고 있다. 따라서 서비스 제공과정의 개선 없이는 탁월한 고객가치를 창출 할 수 없다는 것이다(이경일 2001).

고객만족에 대한 연구는 다양하나 Smith와 Houston은 "고객의 만족과 불만족은 사전 기대와 사후 실제경험 사이에서 발생하는 차이와 불일치"로 정의하고 있으며(Smith, R. A., and Houston, M. J 1982), 실제로 제공받는 서비스가 사전 기대치와 일치하거나 더 클 때 고객은 만족하게 되며, 작을 때 고객은 불만족하게 된다.

고객만족을 위한 서비스의 제공은 고객의 기대치 또는 고객의 요구수준을 파악함으로써 시작되며, 고객의 필요와 욕구, 그리고 기대에 부응하거나 그 이상의 것을 제공함으로써 서비스의 재구입이 반복되어 충성심이 계속되는 상태를 고객만족이라고 정의하기도 한다.

레스토랑의 재방문고객은 긍정적인 이미지를 구축시킬 뿐만 아니라, 구전효과로 고객기반을 확대시킨다. 또한 재방문고객은 신규고객유치에 비교하여 마케팅비용이 저렴하다. 고객과의 관계구축은 오늘날 사업기반의 가장 중요한 문제이며, 생존의 문제이다.

고객과의 관계를 지속적으로 발전시키기 위해서는 고객과의 대화, 고개의 충성도, 고객에 대한 종사원의 새로운 인식에 기초하고 있다. 종사원이 고객을 인식하면서 비로소 레스토랑의 고객만족은 시작된다(Bonnie J. Knutson 1988). 오늘날의 고객은 개별적으로 관심받기를 기대(Sandra Vandermerwe 1994)하고 있다. 또한 고객을 의도한 대로 반응하도록 유도하기 위한 성공적인 커뮤니케이션기획은 최적의 타이밍(Timing)이 요구된다(김수정 1997).

2. 포지셔닝전략

1) 포지셔닝의 개념

포지셔닝의 개념은 원래 광고에 뿌리를 둔 개념으로 소비자에게 제품 정보를 잘 이해시키고자 하는 목적으로 출발하였다(이문규 외 1998). 강력한 마케팅 수단으로 포지셔닝 개념이 도입된 계기는 1972년 Trout & Ries가 Advertising Age에 발표한 3편의 논문을 통해서였다(Trout, Jack and Al Ries 1992). 포지셔닝의 개념은 경쟁기업과 효과적으로 경쟁하기위하여 마케팅 믹스를 수단으로 소비자의 심리상에 제품이나 서비스의 차별적인 위치를 정확하게 심어 주는 활동이라고 정의할 수 있다.

다시 말하면 포지셔닝은 소비자의 심리 속에 제품이나 서비스를 타사의 것과 차별화시키는 것으로 ① 표적고객, ② 경쟁자, ③ 제품속성, ④ 차별화 등의 내용을 함축하고 있다(Kotler Philip and Gray Armstrong 1996). 따라서 포지셔닝은 자사의 서비스상품이 경쟁상품과 다른 차별적인 특징을 보유하여 표적시장 내의 소비자들에게 그들의 욕구를 보다 잘 충족시켜줄 것이라는 믿음을 주는 것이다.

외식상품은 무형의 것이 함축된 것으로 소비자가 구매 전 대안평가에 상당한 위험부담이 있으며, 소비자들이 서비스를 이용한 후에도 그 서비스를 자신 있게 평가하기가 어렵기 때문에, 외식상품에 대한 포지셔닝이 매우 중요한 관건이 되고 있다(Friedman, Margaret L 1991). 사실 포지셔닝은 제품이나 서비스의 실제적인 우월성 여부와 관계없이 주관적 가치판단에 의하여 소비자의 심리상에 형성된다.

따라서 외식상품 포지셔닝의 성공을 위해서는 경쟁사와의 차별화는 물론, 제공할 수 있는 서비스보다 낮은 수준의 소비자 기대치 유도라는 기준을 충족시켜야 한다(Daviow, William H. and Bro Uttal 1989). 이러한 관점에서 보면, 성공적인 포지셔닝은 실제로 제공할 수 있는 서비스품질보다 그리 높지 않은 수준의 고객기대치를 창출하는 데 있다(이

문규 외 19980. 왜냐하면 기대가 크면 큰 만큼의 상품이나 서비스수준이 유지되어야 실망보다는 만족을 유도할 가능성이 있기 때문이다.

표 호텔서비스품질 방향성 포지셔닝

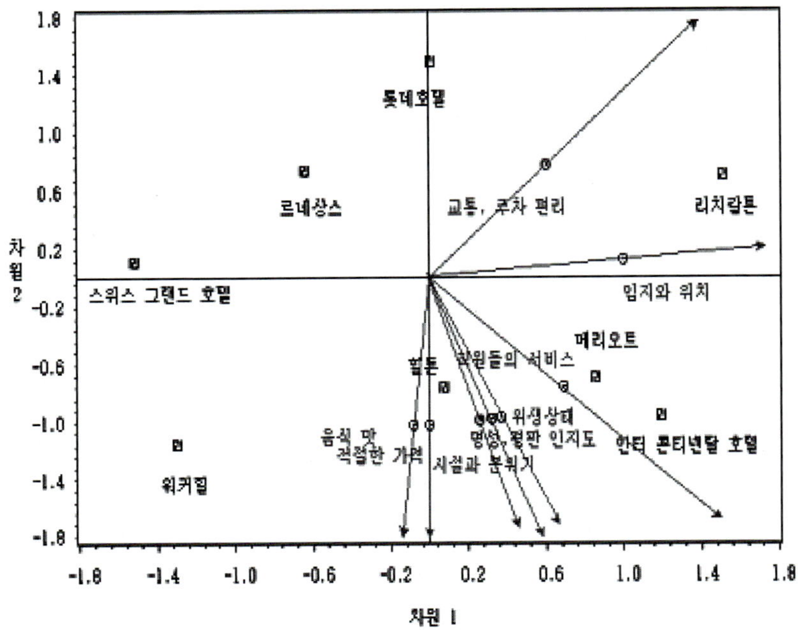

2) 포지셔닝의 절차

시장세분화(Segmentation) → 목표시장선정(Targeting) → 포지셔닝(Positioning)

세분화된 목표시장에 자사의 서비스나 상품을 포지셔닝하는 단계이다. 포지셔닝할 때는 무형의 서비스에 실체적 상징을 부여하여 자신들의 포지션을 고객에게 확인시켜 주는 명시적 포지셔닝(explicit positioning)과 경쟁상품간의 차별성을 강조하는 대조적 포지셔닝

(contrary positioning)을 동시에 고려하여야 한다.

또한 동태적 환경에서 혁신을 창조할 수 있어야 하며, 경쟁자들의 모방이 쉽지 않도록 하는 차별화 전략이 절대적으로 필요하다. 포지셔닝 차별화를 위한 경쟁우위요소들과 그 내용은 다음의 표를 참고하기 바랍니다. 전체 기업활동과 조화를 이루도록 통합적 포지셔닝(intergrated positioning) 전략과 해당전략이 일관되고 명확하게 이루어지도록 의식적 포지셔닝(conscious positioning)을 실행에 옮겨야 한다.

표 포지셔닝 차별화 경쟁우위 요소

중요성	표적 구매자들에게 매우 중요하다는 것을 인식시킴
특화성	경쟁기업보다 특별한 방법으로 서비스를 제공
우수성	동일한 경쟁상품보다 우월
전달가능성	차이를 표적고객에게 전달/인식시킬 수 있음
선점성	경쟁자가 모방하기 용이하지 않음
충분성	차이에 대한 비용지불을 소비자가 기꺼이 수용
수익성	경쟁기업이 수익성 있게 시장에 도입하지 못할 것

3) 서비스 포지셔닝의 일반적 방법

(1) 서비스속성

다른 업체와 차별화된 서비스속성, 즉 경쟁기업에 비교하여 우수한 장점, 즉 '가장 잘하는 것(what it does best)'에 중점을 두어 포지셔닝을 한다.

(2) 서비스용도

헬스클럽을 예로 들어 설명하면 체중감량을 강조하거나, 단지 운동만을 강조하거나, 또는 체력단련을 강조하면 각각의 포지션은 각각의 세분시장이 되며, 고유의 시설과 물리적 설비를 필요로 한다.

표 레스토랑의 서비스품질 평가 속성

학자	속성
William R Swinard, & Knneth D.Struman	다양한 음식유형, 새로운 사람을 만나기 위한 장소, 음식질의 일관성(반복구매), 친절한 서비스, 신속한 서비스, 가족 모임으로 적합, 적절한 가격, 훌륭한 분위기, 편리한 위치, 친절한 태도
Ernest R. Cadotte & Norman Turgeon	객실, 식음료, 가격, 서비스의 신속성, 신용카드 사용여부, 계산서의 정확성, 입지, 종사원의 서비스지식, 서비스내용, 시설과 건물의 외관, 불편에 대한 반응, 서비스의 다양성, 영업시간, 예약제도
Mahmood A.Khan	고품질 서비스, 금연지역의 구분, 계절식 메뉴, 후식, 오락시설, 독특한 메뉴, 주차시설, 서비스의 다양성, 쉬운 메뉴, 전시품(요리)
Toshio Doi	낮은 가격, 음식의 양, 특별한 메뉴, 확실한 서비스, 낮은 고용비용, 이해하기 쉬운 메뉴, 적절한 가격,
Laurette D.LeoM. & Jane M. Miller	음식의 질, 메뉴의 다양성, 분위기, 음식의 질의 일관성, 대기시간, 종사원의 친절, 종사원의 도움,
오영찬	청결성, 주차서비스, 가격, 식음료온도, 분위기 및 환경, 서비스, 음식재료 및 조리, 메뉴의 다양성, 메뉴교체 및 어린이용 메뉴 확보
Yun Lok Lee & Nerilee Hing	시설, 설비의 외관, 종사원의 용모, 서비스자료, 서비스시간의 준수, 대처능력, 신속성, 완벽함, 정확한 약속, 신속한 서비스, 고객을 도우는 자세, 고객요청에 신속대응, 확신성, 고객에 대한 거래안정성, 친절, 질문에 응답하는 지식, 개인적 관심, 고객의 편한 시간대를 조정, 고객에게 최대의 이익을 주려는 태도, 고개의 욕구에 대한 종사원의 노력,

(3) 가격 대 품질

맥도널드와 롯데리아는 햄버거 저가경쟁 중에도 가격대비품질을 강조하여 포지셔닝하고 있음을 알 수 있다.

(4) 서비스등급

'피자업체 중 최고의 정통 레스토랑'이라는 광고를 보면 피자헛은 패스트푸드 레스토랑이 아니라, 정통레스토랑으로 포지셔닝되고 싶어한다는 것을 알 수 있다. 이렇게 서비스를 포지셔닝함으로써 더 높은 가격과 더 높은 마진을 기대할 수 있을 것이다.

(5) 서비스이용자

서비스를 이용자의 기대와 요구에 적합하게 제공하는 전략으로 포지셔닝하는 것이다. 패스트푸드의 제공시간과 패밀리 레스토랑의 다양한 제공요리를 강조하는 포지셔닝을 예로 들 수 있다.

(6) 경쟁자

경쟁시장에서 가장 시장점유율이 높은 경쟁자와 비교하는 광고를 함으로써 두 번째 기업으로 성장시키고자 하는 포지셔닝전략이다. 렌탈업계의 순위 밖의 에이비스(Avis)는 최고 기업인 허츠(Herts)와 비교하는 광고전략으로 넘버 투의 기업으로 발돋움하였다.

4) 서비스품질 차원에 따른 포지셔닝

(1) 신뢰성

신뢰성은 약속한 서비스를 정확하게 수행한다는 믿음을 제공하는 포지셔닝전략이다.

(2) 응답성

언제나 어디서나 고객의 요구에 신속하게 대응한다는 전략의 포지셔닝이다.

(3) 확신성

서비스제공에 있어서 신뢰와 보증이 중요한 업종에 더욱 효과적으로 이용될 수 있다.

(4) 공감성

접근가능성, 대고객과의 커뮤니케이션, 고객의 이해를 중점적으로 고객 개인의 개별적 욕구에 관심을 두는 포지셔닝이다. 일대일 마케팅전략도 하나의 기법이며, 공감성 차원에서 포지셔닝하는 것이다. 최근 외식업체에서 수행하는 관계마케팅(Customer Relation Marketing)은 전산화된 고객이력파일을 활용하여 공감성에 초점을 두는 마케팅활동의 일환이다.

(5) 유형성

외형적인 단서를 실마리로 서비스의 유형성을 강조하는 포지셔닝전략이다. 시설과 경치나 풍광, 도구와 문화시설, 종업원의 용모나 깨끗한 실내환경을 강조하는 레스토랑 광고가 이에 해당된다.

표 고객이 서비스품질을 평가하는 10가지 차원

10 차원	수정된 5차원	서비스품질 측정요소
유형성 (Tangibles)	유형성 (Tangibles)	서비스평가를 위한 외형적인 단서 - 물리적 시설과 장비 및 외관, 다른 고객, 도구, 종업원 용모, 서비스 관련 자료
신뢰성 (Reliability)	신뢰성 (Reliability)	약속된 서비스를 정확하게 수행할 수 있는 단서 - 시간 내 제공, 정확한 기록과 청구서, 문제해결, 완벽한 서비스
응답성 (Reponsiveness)	응답성 (Reponsiveness)	고객을 돕고 빠른 서비스 제공의지 - 신속하고 시의적절한 서비스, 고객요구에 즉시응답, 고객의 요구에 신속
능력 (Competence)	확신성 (Assurance)	서비스를 수행하는 데 필요한 지식과 기술의 소유 - 지식과 기술의 정도, 연구개발, 서비스제공 능력
예절 (Courtesy)		고객과 접촉하는 종업원의 친절과 배려, 공손함 - 정중한 태도, 고객의 재산과 시간에 대한 배려
신용도 (Credibility)		서비스제공자의 진실성, 정직성 - 기업의 평판이나 이미지, 정직성, 강매정도
안정성 (Security)		위험, 의심으로부터의 자유 - 물리적, 심리적 안전, 비밀보장, 재산상의 안전
접근 가능성 (Access)	공감성 (Empathy)	교통 등의 접근가능성과 쉬운 접촉 - 장소, 전화예약, 대기시간의 편리성
커뮤니케이션 (Communication)		고객의 말에 귀기울이고 고객에게 쉬운 말로 알림 - 서비스에 대한 설명, 비용의 설명, 문제해결보증
고객이해 (Understanding the Customer)		고객과 그들의 욕구를 알려는 노력 - 고객의 요구사항, 개별적인 관심, 우수고객관리

5) 서비스증거에 따른 포지셔닝

(1) 사람

서비스접점에서 종업원과 다른 고객이 어떤 모습이고 어떻게 행동하는가는 고객의 서비스인식에 영향을 미친다. 복장, 성별, 연령분포 등은 서비스 포지션을 형성하는 커뮤니케이션 역할을 수행한다.

(2) 물리적 증거

유형적 커뮤니케이션, 가격, 물리적 환경, 보증 등 물리적 증거는 어떤 이미지로 포지셔닝한다기보다는 이미지를 공고히 하는 데 있어서 매우 중요하다.

(3) 프로세스

활동의 흐름, 프로세스의 단계, 프로세스의 유연성 등 서비스 프로세스는 복잡성(complexity)과 다양성(divergence)이라는 두 가지 차원으로 설명될 수 있다. 서비스를 포지셔닝할 때나 재포지셔닝할 때, 이 두 가지 측면은 조정한다.

6) 서비스 포지셔닝의 성공요건

양질의 기초자료가 필수적이며 확대된 마케팅 믹스의 확장개념으로 7P를 적절하게 믹스하여야 하며, 고객의 참여로 서비스 생산이 이루어지므로 실체적 단서들은 유용하게 활용하여야 한다. 특히, 동일한 장소에서 다양한 서비스를 제공하는 경우에는 서비스 이미지의 후광효과, 즉 특정서비스의 명성이 다른 서비스에 확산되어 창출되는 효과를 잘 활용하여야 한다.

또한 다양한 서비스들의 포지셔닝간에 일관성이 없으면 소비자들은 혼란스러울 뿐만 아니라, 오히려 역효과가 발생하여 원래 호감을 가졌던 서비스에 대한 태도가 약화될 수 있으므로 일관성 유지가 매우 중요하다.

급변하는 사회, 경제, 정치환경변화 속에서 소비자를 대상으로 하는 서비스기업, 즉 외식기업의 포지셔닝전략은 매우 중요하다. 소비자들의 소비선택은 새로운 시장을 창출하기도하며, 기존시장을 붕괴시키기도 한다. 또한 이미 결정된 포지셔닝전략의 승패는 예측하기 어려울 뿐만 아니라, 급속한 환경변화에 적응하기 위하여 지속적으로 재포지셔닝(repositioning)을 하여야 한다.

결국, 외식기업은 성공적인 포지셔닝전략을 수립하기 위해서 특정기업의 서비스가 갖는 특징적 측면에 대한 검토를 기초로 통합적인 관점의 포지셔닝전략을 수립하여야 할 것이다.

“포도·와인 종류 따라 궁합 맞는 잔 따로 있죠”

-150년간 와인 잔 만든 ‘리델사’ 게오르그 리델 회장 방한(訪韓)-

“와인애호가들이 늘어나면, 와인을 담는 잔에 대한 관심도 자연스럽게 높아집니다. 우리 리델 글라스는 와인 맛을 결정하는 알코올, 단맛, 신맛, 떫은맛이 균형과 조화를 이루도록 포도 품종에 따라 잔 크기와 모양을 달리 한 ‘과학’입니다.”

와인 잔의 대명사로 불리는 오스트리아 리델(Riedel)사의 오너 게오르그 리델(Georg Riedel · 56) 회장이 한국을 찾았다. 그는 18일 서울 시내 한 호텔에서 와인애호가들을 대상으로 ‘와인 잔’ 테스팅 행사를 진행한다. 같은 와인이 잔에 따라 맛과 향이 얼마나 차이가 나는지를 맛보는 자리다. 그는 와인 잔을 골프채에 자주 비교한다. 리델 회장은 “골프를 칠 때 드라이버, 아이언, 퍼터를 골고루 바꿔 가며 쳐야 좋은 점수가 나듯, 와인도 종류에 따라 잔을 구분해 따라야 제대로 맛을 즐길 수 있다”고 말한다.

모차르트가 태어난 해인 1756년에 설립된 리델사는 250년의 역사를 자랑하는 장수기업이다. 창업주의 자손이 대를 이어 기업을 경영해 온 전형적인 ‘패밀리 기업’이다. 본사직원 수가 300여 명에 불과하지만, 세계 70여 개국에 리델 글라스를 수출하는 ‘작지만 강한’ 기업이다. 리델은 고급와인 잔에 관해서는 전세계를 통틀어 경쟁업체가 없다고 할 만큼 ‘블루 오션’을 구축했다는 평가다. 와인 종주국을 자처하는 프랑스 와인업체들도 잔만큼은 리델을 고수하고 있다.

리델은 최근 사케(일본 청주) 잔, 젊은층을 겨냥한 손잡이(와인 잔 기둥)가 없는 와인 잔(리델 O시리즈) 등 신제품개발도 늦추지 않고 있다. 리델 회장은 "우리 리델 크리스탈 잔엔 투명도를 높이기 위해 납 성분이 20여 % 들어 있는데, 이 납 성분을 전혀 넣지 않고도 투명도가 뛰어난 크리스탈 잔을 개발 중"이라고 말했다. 그는 "성공했다고 쉬는 기업인은 실패한 사람"이라고 말했다.

-박순욱 기자- 자료 : 조선일보

Food Service

제 13 장

외식사업경영의 인적 자원관리

Foodservice

Chapter

13

1. 외식기업의 인적자원관리개요

1) 인사관리의 개념

기업의 목적은 자본(money), 물자(material), 사람(manpower)의 3요소(3M)를 투입하여 영리를 추구하는 데 있다. 이 중에서 사람을 대상으로 하는 관리를 인력관리(manpower management) 또는 인적 자원관리(human resources management), 인사관리(personal management, personal administration)라는 용어로 흔히 사용된다.

기업의 인사관리는 인적 자원의 조달과 유지, 개발, 활용, 보상 등을 효과적으로 관리하기위한 합리적이고 계획적인 관리활동의 체계라고 할 수 있다. 즉, 인사관리란 조직이 필요로 하는 인적 자원을 조달하고 이들을 유지, 개발, 활용, 보상하는 활동을 계획, 조직, 통제하는 관리활동의 체계라고 말할 수 있다.

즉, 기업의 인적 자원관리 목적은 본질적으로 기업의 목적과 일치하며, 경제적 목적과 사회적 목적으로 구분된다. 경제적 목적은 경제적 효율성을 추구하며, 사회적 목적은 건전한 사회구성원으로서 다른 사회구성원과 바람직한 관계를 유지・발전을 추구한다.

종업원이 만족이나 직장의 안정, 그리고 노동의 가치를 느끼지 못하는 가운데 노동생산성이나 비용효율성을 기대할 수는 없다. 따라서 사회적 목적과 경제적 목적은 서로 상충되는 것이 아니라, 상승작용을 일으키면서 달성되는 상호보완적인 관계인 것이다.

표 인적자원관리의 목적

	경제적 목적	사회적 목적
성과와 지표	비용효율성 노동생산성	종업원만족 직장안정 노동의 인간적 설계

2) 인사관리의 본질

외식기업의 인적 자원관리란 '외식기업조직이 식음료와 서비스를 생산하여 고객에게 제공하는 일련의 활동을 수행하는 양질의 종업원을 최소의 비용으로 조달하기 위한 일련의 관리활동'을 의미한다. 또한 외식기업은 필요한 인력을 획득, 육성, 유지하는 체계를 확립하고 개개인이 기대수준 이상으로 능력을 발휘할 수 있도록 하여야 한다.

조직구성원들이 자발적이고 능동적으로 외식기업조직의 목적달성을 위한 경영활동에 기여하도록 함으로써 조직의 발전과 개인의 발전이 동시에 안정적으로 이루어질 수 있는 인적 자원관리시스템을 구축하여야 할 것이다.

표 인적자원관리의 시스템

직무관리시스템	직무분석
	직무평가
	직무설계
인사관리시스템	인적자원확보
	인적 자원개발, 유지
	인적자원보상
	인적자원분리

자료 : 이광수 · 이재섭(2003), 서비스산업의 인적 자원관리, 대왕사, p. 31.

전략적 관점에서 고려되어야 하는 인적 자원관리시스템의 중요성은 다음과 같다.

첫째, 어느 정도의 성장을 이룩한 기업은 시장점유율의 확대와 인력, 자산, 그리고 시설의 활용성을 극대화하여 생산성을 향상시키고자 한다.

둘째, 외식기업은 노동집약적 서비스산업이며, 프라임 코스트가 높기 때문에 어떻게 인건비를 효과적으로 관리하느냐가 경영의 성패와 직결되어 있다.

표 인적 자원관리의 관리활동

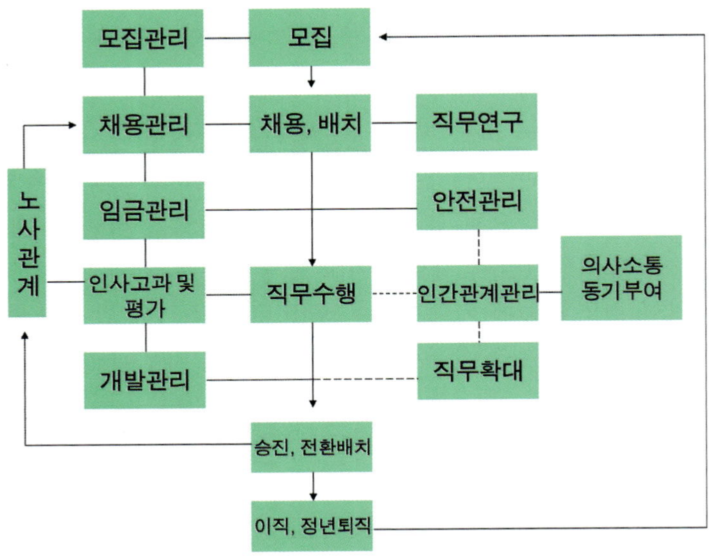

자료 : 김의근 외(1999), 호텔경영학, 백산출판사, p. 272.

2. 외식기업의 직무관리

인적 자원관리는 직무를 수행하는 사람을 대상으로 하기 때문에 직무관리가 인적 자원관리의 가장 중요한 요소가 되며, 직무분석을 하고 직무를 평가하며, 직무를 설계하는 구체적인 활동으로 이어진다.

1) 직무분석

(1) 직무분석의 목적

직무분석(job analysis)은 해당직무를 수행하기 위하여 갖추어야 할 기본적인 기술이나 지식 또는 구체적으로 수행하는 일과 책임과 권한 등을 명시하는 것이다. 직무분석의 구체적인 내용은 직무의 범위, 직무의 목적과 책임, 작업의 정신적 신체적 강도, 작업환경과 자격요건, 숙련과정을 구체적으로 명시한다.

직무분석은 모집, 선발, 교육, 훈련, 인사고과 등의 인적 자원관리활동을 위한 정보수집을 목적으로 하며, 인간의 노동력을 과학적이고 합리적으로 관리하기 위한 기초작업이다. 그 구체적인 목적은 다음과 같다.

① 직무의 목적, 직무의 종류, 업무분장, 권한, 책임을 합리적으로 조정하기 위한 기초 작업이다.

② 직무분석결과를 토대로 직원의 전환배치, 이동, 승진, 채용 등의 기준을 만드는 기초자료로 활용한다.

③ 파악된 자료를 기초로 업무단위를 표준화하는 업무개선의 기초로 활용한다.

④ 인사고과를 합리적으로 실시하기 위한 기초자료로 활용한다.

⑤ 직무에 필요한 지식, 숙련의 정도, 기능의 종류를 명확하게 파악함으로써 교육훈련의 기초자료로 활용한다.

⑥ 직무의 상대적 가치를 파악하여 직무급 도입을 위한 기초자료로 활용한다.

(2) 직무분석을 위한 정보수집방법

① 면접방식

직무분석을 위한 면접은 해당직무 수행자와 직무분석 담당자의 면담으로 직무에 관한 정보를 수집하는 방식이다. 직접면담 또는 간접면담, 개별면접 또는 집단면접방식으로 이루어진다. 이 때, 간접면담은 직접 해당직무를 수행하는 자가 아니라, 그 직무를 잘 아는 다른 사람과 면담을 수행하는 것을 말한다.

② 질문서 방식

질문서 방식은 표준화된 질문지를 해당 직무수행자에게 작성토록 함으로써 직무정보를 수집하는 방식이다. 다수의 직무정보 수집을 짧은 시간에 할 수 있는 장점이 있다.

③ 관찰방식

직무정보수집자가 직무수행자의 직무수행상황을 직접 관찰하여 기록하는 방법으로 정보를 수집하는 방식이다.

④ 기록방식

직무수행자의 일상적인 직무관련기록을 검토하거나 분석하여 직무정보를 수집하는 방식이다.

(3) 직무기술서

직무기술서(job description)는 직무급의 기초, 직무평가의 기준, 승진의 결정기준, 경영간부육성의 기준 등으로 활용한다. 실제로 해당 직무수행자가 해야 할 일을 설명해 놓은 것을 의미한다.

표 직무기술서

직무명(직책) :
소속(부서명) :
차상위직무(보고자) :
하위직무 :

직무의 내용 : – 야채를 다듬는다.
– 소스를 만든다.
– 스테이크를 굽는다

(4) 직무명세서

직무명세서는 직무분석결과에 따라 직무수행에 필요한, 즉 요구되는 조건으로서, 행동, 기능, 능력, 지식 등을 일정한 양식에 따라 체계적으로 기록한 것이다.

표 직무명세서

직무명(직책) : 소속(부서명) : 차상위직무(보고자) : 하위직무 : 근무시간 : 휴가 및 휴일 : 주간근무시간 : 요구성별 : 요구성격 : 요구연령 : 요구학력 : 요구전공 : 요구경력 : 요구자격증 조건 : 요구신체조건 : 그 외 직무수행요건 :

2) 직무평가

직무평가(job evaluation)는 외식기업 내에서 해당직무의 상대적 가치를 평가하는 과정이다. 이 때, 직무의 상대적인 가치평가는 직무의 구체적인 내용과 해당직무를 수행하는 자의 자격요건을 기준으로 한다.

가치는 그 직무가 기업목적달성에 기여하는 정도를 나타내며, 임금구조 결정에 중요한 변수로 작용한다. 직무평가방법은 종합적 방법으로 서열법과 분류법이 있으며, 분석적 방법으로 점수법과 요소비교법 등 다양한 방법이 있다. 종합적 방법의 평가는 직무의 내용을 분해하지 않고 하나로 보고 평가하는 방법이며, 분석적 방법은 직무의 내용을 여러 개의 단위요소로 평가하여 합산하여 평가하는 방법이다.

(1) 서열법

서열법(ranking method)은 평가자가 평가할 직무에 대하여 포괄적인 지식을 바탕으로 각 직무의 상대적 가치를 서열화하는 방법이다. 이때, 외식기업의 목적달성에 기여한 정도, 공헌정도, 직무수행의 난이도, 작업환경, 정신적·육체적 부담의 정도, 직무수행의 자격요건 등이 포괄적으로 고려된다.

(2) 분류법

분류법(classification method)은 직무의 중요성, 난이도와 직무환경, 요구되는 숙련 정도에 따라 여러 등급으로 나누어 해당직무의 가치를 평가하는 방법이다. 예를 들어 조리부의 직무등급을 5등급으로 나누었다면 숙련된 주방장은 5등급, 신입조리사 보조는 1등급으로 평가한다는 말이다.

(3) 점수법

점수법(pointing rate method)은 직무에를 여러 가지 구성요소로 분해하여 각각의 가치평가점수를 합산하여 직무를 평가하는 방법이다. 이때, 평가요소를 대분류하면 기능, 노력, 책임, 작업조건, 숙련, 작업환경 등이 있으며, 이를 다시 소분류하여 각각의 요소에 가중치를 부여하고 평가하여 합산한다.

(4) 요소비교법

요소비교법(factor comparison)은 조직 내의 비교직무를 선정한 다음, 이들의 직무별 평가요소를 상호비교하여 평가하는 방법이다. 이 때, 일반적으로 비교하는 요소는 직무의 기능, 노력, 책임, 작업조건, 숙련, 작업환경 등이다.

3) 직무설계

직무설계(job design)란 기업의 목적과 조직원의 욕구를 동시에 성취할 수 있도록 직무의 내용과 수행방법을 개선하는 과정이다. 직무설계는 외식기업의 목적달성에 가장 효율적인 직무내용과 직무수행방법을 결정하는 것으로 정의할 수 있으며, 직무구조설계, 직무과정설계, 근무시간설계로 구분하기도 한다.

(1) 직무전문화

직무전문화(job specialization)는 어떤 종업원이 해야 하는 직무를 단순화하여 분화된 직무에 한정하여 직무를 수행하도록 직무를 설계하는 방법이다. 대규모 주방에서 근무시간 내내 소스만 만들도록 한다거나 빵 굽는 일에 전념하도록 전문화시키는 방법이다. 또한 한식당의 찬모는 반찬만 만드는 일을 한다.

직무전문화는 생산성은 증대될지 모르지만 극도의 분업으로 종업원은 단순노동을 하게 됨으로써 인간소외의 문제점이 야기되었다. 장기간 반복 수행함으로써 근로의욕이 저하되고 심리적으로 피폐하는 문제점이 노출되었다.

(2) 직무확대화

직무확대(job enlargement)는 직무전문화와는 대비되는 개념으로 직무의 양과 질을 확장하는 직무설계를 말한다. 직무확대는 근로하는 인간은 경제적 이익추구뿐만 아니라, 인간적 사회적 욕구도 동시에 충족하여야 한다는 것을 상기의 직무분화에서 인식한 연구자들에 의하여 설계되었다.

(3) 근무시간의 설계

1년 356일 24시간 영업을 해야 하는 외식사업체라면 근무시간의 설계는 매우 중요한 문제가 아닐 수 없다. 보통의 근로자들이 휴식을 취하는 공휴일이나 주말, 그리고 저녁시간에 근무해야 하는 외식업체의 영업에 따른 근무시간의 특성은 근무자의 부적응과 불만족으로 이어지기 쉽다.

근무시간의 설계는 구체적으로 근무시간의 길이와 근무형태에 관한 설계로 구분할 수 있다. 근무시간의 길이는 정상근무시간을 주당 몇 시간으로 할 것인가에 관한 문제이다. 또한 하루에 몇 시간을 몇 시부터 몇 시까지 근무할 것인가와 같은 근무시간설계는 개인의 목표와 기업의 목표가 상충될 수도 있다.

표 근로기준법상의 노동시간

1. 대표자를 포함하여 5인 미만 상시근로사업장은 노동법이 적용되지 아니한다.
2. 노동시간 : 5인 이상이며, 300명 미만은 주 44시간, 300명 이상은 주 40시간이다.
3. 휴가 : 대표자를 포함한 상시근로자가 5인 이상의 사업장은 월차, 연차, 주 1회의 유급휴가(일요일), 여성은 월 1회의 생리휴가(청구가능) 등이 있으며, 퇴직금도 받을 수 있다.
4. 년월차 : 월차는 매 1개월 근무이후에 1일 발생하고 1년을 기한으로 적치하여 사용이 가능하다. 연차는 처음 1년 근무이후 8일의 연차가 발생하고 매년 1일씩 추가로 발생하며, 20일 이상이 되면 초과분의 연차를 통상임금으로 지급할 수 있다. 연월차는 연중 언제나 근로자의 요구로 사용할 수 있으나 회사의 경영상 문제가 발생될 소지가 있으면 연월차의 사용을 제한할 수 있다. 연차도 발생 후 1년이 지나면 소멸하는 것으로 본다. 다만, 회사측의 통제로 사용하지 못했을 경우에는 그러하지 아니한다고 규정하고 있다.
5. 휴게시간 : 8시간 근로할 때는 1시간의 무급 휴게시간(점심시간)이 주어지며, 휴게시간은 근로자가 자유로이 쓸 수 있다.
6. 추가근로수당 : 근로자와 사업체의 합의로 1주일에 12시간을 넘지 않는 범위에서 별도의 수당 없이 추가근로가 가능하며, 그 외 근로시간에 대해서는 추가근로수당을 지급하도록 되어 있다. 또한 추가근로, 공휴일 근로, 야간(오후10시~오전 6시)근로에 대해서는 150%의 시급을 적용한다.

3. 외식기업의 인적 자원관리과정

1) 인력수요예측

기업의 인력은 생산수단인 동시에 다른 한편으로는 비용요소이다. 외식기업의 인건비 부담은 식재료비와 더불어 가장 높은 원가율을 기록하고 있는 것이 현실이다. 식품은 과다 구매하였더라도 보관을 잘하면 차후에 사용할 수 있지만, 잉여 노동력은 시간이 지남에 따라 소멸되므로 그 비용을 회복할 수 없다.

따라서 대부분의 호텔이나 외식기업에서는 최소한의 정규직을 채용하고 부족한 노동력은 연장근무, 하도급, 임시직, 리스, 아웃소싱 등의 방법으로 인건비를 절감하려고 한다. 이러한 방법은 근로자 입장에서는 입금의 저하와 고용불안으로 이어진다. 최근 사회적 문제가 되고 있는 비정규직문제도 이러한 맥락에서 이해할 수 있을 것이다. 이러한 인력의 속성 때문에 합리적인 인력수요의 예측은 필요하며, 치밀한 영업전략수립에 의한 수요예측으로 합리적인 인력수요를 예측하여야 한다.

(1) 인력 수요예측방법

① 전문가 예측방법

전문가 예측방법(expert-estimate technique)은 비공식적이고 주관적인 기법으로 인력관리 전문가가 자신의 경험과 지식으로 인력수요를 예측하는 방법이다. 비교적 변수가 적고 제한적인 소규모 조직의 인력수요예측에 적합하다.

② 델파이기법

델파이기법(delphi technique)은 일종의 전문가 예측방법으로 인력관리 전문가와 경영관리자를 대상으로 면접과 설문지를 통하여 그들의 의견을 반복적으로 종합하고 분석한 최종 결과를 바탕으로 인력수요를 예측하는 기법이다.

③ 추세분석방법

세계열분석이라고도 하는 추세분석방법(trend-analysis)은 과거의 자료를 중심으로 과거의 추세와 변수 간의 상관관계가 미래에도 지속된다는 가정하에 변수간의 선형모형을 중심으로 미래의 인력수요를 예측하는 기법이다. 추세분석방법은 단일변수와 인력수요의 상관관계를 분석하기 때문에 다른 변수의 변동에 대비하지 못하는 단점이 있다.

④ 모형분석방법

모형분석방법은 복수예측모형으로 다양한 변수를 모형에 연결시켜 정확한 인력수요를 예측할 수 있다. 많은 변수를 사용하고 변수들 간의 관계도 복잡하므로 인력예측을 구축하는 데 많은 비용과 전문가 및 비용이 소요된다.

⑤ 상향식 접근방법

실무부서단위로 인력수요를 예측하여 상부경영층에 보고하면 상부는 이를 종합하여 인력수요를 예측하는 방법이다. 단순하게 생각하면 현실적이고 민주적이며 합리적일 것 같으나, 실제로는 퇴직과 승진, 전직 등 예상되는 변동을 감안하여 예측하므로 전반적으로 인력수요가 과대계상되는 문제점이 있다.

(2) 장기고용의 대안

① 연장근무

연장근무수당은 기본급을 기준으로 시급을 적용하여 지급하기 때문에 대부분의 기업에서는 총인건비가 높은 정규직을 신규채용하기보다는 비용효율적인 연장근무를 선호한다. 근로자들에게 연장근무수당 소득의 증가를 의미하지만 피로와 스트레스 누적으로 휴식 후 발생할 수 있는 확대 재생산은 기대할 수 없으며, 연장근무가 장기간 지속될 경우, 오히려 생산성이 저하될 가능성이 있다. 따라서 연장근무는 일시적인 효과는 기대할 수 있으나 장기적으로 경영성과에 부정적인 영향을 미칠 수 있다.

② 하도급

건물이나 빌딩의 청소를 업무가 종료된 이후의 야간이나 혹은 휴일에 외부의 용역회사에 의뢰하는 것처럼, 레스토랑의 영업이 끝난 후에 직원들이 직접 하는 홀이나 주방의 청소를 외부기업에 의뢰하기도 한다.

이러한 하도급은 직원의 불만을 해소차원이든, 아니면 생산성 향상을 기대하는 차원이든 현재의 인원으로 감당하기 어려운 과도한 직무의 일부를 외부기업에 의뢰하여 인력의 초과수요에 대응하고 있다. 최근의 외식기업의 조리부분 하도급은 단순한 식재료 손질, 빵 만들어 오기, 대규모 파티에 일부요리를 만들어 납품하기 등 다양한 형태로 나타나고 있다. 국내의 어떤 출장파티를 전문으로 하는 외식업체는 자사의 브랜드 이미지로 수주한 출장연회요리를 외주하도급으로 처리하고, 서빙은 아르바이트로 해결함으로써 감독만 하는 경우도 있다.

그러나 이러한 외주가 전반적으로 지속된다면 외식사업의 특성상 서비스품질 관리에 문제가 야기될 수 있다. 또한 품질저하로 인한 고객의 불만이 없다고 하더라도 불만족으로 이어지기 쉽기 때문에 장기적이고 지속적인 인력의 초과수요에 대한 대응전략으로 바람직하다고 할 수는 없다.

③ 임시직

임시직은 파트타임, 아르바이트, 시간제 근무 등 다양한 형태로 존재한다. 임시직은 인력의 초과수요에 대한 단기적인 대응방법으로 인건비용의 절감효과를 기대할 수 있다. 임시직 근로자는 고용이 불안하고 임금수준이 낮기 때문에 주인의식이 결여되어 서비스품질 수준과 생산성이 낮을 수밖에 없다. 따라서 단순직무가 아니라면 임시직의 고용은 재고해야 할 것이다.

④ 파견근무제도

일종의 파견근무제도(인력리스)는 외식기업이 전문 인력공급업체로부터 필요한 노동력을 공급받는 형태이다. 이 방법은 외식기업이 용역회사에 노동력 제공의 대가를 지불하고 용역회사로부터 계약기간 동안 노동력을 제공받는다. 물론, 노동자들은 용역회사로부터 임금을 받으며 요청기업에 파견되어 근무한다. 이 때, 인력의 파견은 특정노동자의 파견이 아니라 노동력 제공수단이기 때문에, 외식기업의 요청에 의하여 언제라도 노동자는 교체될 수 있다.

인력리스의 문제점은 노동자들에게 돌아가야 할 인건비의 일부가 용역회사의 이윤과 운영비에 충당됨으로 인하여 외식이업이 지불한 노동의 대가에 비하여 실제로 노동자가 수령한 노동의 대가가, 즉 임금이 적다는 점이다. 그럼에도 불구하고 일부 기업이 인력리스를 선호하는 이유는 노동자들의 노동쟁의 문제를 두려워하거나, 또는 산업재해발생(이 경우 용역회사가 산업재해의 책임이 있음)의 두려움 때문이다.

2) 모집

(1) 내부모집

① 승진

내부승진에 의한 인력수요를 충당하는 방법은 채용비용과 교육비를 절감할 수 있으며, 곧바로 직무에 투입할 수 있는 장점이 있으나 무능력자가 발탁될 가능성도 있다.

② 전직

희망 전직자가 있는 경우, 우선적으로 선발될 수 있다.

③ 재고용

퇴직당시 근무성적이 우수했던 직원의 재고용은 업무적응이 빠르다는 장점이 있으나, 다른 직원들의 불만을 초래할 수 있다.

(2) 외부모집

① 공개채용

인터넷, 신문, 잡지, 라디오, TV 등의 매체를 활용하여 공개적으로 채용계획을 알리어 채용하는 방법이다. 기업이미지 제고향상에 도움이 될 수 있다.

② 교육기관

대학이나 직업교육기관을 통하여 일정한 직업지식을 갖춘 자를 채용하는 방법이다.

③ 취업알선기관

정부기관이나 지방행정기관 또는 각종협회, 인력모집 대행업체 등을 통하여 모집하는 방법이다.

④ 임직원추천

내부임직원이 추천하는 방식으로서, 정실인사가 배제된다면 비용이 적게 들 뿐만 아니라, 추천책임이 있기 때문에 신뢰할 수 있는 인력을 확보할 수 있다.

⑤ 자발적 응모

응모자가 취업희망기업을 방문하거나 우편, 인터넷, 팩스, 전화 등으로 취업가능성을 타진하여 응모하는 방법이다.

3) 채용

(1) 지원서류검토

입사지원서에는 교육적 배경, 경력, 보유기술, 취득자격이나 면허의 종류, 가족상황 등이 나타나 있으며, 이를 토대로 지원자의 객관적인 질을 평가한다. 지원서상에 나타난 정보의 보완자료를 중심으로 신뢰할 수 있는지를 검토하며, 다른 한편으로 지원자가 담당할 직무를 기대수준이상으로 수행할 수 있는지를 평가한다.

(2) 선발시험

채용시험은 직무를 수행할 수 있는 지식이나 기술을 갖추고 있는지 평가한다. 최근에는 이러한 지식이나 기술보다는 판단력과 적성 및 인성, 심리, 성격, 취미, 성취도 등이 중요한 선발기준의 척도가 되고 있다.

(3) 면접

면접은 필기시험으로 측정할 수 없는 지원자의 태도, 용모, 표정, 외모 등 언행을 평가하기 위한 방법이며, 경영자나 인사담당자의 육감과 지극히 주관적인 판단력으로 평가한다. 다른 한편으로 면접을 통하여 근로조건을 협의하기도 한다.

면접의 기법에는 ① 지원자를 상대적으로 비교하기에 용이한 집단면접, ② 다수의 평가자가 한 명의 지원자를 면접하는 방식, ③ 지원자가 여러 번에 걸쳐 면접하도록 하는 방식, ④ 평가자와 지원자가 일대일로 면접하는 방법 등 다양한 면접방식이 있다.

그 외에도 지원자의 약점이나 불편한 점이 노출되는 스트레스에 대한 반응을 평가하는 스트레스 면접, 다수의 지원자들과 함께 술을 마시도록 하기, 노래방에서 유쾌하게 놀도록 하기, 숙박을 하면서 장시간 평가하기, 과제를 제시하고 문제해결을 위한 접근방법을 제시하도록 하기 등을 통하여 다양한 방법으로 평가한다.

이러한 다양한 면접방식에도 불구하고 해당직무에 가장 적합한 지원자를 선발한다는 것은 그리 쉬운 일이 아니다. 따라서 이러한 단점을 극복하기 위한 하나의 방법으로 일정기간 근무하도록 하여 상호간에 적절한지의 여부를 판단하고 평가하도록 하는 인턴쉽 제도가 널리 활용되고 있다.

(4) 경력조사

경력조사는 신원조회라고도 하는데, 지원서상에 나타난 경력과 내용이 사실과 차이가 있는지를 조회하는 작업의 일환이다. 이러한 과정의 일환으로 경력과 인성을 해당기관이나 기업에 직접 확인하기도 한다.

또한 관공서에 범법전력이 있는지 조회하고 활동성이나 성격 또는 대인 관계를 조회하기도 한다.

(5) 신체검사

신체검사는 해당직무를 수행하기에 신체적으로 건강하고 정신적으로 적합한지, 일반적으로 금지약물에 중독된 자는 아닌지, 또는 질병은 없는지 등의 여부를 평가하는 단계로 채용의 막바지 과정이다.

(6) 채용결정

채용의 결정은 선발과정마다 단계적으로 지원자 수를 줄여 나가는 방법과 모든 지원자를 끝까지 평가하여 종합적으로 평가하는 방법이 있다. 전자는 비용과 시간을 절감할 수 있으며, 후자는 유능한 인재를 확보할 수 있다.

(7) 신입사원교육

일단 채용이 결정되면 일정기간 동안 연수라는 명목으로 교육을 실시한다. 주된 교육의 내용은 해당기업의 윤리와 문화, 직무교육 등을 실시한다. 소정의 교육과정이 끝나면 해당직무에 배치되어 근무를 시작한다.

표 직원의 채용과정에서 흔히 범할 수 있는 실수

- 업무가 요구하는 능력을 갖추지 못한 사람을 채용한다.
- 능력을 고려하기보다는 친한 사람을 선택한다.
- 필요이상의 고학력자를 채용한다.
- 능력과 적성을 고려하기보다는 아는 사람의 소개로 채용한다.
- 학력은 높으나 적성이 맞지 않거나 능력이 부족한 사람을 채용한다.
- 외모만을 보고 채용한다.
- 구체적으로 능력을 검증하지 않고 채용한다.
- 화려한 말솜씨만을 보고 채용한다.

4) 재교육

지식, 태도, 능력에 직접적인 자극을 가하여 능력, 태도, 노력을 향상시키는 제반활동을 교육훈련이라고 한다. 교육은 사회적, 경제적으로 그 효과가 이미 다방면으로 입증되었다. 교육훈련은 구체적인 목적에 따라 그 프로그램 내용이 달라질 수 있으나 본질적으로 지식, 기술, 기능과 같은 능력개발과 직업의식, 책임의식과 같은 의욕개발을 중심으로 이루어지고 있다.

교육훈련방법은 현장교육(OJT; on th job training), 자기개발(self-development)교육, 외부전문가에 의한 교육(Off JT; off th job training) 등으로 구분된다. 현장교육은 작업현장에서 집단구성원들에 의하여 교육을 받는 형태를 띠며, 자기개발은 자기 스스로 교육과 훈련계획을 세우고 실천하는 방법이며, 외부전문가에 의한 교육은 해당직무에 대한 지식이나 기술을 가진 외부전문가가 교육을 주도한다.

4. 인사고과

1) 인사고과의 개념

직무평가(job evaluation)는 조직목적 달성을 위한 각 직무의 상대적 가치를 평가하는 것이다. 반면에 학자에 따라 직무수행평가, 성과평가, 인사평정 등의 용어로 불리는 인사고과(performance appraisal)는 직원의 능력・근무성적・자격・습관・태도의 상대적 가치를 외식기업에 대한 유용성 관점에서 평가하는 것이다.

2) 인사고과의 목적

인사고과의 근본적인 목적은 기업목적 달성을 위한 인적 자원의 효율성을 극대화하고자 하는 데 있다. 나아가 인사고과결과를 검토해 보면 해당직무 수행에 적합한 직무수행자의 조건에 대한 정보를 분석해 낼 수 있다.

또한 인사고과는 직무가 요구하는 수행자의 능력과 태도의 수준과 현재 수행자의 능력과 태도의 수준차이를 인식함으로써 전직, 직무이동, 교육훈련의 필요성 평가에 관한 자료로 활용할 수 있다. 다른 한편으로 인사고과는 인력자원의 승진이나 방출 또는 보상의 기초자료로 활용될 수 있다.

3) 인사고과의 평가방법

① 도시척도법

도시척도법은 평가자가 피평가자를 평가요소마다 제시된 척도로 평가를 표시하도록 하는 방법이다. 여러 항목에 걸쳐 평가하고 종합적으로 결과를 분석한다. 각 항목마다 평가요소를 간략하게 기술하고, 각 단계별로 척도를 설명하여 평가자와 분석자의 이해를 일치시킨다.

업무목적 달성여부 :

1	2	3	4	5	6	7
전혀 아니다	----	----	보통이다	----	----	매우 그렇다

② 중요사건법

직무수행과정의 중요사건들을 기록해 두었다가 평가기간 동안 발생한 피평가자와 관련된 내용들을 평가자가 피평가자의 평가에 활용하는 방법이다. 그러나 어떤 사건이 중요한지 판단하기가 난해하다. 또한 장기간 기록을 하고 유지하기도 그리 쉬운 일은 아니다.

③ 서열법

평가항목에 대하여 피평가자들을 서로 비교하여 순위로 평가하는 방법이다.

7) 피평가자를 평가하는 항목이 가장 우수하다고 생각하는 순서로 순위를 써 주세요.

평가항목 \ 피평가자	A	B	C	D	E	F	G
출퇴근관리를 잘한다	1	2	3	4	5	6	7
동료와 의사소통을 잘한다.	5	1	4	6	2	3	7
고객에 대한 서비스가 좋다							
근무태도가 능동적이다							
평소 동료를 잘 배려한다							
합 계							
종합순위							

④ 강제선택법

강제선택법은 도시척도법에서 나타나는 관대화 경향과 중심화 경향을 완화하고 정규분포를 강요하는 평가방법이다. 이 방법은 각 항목마다 3~5개의 기술을 제시하고 피평가자에 해당하는 기술에 체크표시 하도록 한다. 이 때, 기술마다 점수 또는 가중치를 부여할 수도 있다.

다음 중 피평가자에 해당되는 기술부분에 (V) 표시 하시오. (복수선택 가능)

( ) 업무처리를 종합적이며 기업입장에서 처리한다.
( ) 업무의 우선순위를 잘 파악하고 있다.
( ) 업무를 치밀하게 잘 관리하고 있다.
( ) 가장 다급한 업무가 무엇인지 잘 파악하고 있지 못한다.
( ) 자기중심적으로 업무를 처리한다.

⑤ 대조법

대조법은 성과나 특성에 대한 질문에 O 또는 X 로 피평가자를 평가하는 방법이다. 문항마다 가중치를 둘 수 있다. 직무가 다르면 문항이 다르므로 평가지 설계에 많은 노력과 시간이 소요된다.

	그렇다	아니다
주변을 깨끗이 정리정돈한다.		
주방장의 요구에 순응한다.		
평소에 조리도구를 잘 손질해 놓는다.		
출·퇴근 시간을 잘 지킨다.		

⑥ 자유서술법

자유서술법은 평가자가 피평가자의 성과나 행동특성, 능력, 인성에 등에 대하여 자유로이 서술하는 방법이다. 평가자의 서술방법에 따라 평가내용이 영향을 받을 수 있다.

(자유서술법의 예시)
최근 6개월 동안 피평가자의 직무수행 과정과 결과에 대하여 자세히 기술하시오.

1. 출·퇴근, 근무, 휴가 등 근태관리는 어떠하였습니까?

2. 업무수행정도는 어떠했습니까?

3. 다른 동료와의 관계는 어떠했습니까?

4. 개인적 특성, 즉 인성이나 성격은 어떻습니까?

5. 자기개발을 위한 노력의 정도는 어떠했습니까?

.
.
.

⑦ 다면평가

다면평가란 하나의 피평가자를 대상으로 다수의 동료, 상사, 부하직원들이 업무수행능력, 업무수행실적, 업무수행의 태도, 개인적인 성격과 인성 등을 평가하는 방법이다.

5. 인적 자원의 보상

1) 인적 자원의 보상개념

인적 자원의 보상이란 외식기업에 기여한 노동가치에 대한 반대급부 형식으로 기업이 종업원에게 다양한 형태로 제공하는 것들을 의미한다. 실제로 보상은 기업의 미래변화에 따라 달라질 개인의 희망과 비전, 동기부여, 근무환경의 만족 정도 등에 지대한 영향을 미치는 요인으로 작용하고 있다. 따라서 많은 기업들은 다양한 형태의 보상수단을 적용함으로써 어떠한 수단이 가장 효과적인 동시에 경제적인 보상의 기법인지 관심이 없을 수 없다.

보상의 결과에 만족하는 종업원은 높은 근무성과를 보일 것이다. 그러나 자신에 대한 보상이 상대적으로 불리하다고 판단하면 불만족할 것이며, 이 때는 사기가 저하되어 근무성과가 낮게 나타나며 심하면 결근이나 퇴직 또는 이직으로 나타날 수도 있다. 따라서 종업원들에게 보상의 정도를 결정할 때는 공평하고 정당하게 적용하여야 하며, 부조화를 극소화시킬수 있는 방법을 모색해야 할 것이다.

표 인적 자원 보상의 방법

경제적 보상	임금이나 수당의 인상	:직접 금품을 지급
	복지 향상	:간접혜택제공
사회적 · 심리적 보상	승진 또는 승급	:심리적 보상
	표창, 포상	:사회적 보상

2) 임금

(1) 임금의 개념

임금(wage)은 급여(salary)나 봉급과 같이 '기업이 노동자에게 노동의 대가로 지급하는 화폐적 가치'를 의미하며, 이 때 개별 노동자가 기업의 목적 달성에 기여한 정도를 평가하여 차등적으로 지급한다.

우리나라의 근로기준법에 임금이란 "사용자가 노동자에게 노동의 대가로 임금, 봉급, 기타 어떠한 명칭으로든지 지급하는 일체의 금품"이라고 정의하고 있다. 이와 같이 임금이란 정기적으로 지급되는 통상의 임금과 상여금, 각종 보너스와 같이 부정기적으로 지급되는 모든 형태의 금품이 포함된다.

(2) 임금의 중요성

근로자에게 임금은 매우 중요하다. 생계의 수단인 동시에 사회적 신분을 결정하는 요소가 되며, 또한 사회적, 심리적 욕구충족수단이며, 자질향상을 위한 동기부여로 작용하는 금전적 보상이다.

그러나 사용자에게 임금은 크나큰 비용이며, 생산원가의 주요 요소이다. 임금의 인상은 제품가격에 반영되므로 상품가격인상의 원인이 되며, 직원의 생산성과 능률을 향상시키는 동기부여 수단으로 활용되기도 한다.

(3) 임금수준의 결정요인

임금수준이란 국가, 산업, 기업, 직무군 등 특정집단의 평균임금의 정도를 의미한다. 임금수준은 기업의 지불능력, 생계비, 사회환경적 요인에 영향을 받아 결정된다.

표 임금수준결정의 영향요인

구 분	A. Sikula	E. Filppo
기업의 지불능력	► 지불능력 ► 생산성	► 기업의 지불능력 ► 기업의 생산성
생계비	► 생계비 ► 생계임금	► 생계비
사회적 균형	► 우세임금 ► 수요공급의 노동시장요인 ► 노동조합의 단체교섭능력 ► 직무의 난이도	► 종업원 기능의 수요공급 ► 정부 ► 노동조합

자료 : 최종태(2001), 현대인사관리론, 박영사, p.197.

① 기업의 지불능력

기업의 지불능력은 생산성에 영향을 받는다. 그러나 실제로 생산성은 1인당 매출액으로 산출하는 매출액 노동생산성, 노동자 수 증가 없이 증가하는 1인당 생산의 증가로 산출하는 물적 노동생산성, 1인당 부가가치(매출액-제조원가)로 산출하는 노동생산성 등 다양한 방법으로 계산한다.

부가가치 노동생산성에 의한 공정한 임금수준은 '(매출액-제조원가)*노동분배율'로 계산하며, 노동분배율은 부가가치에 대한 인건비율을 의미한다. 이 때, 자본집약적 산업은 노동 분배율이 낮고, 외식사업과 같은 노동집약적 산업은 노동분배율이 높게 나타난다.

② 생계비

생계비는 식료품비, 의복비, 주거비 등 실제로 생계를 꾸려나가는 데 소요되는 비용을 합산하여 산출한다. 생계비의 산정은 40~50대에는 자녀의 교육비가 많이 소요되는 시기 등 라이프 사이클을 고려하여야 한다.

임금은 본질적으로 기업과 노동자 간에 합의에 의하여 결정해야 함에도 불구하고, 국민의 최소한의 삶의 질을 보장하기 위하여 최저임금수준을 법으로 정하고 있다.

최저임금의 보장

① 사용자는 근로자들에게 최저임금액 이상의 임금을 지급하여야 한다.
② 2015년도 최저임금은 시간급이 5,580원이며, 일급(8시간 기준)은 44,640원이다.
③ 18세미만 근로자는 일반근로자 시간급 최저임금액의 90%를 적용하며, 동일한 업소에서 6월을 경과하여 근무한 경우에는 일반근로자와 동일한 기준이 적용된다.
④ 사용자는 근로자들에게 최저임금액 이상의 임금을 지급해야 하며, 최저임금액을 이유로 종전의 임금수준을 낮춰서는 안 된다. 최저임금액에 미달하는 임금을 정한 근로계약은 그 부분에 한해 무효가 되고, 최저임금액과 동일한 임금을 지급하기로 한 것으로 간주한다.
⑤ 국가가 근로자들의 생활안정을 위해 임금의 최저수준을 정하고 사용자에게 그 수준 이상의 임금을 지급하도록 법으로 강제하는 제도. 적용대상은 1인 이상 근로자를 사용하는 모든 사업 또는 사업장이다.
⑥ 근로자가 지급받는 임금이 최저임금액 이하로 결정돼 지급받는 경우에는 사업장 관할 지방노동관서 근로감독과에 신고해 권리구제를 요청할 수 있다.

3) 보상체계

기업이 근로자에게 지급하는 노동의 대가로 지급하는 직접적인 보상은 임금과 수당으로 구분된다. 임금은 노동계약서에 명시된 정상적인 노동의 대가이며, 수당은 정규노동 이외의 노동력 대가의 보상으로 제공하거나, 혹은 기업이 자발적으로 노동자 개인의 사생활을 보호하기 위한 수단으로 지급하는 직접보상의 한 형태이다.

(1) 기준임금의 체계

임금은 기준임금과 기준 외 임금으로 구성된다. 기준임금은 호봉에 따라 달리하는 임금으로 보통 기본급이라고 한다. 기준 외 임금은 기본급 이외의 각종 제수당이나 정기보너스가 이에 해당된다. 보통 임금체계라 하면 기준임금을 말하여, 기준임금의 기준방법은 연공급, 직무급, 직능급, 성과급 등으로 설명할 수 있다.

① 연공급

연공급은 나이, 학력, 경력, 성별, 근속연수, 자격조건에 따라 주어지며,

정기적인 급여승급기회가 있다. 연공급은 동양의 유교사상에 입각한 전통에 바탕을 두고 있으며, 성과나 능력과 관련성이 약하므로 동기부여에 비현실적이라는 지적이 있다.

그러나 과당경쟁을 예방하여 팀웍을 유지할 수 있고, 나이가 들수록 호봉이 상승하므로 라이프 사이클에 따른 생계비 상승에 대비하고, 기업 내 전환배치에 탄력적이며, 안정적인 고용을 유지할 수 있는 장점이 있다.

② 직무급

동일노동 동일임금의 이론적 토대하에 각각의 직무에 대한 상대적 가치평가를 토대로 임금을 결정하는 방법으로 연령, 근속연수, 학력 등은 고려하지 않는다. 합리주의적 사고가 지배하는 서구에서 널리 적용하는 방법으로 노동의 자유로운 이동에 의해 임금과 공헌 사이의 균형을 유지한다.

③ 직능급

직능급은 연공급의 단점을 극복하기 위한 사고에서 출발한 방법으로 개별 직원의 업무수행능력을 평가하여 그 등급에 따라 임금을 결정하는 방법이다. 즉, 직무가 동일직종이라 할지라도 숙련정도 또는 직능자격등급에 따라 임금수준의 등급을 달리하는 임금체계를 말한다.

④ 성과급

연공급, 직무급, 직능급은 성과가 다르더라도 일정한 임금을 지급하는 고정급인데 반해, 성과급은 직무수행의 성과가 높고 낮음에 따라 임금이 변동하는 변동급여를 적용한다. 이러한 성과급은 개인적인 성과정도를 개별적으로 적용하는 개인성과급과 집단의 성과를 집단에게 적용하는 집단성과급이 있다.

(2) 수당의 체계

수당은 임금과는 달리 임금의 공정성과 안정성, 그리고 임금관리의 유연성을 제고하기 위한 방법으로 지급된다. 앞서 언급한 임금의 체계가 모든 근로자가 만족하는 수단이 되지 못하기 때문에 이를 보완하는 차원에서 실시하기도 한다.

예를 들어, 연공급체계에서 직무수당을 제공하고, 직무급체계에서 정근수당이나 가족 수당을 지급하는 것이 그들의 단점이나 문제점을 보완하는 한 방법이다. 또한 수당은 과대한 임금인상을 억제하면서도 일정 수준의 임금을 인상한다는 효과를 발휘하는 수단이 되기도 한다.

수당은 기준 내 수당과 기준 외 수당으로 구분되며, 대부분의 기준 내 수당은 법적인 구속력이 없는 임의수당으로 직무수당, 장려수당, 생활보조수당 등이 있다. 그러나 기준 외 수당은 반드시 지급해야 하는 법적인 구속력이 있는 수당으로 초과근무수당, 특별수당, 각종 유급휴가수당 등이 이에 해당된다.

표 수당의 구분

구분		사례
기준 내 수당 (임의수당)	직무수당	직책수당, 자격수당, 기능수당, 특수작업수당 등
	장려수당	개근수당, 정근수당, 생산수당, 모범수당 등
	생활보조수당	가족수당, 물가수당, 주택수당, 지역수당, 통근수당, 의복수당, 의료수당 등
기준 외 수당 (법적인수당)	초과근무수당	시간 외 근무수당, 휴일근무수당, 심야근무수당 등
	특별근무수당	숙직수당, 당직근무수당, 변칙(비상호출)근무수당 등
	유급휴가수당	유급휴가수당, 유급휴일수당, 휴업수당 등

자료: 최종태(2001), 현대인사관리론, 박영사, p. 248.

4) 복지후생

복지후생(복리후생)이란 일종의 간접보상으로 기업이 생산성의 향상, 노사관계의 안정, 노동력의 정착과 노동력의 유지향상에 기여할 것으로 기대하면서 퇴직직원이나 현직직원 또는 직원의 가족 등에게 임금과 수당 등 직접보상 이외의 부가적인 경제적 또는 비경제적인 형태로 제공하는 일련의 서비스이다.

임금이나 수당과 같은 직접보상은 성과에 입각하는 반면에 복리후생과 같은 간접보상은 근로조건과 무관하며, 직원의 편익을 제공하기 위한 방법으로 기업이 추가적으로 지급하는 보상이다. 복리후생은 국가가 법률로 강제하는 법정복리후생이 있는가 하면 비법률적 복리후생이 있다.

법률적 복리후생은 퇴직금적립과 4대보험(의료, 연금, 산재, 고용)의 보험료를 지원하는 것이 해당한다. 비법률적 복리후생은 노사협약이나, 또는 자발적으로 기업이 직원들에게 제공하는 각종 편의로서, 경제적 · 생활 · 보건 · 위생 · 문화 · 체육 · 오락 등의 편의가 이에 속한다.

표 복리후생의 종류

구분		사 례
법정 복리 후생	4대보험 보험료 지원	의료보험 - 10인 이상의 근로사업장, 보험료의 50%를 기업이 지원 연금보험 - 5인 이상의 사업장에 해당, 보험료의 2/3를 기업이 지원 산재보험 - 5인 이상 근로사업장, 보험료의 전액을 기업이 지원 고용보험 - 70인 이상은 전액, 30인 이상은 보험료의 50%를 기업이 지원
	법정퇴직금 적립	연간 30일분의 법적 퇴직금 적립
비법률적 복리 후생	단체협약 또는 자발적 복리후생	생활편의 - 사택, 기숙사, 전세, 식사 및 식료품 제공, 생활상담 등 경제편의 - 공제제도, 구매제도, 금융제도, 시설이용 등 보건위생편의 - 진료시설, 보양시설, 보건시설이용 문화체육편의 - 교육, 문화, 체육, 오락, 취미활동

6. 노사관계와 경영참여제도

1) 노사관계

노사관계는 전통적으로 노동자와 자본가 간의 관계, 또는 노동조합과 경영자 간의 관계로 이야기할 수 있다. 역사적으로 노동자와 자본가 사이의 관계는 피고용자와 고용자의 관계에서 시작되었다. 그 후, 경제가 발전하면서 자본과 경영이 분리되면서 기존의 노사관계는 노동자와 경영자 간의 관계로 발전되었다.

노사관계의 갈등은 근로조건과 임금수준의 결정 등 고용조건의 협의 과정에서 서로 다른 입장을 견지해 왔다. 노동자를 대표하는 노동조합의 출현으로 노사관계는 노동조합과 경영자 간의 관계로 발전되어 왔다. 노동조합이 관심을 갖는 임금은 생활의 수단이지만 사용자측의 입장에서 임금은 비용 또는 생산원가라는 이중적 속성을 지니고 있다.

2) 노동조합

우리나라의 노동조합은 1953년 법적으로 인정됨에 따라 합법성이 보장되었다.

(1) 가입조건에 따른 분류

① 직업별 조합

동일직장 내 동일 직업직종에 종사하는 근로자가 가입자격이 있기 때문에 한 직장 내에 여러 개의 노동조합이 결성될 수 있다. 예를 들어, 호텔의 조리사 노동조합, 식음료서비스 노동조합, 시설관련 노동조합 등이 있을 수 있다.

② 산업별 조합

동일산업에 종사하는 근로자들이 그들의 직종과 관계없이 가입하여 결성하는 방식이다. 예를 들어, 관광산업 노동조합으로, 호텔, 여행사, 콘도미니엄에 근무하는 누구든지 조합원이 될 수 있다.

③ 지역노동조합

일종의 지역노동조합으로 중소기업의 노동자가 개별 기업의 수적 열세를 만회하기 위하여 일정지역 내의 모든 노동자를 가입시키는 방법으로 결성되었다.

④ 사업장별 노동조합

직종에 관계없이 동일직장 내의 모든 노동자가 가입자격이 있는 노동조합이다.

(2) 가입방식에 따른 분류

가입방식의 형태는 노동조합과 경영자 간의 노사협의에 의해서 체결된다.

① 클로즈드 샵(closed shop)

조합에 가입한 자에 한하여 고용이 허락되는 형태로, 노동조합 가입자체가 채용을 위한 조건이 되므로 우리나라에서는 채택하지 않고 있다.

② 오픈 샵(open shop)

노동조합 가입여부와 관계없이 채용이 이루어지며, 채용 후 노동조합 가입 또한 노동자의 자유의사에 따른다. 가장 개방적인 형태이다.

③ 유니언 샵(union shop)

노동자의 채용조건이 반드시 노동조합에 가입하여야 한다는 것은 아니지만, 채용된 자는 의무적으로 노동조합에 가입하여야 하는 형태이다.

표	단위노동조합의 유형과 특성

조합특성	직종별 노동조합	산업별 노동조합	기업별 노동조합	일반노동조합
환경	초기공업 산업자본 숙련공 직업독점 도제제도 전성	기계생산 직종의 분업 작업분업화	사용자주도 노사관계 독점공공사업체	직종별과 산업별의 중간
조직형태	1직업 1조합 횡단적	1산업 1조합 횡단적	1기업 1조합 종단적	지역별 1조합 횡단적
조합원	숙련공	반숙련공 미숙련공	기업	미숙련공
조직성격	완전폐쇄형	개방적	폐쇄적	완전개방적
조직관리	공제활동 중앙집권화	조합민주주의	복지활동 조합민주주의	중앙집권적 관료주의
노동시장 통제방법	직업독점 도제제도	단체교섭 파업 경영참가	노사협의 단체교섭	입법규제 단체교섭 파업

자료 : 최종태(2001), 현대인사관리론, 박영사, p. 301.

(3) 노동조합의 활동

① 노동 3권

노동조합의 3대권리를 노동 3권이라 하여 단결권, 단체교섭권, 단체행동권을 헌법에 보장하고 있다. 다만, 단체행동권의 경우에는 법률에 의해 이를 제한할 수 있다. 단결권은 노동자의 단체를 결성할 수 있는 권리를 말한다.

② 단체교섭

단체교섭이란 노동조합이 노동조합원을 대표하여 사용자와 노동조건과 기타 사항에 대하여 단체협약을 체결하는 것을 말한다. 일반적으로 단체교섭은 당사자간의 이해가 첨예하게 대립하기 마련이다. 그러나 대화를 통하여 합의에 이르고자 하는 자세, 정당한 법위 이내에서 합의하고자 하는 자세, 과정과 결과에 대하여 책임지려는 자세와 노력이 필요하다.

③ 노동쟁의와 쟁의행위

사용자와 노동자 간의 이견은 단체교섭을 통하여 해결하는 것이 가장 이상적이다. 이러한 단체교섭에도 불구하고 의견일치가 이루어지지 않은 상태를 노동쟁의라고 한다. 노동쟁의를 관철시키기 위한 실력행사를 쟁의행위라고 한다. 쟁의행위에는 파업, 태업, 불매운동, 피케팅, 준법투쟁 등 단체행동이 있으며, 노동쟁의가 발생하면 노동조합은 쟁의행위를 합법적으로 할 수 있다.

3) 노사협의회

노동조합이 없는 기업에서 노동조합을 대신하여 활동하는 제도이다. 노동조합을 대신하는 노사협의회는 노동조합과 달리 노동 3권 중에서 단체행동권이 보장되지 않는다. 근로자 중에서 대의원을 선출하고, 대의원 중에서 노사협의회 회장을 선출하여, 노사협의회장이 노동자의 대표로서 사용자측과 노사협의를 할 수 있다. 삼성그룹의 계열사에서 주로 시행하고 있다.

4) 경영참여제도

경영참가제도란 노동자가 경영상의 제반문제를 노동자의 입장에서 발언할 수 있는 제도를 말한다.

(1) 종업원지주제

종업원에게 유상 또는 무상으로 주식을 배분하여 종업원을 출자자로서 주주의 지위를 갖게 하는 제도이다.

(2) 이익참가제도

기업의 목표생산성, 또는 목표이익을 초과달성하였을 때 정상적임 임금 이외의 형태로 이익의 일부를 종업원들에게 나누어 주는 제도이다. Outback Steak House와 불고기브라더스의 대표적인 경영전략이다.

(3) 이사회 참가제도

독일에서 시행하는 제도로 경영진의 이사회에 노동조합의 대표가 이사로 참석하여 실제로 경영정책결정에 영향력을 행사할 수 있도록 하는 제도를 말한다.

민들레영토 "나의 경쟁상대는 카이스트"

한 달에 3만 개씩 문을 닫는다는 외식업계에서 마술처럼 고객을 끌어들이며 승승장구하는 토종업체 '민들레영토(민토)'. 경쟁상대는 스타벅스가 아니라 '카이스트'라는 지승룡 민토 사장이 지난 14일 '매경 창조포럼'에서 경영비결을 털어놨다. 기업이든 외식업체든 가장 큰 숙제는 '어떻게 고객을 붙잡을 것인가'다. 끊임없는 역발상과 고객 마음을 붙잡는 데 1㎜ 오차도 두지 않는 섬세한 서비스로 세계 외식업계를 스타벅스와 양분하겠다는 목사출신 지승룡 사장의 창조경영현장을 들여다본다.

◆ 어머니 품속을 느끼게 하라

= 고객들이 우리 가게에서 '어머니의 따뜻한 품'을 느낀다면 얼마나 좋을까. 어머니의 다정한 목소리를 느끼게 하는 방법은 없을까. 어머니를 생각하면 눈물을 흘리는 한국정서를 원용해 '어머니'를 민토경영의 핵심개념으로 도입했다.

아기에게 젖을 물릴 때 "아가야 많이 먹으렴" 하는 어머니 음성은 모두의 가슴에 잔잔하게 각인돼 있습니다. 그래서 '드시고 더 드세요'라는 멘트를 통해 어머니의 마음을 느끼게 합니다. 사람들은 보통 30분쯤 대화를 하면 물을 마시고 싶어한다. 카페라면 또 시켜야 한다. 커피는 리필하지만 많이 먹으면 몸에 좋지 않다. 다른 걸 시키면 돈이 나간다. 이런 생각에 민토는 5000원만 내면 여러 음료를 고객이 맘껏 마실 수 있게 하고 있다. 음료뿐만 아니라, 라면, 빵, 과자 등도 내놓는다. 손님들 배고프게는 하지 말아야겠다는 생각에서다. 철저히 아이를 배려하는 어머니 마음이다. 민토는 상품가격을 결정하는 메커니즘이 완전히 다르다.

통상 재료비, 경상비, 임금, 마진 등을 따져 상품가격을 정하지만, 이곳은 고객이 얻을 수 있는 부가가치 총합을 계산하고 고객이 지불하는 돈보다 10배쯤 더 만족을 느끼고 가도록 하겠다는 데서 출발한다. 5000원 내고 5만 원어치 만족을 준다는 계산이다. 이곳 인사방법은 손님이 오면 '버선발로 뛰어나가서 맞이하자'다. 그러나 버선이 없기 때문에 두 손을 높이 쳐들고 흔들면서 방긋방긋 반갑게 인사한다. "여기가 에버랜드야?"하고 비아냥거리는 사람도 있다. 왜 손을 들고 흔들까. 퇴근하면 어린아이가 "아빠" 하면서 뛰어와 안긴다. 그때 그 기분. "그래 내가 이놈 때문에 사는 거야" 하는 느낌을 해석한 민토판 인사방법이다. 직원들이 근무교대를 할 때도 이곳은 교대식을 한다. "○○시부터 ○○시까지 고객 여러분을 위해 일하기로 명을 받은 아무개입니다. 지금부터 여러분을 위해 최선을 다하겠습니다."

◆ 고객의 불만을 진지하게 들어라.

= 안 되는 가게는 손님이 클레임을 걸면 "손님 왜 이러십니까?"로 시작한다. 손님을 이런 식으로 윽박지르면 그 가게는 끝이다. 손님은 무섭게 떨어져 나간다. 돈은 어디에 있는가. 모든 사람 불만 속에 있다. 창조는 어디에 있는가. 사람들의 불평과 불만을 긍정적으로 생각하는 데 있다. 창조는 곧 돈이다. 민토 라이벌은 스타벅스가 아니라 카이스트다. 카이스트로 대표되는 자연과학에서는 1㎜의 오차도 허용되지 않는다. 고객들이 문화서비스에서 감동을 못받는 이유다. 민토는 문화서비스에서 1㎜ 오차도 줄이는 노력을 하고 있다. 민토에는 입사시험을 준비하는 학생들도 많이 와서 공부한다. 공부하다 고픈 배를 라면으로 때우던 젊은이들이 군대를 마치고, 졸업하고, 취직을 해서는 다시 찾아온다. 마치 군대 가서 엄마의 고마움을 알듯이 세월이 흐른 뒤에 민토의 정을 알고 다시 찾는 것이다.

◆ "직원들과 어깨동무 하세요"

민토는 종업원을 보는 시각도 완전히 다르다. "처음에는 왜 직원들이 나처럼 일하지 않을까 화가 났습니다. 그러나 종업원들과 회식을 하고 접하는 시간이 늘어나면서 이해하게 됐습니다." 지 사장은 젊은이들이 아르바이트를 해서 번 돈으로 휴대폰이나 화장품을 구입하고 게임에 쓰는 줄 알았다고 한다. 그런데 아버지가 지병으로 누워 있는 차에 어머니까지 허리를 다쳐 파출부 일을 못 나가게 됐다든지 해서 대부분 생활비로 쓰고 있다는 사연을 안 것이다. 민토 아르바이트생 중 90%가 그런 학생이다. 나중에는 함께 일하는 그들 형편을 알지 못했다는 자책감까지 느꼈다. 그래서 "좀 웃으면서 들어와라"고 해야 할 걸 "어머니는 좀 좋아지셨니?" 하는 식으로 인사말을 바꿨다. 그들과 어깨동무하고 가기로 한 것이다. "관리를 잘하는 유명 회사 매뉴얼을 보니 모두 약관 투성이고 방어적인 체계였습니다. 이걸 넘어서 슈퍼 매뉴얼을 만들어야겠다고 생각했죠. 고객을 감동시켜 살아남아야 합니다. 망하는 곳은 고객이 감동을 느끼지 못해서 그렇습니다." 지 사장의 된장 냄새 나는 토종경영실험은 지금도 계속되고 있다.

◆ 지승룡 사장은=1956년 서울생. 연세대, 장로회 신학대학원 졸업. 1987년 목사 안수. 1994년 민들레영토 창업. 극단 예꿈 이사장. [전호림 기자] 〈 Copyright ⓒ 매일경제 〉

자료출처 : http://www.mk.co.kr/

Food Service

제 14 장

외식기업의 식자재관리

Foodservice

Chapter

14

1. 식자재 구매관리

1) 구매관리의 개념

수입물품의 원산지 표시제란?

수입물품의 원산지 표시제란 공정한 무역거래질서를 확립하기 위하여 수입물품에 대해 원산지 표시를 보완강화하고 국제적으로 용인된 원산지 적용기준을 마련해 불법수입행위를 근절하기 위하여 1991년 7월 1일부터 시행되고 있는 제도이다.
우리나라의 경우, 대외무역법령에 원산지 판정기준, 원산지 표시대상물품, 위반시의 벌칙, 통관시의 원산지 및 그 표시의 확인과 시중유통과정의 단속 등에 관하여 규정하고 있다.
외식업소에서 판매하는 수입쇠고기는 일정규모 이상의 음식점에 대하여 판매하는 쇠고기가 어느 나라 생산물인지, 그리고 한우인지 젖소인지를 명확하게 표시하도록 하는 것으로 소비자의 혼란을 막고 한우생산 농가의 이익을 보호하자는 취지로 마련된 제도이다.

전국적으로 80만여 개나 되는 외식사업 경쟁자들의 존립을 위한 가격경쟁은 채산성을 악화시켜 생존자체를 위협하고 있다. 실제로 외환위기 이후 국내와 마찬가지로 일본 외식사업현실은 20여 년 동안 각종 물가와 경영비용이 상승했음에도 불구하고 음식가격은 제자리걸음을 하고 있다. 그만큼 식당사업으로 돈 벌었다는 이야기는 호랑이 담배 피우던 시절의 옛날이야기가 되어 버리고 만 것이다.

이처럼 어려운 외식사업경영의 현실적 상황에서 가장 높은 비용을 차지하는 식재료 조달비용의 효과적인 관리가 실패경영을 예방하고 지속적이고 안정적으로 경영할 수 있는 토대를 마련해 주는 첩경이 아닐 수 없다. 업종과 업태에 따라 약간의 차이는 있으나 대체적으로 매출액의 약 40%를 차지하는 식자재 원가율을 어떻게 통제할 것인가가 수익을 확대하려는 경영자의 고민이다. 즉, 식자재구매는 단순한 물품구입에 국한되지 않으며, 경제적 효율성이 바탕이 되어야 한다는 것을 의미하고 있다.

표 식재료 구매시 주의할 점

① 식재료는 판매 및 조리목적에 적합한 품질이어야 한다.
② 저렴한 가격에 지불조건, 반품, 교환, 배달 등의 조건이 합리적이고 유리하여야 한다.
③ 거래처는 어떠한 경우라도 주문한 양의 식재료를 원하는 시기에 납품할 수 있어야 한다.
④ 수입비용, 사무비, 검수비, 시장조사비, 포장비, 반품 및 교환이용 등 부대비용에 대한 계산이 명확하여야 한다.
⑤ 납품업자의 신용이나 납품능력에 대한 사전조사가 필요하다.

식자재 구매관리는 이러한 문제를 해결하기 위한 경영관리의 한 수단이다. 즉, 식자재 구매관리란 '외식기업이 필요로 하는 식자재를 경제적으로 구매하고 관리하는 일련의 경영활동'이다. 또한 식자재 구매관리는 '외식기업이 원하는 시기에 필요한 양의 식자재를 기대하는 품질수준으로 조달하여야 한다는 점에서 식자재의 생산과 유통 및 품질의 측정과 저장에 관련된 부분까지 구매관리의 범주에 포함된다'고 할 수 있다.

구매담당자 또는 구매부서는 동일한 품질이라면 저렴하게, 동일한 가격이라면 더 좋은 품질의 식자재를 조리담당자가 필요로 하는 시간에 조달해야 된다. 적기에 생산된 식재료를 필요로하는 시기에 조달하여 만든 요리상품으로부터 풍기는 독특한 맛과 풍미는 외식이 일반화된 21세기에는 더 이상 미식가들만의 영역은 아니다.

식자재조달의 타이밍은 아무리 강조해도 지나치지 않다. 아무리 좋은 식자재라도 필요한 시간에 조달하지 못하면 의미가 없다는 것이다. 이와 같이 생산과 조달, 그리고 수요 사이에 발생하는 시간적 불균형을 해결하기 위한 방법으로 저장술이 발달하였으며, 저장과 관련된 창고업 또는 창고관리가 중요한 유통수단으로 발전되고 있다.

2) 구매와 구매절차

(1) 경영정책과 전략의 영향

어떠한 식재료를 언제 얼마나 구매할 것인가는 외식업소의 규모와 경영정책에 따라 다르게 나타난다. 또한 이러한 구매의사결정은 마케팅전략이나 재무정책과도 연계된다. 물론, 소규모 영세업체는 소량의 식재료를 수시로 필요에 따라 구매하지만 대규모 외식업체는 전략적인 결정을 해야 한다. 구매의사결정의 전략적 결정이란 소량씩 필요에 따라 시장에서 구매조달할 것인가, 아니면 대량구매하여 창고에 저장하였다가 조금씩 불출하여 사용할 것인가를 경영전략과 연계하여 구매의사결정하는 것을 의미한다.

예를 들어, 훈제 오리고기를 단호박 속에 넣고 오븐에 구워 판매하는 업체가 있다고 하자. 시장에서 단호박 한 개에 가을 성수기에는 500원에 구매할 수 있으나 비수기인 초여름에는 7~8천 원까지 가격이 치솟는다. 그렇다면 비수기에 단호박의 조달은 어떠한 방법으로 해야 할 것인가?

어떠한 경영자라고 할지라도 답은 하나일 것이다. 아예 업종이나 메뉴를 바꾼다면 모르지만, 현상태로 유지하려면 성수기에 단호박을 대량 구매하여 창고에 저장하였다가 사용하는 편이 좋을 것이라고 생각할 것이다. 물론, 단호박의 장기저장에 따른 품질변화문제 해결이 전제된다.

이처럼 식재료 구매의사결정에 영향을 미치는 요인들로 경영정책과 전략, 경쟁상황, 마케팅전략 , 예상되는 수요량, 수요시장의 기대, 메뉴의 종류와 특성, 식재료의 수율, 재고량, 식재료의 생산량에 따른 가격변화, 유통구조 등을 들 수 있다.

표	식재료 구매의사결정에 영향을 미치는 요인	
- 경영정책과 전략 - 경쟁상황 - 마케팅전략 - 유통구조	- 예상되는 수요량 - 수요시장의 기대 - 메뉴의 종류와 특성	- 식재료의 수율 - 재고량 - 식재료의 생산량

(2) 식재료의 구매절차

표 식재료의 구매 및 이동시스템

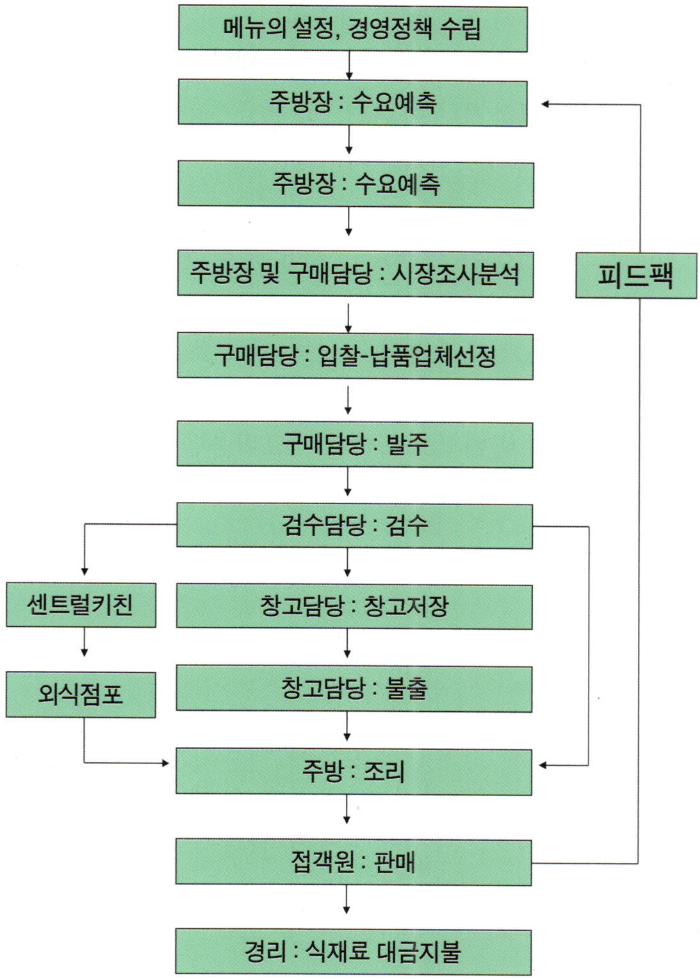

① 식재료구매는 판매 또는 조리목적에 필요한 식품의 수요량 예측과 재고조사결과를 바탕으로 주방장 또는 업주가 구매담당에게 구매요청을 하면서 시작된다.

② 주방장으로부터 특정 식재료에 대하여 구매요청을 받은 구매담당자

는 식재료의 구매시장을 조사하고 분석하여 공개입찰 또는 수의계약으로 가장 유리한 납품예정업체를 선정한다.

③ 구매담당자는 선정된 납품예정업체에 발주하거나 또는 가공시켜 납품하도록 구매요청을 하고,

④ 납품된 식재료는 검수담당자가 구매명세서에 따라 수량과 분량, 그리고 품질이 적합한지 검수한다.

⑤ 일단 검수가 끝난 식재료는 ⓐ 일일 구매 식재료는 조리장으로 보내어져 요리하거나 아니면, ⓑ 저장가능한 식재료는 창고에 저장하며, ⓒ 대규모 체인이나 프랜차이즈 본부는 센트럴 키친에 보내어 가공한다.

⑥ 창고에 저장된 식재료는 필요에 따라 주방장의 불출요청서에 의거 불출된다.

⑦ 조리사는 검수과정이 끝난 식재료 또는 창고에서 불출받은 식재료, 센트럴키친으로부터 제공받은 식재료를 조리하여 접객원을 통하여 고객에게 판매함으로써 식재료비용을 회수한다.

⑧ 지속적으로 문제점을 보완하기 위하여 피드백한다.

3) 수요예측

(1) 수요예측

수요예측이란 기업이 생산하는 제품이나 서비스에 대한 시장의 잠재수요량을 예측하는 것이다. 여기서 시장의 잠재수요량은 전체 산업에 관한 것을 말하며, 특정시장에서 일정기간동안 판매가 실현될 것으로 예상되는 총 매출액을 나타낸다. 그러나 단일기업의 잠재수요량은 시장점유율에 의한 예상되는 매출액을 의미한다.

표 식재료 수요예측 영향 요인

- 각국 식자재 생산량 - 경기동향 - 경쟁상황 - 국제경제동향 - 유행	- 기온변화 - 법률적인 영향 - 소비행태변화 - 수출입현황	- 식자재의 병충해 - 신제품의 출현 - 외환상태 - 운송수단의 변화	- 인구동향 - 저장수단변화 - 정치환경 - 천재지변 - 통신수단변화

수요예측을 바탕으로 경영자는 경영정책을 수립하기 때문에 정확한 예측이 요구된다. 수요를 예측하는 방법에는 다양한 기법들이 있으며, 그 중에 하나가 분해법과 구축법, 그리고 추세법이 있다.

① 분해법

분해법은 하향식 접근법이라고도 하며, 전체를 시장을 예측한 후에 산업별 수요시장을 예측하고, 이어서 이를 바탕으로 개별기업의 수요를 예측하는 방법이다.

② 구축법

구축법은 집결식 접근법 또는 상향식 접근법이라고 하며, 하위단위조직의 예상수요량을 집계하여 전체시장을 예측하는 방법이다.

③ 추세분석법

추세분석법은 경향분석법이라고도 하며, 수요의 변화추이를 추정하여 수요를 예측하는 기법이다.

④ 최대최소량 예측법

오차를 고려한 수요예측기법으로 수요를 예측할 때 최대량과 최소량의 오차범위를 두어 예측하는 기법이다.

(2) 주관적 수요예측기법

주관적(질적) 예측방법
소비시장조사법 델파이기법 위원회 합의법 판매원의견 조사법 라이프 사이클 유추법 자료유추법

(3) 객관적 수요예측기법

객관적(양적) 예측방법
시계열 분석법 - 최소자승법, 이동평균(단순, 가중), 지수평활법 인과형 분석법

(4) 수요변동의 행태

수요예측모델을 선택할 때 다음과 같은 사항을 유의하여야 한다.

첫째, 수요예측 모델을 개발하기 위한 자료수집, 분석, 시험 등의 개발비용이 효율적이어야 한다.

둘째, 수요예측이 정확하여야 한다.

셋째, 인용하는 자료가 정확하여야 한다.

넷째, 예측하고자 하는 기간이 적절하여야 한다.

다섯째, 소비자의 행태를 고려하여야 한다.

수요변동은 산업이나 사용되는 재료의 종류에 따라 다양하게 나타난다. 특히, 외식업체에서 사용하는 실재료의 수요변동의 양상은 그림과 같이 ① 고정적 수요형, ② 시간비례형 수요형, ③ 계절형 수요형, ④ 순환형 수요형으로 나타난다.

표 수요변동의 양상

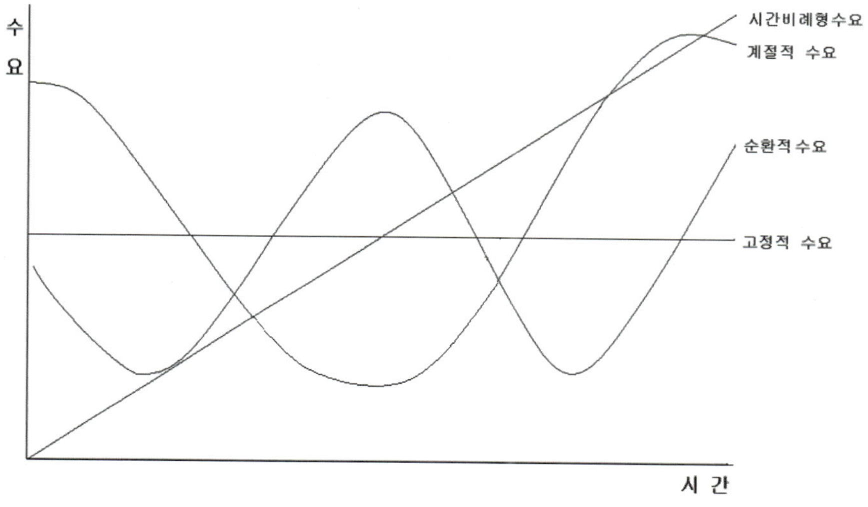

2. 식자재발주

1) 발주의 유형

(1) 발주량 결정

발주량의 결정은 현재의 재고량, 창고의 저장 용량, 평균물품 소요량, 재고손실률 등의 재고수준을 파악하는 데서 시작된다. 또한 임대료, 보험료, 보수 및 설치비, 가공비, 금융비용, 인건비 등 창고유지 및 관리비용이 비용효율적인지 검토되어야 한다. 아울러 구매저장 하고자 하는 식자재의 미래시장 가격변동을 예측하고, 경기상황, 물가지수 등을 예측하여 고려하여야 한다.

상품의 조달비용 = 구매사무비용+상품비용+금융비용+창고비용

만약, 대량으로 구매하기 때문에 큰 폭의 할인율이 적용되어 유리한 가격조건에 공급한다면 대량구매를 고려해 볼 만하다. 이 때, 유의해야 할 점은 식품의 유통기간이나 품질저하문제, 구매비용과 창고비용 등의 비용문제를 종합적으로 검토하여야 할 것이다. 또한 성수기와 비수기의 식품생산량에 따른 가격편차도 동시에 고려되어야 한다.

표 경제적 발주량(EOQ)

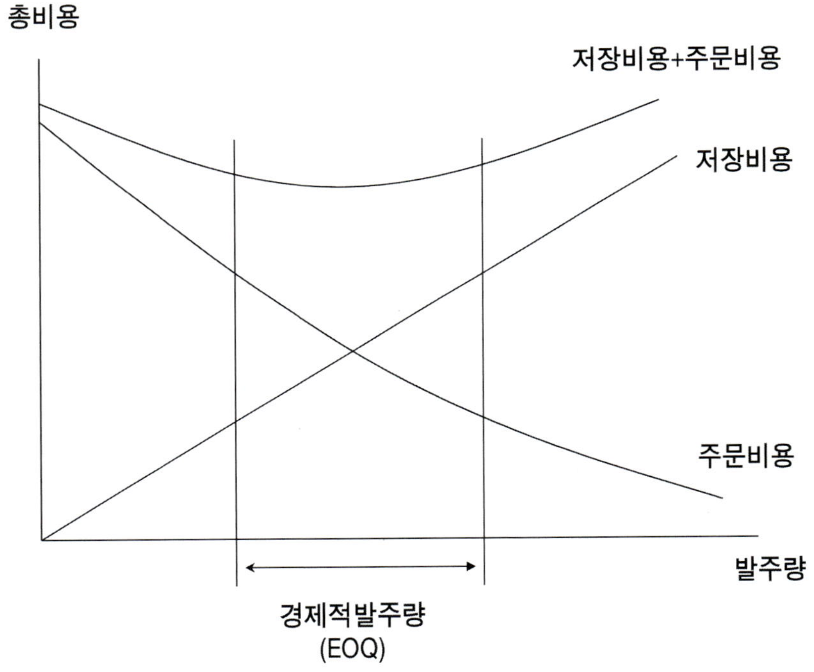

따라서 '어느 정도의 기간을 주기로 얼마만큼의 식재료를 주문해야 하는가' 하는 문제가 대두된다. 실제로 상품을 조달하는 데 소요되는 비용은 직접 상품의 가격으로 지불한 비용, 물품을 구매하기 위하여 소요되는 사무비와 시장조사비 등, 그리고 금융비용과 가공하여 저장하는 비용을 합한 창고비 등이 소요된다.

경제적 발주량 (EOQ) = $\sqrt{\frac{2FS}{CP}}$

F ; 발주에 소요되는 고정비용
S ; 연간수요량
C ; 저장관리비 비율(=재고유지비용/재고총액)
P ; 단위당 구매단가

상품을 저렴하게 경제적으로 조달한다는 것은 단순한 상품 값으로 직접지불하는 비용뿐만 아니라, 구매를 위한 사무비, 금융비, 창고비를 합한 총비용이 최저가가 되도록 조달하여야 한다. 즉, 경제적 발주량(EOQ; Economic Order Quantity)은 이러한 제비용의 합이 최소가 되는 시점의 발주량을 말한다.

예제)

어느 레스토랑의 쇠고기 사용량이 연간 2,500Kg이고, 저장관리하는 데 소요되는 비용이 재고가치의 11%이며, 단위당 구매가격은 20,000원이다. 이 때, 발주에 소요되는 고정비가 60,000원이라고 한다.

㉮ 경제적 발주량을 계산하시오.

(풀이) 경제적 발주량 (EOQ) = $\sqrt{\frac{2FS}{CP}} = \sqrt{\frac{2*60000*2500}{11*20000}}$ **= 37.7(Kg)**

㉯ 연간 발주횟수를 계산하시오.

(풀이) 연 발주횟수 = $\frac{S}{EOQ} = \frac{\text{연 수요량}}{\text{경제적 발주량}} = \frac{2500}{37.7}$ **=63.3 (연 64회)**

㉰ 며칠마다 발주하면 되는지?

(풀이) $\frac{365}{\text{연 발주횟수}} = \frac{365}{64}$ **= 5.7 (5~6일마다 발주)**

(2) 발주의 유형

① 정량발주방식

레스토랑의 특정식재료를 사용하다가 재고량이 발주점만큼 줄어들면 경제적인 발주량을 주문하는 방식이다. 적절한 발주시점을 도출하기 위해서는 계속적으로 재고량을 파악하고 있어야 하며, 수요량의 변화에 따라 부정기적으로 발주하게 된다. 발주시점은 리드타임 기간 동안에 소모하고도 안전수준의 재고량이 유지되도록 관리하여야 한다. 즉, 현재의 재고량이 '안전재고+리드타임기간 동안의 소비량'과 같을 때가 발주시점이 된다. 따라서 정량발주방식의 발주시점은 재고가 일정수준으로 떨어지면 일정량 즉, 경제적인 발주량을 부정기적으로 발주하게 된다.

최대재고수준은 소모량과 장기저장에 따른 품질저하, 재고관리상의 비용문제 등을 고려하여 유지가능한 최고량의 재고수준을 의미하며, 안전재고란 갑작스런 대량소비나 또는 발생할지도 모르는 리드타임의 지연에 따른 문제에 대비하기 위한 최소한의 재고수준을 말한다.

표 식재료의 발주시점과 재고량

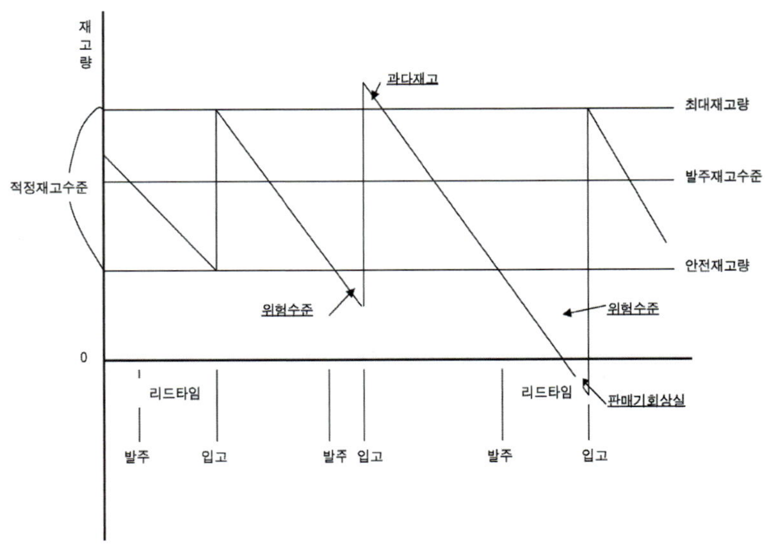

② 정기발주방식

정기발주방식은 일정기간마다 정기적으로 재고조사를 하여 부정량 발주하는 방식으로 고가물품으로 재고부담이 크거나 또는 리드타임이 길거나 정확한 수요예측이 가능한 물품에 적합하다.

이 때의 발주량은 발주시점의 재고량에서 리드타임 기간의 예상되는 소비량을 차감하고 남은 재고(안전재고수준)와 발주량을 합산하였을 때 최대재고수준이 유지되도록 하는 양이 가장 적절한 발주량이다.

표 프랜차이즈 시스템의 기본적인 유형 사례

발주량 = 최대재고량 − 발주시점재고량 + 리드타임 소비량 + 안전재고량

2) 발주절차

구매요청서는 주방장 또는 물품사용 부서장이 시장조사에 의하여 작성된 시장조사가격표를 참조하여 구매할 물품의 품목, 수량, 단위를 기록하여 구매부서로 전달한다. 그러면 구매담당은 구매요청서를 기준으로 물품별로 구매방법을 결정하고 발주명세서를 이미 교섭된 공급자에게 보낸다.

표 구매시장조사

식재료비는 조금만 절감한다 하더라도 매출을 훨씬 더 증가시킨 결과에 상응하는 이익의 결과를 가져온다. 따라서 구매시장조사는 매우 중요하다. 구매담당자 또는 총 부방장은 구매하기 전에 소요식자재의 수요성향과 구매시장의 실태를 조사하여야 한다.
조사항목은 품목, 품질, 수량, 가격, 납품가능시기와 기간, 구매선, 구매조건, 대체재여부 등을 조사한다. 여기서 구매시장이라 함은 단순한 시세형성시장 뿐만 아니라, 가격과 수급에 영향을 미치는 모든 기업외적 요인을 포함한다.

3. 식자재검수

1) 검수방법과 절차

식재료검수의 목적은 주문한 식재료의 수량, 품질, 가격 등의 조건을 비교함으로써 성립된다. 즉, 검수는 견적서에 표기된 품질과 가격으로 납품하고 있는지, 또한 발주서의 발주수량과 일치하는지를 비교하는 것이다.

검수는 식자재의 종류에 따라 적합한 척도와 검수도구를 이용하여야 한다. 다시 말해서 식재료에 따라 무게측정척도와 분량측청척도를 적합하게 적용하여야 한다는 것이다. 납품된 식재료는 가능한 짧은 시간에 검수절차를 마무리하고 신속하게 적절한 보관상태로 저장될 수 있도록 조치를 취해야 한다. 이 때, 검수가 끝난 일일구매식재료는 각각의 단위주방으로 배송되고 장기저장할 식재료는 저장창고로 이송하여 저장한다. 모든 식재료의 저장은 각기 적합한 저장온도와 습도를 유지하여야 한다. 검수담당자는 검수명세서에 검수결과에 대한 내용을 기록하고 서명함으로써 납품물품에 대한 검수절차를 마무리한다.

2) 식품의 검사 및 감별

(1) 물품의 검수방법

① 전수검사법

전수검사는 희귀성 물품이거나 고가 또는 소량일 때 납품되는 물품의 전부를 검사하게 된다. 이 방법은 검수하기 위한 노력과 시간의 낭비가 심하다.

② 발췌검사법

샘플링 검사법이라고도 하며, 납품되는 물품의 일부를 무작위로 선택하여 검사한 결과로 전체를 평가하는 방법이다. 이 방법은 시간이나 비용 측면에서 유리하다.

(2) 식품의 검사 및 감별

검수시 식품의 감별은 물리화학적 시험분석보다는 경험에 의하여 축적된 검수자의 지식과 기술을 토대로 판별하게 된다. 이러한 식품의 감별을 관능검사법이라 하며, 가장 많이 활용되고 있다. 관능검사는 검사자의 주관적인 판단에 의지할 수밖에 없으며, 주로 맛, 냄새, 향, 광택, 물성, 외관 등을 평가한다. 또한 다양한 식품의 감별법은 표를 참고하기 바랍니다.

표 식품의 감별법

구분		내용
물리적 검사		온도, 비중, pH, 방사능, 중량, 용도, 경도, 물성 등
화학적 검사		일반분석(정성, 정량) 등
관능검사	맛	단맛, 쓴맛, 신맛, 짠맛, 매운맛, 떫은맛 등
	외관	형태, 선도, 점성, 탄성, 광택, 경도, 등급 등
	기타	색깔, 향미, 조직, 크기, 촉감, 물성, 이물질 등
생물학적 검사		세균, 효모, 곰팡이 등 미생물, 효소 등
독성검사		독성(급성, 만성)

자료 : 홍기운, 진양호, 김장익(2001), 최신식품구매론, 대왕사, p.254 참조로 재구성.

4. 식자재 저장방법

1) 저장관리 기능

저장고의 지리적 위치는 검수위치와 인접하면서 입출고 관리가 용이한 위치이어야 한다. 또한 납품장소와 저장고, 그리고 조리 또는 가공실이 동일 층에 위치하는 것이 좋다. 아울러 시간적으로 검수가 끝난 식재료의 신속한 저장이 가능하고 관련부서간의 협조가 용이한 위치에 입지하는 것이 유리하다. 일단 검수가 끝난 식재료는 변질되지 않도록 관리되어야 하며, 창고에 저장할 때는 식별이 용이하고 그 위치를 쉽게 파악할 수 있도록 택(tag)을 달고 기록을 유지한다. 특히, 유효기간 및 보존방법에 따른 유실과 과다재고로 인한 자산의 유동성 저하문제가 발생하지 않도록 식재료를 저장관리하여야 한다.

식재료 저장의 필요성은 구매와 소비 사이의 시간적 간격을 조절하고자 하는 하나의 방법이다. 또한 대량으로 식재료를 소비하는 업소는 식재료원가를 낮은 수준으로 유지하고자 하는 목적으로 야채, 과일, 생선과 육류 등 성수기와 비수기의 가격편차가 심한 식재료를 중심으로 비교적 가격이 저렴한 성수기에 대량으로 구매하여 저장하였다가 가격이 상승하는 비수기에 소비함으로써 원가를 효과적으로 관리한다.

또한 식재료의 저장은 사전에 미처 예기치 못한 갑작스런 수요증가에 적절히 대응할 수 있게 하는 기능도 있다. 식품의 저장은 부패가능성이 있으며, 시간이 경과함에 따라 품질이 저하되는 특성이 있으므로 장기간 저장하려면 세심한 주의가 요구된다. 식품을 저장하는 방법으로 진공포장, 냉장, 냉동, 통조림, 염장, 당장, 발효저장법 등이 있다.

2) 일반저장(건조물품 저장고)

야채, 과일, 버섯, 생선, 육류 등의 통조림식품과 과일, 야채, 콩과류, 전지분유, 탈지분유, 건조계란 등의 탈수건조식품은 일반식품창고에 저장한다. 온도는 10℃ 정도, 습도는 50~60%가 유지되도록 관리하여야 하며, 온도계와 습도계의 비치가 필수적이다.

공기의 순환이 잘 이루어지도록 통풍시설이 잘 갖추어져야 하며, 직사광선이나 직접조명이 식품에 직접 닿지 않도록 차광하여야 한다. 물품을 저장하는 선반의 재질은 금속이나 나무가 좋다. 물품은 바닥에서 25cm 이상, 벽에서 5cm 이상 간격이 유지되도록 하여야 한다. 개별 품목별 위치를 지정하여 두고 선입선출이 이루어지도록 관리하여야 한다.

3) 냉동저장

식품을 영하 52℃ 이하에서 저장할 경우 영양, 맛, 조직, 색의 변화가 거의 없다. 식품을 냉동저장할 경우라도 박테리아나 미생물 또는 해충의 침입을 방지하기 위하여 포장을 해야 한다. 또한 냉동을 하더라도 본질적인 맛의 변화가 없는 요리는 기대할 수 없다. 비수기의 비교적 한가한 때에 대량조리하여 냉동저장하였다가 소비가 많은 시기에 사용함으로써 노동력의 시간적 유동성을 조절할 수 있다.

4) 냉장저장

적정의 온도에서 식품을 저장하면 미생물과 효소의 생육활동을 단기간 동안 지연시킬 수 있다. 특히, 진공포장 가공육은 2~3℃에서 3~4주 동안이나 저장할 수 있다. 야채와 과일, 염장 및 절임식품, 낙농제품, 생선과 육류 등의 식품은 냉장 저장하여야 한다.

표 식품의 냉장온도와 습도

식품	온도(℃)	습도(%)	식품	온도(℃)	습도(%)
육류	0~3	75~85	유제품	6~9	75~85
야채, 과일	2~5	85~95	일반식품	2~6	75~85

자료 : 홍기운 · 진양호 · 김장익(2001), 최신식품구매론, 대왕사, p. 286. 참조로 재구성.

5. 식자재 재고관리

1) 재고관리의 의의

불규칙적이고 수요량의 변화폭이 큰 식재료수요에 대하여 원활하게 식재료를 공급하기 위해서 재고관리가 필요하다. 재고관리의 핵심은 재고량을 적정수준으로 유지하는 것이다. 재고량을 적정수준으로 유지하기 위해서는 재고관리하는 식재료에 대하여 합리적인 발주시기와 발주량을 결정하여야 한다.

재고량을 일정수준으로 유지하기 위해서는 다양한 비용이 수반되는데, 예를 들면 구매비용, 발주비용, 보관 및 유지비용, 창고비용, 보험비용, 금융비용, 품질저하비용, 또는 재고의 품절과 판매기회 상실에 따른 비용 등이다. 따라서 효율적인 재고관리의 범위는 창고에 저장하는 식재료의 발주 및 저장과 관련된 제반업무뿐만 아니라, 이에 수반되는 제반 비용을 총괄적으로 관리하는 것이다.

또한 물품을 창고에 저장할 때는 빈카드(bin card)를 작성하여 부착하여야 한다. 입고할 때 기록하는 사항들은 카드번호, 입고일자, 상품명, 중량, 수량, 가격 등이며, 출고할 때는 언제 누구에게 출고하였는지 동일한 카드에 기록하여 정확하게 재고물품을 관리하도록 하고 있다.

2) 재고관리의 유형

(1) 영구재고관리

영구재고관리(perpetual inventory)는 식재료의 입고 또는 출고 때마다 관련장부에 지속적으로 기록함으로써 상시 품목별 재고량을 파악하는 동시에 적정재고수준을 유지하는 재고관리시스템이다.

이 재고관리는 특정시점에서 정확한 재고의 파악이 용이하기 때문에 재고관리가 용이한 반면에 기록을 유지하기 위한 인력수요가 많은 단점이 있다. 대부분의 호텔이나 대규모 외식체인에서 적용하는 재고관리기법이다.

(2) 실사 재고관리

실사 재고관리(physical inventory)는 일정기간마다 창고에 저장하고 있는 모든 식품에 대하여 상품명, 중량, 수량, 가격 등을 실제로 확인하여 제고량 또는 재고금액을 조사하는 방법이다. 이 방법은 영구재고장부가 실제와 일치하는지를 점검하고, 아울러 입출고시 기록상의 문제점은 없었는지 문제점을 파악할 수 있다.

따라서 대부분의 호텔이나 대규모 외식체인에서 매월 말에 실시하는 월말재고조사는 식재료원가계산을 목적으로 실시한다. 이때, 만약에 실제 재고량이 장부와 차이가 난다면 실제치로 장부를 수정하고, 그 원인과 문제점을 파악하여 교정하도록 해야 한다.

3) 재고관리기법

재고관리는 재고관리비용을 극소화함으로써 식자재 원가율을 낮추고자 하는 데 그 근본적인 목적이 있다. 따라서 이어서 열거되는 여러 가지 재고관리기법들은 그러한 목적을 달성하기 위한 다양한 기법들 중에 일부를 소개한다.

(1) ABC 재고관리

연간 소요되는 식재료의 사용금액이 큰 순서부터 배열한 다음, 이를 ABC 그룹으로 나누어 관리하는 재고관리기법이다.

① A 그룹

A 그룹에 속하는 식재료는 가장 중요한 품목으로 판매사용금액이 상위 70% 범주 안에 속하는 소모량이 상위 10~20%에 속하는 품목들이다. 대개 생선이나 육류가 A 그룹에 속하며, 이 품목들이 식재료비에 미치는 영향이 크기 때문에 주의 깊게 관리를 해야 할 품목들이다.

② B 그룹

B 그룹에 속하는 품목들은 사용금액이 상위 70~90% 범주 안에 속하는 소비량은 상위 20~40%에 속하는 품목들이다.

③ C 그룹

C 그룹에 속하는 품목은 사용금액이 하위 10% 이내에 드는 품목으로, 전체 식재료의 5~60%의 품목이 이 범주 안에 속한다.

(2) 최소최대 재고관리

최소최대(minimun-maxmum) 재고관리기법은 mini-max 관리기법이라고도 한다. 최소재고량은 안전재고량이며, 안전재고량은 발주 후 입고시기까지 통상적인 소비량을 차감하고도 남는 양, 즉 갑작스런 수요증가에 대비한 최소한의 재고량이다.

최대재고량은 입고시점에 잔고량(안전제고)과 입고량을 합한 재고량이다. 이 때, 입고량은 앞에서 설명한 경제적 발주량(EOQ)를 중심으로 정기 또는 정량발주방식으로 결정한 발주량이다.

(3) 2080 재고관리

일종의 ABC 재고관리기법의 변형과 같은 것으로, 많이 사용하는 상위 20%의 식재료품목이 식재료원가의 80%를 차지한다는 이론이다. 따라서 이 이론에 따르면 상위 20%에 해당하는 식재료를 잘 관리해야 한다는 것이다. 다른 한편으로 해석하면 하위 80%의 품목이 겨우 20%의 식재료원가를 차지하므로 상대적으로 중요정도가 낮다고 말할 수 있다.

4) 재고자산 회전율

재고자산의 회전율은 구매횟수와 사용빈도를 측정하여 표시된다. 재고자산의 경우, 저장기간이 짧을수록 좋기 때문에 회전율이 높을수록 재고관리나 영업이 좋다고 할 수 있다.

$$\textbf{재고자산 회전율} = \frac{\text{전기이월} + \text{당기매입} - \text{기말재고}}{\text{평균재고액}} = \frac{\text{총매출원가}}{\text{평균재고액}}$$

식용유를 알아야 웰빙을 안다

요즘 잘 나가는 식용유 삼형제는 올리브유와 포도씨유, 캐놀라유다.

올리브유는 잘 익은 올리브 열매에서 채취한 식용유로 이탈리아, 스페인 등 지중해 연안국가에서 주로 생산된다. 최고급인 엑스트라 버진은 올리브 열매에서 처음 짜낸 것으로 향이 가장 강하다. 발연점(식용유에서 연기가 나기 시작하는 온도)이 낮아 튀김이나 볶음요리에는 적합하지 않다. 참기름처럼 음식의 마무리용으로 사용하거나 샐러드 드레싱이나 소스에 쓰는 것이 좋다.

우리 음식 중에선 비빔밥, 비빔냉면, 나물무침 등과 잘 어울린다. 다음 단계인 파인 버진은 가열해도 맛이 크게 변하지 않으므로 모든 요리에 두루 사용이 가능하다. 그 아래 등급인 퓨어는 맛과 향이 약하므로 일반식용유처럼 쓰면 된다. 발연점이 높으므로 부침, 볶음, 구이 요리에 쓸 수 있다.

올리브유가 서양에서 인기를 끈 것은 이 식용유를 주로 쓰는 지중해 지역 사람들이 심장병 등 혈관질환에 덜 걸린다는 사실이 밝혀지면서부터이다. 그 비결로 추정되는 것은 올리브유 지방의 80%를 차지하는 올레산이다. 하지만 이 공식을 우리나라에 대입하는 것은 곤란하다. 한서대 식품생물공학과 함태식 교수는 "한국인은 굳이 올리브유가 아니더라도 올레산을 비롯한 단일 불포화지방을 충분히 섭취하고 있다" 고 지적했다.

올리브유는 열량이 상당히 높다. 찻숟갈당 120㎉(지방 14g)로 같은 무게의 버터(100㎉, 지방 12g)보다 높다. 포도씨를 압착해 얻은 포도씨유는 이탈리아, 프랑스, 칠레에서 주로 생산된다. 올리브유에 비해 향이 적고, 맛이 산뜻한 것이 특징이다. 발연점이 높아 튀김, 구이, 볶음요리에 두루 쓸 수 있다. 담백한 한식과도 잘 어울린다는 평가를 받고 있다. 그러나 점도가 낮아 찍어 먹는 소스로 사용하기엔 부적합하다. 포도씨유 지방의 70%는 리놀레산(70% 이상)이다. 리놀레산은 한국인이 이미 충분히 섭취하고 있는 오메가-6 지방의 일종이다. 한국인에게 진정으로 부족한 것은 리놀레산이 아니라 리놀렌산(오메가-3 지방의 일종)인데, 이를 혼동하는 사람이 많다.

캐놀라유는 캐나다의 농학자가 천연의 유채유 중에서 심장에 해로운 성분을 제거해 만든 식용유다. 캐나다에서 얻은 기름이란 뜻이다. 혈관건강에 해로운 포화지방(동물성 지방에 많음)의 비율이 식용유 중에서 가장 낮다. 대신 불포화지방의 비율이 높아 심장병, 뇌졸중 등 혈관질환 예방에 유익한 것으로 알려져 있다. 산과 열에 대한 안정성이 뛰어나고 발연점이 높아 튀김, 구이, 볶음요리에 사용할 수 있다. 한국인에게 부족하기 쉬운 오메가-3 지방이 10%가량 들어 있다. 한국인의 지방섭취량으로는 이상적인 편이며, 오메가 3과 오메가 6의 섭취비율에 신경 써야 하며, 등푸른 생선, 들기름, 콩기름 등이 좋다. 이제 식용유 하나를 고르는 데도 맛은 물론, 건강까지 따지는 시대가 됐다. 이런 주부들의 바람을 등에 업고 최근 주가가 급상승하고 있는 것이 올리브유, 포도씨유, 캐놀라유 등 이른바 '웰빙 식용유'다. 국내식용유 시장에서 올리브유가 콩기름을 제치고 1위로 떠올랐다는 조사결과가 있을 만큼, 이들은 우리 식탁을 빠른 속도로 점령하고 있다.

참기름, 콩기름, 옥수수기름 등 전통적인 식용유보다 가격도 훨씬 비싸다. 원산지가 외국이란 사실도 공통적이다. 그렇다면 이들 식용유는 가격만큼 건강상의 이득도 보장하는 것일까. 하지만 전문가들은 진정한 웰빙은 특정 식용유의 섭취가 아니라, 지방섭취의 균형이라고 강조한다.

우석대 외식산업조리학과 정문웅 교수는 "한국인의 평균 지방섭취량은 총열량 섭취량의 20% 가량으로 매우 양호한 상태"라며 "콜레스테롤 섭취량도 그다지 높지 않고, 섭취하는 지방의 종류도 이상적인 비율(다중불포화지방 : 단일불포화지방 : 포화지방=1 : 1 : 1)이다" 라고 설명한다. 우리 국민은 현재 지방을 골고루 잘 섭취하고 있으므로 굳이 값비싼 웰빙 식용유를 사 먹을 필요가 없다는 것.

한국인에게 가장 부족하기 쉬운 지방은 오메가-3 지방이다. '웰빙 지방'으로 알려진 DHA, EPA가 바로 오메가-3 지방에 속한다. 성심병원 가정의학과 송홍지 교수는 "이들 지방은 혈중 콜레스테롤 수치를 낮추고 혈전(피찌꺼기), 동맥경화를 예방하는 등 혈관보호에 유익한 지방"이며 "최근엔 암 예방을 돕는다는 연구결과도 나왔다"고 설명했다. 오메가-3 지방의 주공급원은 고등어, 참치 등 등 푸른 생선이다. 식용유 중에선 들깨기름(50%), 콩기름(7%), 캐놀라유(10%)에 많이 들어 있다.

Food Service

특히, 콩기름은 오메가-6 지방과 오메가-3 지방의 비율이 적당해 가장 이상적인 오메가-3 지방공급원으로 꼽힌다. 올리브유, 포도씨유, 옥수수기름엔 오메가-3 지방이 거의 없다.

하지만 오메가-3 지방도 오메가-6 지방과의 적정비율을 유지해야 건강효과를 높일 수 있다. 한국영양학회는 오메가-6와 오메가-3 지방을 4~10 대 1 비율로 섭취할 것을 권한다. 이 비율이 지나치게 높으면 오메가-6 지방이 몸 안의 유해산소와 결합해 각종 성인병을 유발할 수 있다는 것이다. 실제 이 두 지방을 이상적으로 섭취하는 일본, 지중해 주변국 사람들은 심장병, 비만, 뇌졸중에 잘 걸리지 않는다. 상명대 외식영양학과 유춘희 교수는 "한국인의 경우, 이 비율이 높은 편"이라며 "육류나 인스턴트 식품을 즐겨 먹는 어린이의 경우 14대1에 달한다"고 지적했다. 오메가-6 지방이 많이 든 식용유는 옥수수기름, 콩기름, 면실유, 해바라기씨 기름 등이다. 이 중 콩기름을 제외한 나머지 식용유는 오메가-6 지방과 오메가-3 지방의 비율이 10 이상이다.

박태균 중앙일보 식품의약전문기자 tkpark@joongang. co. kr

자료 : 박태균 기자의 블로그,

http://blog. joins. com/dalispark/tkpark@joongang. co. kr

Food Service

외식사업
창업과 경영
Foodservice

제 15 장

식품위생 및 안전관리

Foodservice

Chapter

15

1. 식품위생

1) 식품위생의 배경

소득의 증가와 핵가족화, 여가시간의 증가, 가사노동시간의 급격한 감소, 여성의 사회참여확대는 외식기회의 증가요인으로, 인간사회의 집단화 현상은 단체급식증가의 사회적 요인으로 작용하였다. 이러한 요인들에 기인하여 식품의 대량생산과 유통 및 가공을 통하여 최종소비될 때까지 모든 부문마다 식품위생의 중요성은 강조되고 있다.

세계보건기구는 "식재료의 재배, 수확, 생산 및 이를 원료로 한 식품의 제조에서부터 그 음식물이 최종적으로 소비될 때까지의 모든 과정에 있어서 건전성, 안정성, 완전성 확보를 위한 조치"라고 위생(Sanitation)을 규정하였다.

우리나라의 식품위생법에는, "식품 및 첨가물, 기구, 용기포장을 대상으로 하는 음식에 관한 위생"이라고 명시되어 있다. 이는 식품위생의 향상과 증진을 도모하여, 국민의 건강한 식생활을 확보하고자 하는 법률로서, 그 목적으로 "식품으로 인한 위생상 위해를 방지하고 식품영양의 질적 향상을 도모함으로써 국민보건의 증진에 이바지함"에 두고 있다.

여기서 '식품으로 인한'이란 식품 및 첨가물과 같은 소위 식품으로 기인한 것 이외에 음식에 대한 어떠한 행위자체에 직・간접적으로 영향을 미치는 요인을 포함한다. 이는 음식물의 변질・오염・유해물질의 유입 등을 방지하고, 음식물과 관련 있는 첨가물, 기구, 용기, 포장 등에 의하여 불필요한 이 물질의 혼입, 병원요인물질의 함유 또는 병원균의 오염 등 비위생적인 요소를 제거함으로써 음식으로 인한 유해를 방지하기 위한 것이라 할 수 있다.

그러므로 이와 같은 원인을 미연에 방지하고 안정성을 확보하기 위한 수단이나 기술은 식품위생법상의 가장 기본적인 규제대상이라고 할 수 있다. '식품영양의 질적 향상의 도모'는 더 나아가 식품의 영양적 품질보장 및 품질향상을 통한 국민건강의 증진을 위하여 보다 적극적인 규제대상임을 의미한다고 하겠다.

2) 미생물

(1) 미생물

우리가 일상 접하는 거의 대부분의 모든 식품에는 미생물이 부착하거나 서식하고 있다. 이러한 미생물은 자연계에 존재하는 최하위 생물의 총칭이다. 각종 식품을 변질시키거나 질병을 유발시킴으로써 인간의 활동에 영향을 미치는 위생미생물을 다루고자 한다. 미생물은 주위환경이 나쁘면 증식하지 않고 좋아지면 증식을 하는데, 수분 · 영양소 · 온도 · 산도 · ph 등이 적당하여야 한다.

① 영양소는 탄소원, 질소원, 무기염류, 발육소 등이 충분하여야 한다.
② 수분은 생리기능조절, 즉 발육과 증식을 하는 데 적당량이 필요하다. 40% 이상의 수분이 있어야 생리기능이 활발하며, 건조상태에서는 생리기능이 정지되더라도 장기간 생명을 유지할 수 있다.
③ 온도는 0℃ 이하와 80℃ 이상에서는 일반적으로 발육하지 못하며, 고온보다 저온에서 저항력이 강하다.

표 세균의 발육온도

환경온도	최저온도	적정온도	최고온도	균 종
저온세균	0 ℃	15~20 ℃	30 ℃	물, 토양, 세균
중온세균	10~15 ℃	25~37 ℃	45 ℃	경구성 전염병원균, 부패균
고온세균	40~49 ℃	50~60 ℃	60~70 ℃	온천수, 추비균 등

④ 산소는 호흡에 필요한데, 이에는 호기성과 혐기성이 있다. 미생물은 호흡을 하기 위하여 산소를 필요로 하는 것도 있고, 산소가 있으면 오히려 저해를 받는 것도 있다. 산소를 필요로 하는 미생물을 호기성균, 산소를 필요로 하지 않는 균을 혐기성 균이라 한다. 호기성균에는 곰팡이, 효모, 식초산균 등이 있고, 혐기성균에는 낙산균 등이 있다. 젖산균은 산소의 유무에 관계없이 발육하며, 이러한 미생물을 통혐기성균이라고 한다.

⑤ ph(수소이온농도) : 일반적으로 세균은 중성 내지 약 알칼리성에서 잘 자라고 효모나 곰팡이는 산성을 좋아하는 경우가 많다.

(2) 미생물의 종류

① 진균류(곰팡이, 효모) : 곰팡이를 이용하여 누룩과 메주를 만들기도 하지만, 황변미의 원인이 되기도 하고, 독소를 만들어 인체에 해를 주는 것도 있다.

② 세균류(구균류, 간균류) : 화농균, 살모넬라, 장염비브리오균 등은 세균성 식중독, 부패와 경구전염병의 원인이 되고 있다. 이들의 모양은 구균, 간균, 나선균의 3가지가 있고 협막, 포자, 편모 등을 가지는 것이 있으며, 2분법으로 증식한다.

③ 리케챠 : 세균과 병원체의 중간에 속하는 것으로 타원형과 원형 등의 모양으로 발진티브스의 병원체기 이에 속한다. 살아 있는 세포 속에서만 2분법으로 증식을 하며, 운동성이 없다.

④ 바이러스(비루스) : 여과성 병원체로서 극히 작아서 전자 현미경으로 관찰할 수 있으며, 천연두, 일본뇌염, 광견병의 병원체이다.

⑤ 스피로헤다 : 매독균, 회기열, 와이우씨병의 병언원체로서 항상 운동을 하는 나선형의 모양을 하고 있다.

⑥ 원충류 : 이질, 아메바의 병원체로서 단세포 하급동물이다.

3) 식중독

식중독의 원인에 따라 세균성, 화학성, 자연독 등 크게 세 가지로 나눌 수 있다.

표 프랜차이즈 시스템의 기본적인 유형 사례

식중독의 원인		
(1) 세균성 물질	감염형	► 살모넬라 ► 장염 비브리오균 ► 크로스트리움 웰치균 ► 병원대장균
	독소형	► 포도상구균 ► 보튤리너스균
(2) 첨가물	유해인공감미료	► 델신 ► 사이클라메이트
	유해착색제	► 올아민 ► 로다민 ► 파라 니트로아날라
	유독성 표백제	► 론가리트
	유해중량제	► 카오린 ► 양조용제
(3) 기구, 용기, 포장	금속용기	► 아연, 납, 주석
	도자기, 법랑제품	► 유약의 납, 아연, 바륨
	플라스틱 제품	► 합성재료의 유독성
(4) 자연독	식물성 식중독	► 독버섯 ► 독 미나리 : 사이프톡신 ► 감자 : 솔라닌
	독물성 식중독	► 복어의 테트로톡신 ► 조개류의 유독 플랑크톤에 의한 싸이시톡신
	미생물 식중독	► 곰팡이
(5) 기타 물질	독물중독	► 농약, 수은, 카드뮴, 구리, 철, 비소, 청산가리 등
	유해방부제 중독	► 베타 나프톨 등
	위장첨가물 중독	► 메탄올 등
	조리용 기구 중독	► 포름알데히드, 페놀 등
	세균, 기생충, 화학약품, 물리적 원인 등	

(1) 세균성 물질에 의한 식중독

① 감염형

► 살모넬라 : 주로 5~10월에 식육제품을 통하여 감염되며, 식후 12~24시간 후에 구토, 설사, 복통을 일으키고 40℃의 발열을 한다. 감염원은 가축, 가금류, 사람, 파리 등이다.

► 장염 비브리오균 : 3~4%의 소금 농도에서 잘 자라는 호기성 세균으로 식후 13~18시간 후에 설사, 복통, 구토를 하기 시작하며, 7~8월에 집중적으로 나타난다. 어패류, 보균자 대변, 조리기구 등이 매개체이다.

► 크로스트리움 웰치균 : 식후 8~22시간 후에 설사, 복통, 메스꺼움, 권태감, 구토 등의 증상이 나타나며, 육류·어패류·튀김두부 등 특히 동물성 단백질 식품이 매개체이다.

► 병원대장균 : 유아에 강하다. 13시간의 잠복기로 두통, 발열, 설사, 복통 등을 동반하는 급성장염을 일으킨다.

② 독소형

► 포도상구균 : 황색균이 식중독을 유발하는 장독성 앤트로톡신을 생성한다. 잠복기가 3시간 정도이며, 메스꺼움·구토·설사·복통을 동반하고 120℃에서 10분간 끓여도 독성이 파괴되지 않는다. 우유, 크림, 버터, 치즈, 떡, 콩가루 등이 원인식품이다.

► 보툴리너스균 : 잠복기가 12~36시간이며, 시력저하·동공확대·신경마비 증상이 나타나기 시작한다. 80℃에서 15분 정도이면 파괴되고, 햄·소시지·통조림 등이 원인식품이다.

(2) 첨가물에 의한 화학적 식중독

- 대개 30분 정도의 잠복기를 갖는다.

① 유해 인공감미료 중독

► 덜신 : 설탕의 250배 감미, 간 종양의 원인

► 사이클라메이트 : 설탕의 40~50배 감미, 맥박감소, 의식불명

② 유해 착색제 중독

► 올아민 : 황색, 치사량 4801mg/1g, 맥박감소, 의식불명

► 로다민 : 핑크색, 치사량 0.1mg/g, 전신착색, 부종

► 파라 니트로아날라 : 황색, 혼수, 맥박감소, 발암성

③ 유독성 표백제

► 론가리트 : 포르말린 이산화황 작용

④ 중량제 : 산성백토

► 카오린 : 흡작제

► 양조용제 : 소화불량, 구토증세

(3) 기구, 용기, 포장에 의한 식중독

① 금속용기로부터 아연이나 납(도금), 통조림의 납이나 주석 등의 유해금속이 용출되어 체내에 흡수되면 축적이 되어 중독현상이 나타난다.

② 도자기 및 법랑제품의 유약 소성온도가 낮은 경우에 납, 아연, 바륨 등이 용출되어 중독을 일으킨다.

③ 플라스틱 제품의 경우는 합성재료의 유독성이 용출되어 식중독을 일으키기도 한다.

(4) 자연독에 의한 식중독(30분 내지 9시간 잠복)

① 식물성 식중독

► 독버섯 : 버섯의 살이 세로로 쪼개지는 것은 독이 없으나, 색이 아름답고 선명하며 악취, 쓴맛, 신맛이 나고 유즙분비, 점액성 및 은수저가 검게 변하면 독성이 있다. 무스카린, 무스카리딘, 팔린, 아미니타톡신, 필리오린 등의 독소가 위장형, 콜레라형, 신경계, 혈액형 등의 형태로 중독현상이 나타난다.

► 독미나리 : 사이프톡신

► 감자 : 감자의 발아나 녹색부분에 솔라닌이 많으며, 용혈성으로 중추

신경장애를 일으킨다.

② 독물성 식중독

► 테트로톡신 : 치사량이 2mg이며, 복어의 난소, 간, 내장, 껍질 등에 산재하고 있으며, 30분 내지 5시간의 잠복기를 갖는다. 구토, 근육마비, 미각둔화, 의식불명의 증세가 나타나기 시작하고 사망률이 50~60%이다.

► 조개류 중독 : 유독 플랑크톤의 싸이시톡신이 그 원인이며, 식후 30분 내지 3시간 후에 신체마비, 호흡곤란을 일으키기 시작하고, 사망률은 10% 정도이다.

③ 미생물 식중독 - 곰팡이 등

(5) 기타 물질에 의한 식중독

① 독물중독 - 농약, 수은, 카드뮴, 구리, 철, 비소, 청산가리 등
② 유해방부제 중독 - 베타 나프톨 등
③ 위장첨가물 중독 - 메탄올 등
④ 조리용 기구 중독 - 포름알데히드, 페놀 등
⑤ 세균, 기생충, 화학약품, 물리적 원인 등

표 프랜차이즈 시스템의 기본적인 유형 사례

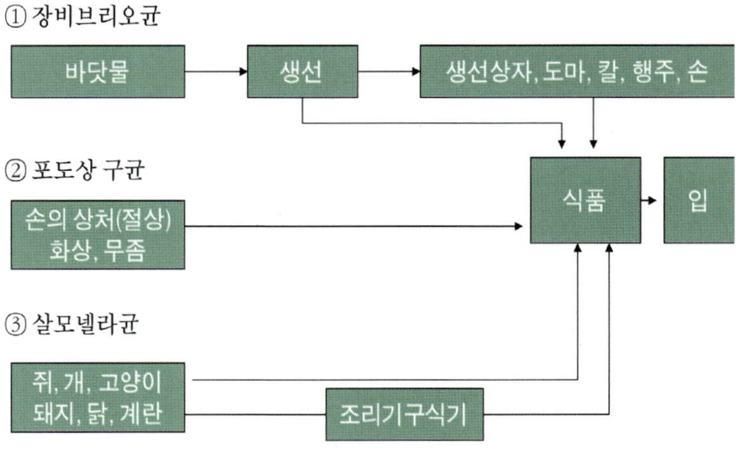

4) 식품의 보존

(1) 식품변질의 유형

변질은 단순히 식품의 손상을 가져올 뿐만 아니라, 변질에 의해서 생긴 물질이 인체에 해로운 경우가 많아서 식중독 등을 일으키는 원인이 되는 경우가 있다. 변질에는 부패, 발효와 산패, 변패 등이 있다. 변질의 원인은 미생물, 효소, 수분, 일광, 온도, 산소, 등이 그 식품의 영양분과 물리적, 화학적 작용을 동반하며 일어난다.

① 부패 : 식품의 단백질이 미생물에 의해서 분해되어 악취가 나고 인체에 유해한 물질이 생성되는 현상을 부패라 한다. 부패에 관여하는 미생물은 대부분 염기성 세균이다. 육류는 도살 후 사후강직시간이 길고, 그 이후 자기소화를 걸쳐 부패된다.

② 발효, 산패 : 미생물이 탄수화물을 분해하여 유기산, 알코올 등이 생기는 현상을 발효라 하며, 특히 산패란 변질의 현상 중 산을 생성하는, 즉 시어지는 현상을 말한다.

③ 변패 : 단백질 이외의 성분, 즉 탄수화물이나 지방이 미생물에 의해서 분해되는 현상을 변패라고 한다. 유해물질이 생성되는 경우가 비교적 적으며, 부패와는 구별된다.

(2) 식품보존의 목적과 방법

식품의 저장은 식품이나 그 원료를 미래에 소비하기 위하여 변질 또는 부패되지 않도록 일정기간 보존하는데, 그 목적이 있다. 이러한 식품의 보존법에는 기술적으로 여러 가지 방법이 있으나, 그 원리는 미생물은 사멸하거나 또는 수분, 영양소, 온도, 산소, ph 등의 불균형 조절을 통하여 미생물의 증식을 억제하는 방법이다.

① 물리적으로 보존하는 방법

■ 건조하여 보존하는 탈수법

- 일광건조법(Sun Drying) -어패류, 김, 오징어, 명태, 건포도 등.
- 직화건조법(배건법 : Roasting) -보리, 찻잎, 커피 등.
- 동결건조법(Freezing drying)- 한천, 당면, 두부 등. 냉동 후 건조 공기 또는 진공으로 건조하는 방법.
- 분무건조법(Spray drying) - 분유, 인스턴트 커피, 분말주스 등.
- 진공동결법(Vacuum Drying) - 채소, 분유, 달걀 등을 진공상태에서 건조.

■ 냉장 · 냉동법

- 냉장(Cold Storage) : 1℃~10℃ 사이에서 야채, 과일, 육류, 어패류, 우유와 난류 등을 단기저장에 널리 이용된다. 식품을 냉장하면 조직 중의 효소작용 및 식품의 번식이 억제되므로 신선도의 유지를 연장할 수 있다. 그러나 미생물 중에는 이와 같이 낮은 온도에서도 번식할 수 있는 것이 있고, 조직 중의 효소작용도 어느 정도 진행하고 있으므로 오래 저장하면 풍미가 저하되고, 식품의 조직이 변하게 된다. 특히, 어패류와 육류와 같이 단백질이 많은 식품의 조직이 변하게 된다. 특히, 어패류와 육류와 같이 단백질이 많은 식품은 변질되기가 더욱 쉽다.
- 냉동(Freezing) : -15℃ 이하로 급속히 냉동시키는 방법이다. 식품을 급속히 동결시키면, 식품내부에 생기는 얼음결정이 미세하여 조직의 손상이 적으나, 천천히 동결시키면 내부의 얼음결정이 커진다. 생성된 얼음결정이 크면 조직이 파괴되어 해동했을 때에 수분이 새어 나와 영양, 맛, 색상 등 품질이 저하된다. 냉동은 냉장에 비하여 미생물 침해의 위험이 적어지고 오래 보존할 수 있다. 그러나 미생물이 사멸한 것이 아니라, 단지 생장과 번식이 억제된 것이므로 해동 후에 식품의 관리에 주의하여야 한다.

■ 가열살균하여 보존하는 방법

- 저온살균법 : 60~65℃에서 30분간 가열 후에 급랭시킨다. 우유, 소스, 술, 주스 등에 이용되며, 멸균되지 않는다.
- 고온 단시간 살균법 : 70~75℃에서 20초 가량 가열 후 급랭시킨다.
- 초고온 순간살균법 : 130~140℃에서 2초간 가열 후에 급랭시킨

다. 우유, 과즙 등.

- 초음파 가열살균법 : 초음파로 단시간 처리한다.

■ 조사살균법

자외선 또는 방사선을 이용하여 미생물을 사멸시키는 방법이다.

② 발효처리하여 보존하는 방법

■ 세균, 효모의 응용

식품에 유용한 미생물을 번식시켜 유해한 미생물의 증식을 억제시키는 것으로, 보존 이외에 맛도 좋게 한다. 치즈, 주류 등 발효식품 및 절인 식품에 응용한다.

■ 곰팡이 응용

식품에 특정한 곰팡이를 발효시켜 그 작용에 의해 유해미생의 발육을 저지시키는 것으로서, 치즈 등과 같이 식품 자체의 성분을 적당히 변화시켜 다른 식품으로 만든다.

표 식품의 보존방법

① 물리적 보존	건조탈수법	일광건조, 직화건조법(배건법), 동경건조법, 분무건조법, 진공동결법
	냉장 · 냉동법	냉장(Cold Storage), 냉동(Freezing)
	가열살균	저온살균법, 고온 단시간 살균법, 초고온 순간살균법, 초음파 가열살균법
	조사살균법	자외선 또는 방사선
② 발효처리 보존	세균, 효모의 응용	
	곰팡이 응용	
③ 화학적 처리보존	염장법(Salting)	
	당장법(Sugaring)	설탕, 젤리, 잼, 가당, 연유 등
	산저장(Pickling)	초산, 젖산, 구연산 등
	화학물질첨가	산화방지제, 합성보존제, 살균제, 피막제 등
④ 종합적 처리	훈연법(Smoking)	냉훈법(15~30℃), 온훈법(50~70℃), 액훈법
	연건법, 조미법, 밀봉법 등	

③ 화학적으로 처리하여 보존하는 방법

■ 염장법(Salting)

소금을 좋아하는 세균을 제외한 보통의 미생물은 10% 정도의 소금 농도에서 발육이 억제된다. 해산물, 채소, 육류 등의 저장에 이용한다.

■ 당장법(Sugaring)

소금과 마찬가지로 탈수작용에 의해 미생물의 발육을 저지시킨다. 설탕의 농도가 50% 정도에서 약간의 산을 가해 주면 저장이 잘 된다. 젤리, 잼, 가당, 연유 등이 있다.

■ 산 저장(Pickling)

초산, 젖산, 구연산 등을 이용하여 식품을 저장하는 방법으로, 미생물의 생육에 필요한 ph의 범위를 벗어나게 하는 것인데, 보통 식초(초산 3~4% 함유)를 사용한다.

■ 화학물질첨가

인체에 해가 없는 물질을 이용하여야 한다. 현재 화학적 합성품으로 된 식품첨가물을 법률로 지정하고 있는데, 용도에 따라 산화방지제, 합성보존제, 살균제, 피막제 등이 있다.

④ 종합적 처리에 의한 방법

■ 훈연법(Smoking)

연기 속에 살균력이 있는 포름알데히드, 멜틸알코올, 페놀 등을 식품 조직 속에 침입시켜 저장하는 방법이다. 연어, 드라이 소시지 등의 제조에 이용되는 냉훈법(15~30℃), 햄류의 제조에 이용되는 온훈법(50~70℃), 훈연성분을 용해시킨 수용액에 식품을 넣어 훈연에서와 같은 효과를 얻는 액훈법 등이 있다.

■ 연건법, 조미법, 밀봉법 등이 있다.

5) 식품위생의 대책

(1) 식중독 발생시의 대책

고객이 음식을 먹고 구토, 어지러움, 경련, 반복되는 설사의 현상이 일어나면 지체 없이 상사나 경영주에게 알리고 근처 관계보건소에 신고하여야 한다. 이와 같은 상황이 발견되면 환자는 병원으로 이송하여 진찰을 받게 한다. 원인을 조사하여 확대를 방지하고 가검물을 보존하며, 보건소에 신고하여 재발방지를 위한 위생관리 및 종업원의 교육을 실시한다.

① 세균성 식중독의 예방대책

- 신선한 식품 사용 및 충분한 세척
- 시설개량, 방충 및 방서망 설치
- 급수시설 및 폐수시설의 위생관리
- 식품취급자의 손 청결 및 복장의 청결
- 보균자 및 환자의 작업종사금지
- 화농성 질환자의 종사금지
- 정기적인 건강진단실시
- 식품의 저온보관 및 가열살균
- 유통기한이 경과한 식품의 사용금지
- 조리와 가공의 신속한 처리

② 화학물질에 의한 식중독의 예방대책

- 불량기구 및 용기의 사용금지
- 기구 및 용기의 청결
- 농약의 위생적 보관 및 농약의 사용방법준수
- 사용금지된 첨가물의 사용금지

(2) 물리적 소독방법

물리적 소독방법에는 가열살균법, 여과법, 자외선을 이용하는 방법과 기타 다른 방법이 있다.

〈가열살균법〉

① 화염 : 불에 타지 않는 물건을 소독하는 데 이용되며, 대상물을 불꽃에 넣어 균을 죽이는 방법이다.

② 소각 : 연소로 등을 이용하여 병원균이나 이외에 오염된 물건을 태워 없애는 방법으로 재이용이 불필요한 물건에 한해서 적용된다.

③ 건열멸균 : 건열멸균기에 넣고 150~160℃로 30분간 가열하는 방법으로 조리기구 등의 소독에 이용된다.

④ 증기멸균 : 증기솥 중에서 수증기를 이용하여 100℃로 30분간 가열살균하는 방법으로 기구 등의 소독에 이용된다.

⑤ 간헐멸균 : 1일 1회 100℃ 15~20분간 습열로 가열하는 것을 3일간 계속하는 방법으로 100℃에서 아포를 죽일 때 이용한다.

⑥ 고압증기멸균 : 고압멸균기 또는 가압솥에 넣고 가압해서 15~20분간 살균한다. 이처럼 15파운드 압력의 121℃로 멸균하는 방법은 효과가 좋아서 미생물의 살균에 이용된다.

⑦ 자비소독 : 끓는 물에서 30분간 가열하는 방법으로 식기, 행주, 도마 등의 소독에 이용된다. 손쉬운 방법이기는 하지만 아포를 죽일 수 없기 때문에 완전멸균은 기대할 수 없다.

〈여과법〉

음료수나 액체식품 등을 세균여과기로 걸러서 균을 제거시키는 방법이며, 가열살균에 의해서 변질되거나 파괴되기 쉬운 물질의 물리적 소독방법이다.

〈자외선〉

자외선은 살균력은 강하나 투시력이 약하므로 식기, 기구 등의 표면이나 조리장, 식품공장 등의 실내공기를 소독하는 데 이용된다. 햇빛에는 자외선이 있어서 일광소독을 하는데, 여름에는 1~2시간 정도가 적당하다.

〈기타〉

배타선, 감마선 등의 방사선을 식품에 쪼이는 방법이 있다. 예를 들면 코발트 60(감마선)을 1~4M Red 정도 쪼이면 미생물이나 곤충을 죽이고 싹이 트는 것을 방지할 수 있다.

(3) 화학적 소독방법

식품위생에서 사용하는 소독제는 식품과 접촉하게 되므로 독성이 없고 식품에 어떠한 변화도 주지 않으며, 기호를 해치지 않는 것이 좋다.

■ 염소

주로 음료수에 사용하는데, 잔류염소가 0.1~0.2ppm이 되도록 한다. 채소, 과일 및 가열이 부적당한 용기, 기구의 소독에 유효염소량은 50~100ppm으로 희석한 용액에 2분 이상 작용시킨다.

■ 산화제를 사용하는 방법

- 과산화 수소 : 3%의 수용액을 식품의 살균, 표백에 이용한다.
- 오존 : 물이 있을 때 살균력이 있는데, 악취제거에도 이용된다.

■ 방향족 화합물을 사용하는 방법

- 석탄산 : 3~5% 수용액을 기물, 오물 등의 소독에 사용한다. 순수하고 안전하므로 살균력 표시의 기준이 된다.
- 크레졸 : 50℃ 비누액을 기물, 오물 등의 소독에 사용한다. 순수하고 안전하므로 살균력 표시의 기준이 된다.
- 역성비누 : 보통 비누에 비해 세척력은 약하나 살균력이 강하고 냄새가 없으며, 자극성이나 부식성이 없어서 수저, 식기, 행주, 도마 등의 소독에 쓰인다. 원액(10% 용액)을 200~400배로 희석해서 5~10분간 처리한다. 사용할 때의 주의점은 유기물이 있으면 살균효과가 떨어지므로 세제를 깨끗이 씻어 낸 후에 사용하고, 보통 비누와 함께 사용하더라도 역시 살균효과가 떨어지므로 섞어 쓰지 않도록 주의해야 한다.

- 지방족 화합물을 사용하는 방법 : 알코올은 70~75%의 에틸알코올을 사용하는데, 탈지면에 적셔서 수저소독을 한다.

6) 조리장의 위생

주방에서 사용되는 기구나 시설은 부식에 잘 견디며, 방수성이 강하고 표면이 매끄러워야 하며, 청소하기는 간편하여야 하고, 수선이나 수리의 이점에 유의해야 한다. 그리고 식재와 음식, 소기물과 용기를 위생적으로 보관할 수 있는 설비가 필요하다. 이러한 설비는 기초재료나 음식을 저장하는 도중에 미생물의 오염으로부터 안전하여야 한다.

외부로부터 먼지, 곤충, 직사광선이 차단되어야 하고, 흡입력이 강한 환기장치가 설치되어야 하며, 주방의 실내 바닥과 벽은 방수재료를 이용하여야 한다. 냉동 및 냉장실의 적정온도와 습도가 유지되도록 세심한 주의가 필요하고, 음식 찌꺼기가 떨어져 부패하는 것을 방지하기 위하여 주기적으로 청소한다. 바퀴벌레나 쥐가 서식하는 것을 방지하기 위하여 주기적으로 소독을 하여야 한다.

식재료는 일정한 장소에 최대 소비량 이하로 보관되어야 하며, 선입선출이 되도록 입고일을 기입하여야 한다. 이미 조리되어진 음식은 최대한으로 빨리 소비하거나, 아니면 적절하게 보관하여 부패를 방지한다.

7) 개인위생

(1) 개인위생

조리인의 건강은 불특정 다수의 많은 고객의 건강과 직결된다. 특히, 수인성 전염병이 문제가 되고 있으므로 개인위생에 늘 관심을 갖고 다음의 사항에 각별히 세심한 주의가 요망된다.

① 위생복, 위생모, 앞치마, 위생화 등의 개인복장 및 용모에 관심을 갖고,
② 조리인의 피부병, 전염병이 손의 상처, 기침이 심하면 조리를 중단하고,
③ 필요한 예방접종은 반드시 받도록 한다.

(2) 개인위생의 기초적인 습관

① 머리는 짧게 하고 자주 감으며, 작업 중에는 머리에 손을 대지 않는다.
② 조리를 할 때는 시계나 반지를 착용하지 않는다.
③ 화장실을 이용하거나 다른 물건을 만진 후, 그리고 생선이나 고기, 생야채 등의 조리하는 원자재를 만졌을 경우에는 반드시 깨끗이 손을 씻는다.
④ 조리시에는 담배를 피우거나 음식을 먹지 않는다.
⑤ 조리를 시작하기 전에 손을 깨끗이 씻고 소독을 한다.
⑥ 손에 메니큐어나 화장품을 발라서도 안 된다.
⑦ 손이나 피부에 상처가 있으면 음식물을 취급하지 않는다.

(3) 복장과 모자, 신발

단정한 복장은 조리사의 절대적인 의무이다. 위생적인 측면은 말할 것도 없으며, 일하는 마음의 자세가 올바르고 신선하면 고객에게 좋은 인상을 준다.

① 복장은 백색으로 매일 세탁한 것을 입어야 한다.
② 모자는 깊게 써야 하고, 여성의 스카프는 머리 전체가 보이지 않도록 유의하여야 한다.
③ 바지의 혁대를 단정하게 하고 앞치마 끈을 바르게 잘 묶어야 한다.
④ 앞치마는 항상 깨끗한 것을 착용하며, 수시로 점검한다.
⑤ 신발은 내부까지 건조된 신을 착용하고 슬리퍼나 미끄러지기 쉬운 신은 신지 않는다.

(4) 조리사의 질병

조리사나 주방종사자의 건강은 음식물이나 고객에게 절대적인 영향을 미친다. 질병이 있는 조리사나 주방요원은 음식이나 설비, 용기에 접촉해서는 안 된다.

① 식품을 통해서 전염되는 질병

감기, 폐렴, 성홍열, 결핵, 이질, 장티푸스, 감염성 간염 등이 있다.

② 세균 오염원의 가능성이 있는 인체부위

피부, 손가락, 손톱, 머리털, 눈, 입, 호흡기관, 배설기관 등.

③ 보균자

사람은 식품을 오염시키는 가장 큰 오염원이다. 보균자는 병원을 가지고 외부에 발산하지만, 자신이 질병의 징후를 나타내지 않는 사람이다. 이러한 보균자는 회복기에 들어선 보균자, 만성적인 보균자, 접촉보균자 등의 3종류로 분류한다.

④ 취업이 금지된 질병

- 법정 전염병 중 이질, 장티푸스, 파라티프스, 콜레라와 이와 유사한 질병.
- 법정 전염병 중 결핵, 성병, 전염성 피부염, 그리고 피부에 염증이 있는 자.
- 전염하는 B형간염
- 건강보균자 : 발병하지 않지만 전염하는 보균자

(5) 조리사의 건강관리

① 건강진단

조리사나 접객업소의 종사자는 연 2회의 건강진단을 받고 건강진단의 수첩을 휴대하게 되어 있다.

② 신체관리의 기본적 요구조건

- 숙련된 기술로 조리에 익숙하여야 한다.
- 가급적이면 움직이는 동작을 하며 조리에 임한다.
- 속도 있는 작업을 한다.
- 작업량을 능력에 맞게 할당받는다.
- 적당한 휴식을 취한다.
- 습도, 조명, 환기, 소음, 먼지 등의 작업환경을 양호하게 유지한다.

- 충분한 영양섭취와 수면을 취한다.
- 휴식시간에는 체조, 레크리에이션을 통하여 체력을 유지한다.

2. 화재예방

1) 화재의 개념

(1) 화재란

일반적으로 불이란 어떤 물질이 산소와 화합하는 반응 중에 열이 발생하여 '많은 열과 빛을 동반한 급격한 산화현상'을 말한다. 불이 발생하기 위해서는 가연물(연료), 점화원(열), 공기(산소) 등 3가지 조건이 갖추어져야 되며, 이 3가지를 '불의 3요소'라고 부른다.

(2) 불(연소)의 3요소

① 가연물(연료)

불에 탈 수 있는 물건.

② 점화원(열)

가연물질의 연소에 필요한 열.

③ 공기(산소)

공기 중에 약 21%의 산소가 함유되어 있는데, 연소에 필요한 산소이며, 가연물질에 따라서 공기 중의 산소함량이 15% 이하가 될 때 불이 붙기 어렵고, 고체의 경우에는 6% 이하로 감소가 될 때 불이 계속 타지 않는다.

(3) 불의 성장과 확산

가연물에 일단 불이 붙으면 외부공기로부터 산소을 공급받아 연속적으로 확산하며, 다른 가연물질을 태우면서 확대해 나가고, 열의 이동에 의해 확대되는 경우, 전도・대류・복사의 3가지 작용에 의하여 진행되므로 이들 중 하나에 의하지 않고 3가지가 복합작용되어 진행된다.

① 전도 : 열이 물질 속으로 전해져 가는 현상
② 대류 : 가열된 공기의 움직임에 의해 열이 이동하는 현상
③ 복사 : 전도나 대류와는 달리 중간의 매개물 없이 직접 열이 이동하는 현상

(4) 소화의 원리

① 제거소화 : 가연물을 제거하여 불이 옮겨 붙거나 번지는 것을 차단하는 방법.
② 냉각소화 : 불타고 있는 물체에 물 등을 뿌려 연소에 필요한 열을 제거하여 소화하는 방법.
③ 질식소화 : 산소의 공급을 차단하여 불이 꺼지게 하는 방법.

2) 화재를 예방하려면

(1) 전기화재예방

① KS 마크가 있는 전기제품을 사용한다.
② 정격용량의 퓨즈를 사용한다.
③ 하나의 콘센트에 여러 개의 전기기구사용을 삼가한다.
④ 전기장판이 접히지 않게 사용한다.
⑤ 전기난로나 전기장판 밑으로 코드가 지나가지 않도록 주의한다.
⑥ 사용하지 않는 전기기구 플러그는 항상 뽑아 둔다.

(2) 유류화재예방

① 주전자를 난로 위에 올려놓을 때는 물을 가득 채워서는 안 된다.
② 유류를 화기 가까이 두면 안 된다.
③ 난방기구등이 사용 도중 넘어지지 않도록 조심한다.
④ 난방기구를 켜 놓은 채 가게를 비워서는 안 된다.

(3) 가연성 가스화재예방

① LPG 가스용기는 직사광선을 피하고 통풍이 잘되는 곳에 설치한다.
② 가스용기는 용기 받침대를 설치하고 넘어지지 않도록 잘 고정시킨다.
③ 호스 연결부위는 비눗물을 발라 가스가 새는지 수시로 확인한다.

(4) 담배불 화재예방

① 불씨가 남아 있는 불씨는 아무데나 버리지 않는다.
② 주유소 같은 유류취급장소 주변에서 담배 꽁초를 함부로 버리지 않는다.
③ 손님의 식탁에서 담배 재떨이를 치울 때 불씨가 있는지 잘 살핀다.
④ 재떨이에 물을 약간 부어 재떨이의 재가 미리 꺼지도록 한다.

(5) 화재예방 안전수칙

① 전기, 가스, 유류 등 화재가 발생할 수 있는 원인을 찾아내어 사전에 정비 및 제거하고 안전관리에 철저를 기하도록 한다.
② 한 개의 콘센트에 여러 개의 전열기구사용을 금한다.
③ 전기시설, 가스시설, 유류시설에 대한 정기적인 안전점검을 실시하고 각 시설용품의 안전사용을 생활화한다.
④ 외출시에는 모든 화기의 안전을 점검하고 외출한다.
⑤ 사용할 수 있는 소화기를 비치하도록 한다.
⑥ 법률에 따른 실내 소화시설을 완비하고 비상구를 확보한다.

3) 전기/가스사고시의 행동요령

(1) 119화재신고요령

화재가 발생한 경우, 건물 내에 있는 사람들에게 비상벨 또는 큰 소리로 화재발생사실을 알려 피난할 수 있도록 하고, 즉시 소방관서에 화재

발생사실을 다음과 같이 통보해야 한다.

① 주소 : ○○구 ○○동 ○○번지 ○○건물

② 인근 중요건물 : ○○목욕탕 옆 ○○건물(주택)

③ 발생된 화재의 종류 : 가스, 유류, 전기화재 등

(2) 가스사고발생시 신고요령

① 가스사고발생시 119로 신고하면 가스안전공사에도 연락이 된다.

② 도시가스사고인 경우에는 지역 도시가스회사에 신고하고, LP 가스 사고인 경우에는 가스판매업소에 신고한다.

(3) 가연성 가스가 누설되었을 때

① 콕크, 중간밸브 및 용기밸브(도시가스 메인밸브)를 잠근 후 창문과 출입문을 열고 환기를 시킨다.

② 화기를 멀리하고 전기기구를 절대로 만져서는 안 된다.(전기스파크 발생으로 폭발의 원인이 된다.)

③ 누설부위의 응급조치를 위하여 공급업소에 연락하여 누설부위에 대한 응급조치를 받는다.

(4) 화재 및 폭발이 발생하였을 때

① 콕크, 중간밸브 등을 잠그고 신속히 안전한 장소로 대피한다.

② 사고발생시 즉시 119에 신고하여 화재진압 및 인명구조요청을 하고 가스안전공사 및 공급업소에 신고를 한다.

③ 현장에 도착한 응급조치반에게 잠그지 못한 가스밸브 등의 시설상태를 알려 신속한 조치가 이루어지도록 한다.

(5) 독성가스가 누설되었을 때

■ 누설되었을 때 주위사람에게 전파하여 대피하도록 한다.

① 호흡을 중지하고 손수건 등으로 코와 입을 막는다.

② 그 지역을 이탈하되 바람의 반대방향으로 대피한다.

③ 높은 지대 또는 지역으로 대피한다. (가스가 공기보다 무거운 경우)

■ 피해자 발생시 응급조치

① 즉시 피해자를 바람의 반대방향으로 대피하여 신선한 공기가 있는 장소에서, 옷이나 피부에 부착유무를 확인한다.
② 유해물이 옷이나 피부에 부착되었을 때 즉시 옷을 벗기거나 피부 등을 잘 씻어 낸 후 모포 등으로 보온한다.
③ 의식이 없어 호흡에 장애가 있으면, 심장 맛사지 등 적절한 조치를 취하여야 한다.

(6) 전기로 인한 2차재해를 예방

① 화재발생시 가능하면 전원차단기를 끄고 대피한다.
② 화재진화 후에는 진화과정에서 다량의 물이 전기서설물에 묻어 있는 경우가 많으므로 전기배선 등을 함부로 만져서는 안 된다.
③ 전기시설의 이상유무확인은 한국전기안전공사, 각 사업소에 의뢰하면 된다.
④ 전기시설 복구공사는 반드시 유자격 전기공사업체에 의뢰하여 시설하여야 한다.
⑤ 전력공급재개는 복구공사가 완료된 후 공사업체에서 한전에 요청하여 처리하게 된다.

4) 소화기관리·사용방법

(1) 소화기비치 필요성

① 화재는 발화 후 최초 5분이 가장 중요하다.
② 소화기를 비치하여 화재초기진압하여 화재로 인한 피해를 최소화한다.
③ 유류, 전기, 가스화재 등 물로 불을 끌 수 없는 화재의 필수품이며,
④ 소화기 사용법 실습을 경험하면 화재시 소화기 사용에 자신감이 생긴다.

(2) 소화기 사용법

① 손잡이를 잡고 불 쪽으로 접근한다.

② 안전핀을 뽑는다.

③ 호스는 불을 향한다.

④ 손잡이를 힘껏 움켜쥐고 비로 마당을 쓸 듯이 방사한다.

⑤ ABC 소화기는 모든 화재에 사용이 가능하며, 하론소화기와 탄산가스소화기는 전기절연성이 좋고 소손이 없으므로 통신기구, 컴퓨터 설비 등 오손을 피해야 하거나 소화기 사용 후 정비 또는 수리가 곤란한 대상에 적당하다.

(3) 보관 및 관리요령

■ 보관장소

소화기는 습기나 직사광선을 피하여 사람의 통행에 지장을 주지 않으면서 여러 사람이 잘 보이는 곳에 받침대를 받혀서 바닥으로부터 1.5미터 이하의 장소에 보관하고 그 윗부분에 소화기가 있다는 위치표시를 하여야 한다.

① 주택, 아파트 : 현관 또는 거실에 보관

② 사무실 : 사무실 내 출입구 또는 복도에 보관

③ 음식점 : 카운터 옆 잘 보이는 곳에 보관

④ 호텔, 여관 : 로비 및 복도에 보관

■ 관리요령

① 분말소화기 : 한 달에 한 번씩 분말가루가 굳지 않도록 소화기를 거꾸로 뒤집거나 흔들어 주면 반영구적으로 사용이 가능하다. 다만, 압력게이지가 달려 있는 소화기는 압력지시 바늘이 빨간색, 파란색, 노란색 중 파란색에 있으면 정상이고, 노란색으로 떨어져 있을 때는 소화약제를 밖으로 내보내는 압축가스가 부족하다는 표시이므로 정비하여야 한다.

② 이산화탄소 및 하론소화기 : 외부의 부식만 막아 주면 영구적으로 사

용할 수 있고 압력게이지는 분말소화기처럼 수시점검하면 된다.

(4) 소화기 정밀점검요령

■ 약제충전

소화기는 한 번 사용했다 하더라도 약제나 압축가스를 충전하면 다시 사용할 수 있으며, 이 때 약제와 압축가스를 충전할 때에는 전문 소방시설공사업 면허를 받은 업체에서 정비하는 것이 안전하다.

■ 정밀점검

① 외관점검 : 압력게이지 정상여부, 노즐 등의 외관점검은 매월 1회 이상
② 약제교환 : 최초 생산일로부터 5년이 경과되면 점검 또는 교환
③ 정밀점검 : 한번 검사를 받은 소화기는 그 후 2년을 주기로 정밀점검

5) 구조이용안내

(1) 활동내용

119구조대는 각종 특수장비를 갖추고 전문교육훈련을 받은 대원들이 신속하게 각종 사고현장에 출동하여 인명을 구조한다. 119구급대는 언제, 어디서나 119신고만 하면 신속히 달려가는 것은 물론, 응급처치도 하며 원하는 병원까지 최단시간 내에 무료로 후송해 준다. 당직병원이나 응급환자에 대한 문의도 친절히 안내해 준다.

(2) 운영

① 신고접수 즉시 현장출동
② 사고자 인명구조 및 응급환자 병원이송

(3) 이용방법

① 이용대상 : 모든 시민(응급환자)
② 신고방법 : 전화 119로 신고

③ 이용시간 : 24시간 상시 이용가능
④ 이송에 따른 경비일체 무료

(4) 편리한 점

① 신고 및 이용하기가 편리함 => 전화 119
② 24시간 출동대기로 신속한 출동과 이송가능
③ 병원과 긴밀한 협조체제유지, 병원의 환자수용능력, 산소소생기 보유 등 환자가 병원에 도착하기까지의 응급처치 가능
④ 희망하는 병원으로 이송, 입원조치 원칙

6) 화재 피해복구요령

① 대한적십자사는 민간조직으로서 이재민을 돕고, 국민의 성금으로 이재민들이 긴급하게 필요한 담요, 옷, 쌀 등 생필품을 제공하고 있으므로 가까운 시・도 적십자사 사회봉사과로 연락하면 된다.
② 화재로 손실이 생긴 이재민에게는 세금의 감면혜택이 있으며, 화재로 인한 손해발생에 대한 국세 및 지방세 감면 등에 대한 자세한 정보를 관할세무서 또는 시・군 구청 세무과로 문의하면 된다.
③ 화재로 소손, 오손된 현금은 잘 보관하여 한국은행에 가져가면 현금의 파손상태에 따라서 새로운 현금과 교환해 준다.
④ 화재로 의료보험증이 소실되고 없어도 의료보험혜택을 받을 수 있다.
⑤ 불타 버린 주민등록증, 운전면허증 등 각종 기록과 보존자료는 필요한 서류의 제출과 재발행 절차를 통하여 새로 교부받을 수 있다.
⑥ 화재로 오염된 귀중한 가재도구는 함부로 버리지 말고 세탁이나 보존처리를 잘 하면 다시 사용할 수 있다.
⑦ 화재로 인한 민・형사상 법적인 책임 등에 관한 정보를 제공해 준다.
⑧ 화재증명원은 화재보험, 재해부조금 지급요청 및 세금감면시 등에 첨부하는 서류로, 화재발생장소의 관할 소방서민원실에서 발급받을 수 있다.

3. 외식사업 안전관리

1) 안전관리의 의의

안전(safety)은 인가의 욕구충족단계에서 가장 중요한 욕구이며, 주어진 환경을 극복하여 생존을 영위하고자 하는 기본적인 요건이다. 안전은 '상해, 손실, 감손, 고통 또는 위험에 노출되는 것으로부터 자유'라고 정의하고 있다. 또한 같은 안전의 의미에서 보호와 예방의 뜻을 포함하는 security는 '사고와 질병의 방지에 필요한 기술 및 지식'이라고 하였다.

독일의 하인리히는 안전을 협의로 해석하여 '사고방지'라고 정의한다. 안전은 사고를 방지하기 위하여 물리적 사고환경과 인간 및 기계의 일을 통제하는 과학인 동시에 기술이라 하고, 안전을 과학과 연결하여 과학기술의 체계를 안전개념에 도입하였다.

이와 같이 안전관리는 호텔 내의 각종 안전문제의 중요성을 인식하고, 발생가능한 위험요인을 제거하고 사고를 방지하는 데 있다. 호텔은 불특정다수의 일반대중이 이용하는 서비스를 제공하는 장소이다.

각종사고에 대한 불안감이나 두려움이 해소되었을 때, 호텔상품의 가치가 유지될 수 있다. 이미 발생한 사고에 대한 문제점과 대책을 강구함으로써 고객에 대하여 안전한 서비스를 제공함은 물론이려니와, 자신과 동료직원의 안전, 그리고 재산상의 손실을 방지하는 데 그 목적이 있다.

2) 일반적인 주의사항

① 전문 안전관리자의 점검을 받는다.
② 안전을 위협하는 모든 요인을 수정하고 제거한다.
③ 모든 사고를 기록한다.
④ 모든 장비, 기계, 기구의 구조나 표면이 손질이 잘되어 있어야 한다.
⑤ 주방 바닥은 미끄럽지 않은 재질을 사용한다.

⑥ 출입구, 복도, 작업대의 조명이 적당하여야 한다.

⑦ 전선은 손질을 잘해 두고, 전선과 코드는 절연이 되어야 한다.

⑧ 전기장비는 접지를 시킨다.

⑨ 전등 스위치는 비상시에 쉽게 닿을 수 있는 곳에 위치해야 한다.

⑩ 소화장비는 정기검사로 관리하고, 눈에 잘 띄는 곳에 배치한다.

⑪ 칼이나 날카로운 도구는 안전함에 관리한다.

⑫ 전화기 근처에 경찰서, 구급차, 병원 등의 비상연락망을 부착한다.

3) 화재 및 화상예방

① 화재발생시의 대처절차를 숙지한다.

② 소화기와 비상구의 위치를 파악해 두고 사용법을 숙지한다.

③ 레인지와 조리장비 위의 천정 덮개를 깨끗이하고 기름을 제거한다.

④ 오븐은 사용하지 않을 때는 문을 닫아둔다.

⑤ 가스 오븐은 문을 열어 5분간 환기시킨 후에 점화한다.

⑥ 뜨거운 팬이나 요리기구를 옮길 때는 마른 패드를 사용한다.

⑦ 증기 솥의 뚜껑을 열 때는 내용물을 저어 준다.

⑧ 증기가 나오는 반대쪽에서 뚜껑을 연다.

⑨ 뜨거운 물과 증기가 튀어나오지 않도록 천천히 증기밸브를 연다.

⑩ 뜨거운 음식이나 용기를 운반할 때는 도움을 청하거나 동료에게 경고한다.

⑪ 뜨거운 음식이나 물은 넘치지 않도록 한다.

⑫ 잘 맞는 유니폼을 착용한다.

⑬ 느슨한 소매나 앞치마 끈은 조리장비에 물려 들어가거나 불이 붙기 쉽다.

⑭ 뜨거운 기름에 물이 떨어지지 않도록 한다.

⑮ 스토브 위나 오븐 안에 불이 나면 그 곳에 소금을 뿌린다.

⑯ 프라이 팬에 불이 나면 베이킹 소다를 뿌린다.

⑰ 비상구, 방화문, 화재피난장치의 제어는 응급지시대로 한다.

⑱ 지정된 장소에서만 흡연을 하고 꽁초는 재떨이에 버린다.

⑲ 젖은 손이나 행주로 전기장비를 만지지 않는다.

4) 찰상예방

① 칼과 Slicer의 날은 잘 갈아 둔다.
② Meat Slicer, Food Grinder, Food Chopper를 작동하는 방법을 완전히 숙지하고 항상 유의사항을 지킨다.
③ 칼을 사용하지 않을 때는 안전함에 넣어 두고, 떨어지는 칼은 잡지 않는다. 단지 물러서서 그냥 떨어지도록 한다.
④ 칼이나 날카로운 도구는 손잡이를 잡고 사용한다.
⑤ 칼은 도마에서 사용하고, 몸과 조금 떨어져서 사용한다.
⑥ 기계를 조정하거나 닦을 때는 스위치를 끈 것을 확인한다. 기계가 정지할 때까지 음식을 만지지 않는다.
⑦ 상자, 통, 병을 열 때는 기구를 이용하고 못, 철쇠, 철선을 분리수거한다.
⑧ Slicer를 청소할 때는 칼날에 손을 베이지 않도록 주의하며, 사용하지 않을 때는 칼날을 닫아 놓고 스위치를 꺼둔다.

5) 낙상예방

① 커피 머신이나 휴대용 오븐의 뚜껑을 닫으려면, 안전 사다리를 이용한다.
② 계단이나 바닥에 기름이나 물에 젖는 곳이 없도록 한다.
③ 물건을 운반할 때는 눈높이보다 높지 않는 카트를 이용하도록 한다.
④ 무거운 물건을 운반할 때는 무리하지 말고 도움을 청한다.

6) 응급처치

① 기본원칙

응급처치는 빨리 생각하고 즉시 행동으로 옮겨야 한다. 또한 심각한 사고가 발생하면 의사를 불러야 한다. 응급처치를 할 때는 먼저 환자의 호흡과 맥박을 검사하고 필요한 조치를 취한다.

② 출혈

적은 출혈은 환자의 생명에 직접적인 위협이 되지 않지만, 심한 출혈은 치명적이다. 심한 출혈이 생기면 병원치료를 받을 때까지 상처가 심장 높이보다 위로 올라가도록 환자의 위치를 잡아 둔다. 또한 상처는 깨끗한 압박붕대로 싸서 손바닥으로 눌러 주고 압박붕대 위에 압박대를 사용해서 직접 패드에 묶어 둔다.

③ 상처

상처는 피부, 조직, 점막에 내상과 외상이 있다. 노출된 상처는 깨끗한 압박붕대로 덮어 주고 연고를 바르지 않는다. 상처를 소독하고 이물질을 제거하는 것은 의사에게 맡긴다. 상처의 감염은 다른 병으로 악화될 수 있다. 감염된 상처부위가 홍조색을 띠거나 열과 오한, 고통, 상처에서 나온 적색 줄무늬, 임파선의 부기 등의 증상이 심해지면 즉시 의사의 치료를 받는다.

④ 화상

화상은 열, 광선, 혹은 화학물질에 의해 일어난 상처인데, 화상의 정도는 화상의 깊이에 따라 보통 세 가지로 구분된다. 1도 화상은 홍조색 혹은 탈색증세로 나타나며, 찬물에 화상부위를 담그고 있으면 고통을 줄일 수 있고, 깨끗한 마른 헝겊이나 거즈로 덮어 둔다. 2도 화상은 물집의 형성, 3도 화상은 세포의 파괴로 이어지며, 병원치료를 요하고 즉시 응급조치되어야 한다.

⑤ 2·3도 화상의 응급치료

- 의료인의 도움을 청하고 소독된 헝겊으로 화상부위를 덮어 둔다.
- 연고, 소금, 스프레이 등 가정구급약의 사용을 피한다.
- 화상을 입은 부위를 들어올린다.
- 얼굴에 화상을 입은 환자는 앉혀서 호흡을 관찰한다.
- 피부의 세포를 뜯거나 물집을 터뜨려서는 안 된다.
- 환자가 토하지 않는다면 소금과 소다를 섞은 물을 조금씩 먹인다.

⑥ 화학물질에 의한 화상

눈에 부식성 물질이 들어갔으면, 눈까풀을 완전히 벌리고 즉시 많은 분량의 물로 눈을 씻어 낸다. 화학물질에 화상을 입은 피부는 10분이나 15분 동안 씻어내야 한다.

⑦ 독성

독이란 신체의 접촉이나 흡입으로 병이나 상처를 일으키는 고체, 기체, 액체물질이다. 환자가 독약을 먹었을 경우에는 물이나 소금물 3~4컵을 마시게 하여 즉시 토하게 한다. 의식이 몽롱한 환자는 물이나 액체를 먹여서는 안 되고 인공호흡을 시킨다. 충격과 오한을 막아주고 의식을 되찾기 시작하면 환자의 입을 헝겊으로 덮어 준다. 이는 환자가 소생하는 데 필요한 보호조치이다.

⑧ 이물질에 의한 눈의 상처

- 이물질이 눈동자 부위에 박혀 있으면 즉시 의사의 치료를 받는다.
- 문지르지 않는다.
- 눈을 검사하기 전에 깨끗이 손을 씻는다.

⑨ 서서 하는 구조법(환자가 서 있거나 앉아 있을 때)

환자 뒤에 서서 허리에 당신의 팔을 감싼 다음, 환자 배 위에 엄지손가락을 배꼽보다는 위로, 갈비뼈보다는 밑에 놓는다. 그대로 주먹을 쥐고 다른 손을 얹어 아주 빨리 환자의 배를 위에서 단숨에 눌러 준다. 필요하다면 여러 번 반복하다.

⑩ 무릎 자세 구조법(환자가 똑바로 누워 있을 때)

환자를 똑바로 눕히고 환자 엉덩이 옆에 무릎 자세를 취한다. 당신의 한 손 위에 다른 손을 얹고, 명치에 가볍게 손바닥 끝을 올려놓는다. 일격을 가하듯 빠르게 환자의 배를 눌러준다. 필요하다면 여러 번 반복한다.

먹는장사가 낫다? 음식업 '입 쓴 불황'

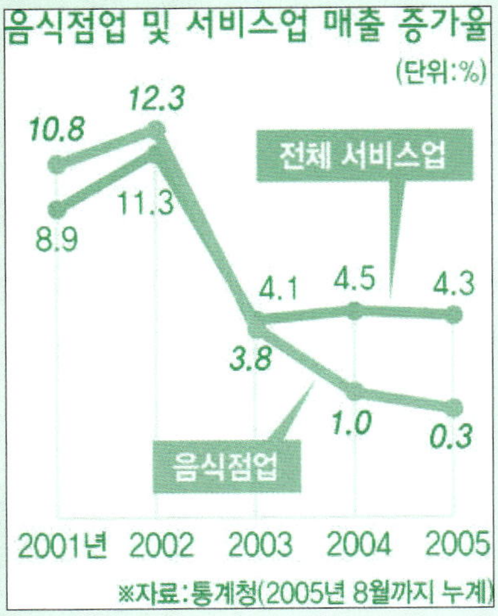

'먹는장사가 제일 낫다'는 말이 옛말이 되고 있다. 3일 통계청 자료를 보면, 최근 2년 3개월 동안 음식점업 매출이 증가세를 보인 달이 다섯 달에 불과한 것으로 나타났다. 또 지난 8월 전체 음식점업 매출은 지난 해 같은 달보다 0.9% 줄어 지난 4월부터 다섯 달 연속 감소세를 지속하고 있다.

음식점업 매출의 전년 동월 대비증감률은 통계청 관련 통계가 작성된 지난 1999년부터 2003년 5월까지 계속 상승세를 나타냈다. 그러나 2003년 6월부터 지난 8월까지 27달 동안은 2003년 8월, 11월, 2004년 12월, 올 1월, 3월 등 다섯 달을 제외한 나머지 달은 모두 감소했다.

업종별로는 햄버거, 치킨, 피자, 분식점 등 기타 음식점 매출이 지난 8월 2.5% 줄어드는 등 11개월 연속 감소세로 가장 극심한 불황세를 보였다. 제과점도 지난 8월 -5.5% 등 여덟 달 연속 감소세다. 한·중·일·양식 등 일반음식점업도 3개월 연속 줄었다(8월 -0.2%). 유일하게 증가세를 보이는 곳은 호프집, 소주방 등 2달 연속 증가세(8월 0.2%)를 보이는 주점업이나, 증가율은 매우 낮다.

음식점업은 지난 2000~2002년에는 매년 9.6~12.3% 증가율로 서비스업 전체 증가율(8.9~11.3%)을 앞섰으나, 경기불황이 본격화된 2003년부터는 서비스업 증가율을 크게 밑돌고 있다. 특히 2003년 3.8%, 2004년 1.0%, 올해 0.3% 등 불황의 골이 점점 깊어지고 있는데다 기업구조조정으로 창업자 수는 늘어나는 추세여서 개별 음식점의 매출은 더욱 심각한 수준인 것으로 추정된다. 음식점업 사업체 수는 지난 99년 60만 1117개에서 매년 늘어나 집계가 완료된 2003년 현재 64만 8038개다.

통계청은 “음식점업은 경기호황기에는 가장 큰 수혜를 입지만, 경기불황기에는 가장 먼저 가라앉고, 가장 나중에 회복되는 특징을 갖고 있다”며, “최근에는 주 5일제 확산 등으로 직장인을 주대상으로 하는 업종들이 더욱 어려움을 겪는 것으로 보인다”고 말했다. (권태호 기자)

자료 : http://news.naver.com/hotissue/ranking_read.php?date=20051003&section_id 101&office_id=028&article_id=0000128400&seq=6 (2005. 10. 3) / 〔한겨레〕

Food Service

http://blog.joins.com/dalispark/(중앙일보) 2006. 박태균 기자의 블로그
http://www.chosun.com/(조선일보) 2006.04.20
http://news.naver.com/(한겨레신문) 2005.10.03.18:36
http://www.mk.co.kr/(매일경제) 2006.6.17.
강무근 · 조한용 · 우문호(2001), 관광외식원가관리, 도서출판 효일
강병남 · 김상철 · 김용식 · 하대중(1999), 외식산업실무론, 지구문화사
강석진 · 이태복 역(2000), 잭웰치와 GE방식 필드북, 도서출판 풀푸레(로버트 슬레이터 지음)
강태봉 역(1998), 식당경영(상, 하), 교문사(사까끼요시오 저)
강태봉 역(2000), 알기 쉬운 외식업 점장의 업무, 문지사(가시와노 미쯔루 저)
강혜구 역(2005), 블루오션 전략, 교보문고(김위찬 · 르네 마보안, Blue Ocean Strategy)
경향신문, 2006.2.3.
곽동성 · 강기두(2000), 서비스마케팅, 동성사
권용주 · 변광인 · 송홍규(2005), 외식창업실물론, 형설출판사
김권수(2005), 외식경영실무, 대왕사
김근종(2000), 외식사업경영론, 대왕사
김기영(1997), 호텔주방관리론, 백산출판사
김기홍 · 정웅용 · 최상수 · 전혜진(2005), 외식사업창업론, 대왕사
김명철 역(2006), 경제학 콘서트, 웅진(스티브 레빗 · 스티븐 브러너, Undercover Economist)
김설희 외(2004), 국가통계 바로 알기, 통계청
김식현 · 정재훈(2000), 노사관계론, 학현사
김영규(2006), 경영학원론, 박영사

참 · 고 · 문 · 헌

김우곤(2004), 사례로 배우는 외식경영, 학현사
김원희 · 이대홍(2001), 신경향 외식산업경영의 이해, 백산출판사
김은성(1992), 프랜차이즈, 을지서적
김은숙 · 한동여 · 이대홍 · 김기훈(2005), 외식산업의 창업 및 경영, 백산출판사
김은숙 외(2004), 외식산업의 창업 및 경영, 백산출판사
김진섭 · 김혜영(2002), 프랜차이즈 시스템의 이해, 대왕사
김헌희(1997), 식당창업 이렇게 하면 성공한다. 한국외식정보(주)
김헌희(2003), 외식프랜차이즈경영전략, 백산출판사
나영선(2003), 호텔서양조리실무개론, 백산출판사
나정기(1995), 메뉴관리론, 백산출판사
나정기(1997), 호텔식음료 원가관리실무, 백산출판사
나정기(1998), 외식산업의 이해, 백산출판사
리대용 · 이상빈 역(1998), 소비자행동론, 영풍문고
매일경제, 2005.10.11.
매일경제, 2005.11.10.
박기용(2004), 외식산업경영학, 대왕사
박길부 역(1999), 브랜딩 불변의 법칙, 예하(알리스 · 로라 리스 지음)
박성현 · 이명주 · 정목용(2000), 6 시그마 이론과 실제, 한국표준협회
박인규 · 안순례 · 하창용(2003), 외식경영실무, 대왕사
상공회의소(1995), 미국의 유통산업
손일락(1993), 미래의 식당경영, 형설출판사
신유근(2002), 경영학원론, 다산출판사
신재영 · 박기용(1999), 외식산업개론, 대왕사
신한종합연구소(1988), 우리나라의 식문화와 외식산업의 전개방향
안광호 · 채서일 · 조재운(1996), 유통관리, 학연사
영진기획팀 · 안광진(1999), 한글파워포인트97, (주)영진출판사

원융희 · 윤기열(2002), 외식산업의 이해, 두남
이명식(2001), 서비스 마케팅, 형설출판사
이상화 · 김철호(2001), 일억 버는 음식점 · 일억 날리는 음식점, 푸른솔, pp.24~25 참조로 재구성,
이선희 · 진양호(2000), 외식창업 · 경영 벤치마킹, 대왕사
이성근 · 배수현(1996), 새유통관리론, 무역경영사
이수광 · 이재섭(2003), 서비스산업의 인적자원관리, 대왕사
이신모(2002), 창업학, 다성출판사
이정실(2002), 외식기업경영론, 도서출판 기문사
이정학 · 서진우(2005), 외식사업경영실무론, 대왕사
이종호 · 신종국(2004), 유통관리, 법문사
임붕영(2001), 외식산업경영론, 형설출판사
정경훈 · 신창국(1995), 호텔회계원리, 형설출판사
정승환(2003), 신호텔경영학, 석학당
조선경제, 2005.11.9.
조선경제, 2005.12.26
조선경제, 2005.11.9.
조선일보, 2005.11.18.
조선일보, 2005.11.20.
조선일보, 2005.12.5.
조선일보, 2006.6.21, A26.
조성호(2004), 외식사업창업과 경영, 대왕사
조소윤(1999), 호텔회계학, 학문사
조소윤 · 고재용(1999), 호텔관광재무관리, 학문사
주간조선, 1998.6.4
중소기업청 소상공인지원중앙센터(1999), 창업절차, 고객용자료-0014

중소기업청(1999), 사업계획수립 및 사업성 분석, 소상공인지원중앙센터

중소기업청(1999), 상권분석 및 입지선정, 소상공인지원중앙센터

중소기업청(1999), 창업절차, 소상공인지원중앙센터

진양호(1997), 호텔・레스토랑의 메뉴엔지니어링에 관한 연구, 경기대학교

진양호・강종헌(1998), 호텔 & 외식산업 원가관리론, 지구문화사

차대운・박태규・김강호・한동훈・김종민・류원범(2000), 창업경영의 길라잡이, 도서출판 삼보

최해수(1997), 호텔영업회계, 학문사

한경수・채인숙・김경환(2005), 외식경영학, 교문사

한국경제, 2005.12.5.

한국외식산업연구소(2000), 외식사업경영론, 백산출판사

한국음식업중앙회(1995), 한국외식산업연감

홍기운(1999), 외식산업개론, 대왕사, p.321

홍기운・진양호・김장익(2001), 최신식품구매론, 대왕사

Benard Davis・Andrew Lockwood, Sally Stone(1998), Food and Beverage Management(BH), p.5

Bernard Davis and Sally Stone(1985), Food and Beverage Management, Heinemann(London), pp.2~4

Danald W. Hackett(1977), Franchising-The State of Art, AMA Monograph No,9 American Marketing Association, pp.5~14.

Dennis R. Lillicrap and John A. Cousins(1990), Food and Bever Service, Hodder & Stoughton, p.3

Mhchael R. Solomon(1996),Consumer Behavior:Buying, Having, and Being, Englewood Ciffs, NJ:Preltice Hall

NRA(1993) Donald E. Lundberg, The Hotel & Restaurant Business, 6th ed, Van Nostrand Reinhold, p.220

Paul R. Dittmer · Gerald G. Griffin(2000), Principles of Food, Beverage, and Labor Cost Controls for Hotels and Restaurants, Fith Edition, Van Nostrand Reinhold, New York

Paul T. McVety · Susan Desmond Marshall · Bradley J.ware(1997), Jonson & Wales University, The Menu and the Cycle of Cost Control, Kendall/Hunt Publishing Company

Restaurant USA, National Restaurant Association F7, Dec. 1997

Zeithaml, Valarie A. and Mary Jo Bitner(1996), Service Marketing, McGraw-Hill International Editions.

I love you의 뜻은

inspire warmth	따뜻함을 불어넣어 주고
listen to each other	말을 들어 주고
open your heart	마음을 열어 주고
value your union	가치 있게 평가해 주고
express your trust	신뢰를 표현하고
yield to good sense	좋은 말로 충고(忠告)하고
overlook mistake	실수를 덮어 주고
understand difference	서로의 차이를 인정하고

-작자 미상-

저/자/소/개

■ 나 영 선

E-mail : ysna6937@hanmail.net

현) 신안산대학교 호텔조리과 교수
전국조리과교수협의회 회장
조리교육학회 부회장
(사)한국조리학회 명예회장
(사)한국조리사회 중앙회 회장
외식사업경영 컨설턴트
(사)한국외식경영학회 이사

경희대학교 대학원 경영학 석사 및 박사(마케팅전공)
그랜드하얏트서울 호텔, 그랜드인터컨티넨탈 서울 호텔 조리과장
국가기술자격 조리기능사 실기 심사위원
(사)한국조리사회중앙회 위생교육 강사
CHA(미국호텔업협회 총지배인 자격증) 취득
호텔경영연구소 연구원
보건복지부장관 표창, 한국관광공사장 표창, 경기도지사 표창

〈저서〉 호텔서양조리, 이태리요리, 외식사업창업과 경영 외 다수
〈연구논문〉 서비스품질 인식 차이에 관한 연구 외 다수

외식사업 창업과 경영

2006년 9월 10일 초 판 1쇄 발행
2020년 8월 30일 개정판 5쇄 발행

지은이 나영선
펴낸이 진욱상
펴낸곳 백산출판사
교 정 편집부
본문디자인 편집부
표지디자인 편집부

등 록 1974년 1월 9일 제406-1974-000001호
주 소 경기도 파주시 회동길 370(백산빌딩 3층)
전 화 02-914-1621(代)
팩 스 031-955-9911
이메일 edit@ibaeksan.kr
홈페이지 www.ibaeksan.kr

ISBN 978-89-7739-894-8 93980
값 23,000원

외식사업
창업과 경영
Foodservice